U0909086

高等职业教育智能制造类新形态一体化教材
江苏省高等职业教育数控技术高水平专业群建设成果

机械图样的绘制与识读

（第二版）

JIXIE TUYANG DE HUIZHI YU SHIDU

主　编　潘安霞　朱月红
副主编　陆　萍　付春梅

中国教育出版传媒集团
高等教育出版社·北京

内容提要

本书是江苏省高等职业教育数控技术高水平专业群建设成果。

本书主要内容有：轴套类零件、盘盖类零件、叉架类零件、箱体类零件的图样绘制与识读，装配体的测绘与识读，使用第三角投影绘制机件图样，附录等，内容涵盖了相关职业岗位需求的知识点和技能点。本书的特点是根据职业岗位需求的知识和技能，以工作过程为导向设置教学任务，内容由简单到复杂，由单一到综合，符合职业院校学生的认知规律。为方便学习，本书配套主要知识点讲解微课视频、扩展知识等资源，并以二维码的形式在书中呈现。此外，本书还配有PPT教学课件、参考答案等资料，供教师选用。

本书同步配套出版习题集，可作为考评依据。

本书适合作为高等职业院校机械制图课程的教材，还可作为相关从业人员的学习参考书。

图书在版编目(CIP)数据

机械图样的绘制与识读 / 潘安霞，朱月红主编. 2版. -- 北京 : 高等教育出版社, 2025. 7. -- ISBN 978-7-04-065061-7

Ⅰ. TH126

中国国家版本馆CIP数据核字第2025JS8173号

策划编辑 班天允　责任编辑 谢永铭 仇晓晴　封面设计 张文豪　责任印制 高忠富

出版发行	高等教育出版社	网　址	http://www.hep.edu.cn
社　址	北京市西城区德外大街4号		http://www.hep.com.cn
邮政编码	100120	网上订购	http://www.hepmall.com.cn
印　刷	上海新艺印刷有限公司		http://www.hepmall.com
开　本	787 mm×1092 mm 1/16		http://www.hepmall.cn
印　张	14.5	版　次	2016年9月第1版
字　数	325千字		2025年7月第2版
购书热线	010-58581118	印　次	2025年7月第1次印刷
咨询电话	400-810-0598	定　价	37.00元

物 料 号　65061-00

本书配套学习资源指南

本书配套微视频、三维模型、扩展知识等学习资源，在书中以二维码链接形式呈现。手机扫描书中的二维码进行查看，随时随地获取学习内容，享受学习新体验。

多媒体资源：

- 授课用PPT课件
- 主要知识点讲解微视频
- 典型习题参考答案
- 立体模型

★ 如您有任何问题，可加入QQ群：
工科类教学研究中心：240616551

前　言

本书是江苏省高等职业教育数控技术高水平专业群建设成果，在装备制造类专业机械制图课程的教学改革中具有引领作用。

本书依据行业的最新发展需求选取内容，内容编排以中级制图员职业岗位标准为依据，以绘制与识读技能为主线，符合高职人才培养目标的要求。本书在编写过程中贯彻落实《高等学校课程思政建设指导纲要》，融入党的二十大精神，渗透工匠精神，培养学生“强国有我”的使命担当意识，厚植学生爱国情怀。主要内容包括轴套类、盘盖类、叉架类以及箱体类零件的图样绘制与识读，装配体的测绘与识读，以及使用第三角投影绘制机件图样等，涵盖职业素养、知识点以及技能点。

本书的编写思路是：

1. 按零件的结构分类，将内容分为六大模块。

2. 以工作过程为导向设置教学任务，任务的设置以企业真实产品为载体，由简单到复杂，由单一到综合，符合教学规律和认知规律。

3. 将工作任务转换为学习任务，学习过程围绕工作过程展开。

4. 对任务进行分析，引出相关知识。

5. 进行任务实施，突出对学生技能的培养。

6. 配套习题集作为考评依据，巩固、提高学习效果。

本书的编写思路符合人才培养目标的要求，学习项目有具体的载体，学生在学习过程中有成就感，有利于培养学生的学习能力、实践能力和解决问题的能力。

本书的教学实施建议：在学习本课程之前，建议先进行校内或校外实训基地参观、访问或认识实习，使学生对机械制造有一个初步的感性认识。在教学过程中，建议按“理实一体化”的思路组织教学，有条件的学校可提供具有企业氛围的学习环境。

为方便教学，本书配套PPT教学课件、习题参考答案、动画视频等资源，其中部分资源以二维码形式在教材中呈现，学生可利用移动设备随时扫码、随时学习。

本书由潘安霞、朱月红担任主编，陆萍、付春梅担任副主编，石云飞参与编写，中车戚墅堰机车车辆工艺研究所有限公司高级工程师刘云清担任本书主审。具体编写分工如下：模块一由陆萍编写；模块二由潘安霞、陆萍编写；模块三由付春梅编写；模块四由石云飞编写；模块五、模块六由潘安霞、朱月红编写；附录由潘安霞编写。本书所有CAD图形由陆萍和付春梅绘制。

本书的编写得到了杰出校友、全国劳动模范马艳东的大力支持和帮助，在此一并致谢。

限于编者的水平，书中难免有错误与不当之处，恳请读者批评指正。

编　者

目　录

模块一　轴套类零件的图样绘制与识读

项目一　磁铁座零件图的绘制与识读

任务1　绘制磁铁座零件图

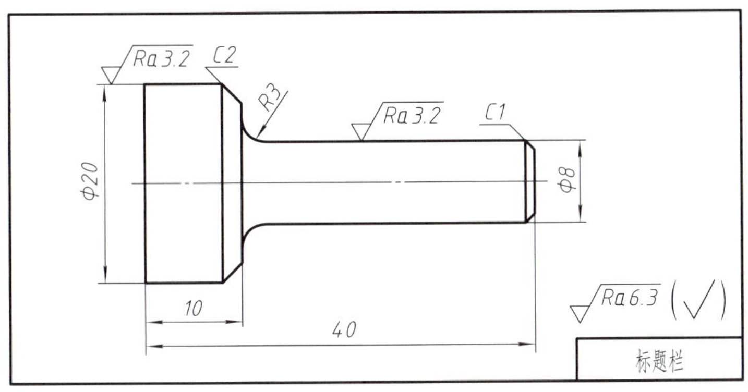

图1-1　磁铁座零件图

任务引入

使用尺规抄绘磁铁座零件图。

任务分析

分析图1-1所示磁铁座零件图的组成：图形线段、尺寸及尺寸标注、符号及文字、图框和标题栏等，建立零件图的初步概念，用尺规抄绘磁铁座零件图。

相关知识

一、制图的基本规定

1. 图纸幅面和格式(GB/T 14689—2021)

1）图纸幅面

图纸的长度和宽度决定了图面的大小。绘制图样时，应优先采用图1-2所示的国家标准规定的五种图纸基本幅面，代号分别为 A0、A1、A2、A3、A4。

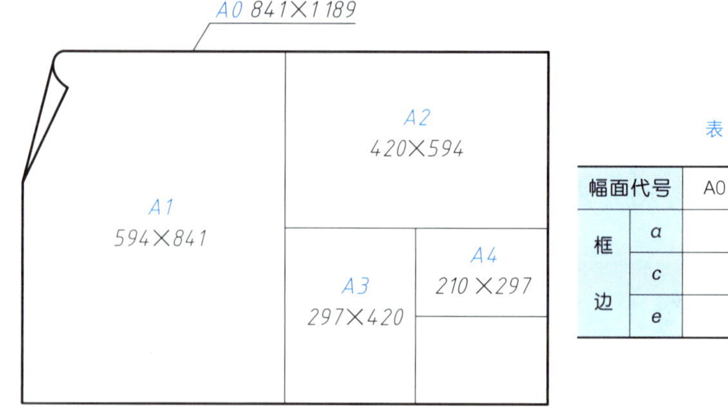

图 1-2　图纸基本幅面的尺寸关系

表 1-1　框边尺寸　　mm

幅面代号		A0	A1	A2	A3	A4
框边	a	25				
	c	10			5	
	e	20		10		

2）图框格式

图纸上用于规定绘图区域的线框称为图框，其格式分为留装订边和不留装订边两种（图 1-3(a)为留装订边，图 1-3(b)、(c)为不留装订边）。同一零件的图样只能采用一种格式。框边尺寸见表 1-1。

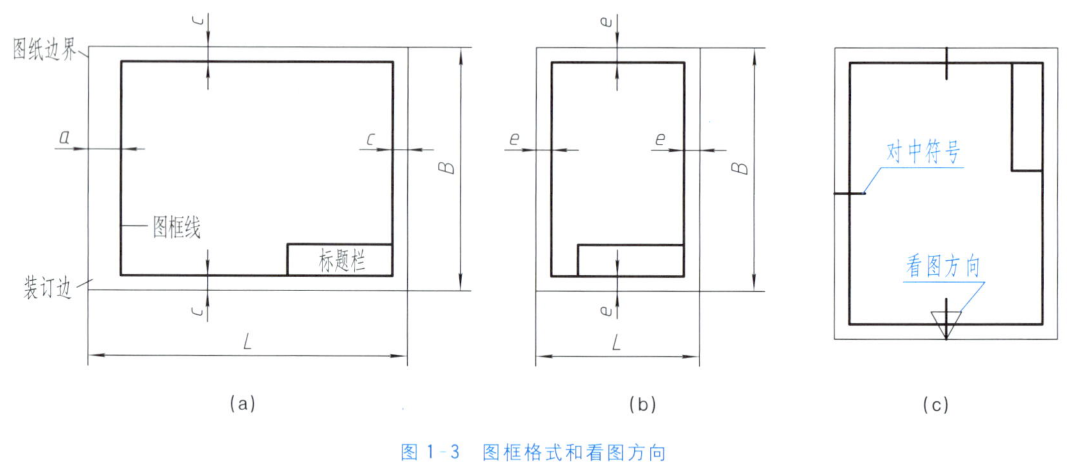

图 1-3　图框格式和看图方向

3）对中符号和看图方向

标题栏中文字的方向为看图方向。为使图样复制时定位方便，可以在各边长的中点处分别画出粗实线标示的对中符号。如果使用预先印制的图纸，当需要改变标题栏的方位时，须将图纸逆时针旋转，直至标题栏位于图纸右上角。此时，为了看图与绘图方便，应在图纸的下边对中符号处画出方向符号，如图 1-3(c)所示。

4）标题栏

在图框右下角绘制标题栏，国家标准（GB/T 10609.1—2017）对标题栏的内容、格式及尺寸作了统一规定。本书制图作业采用的标题栏格式如图 1-4 所示。

<table>
<tr><td>制图</td><td>(姓名)</td><td>(日期)</td><td rowspan="2">图名</td><td>比例</td><td></td></tr>
<tr><td>审核</td><td></td><td></td><td colspan="2" rowspan="2">(图号)</td></tr>
<tr><td colspan="3">(校名　　学号)</td><td>(材料)</td></tr>
</table>

10　25　20　10　10　3×7=21　120

图 1-4　作业用标题栏格式

2. 比例(GB/T 14690—2018)

比例是指图样中图形与其实物相应要素的线性尺寸之比。绘制图样时,应选用适当的比例,优先选用原值比例(1∶1)。若机件太小或太大,可采用放大或缩小的比例进行绘制。比例数值可优先从表 1-2 中选取,选用比例的原则是有利于对零件的清晰表达和对图纸幅面的有效利用。不论采用何种比例绘图,标注尺寸时仍按机件的实际尺寸标注,如图 1-5 所示。

表 1-2　常用比例(GB/T 14690—2018)

种　　类	比　　例
原值比例	1∶1
放大比例	2∶1　2.5∶1　4∶1　5∶1　10∶1
缩小比例	1∶1.5　1∶2　1∶2.5　1∶3　1∶4　1∶5

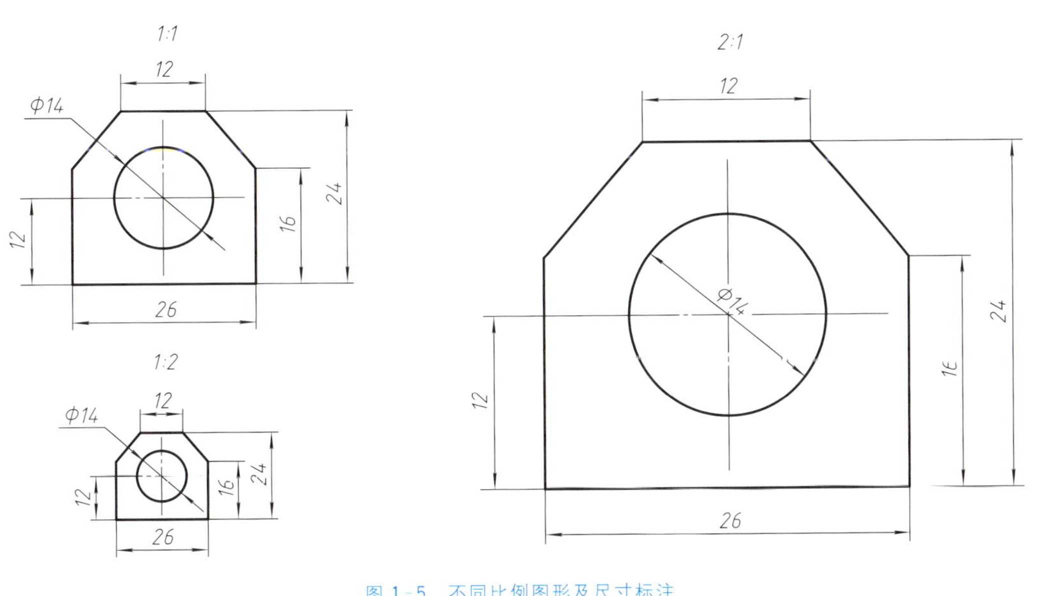

图 1-5　不同比例图形及尺寸标注

3. 字体(GB/T 14691—1993)

图样中书写的汉字、数字和字母,必须做到:字体工整、笔画清楚、间隔均匀、排列整齐。字体的高度用字号表示，分为 20、14、10、7、5、3.5、2.5、1.8（单位：mm）。

汉字应写成长仿宋体，并采用国家正式公布推行的简化字。汉字的高度不应小于 3.5 mm，宽度一般为字高的 $1/\sqrt{2}$（≈0.7）。

数字和字母可写成直体或斜体，斜体字字头向右倾斜，与水平基准线约成 75°。

4. 图线（GB/T 17450—1998、GB/T 4457.4—2002）

1）图线的线型及应用

绘图时采用国家标准规定的图线线型和画法。国家标准《技术制图　图线》规定了绘制技术图样的 15 种基本线型。根据 15 种基本线型及其变形，机械制图国家标准又规定了用于绘制机械图样的 9 种线型。图线的线型与应用见表 1-3。

表 1-3　图线的线型与应用（GB/T 4457.4—2002）

图线名称	图线线型	图线宽度	一般应用举例
粗实线	————————	d	可见轮廓线
细实线	————————	$d/2$	尺寸线及尺寸界线 剖面线 重合剖面的轮廓线 过渡线
细虚线	— — — — — — — — — -	$d/2$	不可见轮廓线
细点画线	———— - ————	$d/2$	轴线 对称中心线 轨迹线
粗点画线	———— - ————	d	限定范围表示线
细双点画线	———— - - ————	$d/2$	相邻辅助零件的轮廓线 极限位置的轮廓线
波浪线	～～～～	$d/2$	断裂处的边界线 视图与剖视的分界线
双折线	——∧/——∧/——	$d/2$	同波浪线
粗虚线	— — — — — — — — — -	d	允许表面处理的表示线

2）图线宽度

机械图样中采用粗细两种图线宽度，它们的比例为 2∶1。图线宽度 d 应按图样的类型和尺寸大小，在以下数系中选取：0.13、0.18、0.25、0.35、0.5、0.7、1.0、1.4、2（单位：mm）。粗线宽度一般采用 d=0.5 mm 或 0.7 mm。

3）图线画法

图线画法如图 1-6 所示。

（1）同一图样中同类图线的宽度应基本一致。虚线、点画线及双点画线的线段长度和间隔应大致相同。

（2）两平行线间的距离应不小于粗实线的两倍宽度，其最小距离应不得小于 0.7 mm。

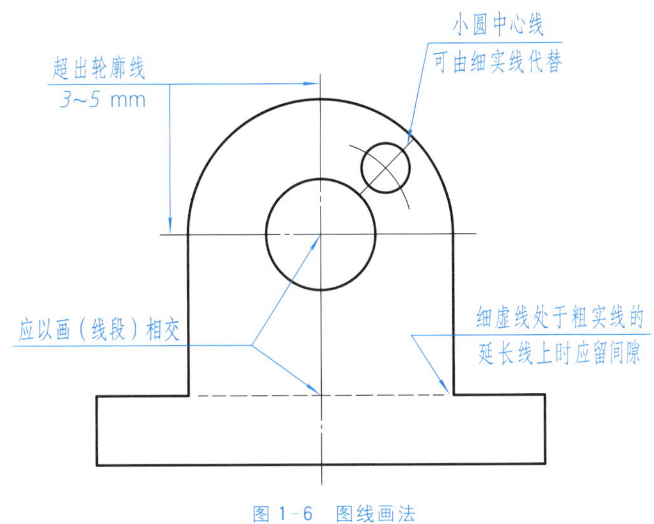

图 1-6　图线画法

(3) 虚线与虚线、虚线与其他线相交，应是线段相交。当细虚线处于粗实线的延长线上时，细虚线与粗实线之间应留有间隙，如图 1-6 所示。

(4) 绘制圆的对称中心线时，圆心应为线段的交点。点画线、双点画线的首尾两端应是线段而不是点，并超出圆的轮廓线 3～5 mm，如图 1-6 所示。在较小的图形上绘制细点画线和细双点画线有困难时，可用细实线代替，如图 1-6 所示。

5. *尺寸注法*(GB/T 4458.4—2003、GB/T 19096—2003、GB/T 16675.2—1996)

尺寸是图样中不可缺少的重要内容之一，是制造零件的直接依据。在标注尺寸时，必须严格遵守国家标准的有关规定，做到正确、完整、清晰、合理。

1) 基本规则

(1) 机件的真实大小应以图样上所注的尺寸数值为依据，与图形的大小及绘图的准确度无关。

(2) 图样中的尺寸以 mm 为单位时，不必标注计量单位的符号或名称。如果用其他单位，则必须注明相应的单位符号。

(3) 图样中所注的尺寸为该图样所示机件的最后完工尺寸，否则应另加说明。

(4) 机件的每一尺寸一般只标注一次，并应标注在表示该结构最清晰的图形上。

2) 尺寸的组成

一个完整的尺寸包括尺寸界线、尺寸线、尺寸线起止符号和尺寸数字，如图 1-7 所示。

(1) 尺寸界线　尺寸界线表示尺寸的度量范围，一般用细实线绘出，由轮廓线及轴线、中心线引出，也可利用轴线、中心线和轮廓线作尺寸界线，如图 1-7 所示。尺寸界线一般应与尺寸线垂直，必要时才允许倾斜，如图 1-8 所示。

(2) 尺寸线　尺寸线表示所注尺寸的度量方向和长度，必须用细实线单独绘出，不能由其他线代替。标注直线尺寸时，尺寸线应与所注尺寸部位的轮廓线(或尺寸方向)平行，且尺寸线之间不应相交。尺寸线与轮廓线相距 5～10 mm。尺寸界线超出尺寸线 2～3 mm。正确与错误的尺寸线标注如图 1-9 所示。

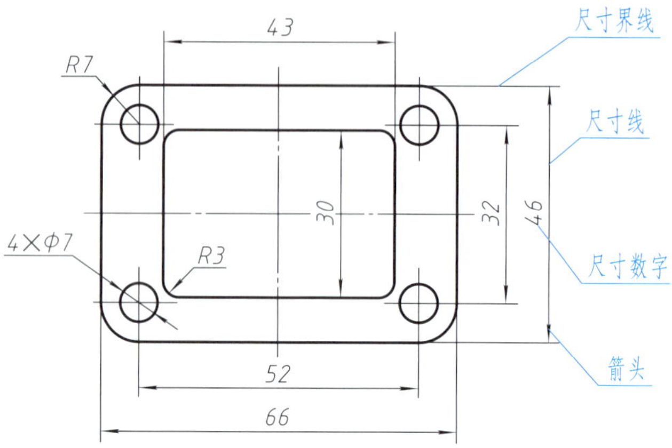

图 1-7　尺寸的组成

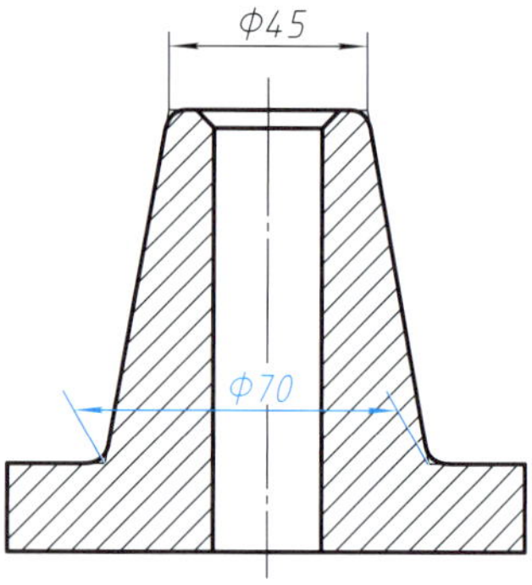

图 1-8　倾斜的尺寸界线

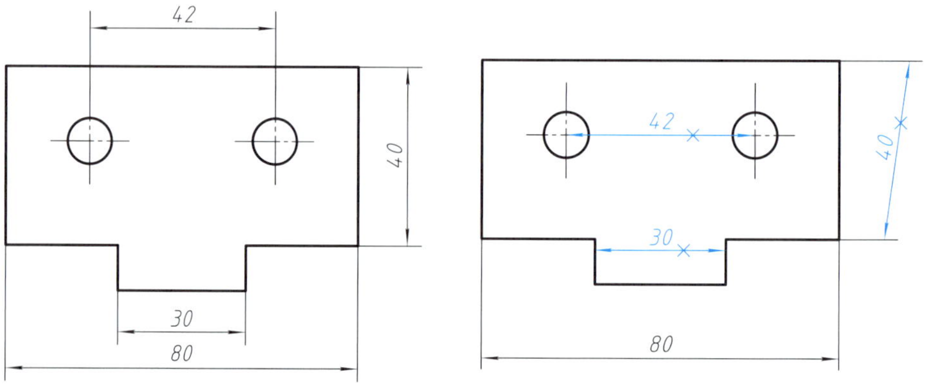

(a) 正确

(b) 错误

图 1-9　尺寸线标注

(3) 尺寸线起止符号　尺寸线起止符号有两种形式:箭头和斜线,如图 1-10 所示。在同一张图样上只能采用同一种尺寸起止符号形式。机械图样上的尺寸起止符号一般为箭头(图中“d”为粗实线的宽度),箭头表明尺寸的起止,其尖端应与尺寸界线接触,尽量画在所注尺寸的区域之内。在同一张图样中,箭头大小应一致。尺寸线起止符号采用斜线时,尺寸线与尺寸界线必须互相垂直,斜线用细实线绘制(图中“h”为字体高度)。

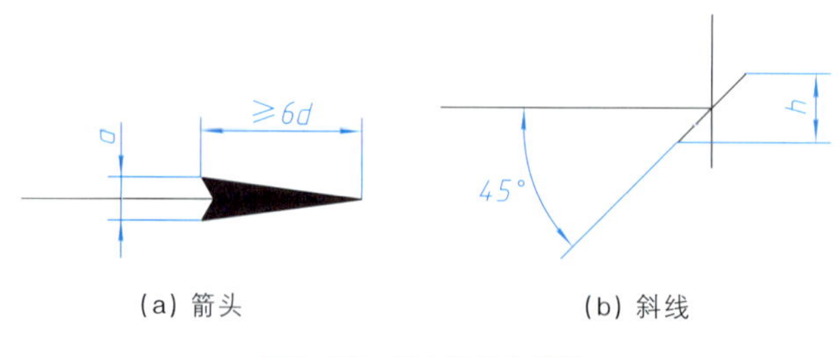

(a) 箭头　　(b) 斜线

图 1-10　尺寸线起止符号

(4) 尺寸数字　尺寸数字用来表示机件的实际大小,数字大小一般为3.5号字,且应保持同一张图样上尺寸数字字高一致。线性尺寸的数字通常注写在尺寸线的上方或中断处,尺寸数字不允许任何图线通过,否则需将图线断开,当图中没有足够的地方标注尺寸时,可引出标注,如图 1-11 所示。

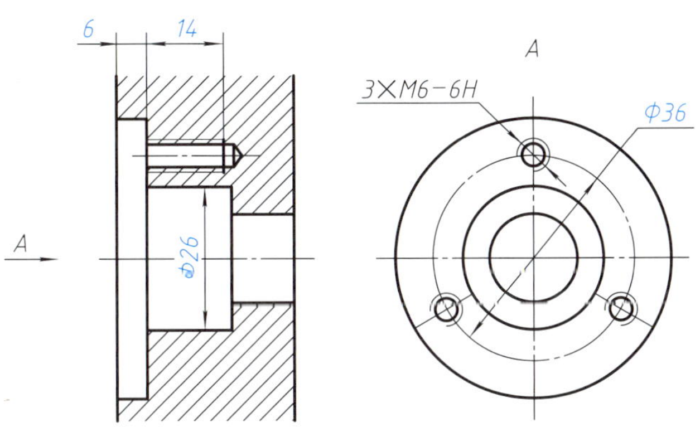

图 1-11　尺寸数字标注

线性尺寸数字的注写方向如图 1-12(a)所示,水平方向的尺寸数字字头向上,垂直方向的尺寸数字字头向左,倾斜方向的尺寸数字字头偏向斜上方。应尽量避免在图 1-12(a)所示 30°范围内标注尺寸,当无法避免时,可按图 1-12(b)所示的用引出线形式标注。对于非水平方向的尺寸,其数字也可水平地注写在尺寸线的中断处,如图 1-12(c)所示。

角度的数字一律写成水平方向,一般注写在尺寸线的中断处,如图1-13(a)所示。必要时也可按图 1-13(b)所示的形式标注。尺寸数字不允许任何图线通过,否则必须将该图线断开。

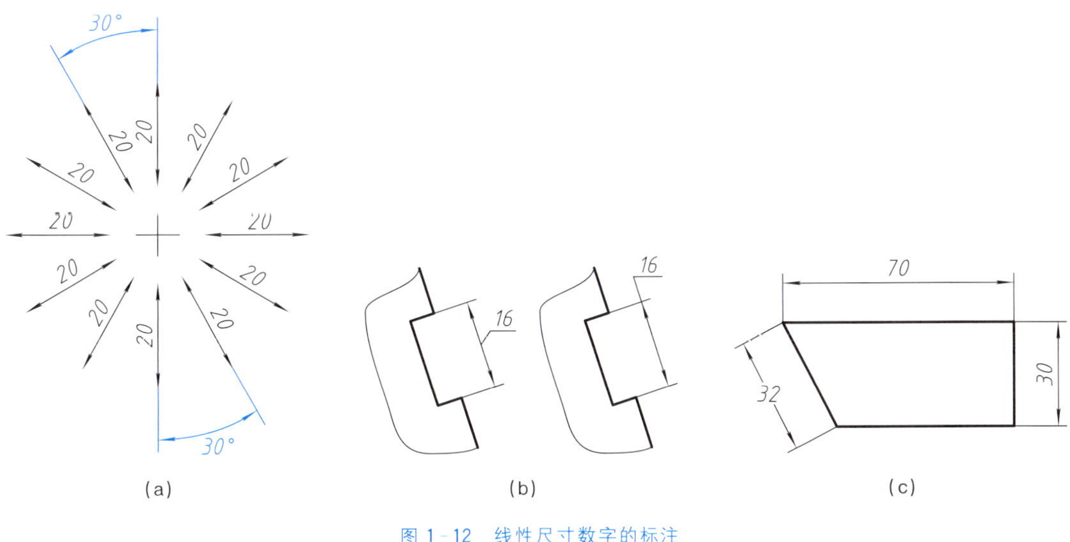

图 1-12　线性尺寸数字的标注

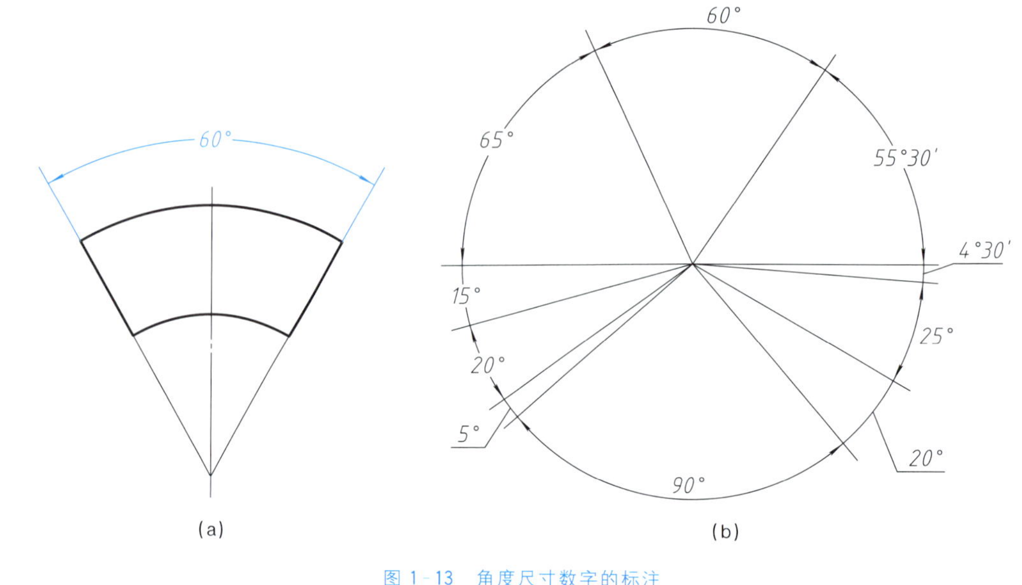

图 1-13　角度尺寸数字的标注

在没有足够的位置画箭头或注写数字时，可按图 1-14 所示的形式标注。

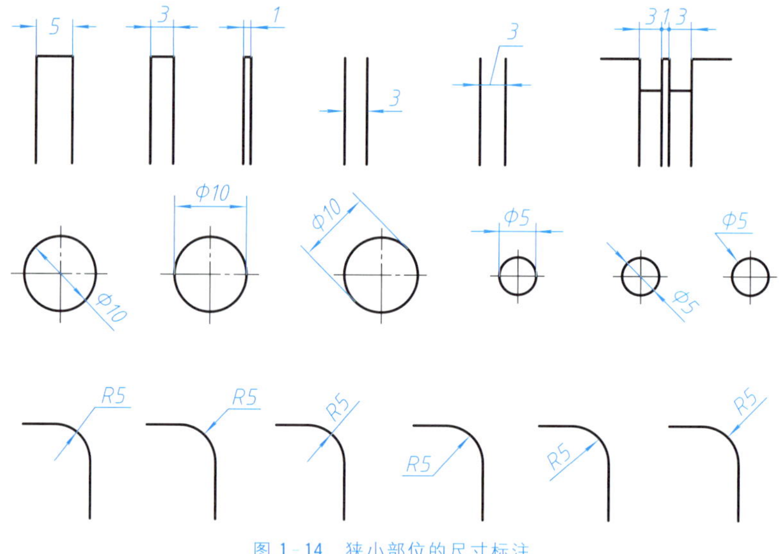

图 1-14　狭小部位的尺寸标注

二、常用几何图形的画法

1. 圆弧连接

1）圆弧连接作图原理

用轨迹方法分析圆弧连接的基本原理见表 1-4。

表 1-4 圆弧连接的基本原理

类 别	与定直线相切的圆心轨迹	与定圆外切的圆心轨迹	与定圆内切的圆心轨迹
图 例	连接圆弧 R O 圆心轨迹 O′ T 已知直线 T 连接点(切点)	连接圆弧 R O 圆心轨迹 T R_1+R R_1 已知圆弧 O′ T 连接点(切点) O_1	已知圆弧 T R O 圆心轨迹 连接圆弧 R_1 R_1-R 连接点(切点) O′ T O_1
连接圆弧圆心的轨迹及切点位置	当一个半径为 R 的连接圆弧与已知直线连接(相切)时，连接圆弧圆心 O 的轨迹是与定直线相距为 R 且平行于定直线的直线；切点即为连接圆弧圆心向已知直线所作垂线的垂足 T	当一个半径为 R 的连接圆弧与已知圆弧(半径为 R_1)外切时，连接圆弧圆心的轨迹是已知圆弧的同心圆弧，其半径为 R_1+R；切点即为两圆心连线与已知圆的交点 T	当一个半径为 R 的连接圆弧与已知圆弧(半径为 R_1)内切时，连接圆弧圆心的轨迹是已知圆弧的同心圆弧，其半径为 R_1-R；切点即为两圆心连线与已知圆的交点 T

2）圆弧连接的作图步骤

圆弧连接的一般步骤为：找圆心→找切点→连接圆弧。圆弧连接作图步骤见表 1-5。

表 1-5 圆弧连接作图步骤

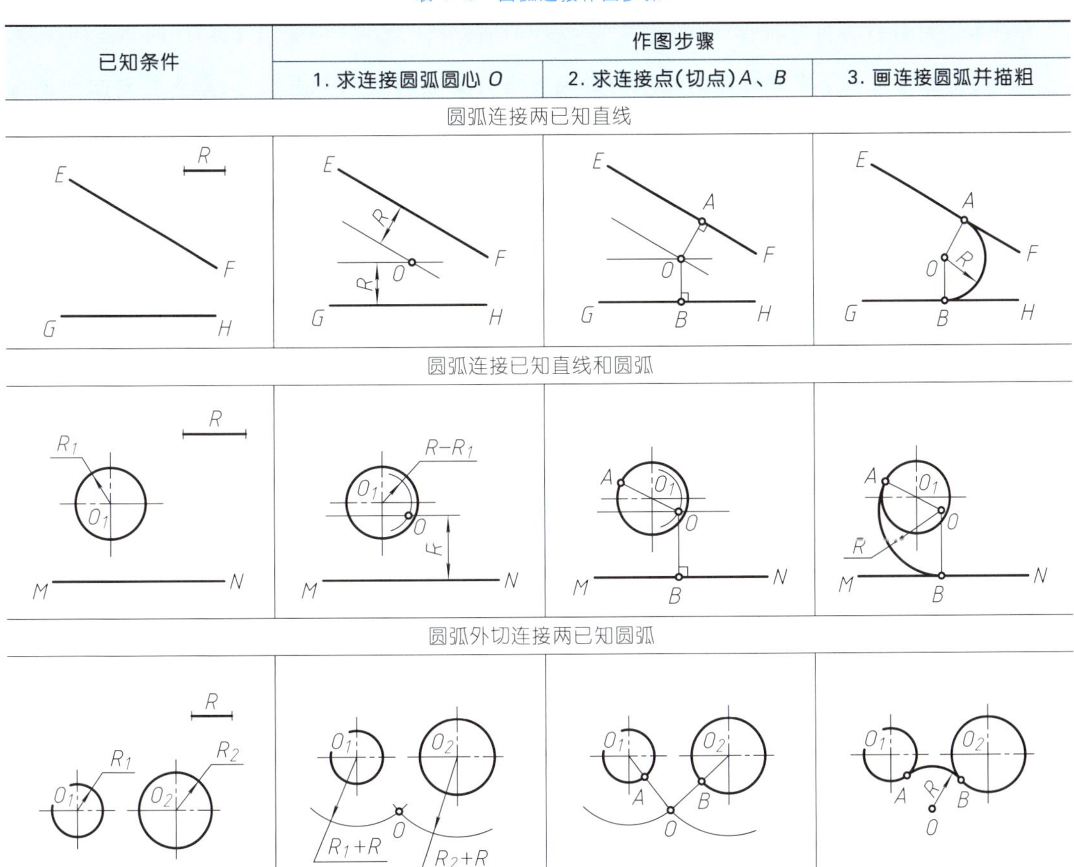

已知条件	作图步骤		
	1. 求连接圆弧圆心 O	2. 求连接点(切点)A、B	3. 画连接圆弧并描粗
圆弧连接两已知直线			
E F G H R	E F G H R O	E F G H A O B	E F G H A O R B
圆弧连接已知直线和圆弧			
R_1 O_1 R M N	$R-R_1$ O_1 O R M N	A O_1 O M N B	A O_1 O R M N B
圆弧外切连接两已知圆弧			
R R_1 R_2 O_1 O_2	O_1 O_2 O R_1+R R_2+R	O_1 O_2 A B O	O_1 O_2 A R B O

续 表

已知条件	作图步骤		
	1. 求连接圆弧圆心 O	2. 求连接点(切点)A、B	3. 画连接圆弧并描粗
圆弧内切连接两已知圆弧			
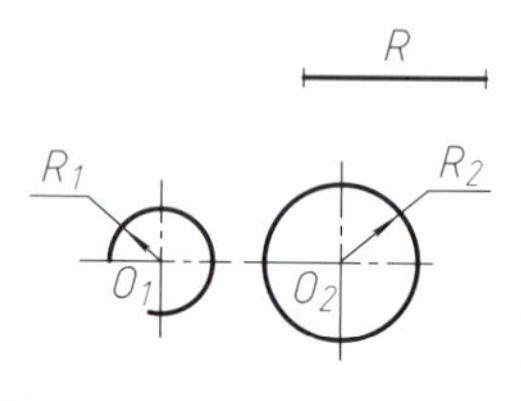	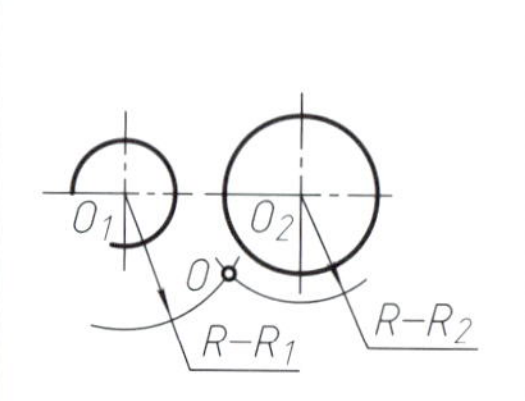	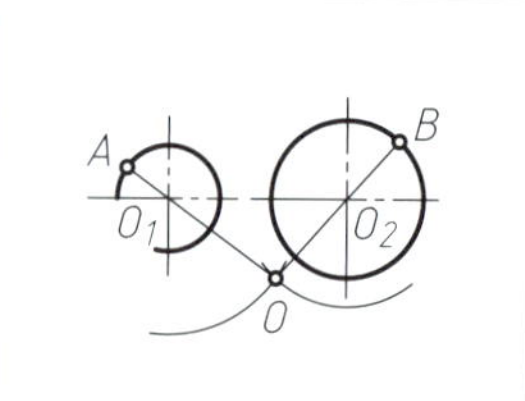	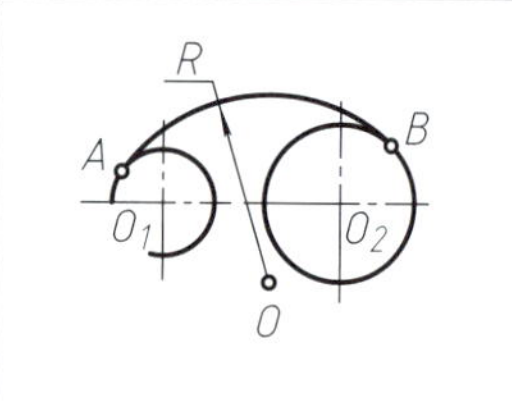
圆弧分别内外切两已知圆弧			
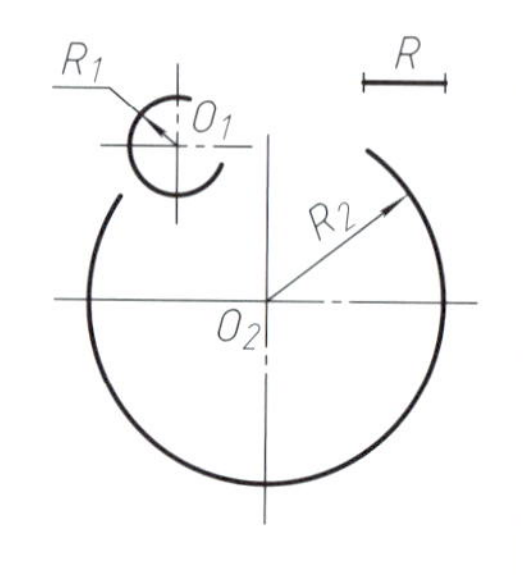	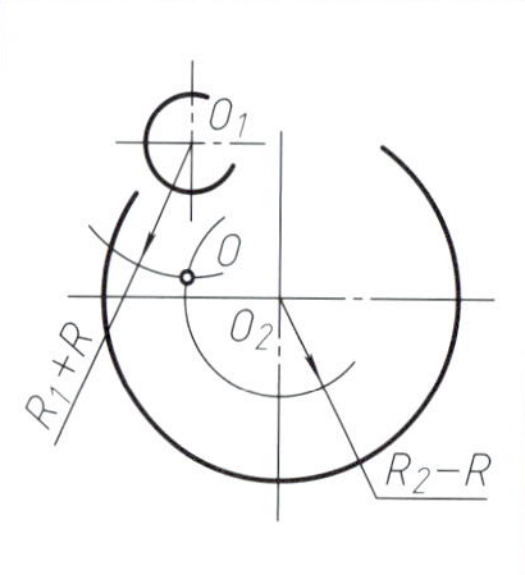	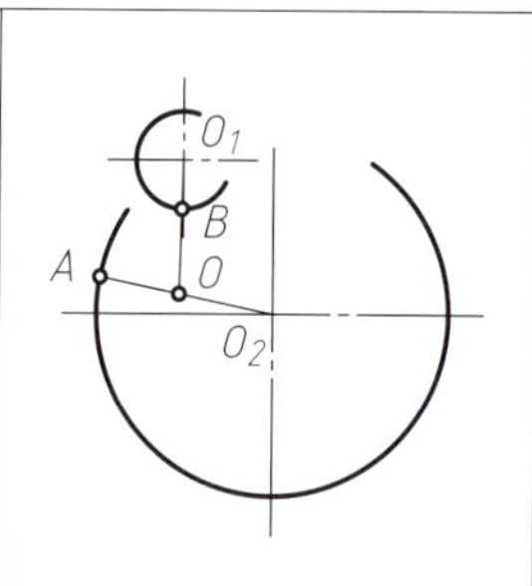	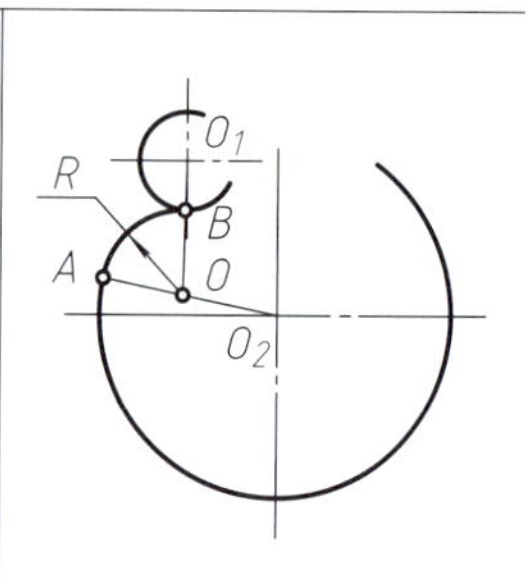

2. 平面图形的分析与画法

平面图形是由若干直线和曲线组成的封闭线框。要准确绘制平面图形，首先要对图形进行尺寸分析和线段分析，以明确作图顺序，正确快速地画出图形和标注尺寸。现以图 1－15 所示手柄为例进行分析。

1）尺寸分析

（1）定形尺寸　确定平面图形中的各线段或线框形状大小的尺寸，如线段的长度和圆的直径、圆弧的半径以及角度大小等，如图 1－15 中的 ϕ20、ϕ5、15、R15、R12、R50、R10、ϕ32 等。

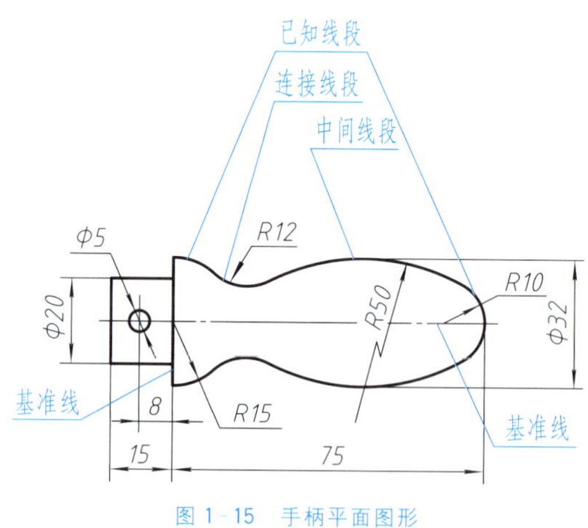

图 1－15　手柄平面图形

（2）定位尺寸　确定平面图形中线段或线段间相对位置的尺寸。如线段起点、圆弧圆心的位置等。如图 1-15 中的 8 是确定 $\phi5$ 小圆位置的定位尺寸。在平面上确定图形的位置一般有两个方向的定位尺寸(即长度和宽度)。有时,同一个尺寸既是定形尺寸又是定位尺寸。如 $\phi32$ 既是手柄粗细的定形尺寸,又是 $R50$ 圆弧的定位尺寸;75 既是手柄长度的定形尺寸,又是 $R10$ 圆弧的定位尺寸。

(3) 尺寸基准　定位尺寸的起点称为尺寸基准。平面图形中通常以图形对称线、较长的直线、圆或圆弧的中心线、图形的底线及边线等作为尺寸基准。

平面图形中,长度与宽度方向应各有一个主要基准,复杂的图形还可能有一个或几个辅助基准。如图 1-15 手柄图形的尺寸 15 的右边线为水平(长度)方向的尺寸基准,图形上下对称线为垂直(宽度)方向的尺寸基准。

2) 线段分析

平面图形的作图,关键问题在于是否清楚作图顺序。先画哪些线段,后画哪些线段,需要对图形进行线段分析。根据线段所具有的定形和定位尺寸以及线段间的几何关系,可以将平面图形中的线段分为三类。

(1) 已知线段　定形、定位尺寸齐全的线段称为已知线段。已知线段可以直接由尺寸作出,如图 1-15 中的 $\phi5$、$R10$、$R15$。

(2) 中间线段　已知定形尺寸和一个方向的定位尺寸的线段称为中间线段。中间线段需要根据与已知线段之间的几何关系先确定线段的位置,再由已知定形尺寸作出,如图 1-15 中由 $\phi32$ 确定的圆弧 $R50$ 即为中间线段。作图时先分析圆弧 $R50$ 与由 $\phi32$ 尺寸确定的两条直线相切,则 $R50$ 圆弧的圆心轨迹为距对称线上、下各 34(由 50－16 算得)的两条水平线,画出这两条水平线后,再由圆弧 $R50$ 与圆弧 $R10$ 相内切,确定圆弧 $R50$ 的圆心,最后,根据定形尺寸即可作出圆弧 $R50$。

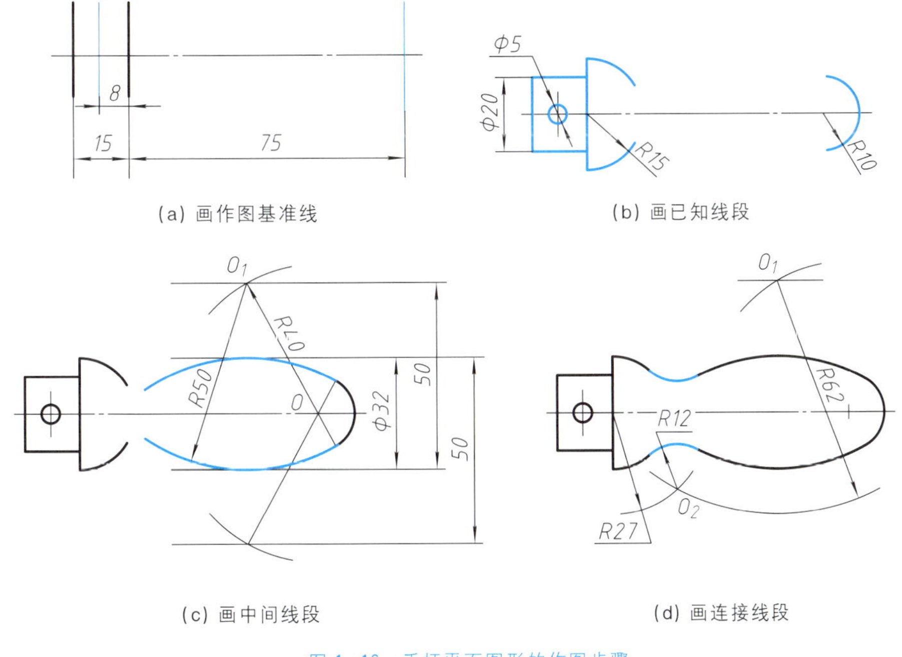

图 1-16　手柄平面图形的作图步骤

(3) 连接线段　已知定形尺寸的线段称为连接线段。作图时需要根据其与已知线段和中间线段之间的几何关系来确定线段的定位尺寸，从而作出连接线段，如图 1-15 中的圆弧 $R12$ 分别与圆弧 $R50$ 和 $R15$ 相外切。

图 1-16 所示为手柄图形的作图步骤。图 1-16(a)为画作图基准线，图1-16(b)为画已知线段，图 1-16(c)为画中间线段，图 1-16(d)为画连接线段。

任务实施

步骤一　准备工作

首先查看磁铁座零件图(图 1-1)上图形的长度 40 和直径 20，根据尺寸选用图幅 A4，确定比例 2∶1，然后将图纸固定，初步拟定具体的作图顺序。

步骤二　绘制底稿

画底稿时，图线应细而轻淡，铅笔芯应经常修磨以保持尖锐，作图力求准确。绘制磁铁座零件图的步骤如图 1-17 所示。

1. 画中心线

画底稿时首先应考虑整体布局，即图形在图纸上的分布，应根据图形大小、尺寸标注的所占位置画出一条长约 44×2 的中心线，将图形合理地布置在图纸上，如图 1-17(a)所示。

2. 画轮廓线

使用分规按 10×2、30×2 的尺寸在中心线上截取点，过截取点作垂线，如图 1-17(b)所示。按 10×2、4×2 尺寸截取，连接各点，完成轮廓线绘制，如图 1-17(c)所示。

3. 画图形中间和右端的斜线

图 1-1 中的 45°斜线又称倒角线。如图 1-17(d)所示，沿竖直和水平方向分别量取倒角尺寸 2 mm 与 1 mm，画出的斜线即为倒角。

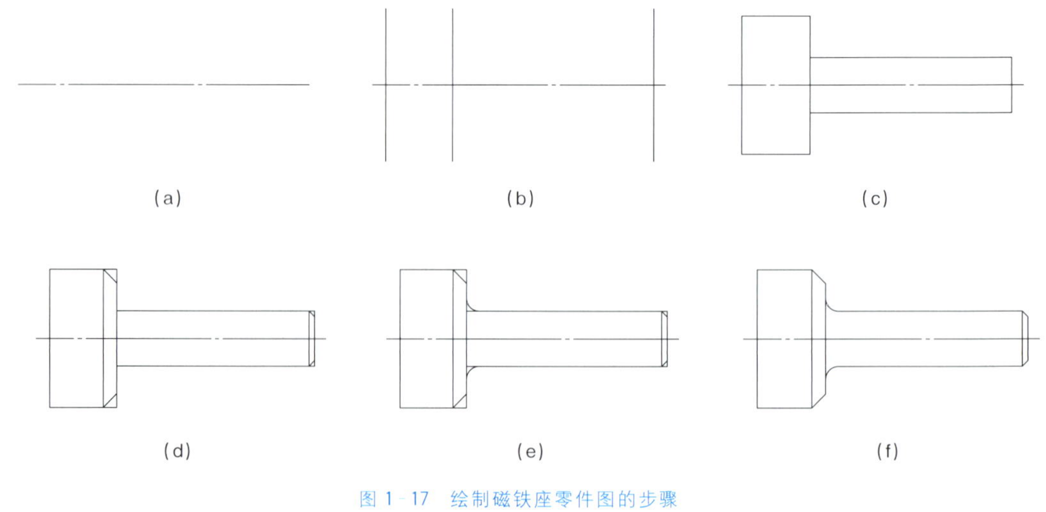

图 1-17　绘制磁铁座零件图的步骤

4. 画图形中的倒圆 $R3$

$R3$ 为直角处的圆弧连接，利用直角处的圆弧连接方法画出，如图 1-17(e)所示。

5. 清理图面

擦去多余的线条，准备加深。擦除后的图形如图 1-17(f)所示。

步骤三　加深描粗图形

对底稿检查一遍，把画错的线和不需要的线全部擦去。用 2B 铅笔加深粗线，用 HB 或 H 铅笔加深细线。加深时，用力要均匀一致，以免线条粗细、浓淡不均。加深图形时还要勤洗手、勤擦拭绘图工具，以保持图面的清洁。加深步骤如下：

拓展阅读

倒圆的重要性

1. 按先水平后垂直的顺序加深细点画线。

2. 按先水平后垂直的顺序自上而下、自左而右地加深粗实线，最后加深倾斜的粗实线。

3. 加深尺寸界线、尺寸线，并用擦图片绘制箭头及表面粗糙度符号等，箭头应符合规定，大小一致。

4. 加深时必须细心，按“先粗后细、先曲后直、先水平，再垂直，最后倾斜”的顺序绘制，应做到同类图线规格一致，线段连接光滑。

步骤四　注写尺寸数字、填写技术要求、标题栏

用标准字体注写尺寸数字、填写技术要求、标题栏等。注意尺寸数字一律按图形上所标注的数字书写。

步骤五　检查补漏

检查图形是否正确，有无漏注尺寸或漏画箭头，完成如图 1-1 所示磁铁座零件图。

任务2　识读磁铁座零件图

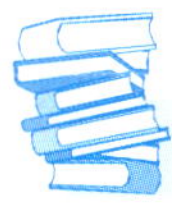

任务引入

在机械制造职业岗位中，对零件进行加工是一项重要的工作任务，要想加工出合格的产品，首先需要读懂零件图，识读零件图时，重点在于读取基本信息、形状尺寸、技术要求。本任务要求读懂磁铁座零件图。磁铁座的结构如图1-1 所示。

任务分析

运用正投影投影特性、圆柱与圆锥的单面视图等知识点，系统分析图 1-1 所示的磁铁座零件图，构建出如图 1-18 所示磁铁座的空间模型，从而培养空间想象与思维能力，同时初步了解图样中表面结构技术要求的含义。

图 1-18 磁铁座结构

相关知识

一、正投影法的基本理论

1. 投影法的概念与分类(GB/T 16948—1997、GB/T 14692—2008)

用日光或灯光照射物体时,在地面或墙面上会产生影子,这种现象称为投影。通过对影子的三要素(光、物、面)进行研究,从中概括出了投影法的概念。

视频

投影法分类

投影法是指投射线通过物体,向选定的面投射,并在该面上得到图形的方法。根据投影法所得到的图形称为投影,得到投影的平面称为投影面。

投影法分为中心投影法和平行投影法。投射线汇交于一点的投影法称为中心投影法,如图 1-19 所示。投射线相互平行的投影法称为平行投影法,如图 1-20 所示。根据投射线与投影面的相对位置(垂直或倾斜),平行投影法分为斜投影法和正投影法。

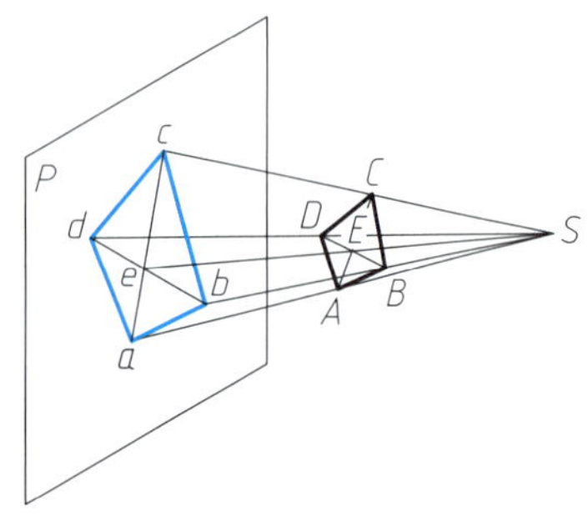

图 1-19 中心投影法

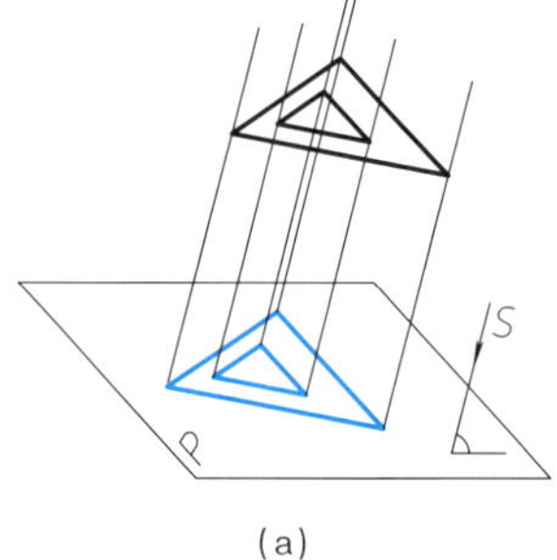

(a)

(b)

图 1-20 平行投影法

1) 斜投影法　投射线与投影面相倾斜的平行投影法。按斜投影法所得到的图形称为斜投影(斜投影图),如图 1-20(a)所示。

2) 正投影法　投射线与投影面相垂直的平行投影法。按正投影法所得到的图形称为正投影(正投影图),如图 1-20(b)所示。

正投影法的投射线互相平行且垂直于投影面,在投影面上能全面、正确地反映物体的真实形状和大小。因其作图方便、准确、度量性好,成为工程图样绘制的基本方法。作为机械制图的核心基础,绘制图样时应将正投影法作为首选。

2. 正投影的基本特性

1) 真实性

当物体上的直线段或平面平行于投影面时,其投影反映直线段的实长或平面实形,这种投影特性称为真实性,如图 1-21(a)所示。

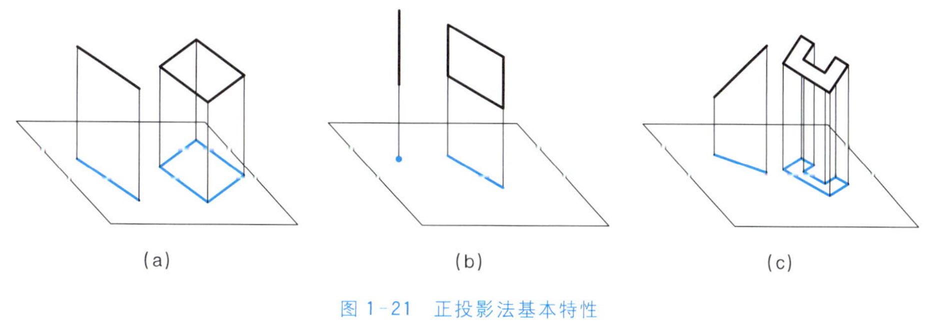

图 1-21 正投影法基本特性

2) 积聚性

当物体上的直线段或平面垂直于投影面时,直线段的投影积聚成点,平面的投影积聚成直线段,这种投影特性称为积聚性,如图 1-21(b)所示。

3) 类似性

当物体上的直线段或平面倾斜于投影面时,直线段的投影长度变短,平面的投影面积变小,但平面的投影为原形的类似形,这种投影特性称为类似性,如图 1-21(c)所示。

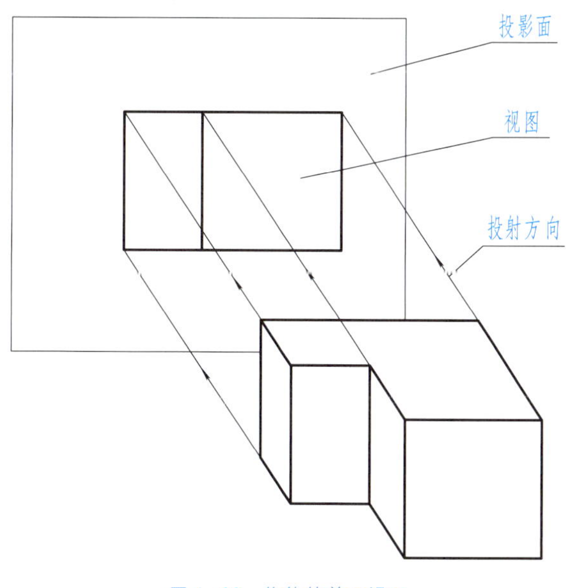

图 1-22 物体的单面视图

3. 单面视图的形成

根据有关标准和规定,用正投影法所绘制出物体的图形称为视图。视图一般只画机件的可见部分,必要时才画出其不可见部分。将物体上每一个面(平面或曲面),根据其相对于投影面的不同位置画出真实性投影或积聚性投影或类似性投影,综合起来就得到物体的单面视图,如图 1-22 所示。

一个视图一般不能反映物体的真实形状,如图 1-23 所示。

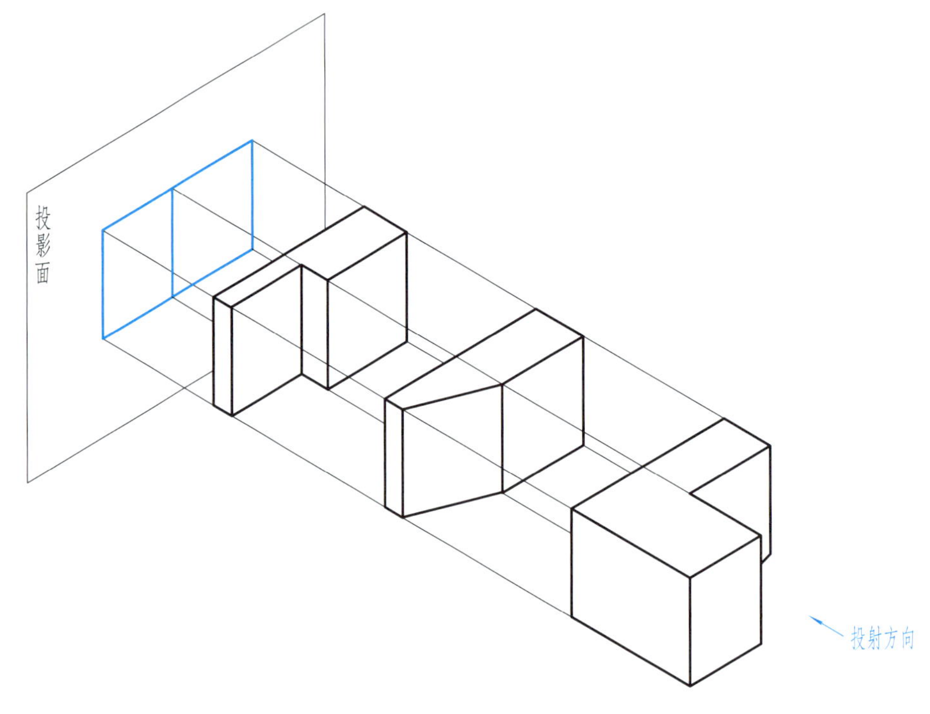

图 1-23　一个视图不能反映物体的真实形状

二、圆柱体和圆锥体的单面视图

圆柱体的单面视图如图 1-24 所示。当圆柱体的轴线与投影面平行时,圆柱轴线的投影用细点画线表示,圆柱面最上、最下两条轮廓线的投影用粗实线表示,圆柱两个底面的投影具有积聚性,投影也分别用粗实线表示。这样圆柱的单面视图为一个带中心线的矩形,矩形的长度即为圆柱的轴向长度,矩形的宽度即为圆柱的直径。

圆锥体的单面视图如图 1-25 所示。当圆锥体的轴线与投影面平行时,圆锥轴线的投影用细点画线表示,圆锥面最上、最下两条轮廓线用粗实线表示,圆锥底面的投影具有积聚性,投影也用粗实线表示。这样圆锥的单面视图为一个带中心线的等腰三角形,等腰三角形的高度为圆锥的轴向长度,其底边长度为圆锥底面的直径。

一般对圆柱体、圆锥体这样的回转体仅用这样的一个视图即可表达出它们的空间形状。

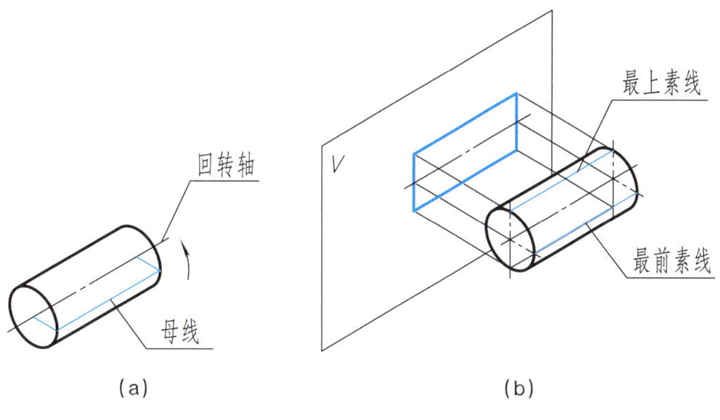

图 1-24 圆柱体的单面视图

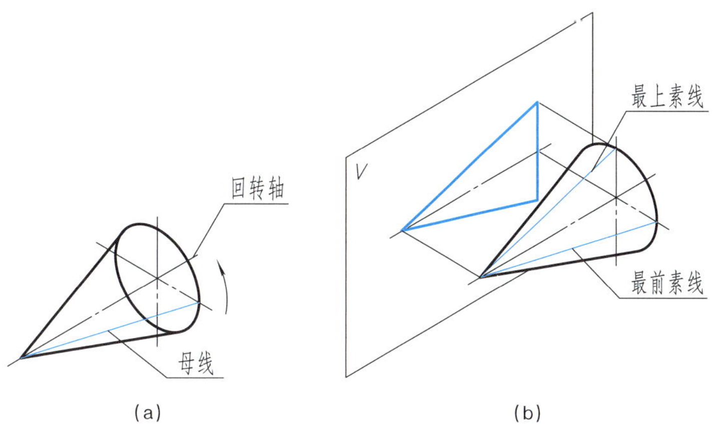

图 1-25 圆锥体的单面视图

任务实施

步骤一 获取零件的基本信息

磁铁座零件图如图 1-1 所示，绘制该图形所采用的比例为 2∶1(即图上线性尺寸是实际零件相应尺寸的 2 倍)。

步骤二 读形状

由图 1-1 是采用正投影方法绘制可知，零件上所有的棱线及其表面的投影线段组成了零件的视图。反之，零件的视图是由一些线段组成的，视图中的每条线段都是零件上棱线、中心线或零件表面的投影，即都对应有一定的空间含义。识读零件的图样就是将视图上的线段或由线段组成的封闭线框所代表的空间含义弄清楚，综合在头脑中形成零件的立体结构。

在该零件图中只有一个视图，该图形由一个矩形框、一个带有圆弧连接的矩形框，两个梯形框及一条中心线组成，由圆柱体、圆锥体的单面视图可知，该视图表达的空间结构为一轴线与投影面平行的两圆柱体和两段与圆柱体具有公共轴线的圆锥台组成，两圆柱体之间由圆弧面过渡。

从图形大小上可以看出主体为两个直径不等的圆柱体，两圆锥台很小。两段小的圆锥台通常为倒角，两圆柱体之间的圆弧面为倒圆。

通过分析该视图的标注，可知左侧圆柱体的直径为 ϕ20，长为 10，右侧圆柱体的直径为 ϕ8，长为 30，零件的总长为 40。两倒角 *C*1、*C*2 对应的圆锥台的高分别为 1、2，圆锥面的角度均为 45°。由此可以想象出它的立体形状，如图 1-18 所示。

步骤三　读尺寸标注

左侧圆柱体直径为 ϕ20，高为 10；右侧圆柱体的直径为 ϕ8，由总长 40 减去左侧圆柱体的高 10 得出右侧圆柱体的高为 30，倒角的尺寸为 *C*1、*C*2，倒圆的尺寸为 *R*3。

由此可以看出，确定磁铁座的形状大小共需 7 个尺寸。

步骤四　读技术要求

零件上所标的表面粗糙度符号表明，该磁铁座圆柱外圆表面需经过切削加工，保证表面粗糙度 *Ra* 值为 3.2 μm。

项目二　减速器输出轴零件图的绘制与识读

任务 1　绘制减速器输出轴零件图

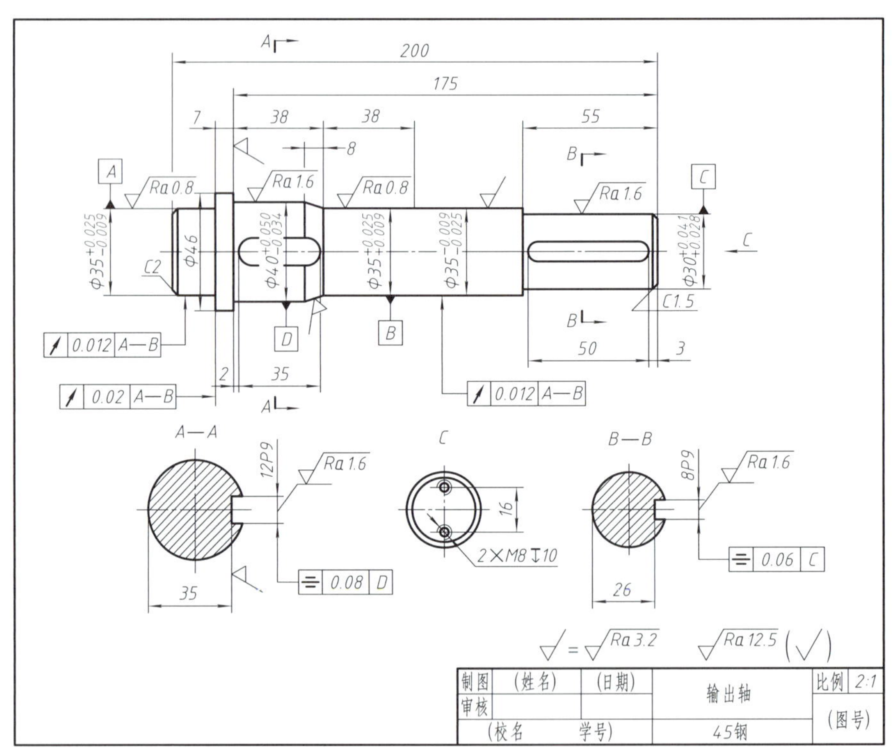

图 1-26　减速器输出轴零件图

尺规绘制减速器输出轴零件图。

任务分析

分析图 1-26 所示的减速器输出轴零件图，绘图时先画出视图的基准线，正确运用轴套类视图的表达方法绘制视图，尺寸标注时要注意基准的选择。同时，初步建立键连接、断面图、局部视图的概念。

相关知识

一、局部视图简介

将机件的部分结构向基本投影面投射所得的视图称为局部视图。如图 1-27 所示。其中，图 1-27(a)中的俯视图与主视图大致相同，为简便绘图，仅画出表达键槽形状的图形，并将其配置在主视图正上方，局部表达键槽结构形状，如图 1-27(b)所示。

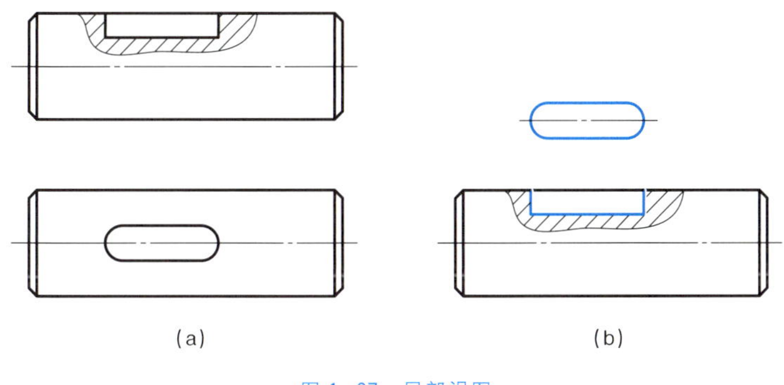

图 1-27 局部视图

二、断面图简介

假想用剖切面将机件的某处切断，仅画出剖切面与机件接触部分的图形称为断面图，简称断面，如图 1-28 所示。

三、键连接简介

在机器中，为了使轴与套在轴上的轮子(如带轮、齿轮)连接在一起，通常在轴和轮子上分别加工出一个键槽，并在键槽内装一个键，这就是键连接，如图 1-29 所示。

视频

键连接

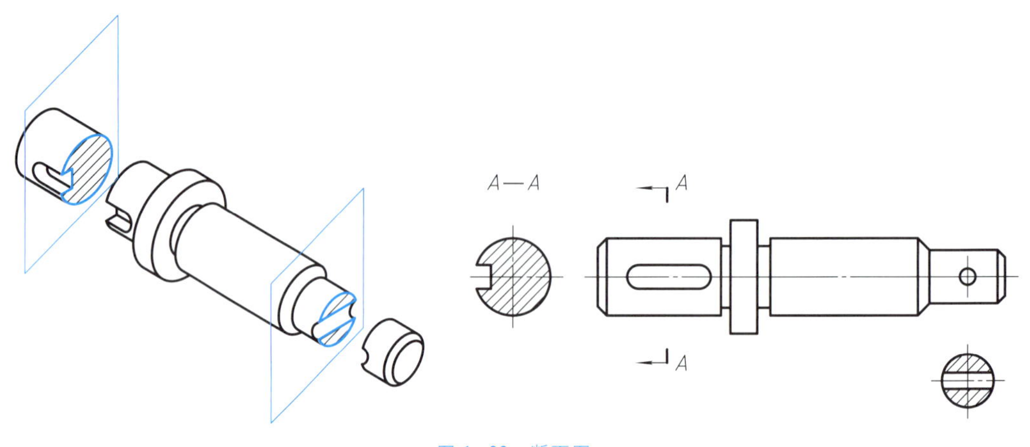

图 1-28 断面图

键连接是一种可拆卸连接。若轴或套在轴上的轮子两者中有一个零件旋转，即可通过键连接带动另一个零件一起旋转，达到传递扭矩的目的。

视频

断面图

由于传递动力的大小、轴和轮的结构尺寸以及使用要求存在差异，键的种类和规格很多，且已标准化，使用时，可按相关标准选用。此处选用的键为 A 型普通平键，其尺寸大小根据轴的直径确定，键的结构尺寸可查附表 12。键的长度应取标准尺寸，但必须小于轮毂的长度。例如图 1-26 中的轴直径为 40，可选用公称尺寸(键宽×键高)为 12×8 型号的 A 型普通平键。

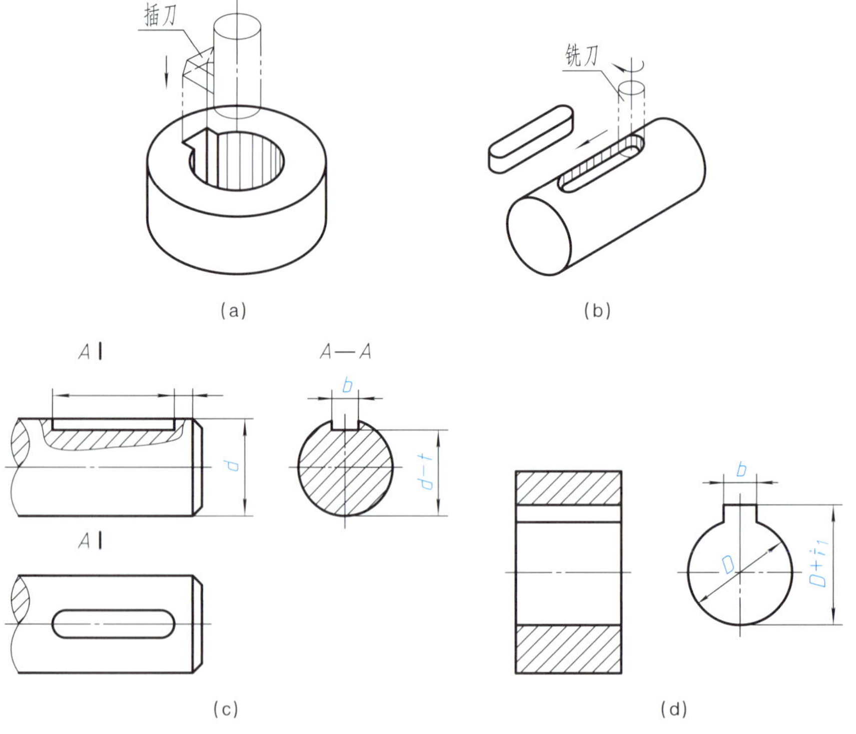

图 1-29 键槽的加工和尺寸标注

键槽的加工和尺寸标注如图 1-29 所示。

键的型号、大小确定后，首先要根据键的具体尺寸查有关标准得到轴上的槽深 t 和轮毂上的槽深 t_1，然后再按尺寸 t、t_1 分别加工轴和轮上的键槽。轮毂上的键槽一般用插刀或拉刀在插床或拉床上加工而成，如图 1-29(a)所示，因此，槽孔必须开通。而轴上的键槽是用立铣刀在立铣床上加工而成的，如图 1-29(b)所示，铣刀直径与平键宽度相同。键与键槽的侧面接触，键槽长度与平键等长，使键不能在轴上位移。

A 型普通平键的两头为圆头。绘制轴和轮的零件图时，要特别注意与键相配合的键槽的结构。

1. 轴上键槽的宽度 b 即为键的宽度，已知图 1-26 输出轴的直径 d 为 40，则可查表确定：轴上键槽宽为 12、轴上的槽深 t 为 5。轴上的键槽长度与所用键的长度相同，为 35。为测量及作图方便，轴的深度用 $d-t$ 来表示，如图 1-29(c)所示。

2. 与轴配合使用的轮上的键槽宽与键宽相同，根据轮的直径 D 为 40，则可查表确定：轮上键槽宽为 12、轮上的槽深 t_1 为 3.3，轮上键槽为开通的。为测量及作图方便，轮的深度尺寸用 $D+t_1$ 来表示，如图 1-29(d)所示。

任务实施

步骤一　绘图前准备

根据零件大小，选择合适的图纸幅面，将图纸固定在图板上，形成清晰的绘图思路，将视图合理地布局在图纸上。

步骤二　绘制视图

输出轴零件是由不同直径、不同长度的回转体组成的，将轴线水平放置，用一个基本视图即可以表达输出轴的整体结构，用局部视图表达右侧端面上的两个螺纹孔的大小和分布，用两个断面图分别表达左右两侧的两个键槽的结构。运用相关知识点（如圆柱、圆锥的单一视图的画法、轴上键槽的画法、局部视图的画法以及端面图的画法）进行输出轴的视图（零件图）的绘制，如图 1-30 所示。

步骤三　标注尺寸

根据图 1-26 所示输出轴零件图上的尺寸标注，在视图上进行相应的尺寸标注，保证尺寸的正确、完整和合理。

步骤四　标注技术要求

根据图 1-26 所示输出轴零件图上的标注，在视图相应位置标注技术要求。

步骤五　填写标题栏

填写标题栏，完成输出轴零件图的绘制。减速器输出轴零件图如图 1-26 所示。

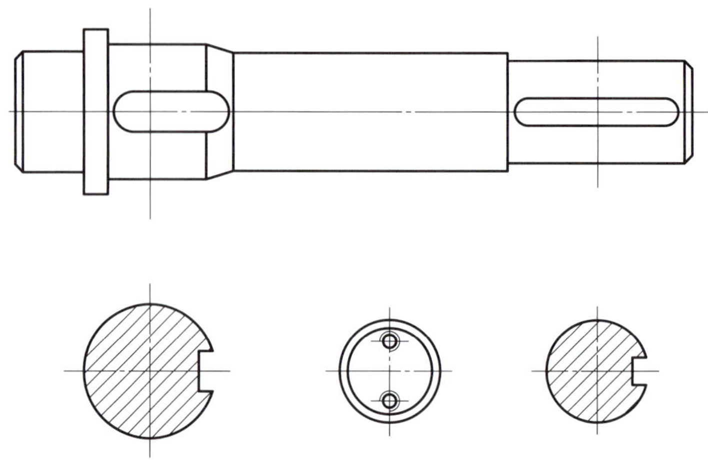

图 1-30 输出轴的视图

任务2 识读减速器输出轴零件图

任务引入

在机械制造职业岗位中，零件的设计、加工、检验是重要的工作任务，而读懂零件图是完成工作任务的前提。本任务要求读懂减速器输出轴零件图（图 1-26）。

任务分析

运用三视图的投影规律，结合断面图、局部视图的概念，读懂输出轴零件的结构形状，初步建立技术要求的基本概念，认识到技术要求在零件图中的重要性。

相关知识

一、三视图

根据相关标准和规定，用正投影法绘制出的物体的图形称为视图。一个视图一般不能反映物体的真实形状（图 1-23）。所以，常采用从不同方向进行投射的多面正投影视图，以此准确呈现物体各部分的结构特征。

1. 三视图的概念与形成

1）三投影面体系的建立

如图 1-31 所示，设三个互相垂直的投影面，构成三投影面体系。三个投影面分别为：正立投影面 *V*（简称正面）、水平投影面 *H*（简称水平面）、侧立投影面 *W*（简称侧面）。三个投影面之间的交线 OX、OY、OZ 也互相垂直，称为投影轴，简称 X 轴、Y 轴、Z 轴。X 轴代表左右长度方向，Y 轴代表前后宽度方向，Z 轴代表上下高度方向。三根投影轴的交点称为原点，用字母 O 表示。

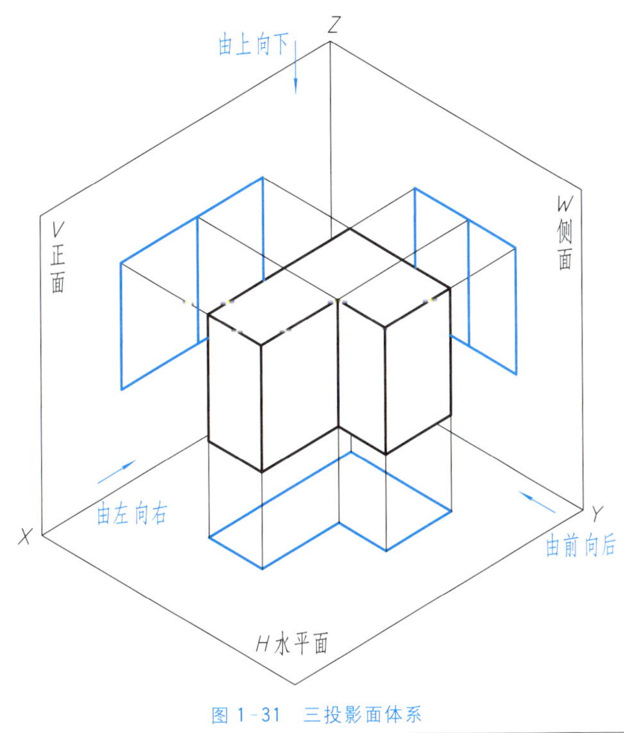

图 1-31　三投影面体系

2）三投影面体系的形成

将物体置于三投影面体系中，按正投影法分别向三个投影面投射，由前向后投射在 V 面上得到的视图称为主视图，由上向下投射在 H 面上得到的视图称为俯视图，由左向右投射在 W 面上得到的视图称为左视图。三面视图如图 1-31 所示。

3）三投影面的展开

为了在同一平面上表示出三视图，需将三个相互垂直的投影面展开平摊在同一个平面上。规定 V 面不动，将 H 面绕 OX 轴顺时针旋转 90°，W 面绕 OZ 轴逆时针旋转 90°，都旋转到与 V 面处在同一平面上。三投影面的展开与三视图的形成如图 1-32 所示。由于视图所表达的物体形状与投影面的大小、物体与投影面之间的距离无关，所以，工程图样通常省略投影面边框及投影轴，且三个视图按投影关系配置，相对位置保持不动，视图名称不必标注。

视频

三视图的形成

2. 三视图之间的对应关系

1）位置关系

以主视图为准，俯视图在主视图的正下方，左视图在主视图的正右方（图 1-32）。

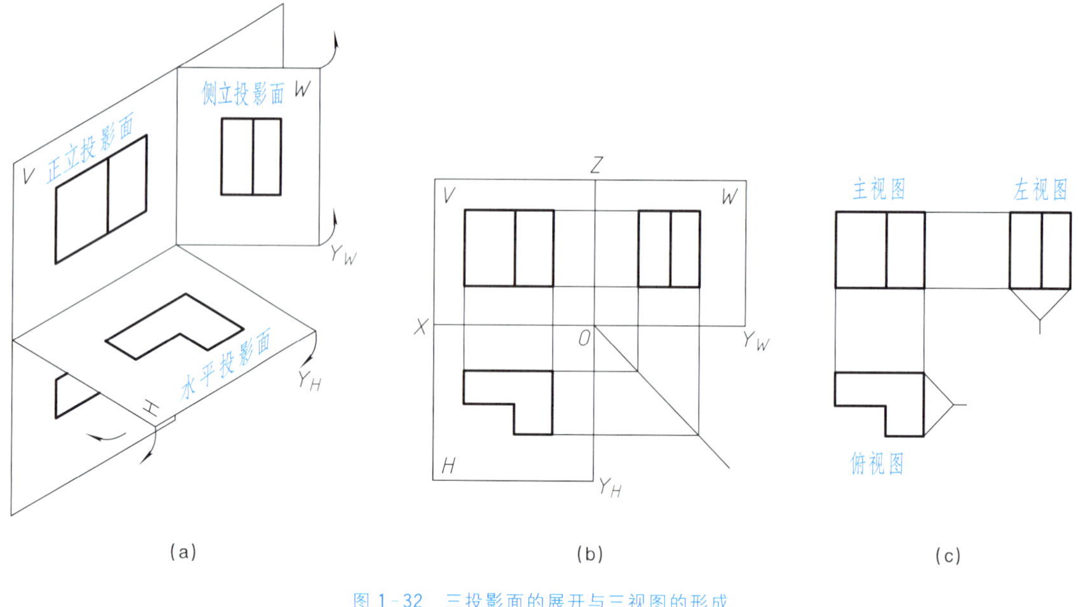

图 1-32 三投影面的展开与三视图的形成

2) 尺寸关系

物体有长、宽、高三个方向的尺寸，每个视图都反映物体的两个方向的尺寸，主视图反映物体的长度和高度，俯视图反映物体的长度和宽度，左视图反映物体的宽度和高度。这样相邻两个视图表达同一尺寸必相等，由此可归纳出三视图间的规律：主视图和俯视图长对正，主视图和左视图高平齐，俯视图和左视图宽相等。这一投影规律适用于物体的整体或局部，是画图和看图的主要依据。三视图的尺寸对应关系如图 1-33 所示。

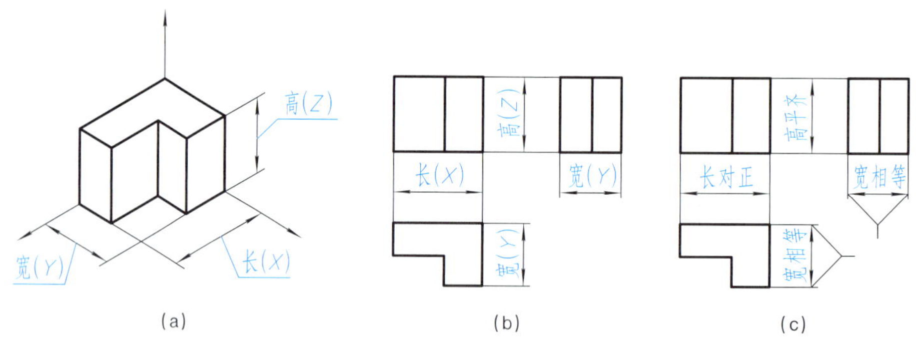

图 1-33 三视图的尺寸对应关系

视频

三视图与物体的方位关系

3. 三视图与物体的方位关系

主视图反映物体的上下和左右相对位置关系，俯视图反映物体的前后和左右相对位置关系，左视图反映物体的前后和上下相对位置关系。这样，俯、左视图中，靠近主视图的一侧，表示物体的后面，远离主视图的一侧，表示物体的前面，三视图与物体的方位关系如图 1-34 所示。

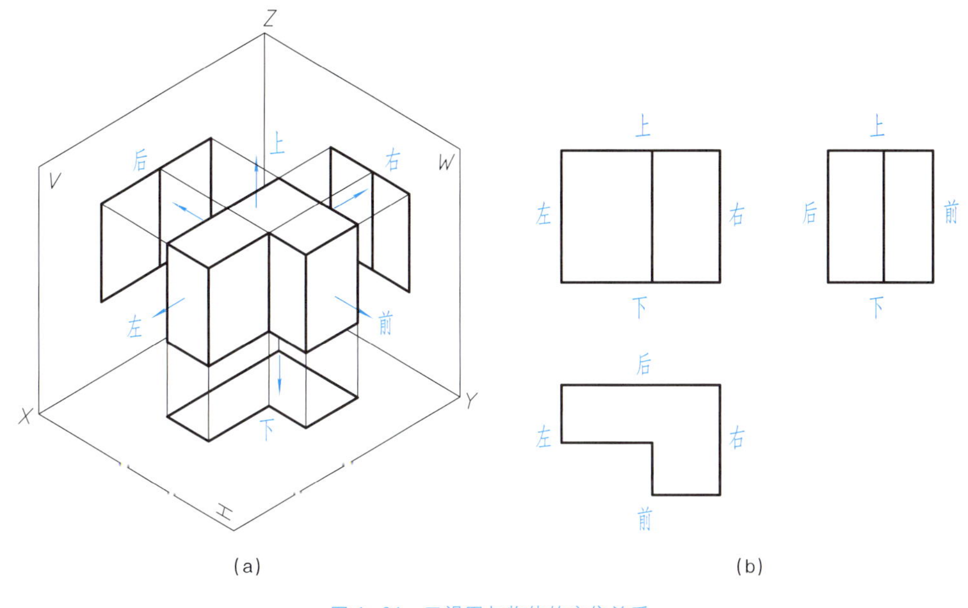

图 1-34　三视图与物体的方位关系

二、回转体的三视图

一个平面图形绕着与它在同一平面上的一条定直线旋转一周所形成的几何体称为回转体。其中,定直线称为回转体的轴,平面图形称为母面图形,组成平面图形的线段称为母线。常见的回转体有圆柱、圆锥、圆台、球、圆环等。

视频

1. 圆柱的三视图

圆柱的投影分析如图 1-35 所示。当圆柱垂直于水平面放置时,其投影特性如下:圆柱上、下底面的水平投影反映实形,圆柱面的水平投影积聚为一个圆周;圆柱上、下底面的正面和侧面投影积聚成直线。在正面投影中,前、后两半圆柱面的投影重合为一个矩形,矩形的两条竖线分别是圆柱面最左、最右素线的投影,也是圆柱面前、后分界的转向轮廓线的投影,最前、最后两条素线的重合投影位于中心线处。在侧面投影中,左、右两半圆柱面的投影重合为一个矩形,矩形的两条竖线分别是圆柱面最前、最后素线的投影,也是圆柱面左、右分界的转向轮廓线的投影,最左、最右两条素线的重合投影位于中心线处。

视频

已知圆柱面的直径、高即可绘制出圆柱体的三视图。绘制时,先画出投影为圆的图形,再按投影规律绘制其他图形。在视图为矩形的主视图上标注尺寸:圆柱的直径和高。这样,主视图即可将圆柱体的形状和大小反映出来。

视频

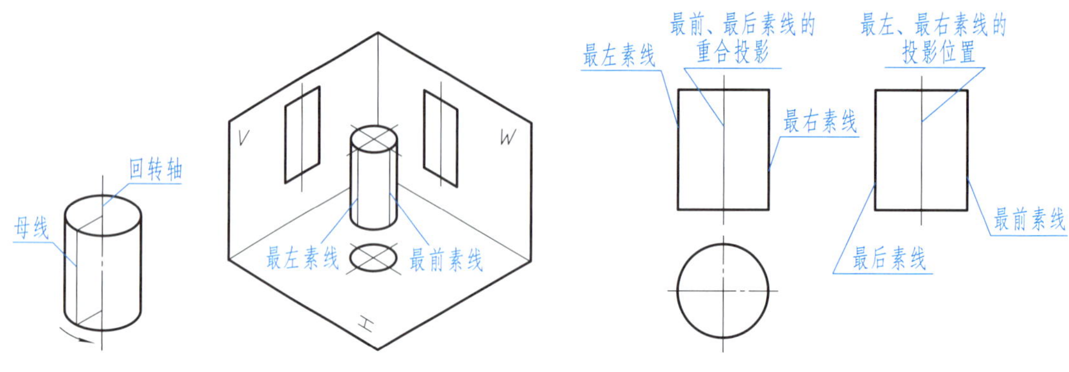

图 1-35　圆柱的投影分析

视频
圆锥的
投影分析

视频
圆锥三视图
的绘制

2. 圆锥的三视图

圆锥的投影分析如图 1-36 所示。当圆锥的轴线垂直于水平面放置时，其投影特性如下：圆锥底面的水平投影反映实形，在正面和侧面的投影均积聚成直线。圆锥面的三个投影均无积聚性，其水平投影与底面的水平投影重合且全部可见。正面上的投影是前、后两个半圆锥面的重合投影——等腰三角形，三角形的两腰分别是圆锥面最左、最右素线的投影，也是圆锥面前、后分界的转向轮廓线的投影，而最前、最后素线的重合投影位于中心线处，三角形的底边为圆锥底面的积聚性投影——与直径等长的线段。其侧面上的投影是左、右两半圆锥面的重合投影——等腰三角形，三角形的两腰分别是圆锥最前、最后素线的投影，也是圆锥面左、右分界的转向轮廓线的投影，最左、最右素线的重合投影位于中心线处，三角形的底边为圆锥底面的积聚性投影——与直径等长的线段。

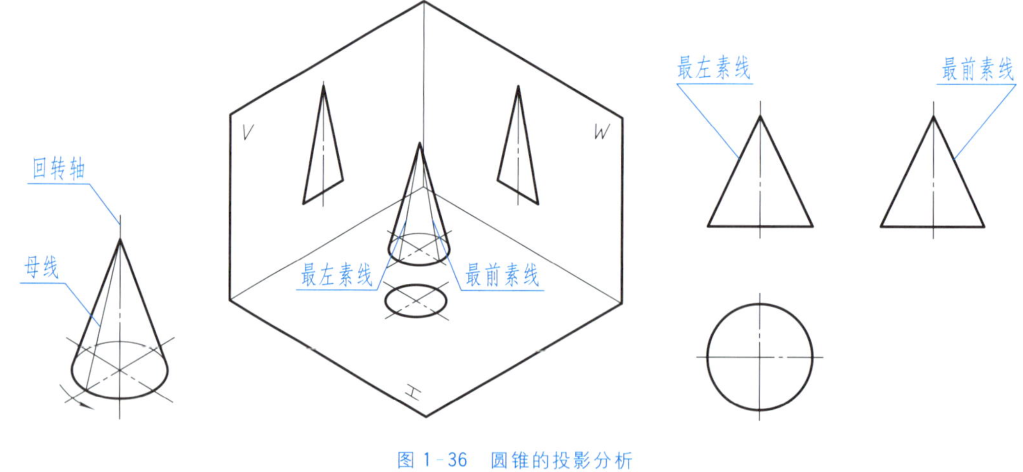

图 1-36　圆锥的投影分析

已知圆锥底面的半径、高即可绘制出圆锥的三视图。绘制时，先画出投影为圆的图形，再按投影规律绘制其他图形。在视图为等腰三角形的主视图上标注尺寸：圆锥底面的直径和高。这样，主视图即可将圆锥体的形状和大小反映出来。

3. 球的三视图

球的投影分析如图 1-37 所示。球任意放置，其投影特性如下：球的三个视图都是圆，其直径与球的直径相等。但三个投影面上的圆是不同的转向轮廓线的投影。正面投影上的圆是球面上平行于 V 面的最大圆的投影，该圆为前半球面和后半球面的分界线，所以是正面投影的转向轮廓线。同理，水平投影上的圆是球面上平行于 H 面的最大圆的投影，该圆为上半球面和下半球面的分界线。侧面投影上的圆是平行于 W 面的最大圆的投影，该圆为左半球面和右半球面的分界线。

作图时，先确定球心的三个投影，再画出三个与球等直径的圆。

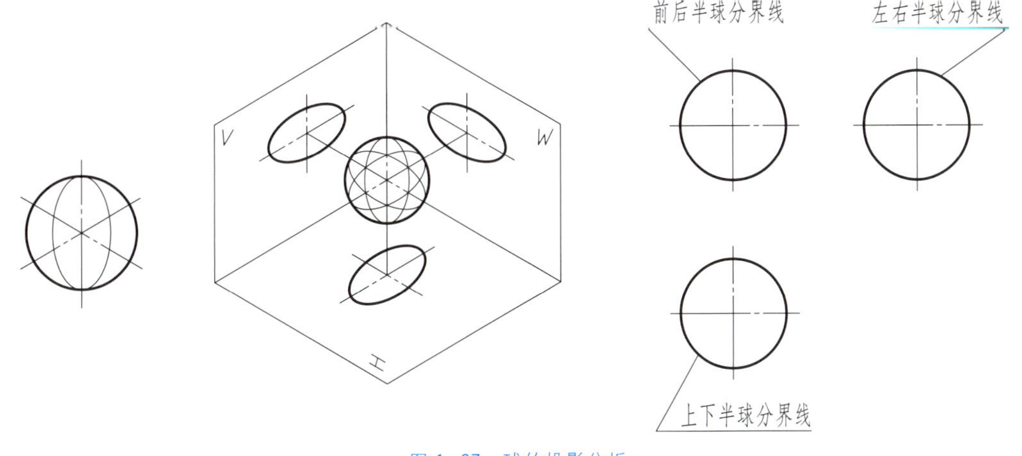

图 1-37　球的投影分析

4. 具有内表面的回转体三视图

具有内表面回转体的投影分析如图 1-38 所示。远离轴线的母线称为外母线，靠近轴线的母线称为内母线，外母线形成形体的外表面，内母线形成形体的内表面。零件的内表面通常不可见，视图中用细虚线绘制其投影。

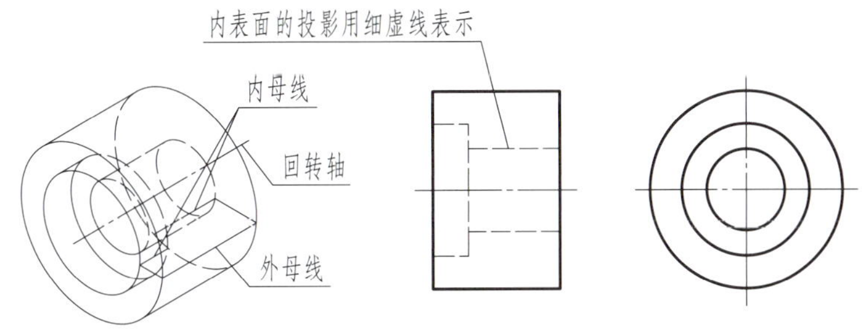

图 1-38　具有内表面回转体的投影分析

任务实施

步骤一　获取零件的基本信息

从图 1-26 标题栏可知，输出轴按 2∶1 比例绘制，图形的大小是实物的两倍，材料为 45 钢。

步骤二　读形状

减速器输出轴的结构形状用一个基本视图、两个断面图和一个局部视图来表达。主视图按主要加工位置安放，凸显了沿轴线方向的结构形状。从图 1-26 可以看出，该零件由 6 个共轴回转体组成，其中有 5 个圆柱体，1 个圆台。轴上共有两处倒角。由局部视图可以看出输出轴右端面有 2 个螺纹孔。由两个断面图可以看出：在 $\phi40$ 和 $\phi30$ 轴段处各有一个键槽。减速器输出轴的结构如图 1-39 所示。

图 1-39　减速器输出轴结构

步骤三　读尺寸标注

1. 尺寸基准

径向基准是水平位置的轴线，标注出各回转体的直径。轴向基准是 $\phi46$ 轴肩的右端面，它是尺寸 2 和 38 的起点；右端面为轴向的第一辅助基准，它是尺寸 3、55 和全长 200 等尺寸的起点。圆台的右侧面为轴向第二辅助基准，由此注出 38 及 8 等尺寸。

2. 尺寸标注

2×M8↧10 表示有两个螺孔，M8 普通粗牙螺纹，螺纹深度为 10。

步骤四　读技术要求

1. 尺寸公差

$\phi35^{-0.009}_{-0.025}$ 的上极限尺寸是 $\phi34.991$，下极限尺寸是 $\phi34.975$，上极限偏差为 −0.009，下极限偏差为 −0.025。8P9 表示公称尺寸是 8，基本偏差代号是 P，公差等级是 9 级。其余尺寸请读者自行分析。凡是注有公差带尺寸的轴端，均与其他零件有配合要求。如 $\phi35^{-0.009}_{-0.025}$ 处要与轴承相配合，$\phi40^{+0.050}_{-0.034}$ 处要与齿轮配合。

2. 几何公差

1) 径向圆跳动 [↗|0.012|A—B] 被测要素分别是两个 $\phi35$ 的圆柱面，基准要素是两个 $\phi35$ 的圆柱面的公共轴线，圆跳动公差值是 0.012 mm。

2) 端面圆跳动 [↗|0.02|A—B] 被测要素是 $\phi46$ 的左端面，基准要素是两个 $\phi35$ 的圆柱面的公共轴线，公差值是 0.02 mm。

3) 对称度 [⌯|0.06|C] 被测要素是 8P9 键槽两侧面的对称中心面，基准要素是 $\phi30$ 圆柱面的轴线，公差值是 0.06。[⌯|0.08|D] 请读者自行分析。

3. 表面粗糙度

该轴各表面的粗糙度要求共有 $Ra0.8$、$Ra1.6$、$Ra3.2$、$Ra12.5$ 四种。如图中的 $\phi35$、$\phi40$ 轴颈，由于分别与滚动轴承和齿轮配合，因此表面粗糙度要求较高。

项目三 阶梯轴零件图的绘制与识读

任务 1 徒手绘制阶梯轴零件图

任务引入

绘制草图是创意构思、技术交流和机件测绘的常用方法。随着计算机绘图的普及，绘制草图的应用场景反而愈发重要，本任务要求徒手绘制图 1-40 所示的阶梯轴零件图。

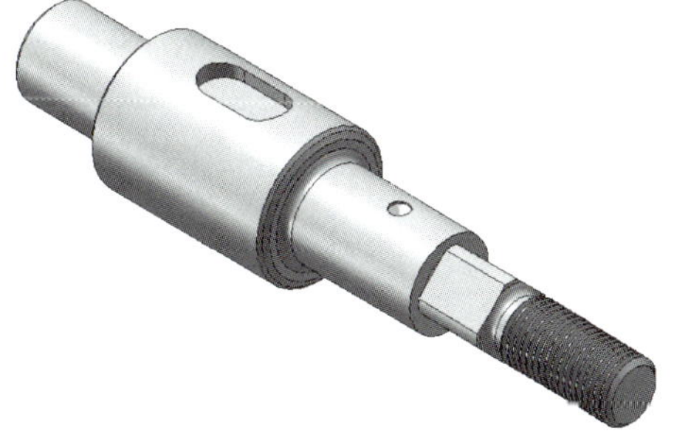

图 1-40 阶梯轴结构

任务分析

徒手绘制阶梯轴零件图需画出轴上的键槽、凹坑、螺纹、倒角、倒圆、方颈及工艺槽等结构，主视图选择轴线水平方向，采用局部剖视表达键槽、凹坑，方颈用平面符号表示，外螺纹采用规定画法画出。

相关知识

一、外螺纹画法

外螺纹画法如图 1-41 所示。螺纹的牙顶(大径)和螺纹终止线用粗实线表示,牙底(小径)用细实线表示。通常,小径按大径的 0.85 画出,即 $d_1 \approx 0.85d$。在平行于螺纹轴线的视图中,表示牙底的细实线应画入倒角或倒圆部分。在垂直于螺纹轴线的视图中,表示牙底的细实线只画约 3/4 圈,此时螺纹的倒角按规定省略不画。

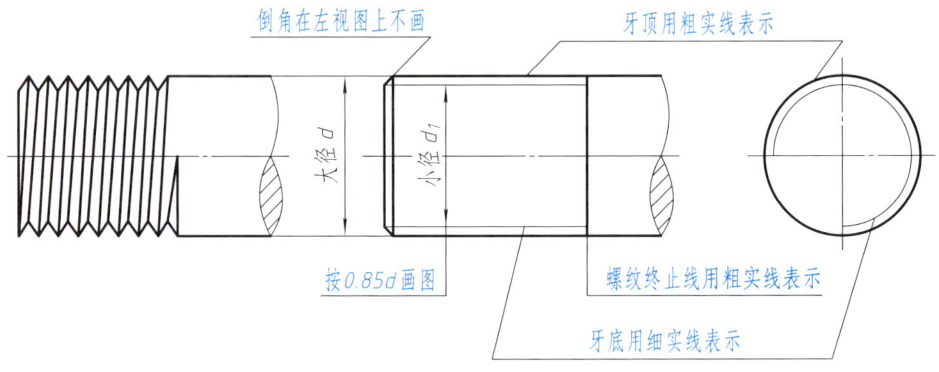

图 1-41 外螺纹画法

平面与圆柱相交 a

平面与圆柱相交 b

视频

平面与圆柱相交 c

二、圆柱体被平面切割

平面与立体表面相交,可以认为是立体被平面截切,该平面称为截平面。截平面与立体表面的交线称为截交线。平面与回转体相交所得截交线的形状,取决于回转体表面形状及截平面与回转体的相对位置。根据截平面与圆柱轴线相对位置的不同,圆柱的截交线可以有矩形、圆和椭圆三种情况。

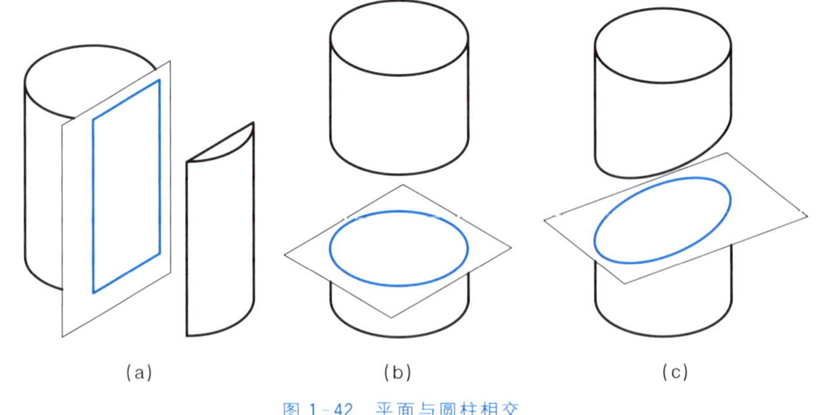

图 1-42 平面与圆柱相交

平面与圆柱相交如图 1-42 所示。

当平面与圆柱轴线平行时，截交线为矩形，如图 1-42(a)所示；

当平面与圆柱轴线垂直时，截交线为圆，如图 1-42(b)所示；

当平面与圆柱轴线倾斜时，截交线为椭圆，如图 1-42(c)所示。

例 1　绘制圆柱被平面切割后的三视图(图 1-43)。

视频

平面切割圆柱体

分析：图 1-43(a)是一个圆柱体左端开槽(中间被两个正平面和一个侧平面切割)、右端切肩(上、下被水平面和侧平面对称地切去两块)而形成的。所产生的截交线为直线和平行于侧面的圆(注：正平面为平行于正立投影面 *V* 的平面，水平面为平行于水平投影面 *H* 的平面，侧平面为平行于侧立投影面 *W* 的平面)。

作图：先作出槽口的侧面投影(两条竖线)，再按投影关系作出槽口的正面投影，如图 1-43(b)所示。然后作出切肩的侧面投影(两条细虚线)，再按投影关系作出切肩的水平投影，如图 1-43(c)所示。最后擦去多余的图线，整理图形，完整的切割体的三视图如图1-43(d)所示。

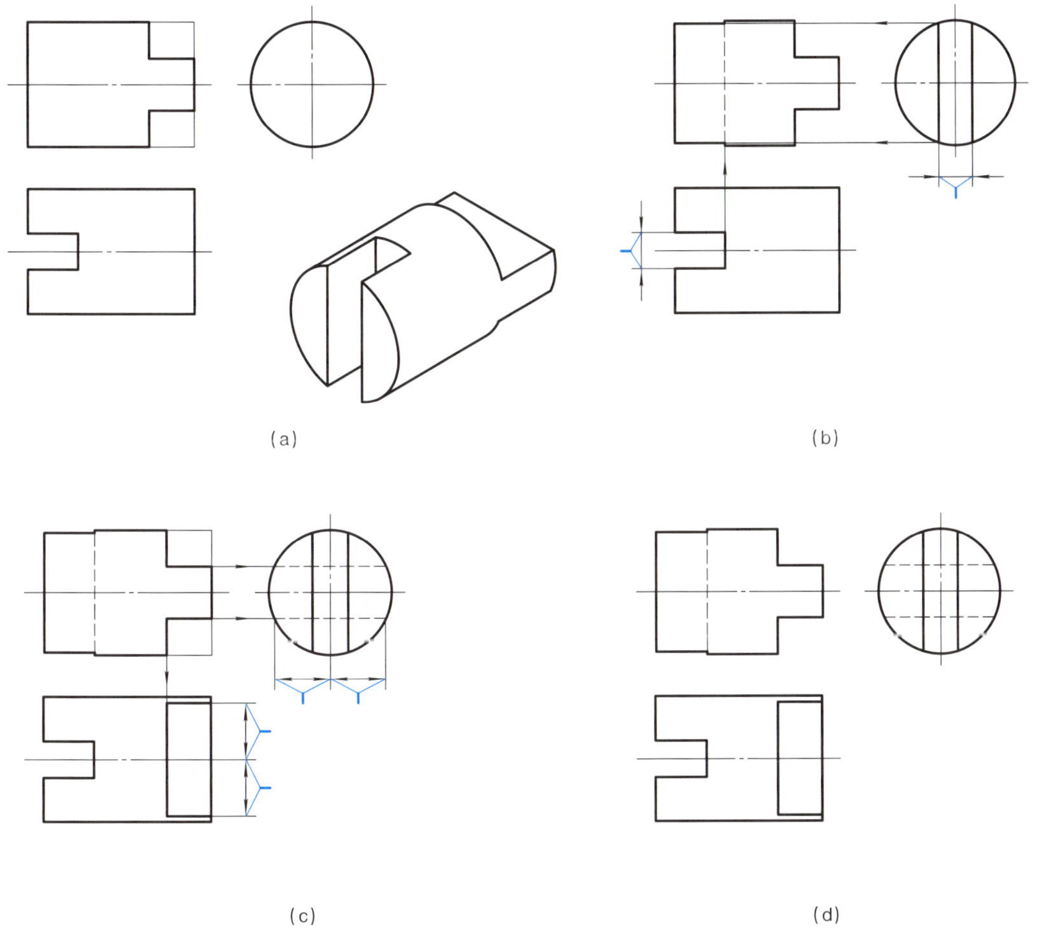

(a)

(b)

(c)

(d)

图 1-43　圆柱被平面切割后的三视图

三、简化画法

当图形不能充分表示平面时，可用平面符号(相交的两条细实线)表示。回转体上平面的简化画法如图 1-44 所示。

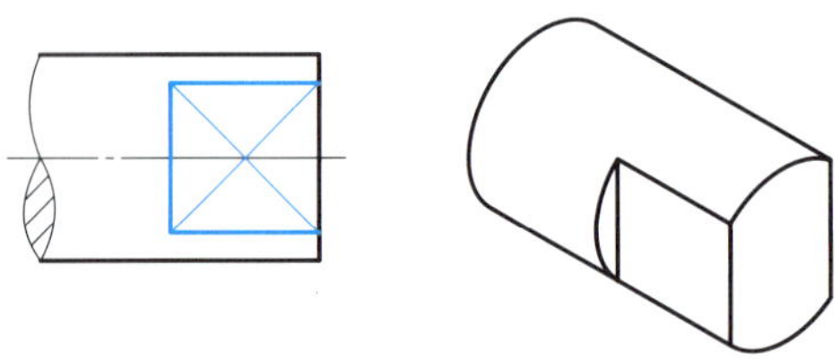

图 1-44　回转体上平面的简化画法

四、尺寸公差与配合

1. 极限与配合的概念

在成批或大量生产中，要求零件具有互换性，即装配机器或部件时，只要在一批相同规格的零件中任取一件进行装配，无须修配加工就能满足性能要求。由于零件在制造过程中其尺寸无法做到绝对精确，因此只能根据尺寸的重要程度对其规定允许的误差范围，即公差要求。互换性原则在机器制造中的应用，大大地简化了零件与部件的制造和装配流程，显著缩短了产品的生产周期，不仅提高了劳动生产率，降低了生产成本，方便了产品维修，还保证了产品质量的稳定性。

2. 公差的有关术语和定义

公差的基本术语如图 1-45 所示。

1) 公称尺寸　设计零件时，根据性能和工艺要求，通过必要的计算和实验确定的尺寸，如图 1-45 中的 $\phi50$。

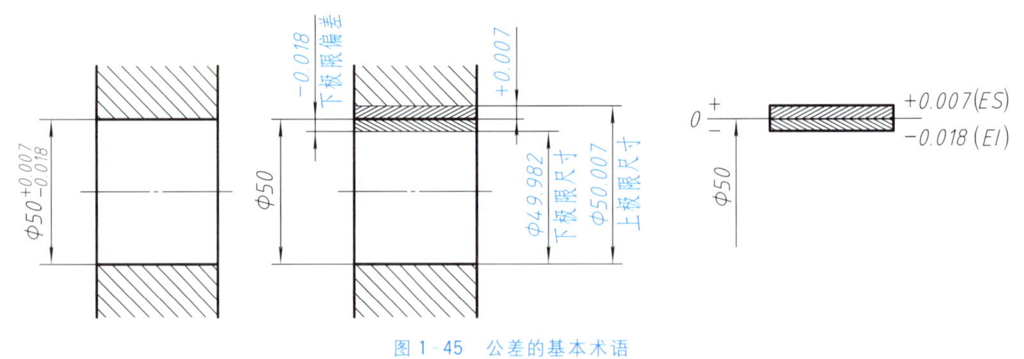

图 1-45　公差的基本术语

2) 极限尺寸　允许零件实际尺寸变化的两个极限值。两个极限值中，大的一个称上极限尺寸，小的一个称下极限尺寸，如图 1-45 中孔的上极限尺寸为 $\phi50.007$，下极限尺寸为

ϕ49.982。

3）尺寸偏差　某一尺寸（实际尺寸、极限尺寸等）减去公称尺寸所得的代数差，其中上极限偏差和下极限偏差称极限偏差。

上极限尺寸－公称尺寸＝上极限偏差

下极限尺寸－公称尺寸＝下极限偏差

孔和轴的上极限偏差分别以 *ES* 和 *es* 表示，孔和轴的下极限偏差分别以 *EI* 和 *ei* 表示。需要指出：偏差可能是正的，也可能是负的，甚至可能是零。如图 1－45 中孔直径的上极限偏差为＋0.007，下极限偏差为－0.018。

4）尺寸公差（简称公差）　允许尺寸的变动量，可用下式表示：

尺寸公差＝上极限尺寸－下极限尺寸＝上极限偏差－下极限偏差

尺寸公差是一个没有符号的绝对值。图 1－45 中孔直径的尺寸公差＝ϕ50.007－ϕ49.982＝＋0.007－（－0.018）＝0.025。

5）零线　在极限与配合图解中，表示公称尺寸的一条直线，以其为基准确定偏差和公差。

6）公差带　在公差带图解中，由代表上极限偏差和下极限偏差，或上极限尺寸和下极限尺寸的两条直线所限定的区域。在实际工作中，常将公差带图解抽象简化为公差带示意图，如图 1－46 所示。

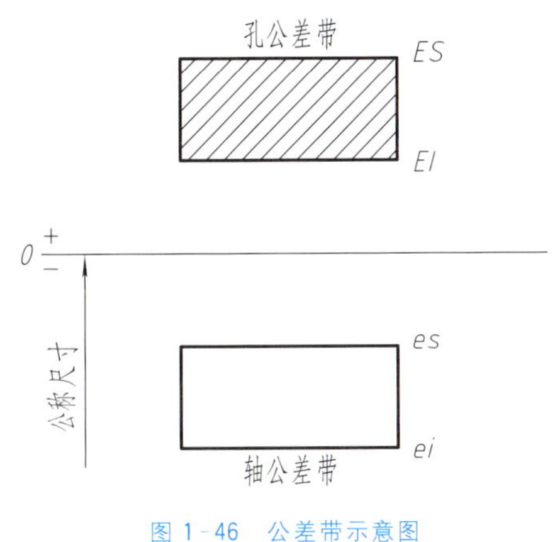

图 1－46　公差带示意图

3. 配合

配合是基本尺寸相同，相互结合的孔、轴公差带之间的关系。根据使用要求不同，孔和轴装配可能出现不同的松紧程度，为此国家标准规定配合分为三类：间隙配合、过盈配合和过渡配合。

1）间隙配合　指任取一对公称尺寸相同的轴和孔相配合，当孔的尺寸减去轴的尺寸为正或零时的配合。此时孔的公差带在轴的公差带之上。间隙配合公差带如图 1－47 所示。

2）过盈配合　指任取一对公称尺寸相同的轴和孔相配合，当孔的尺寸减去轴的尺寸为负或零时的配合。此时轴的公差带在孔的公差带之上。过盈配合公差带如图 1-48 所示。

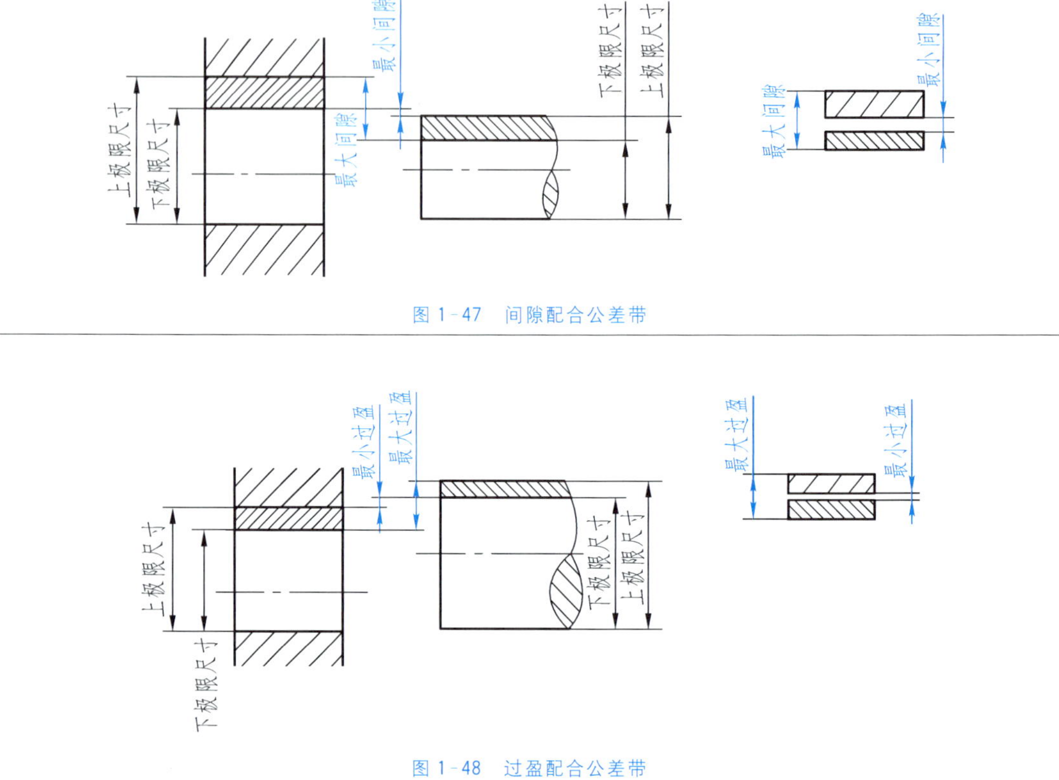

图 1-47　间隙配合公差带

图 1-48　过盈配合公差带

3) 过渡配合　指任取一对公称尺寸相同的轴和孔相配合,当孔的尺寸减去轴的尺寸可能为正也可能为负时的配合。此时孔的公差带和轴的公差带相互重叠。过渡配合公差带如图 1-49 所示。

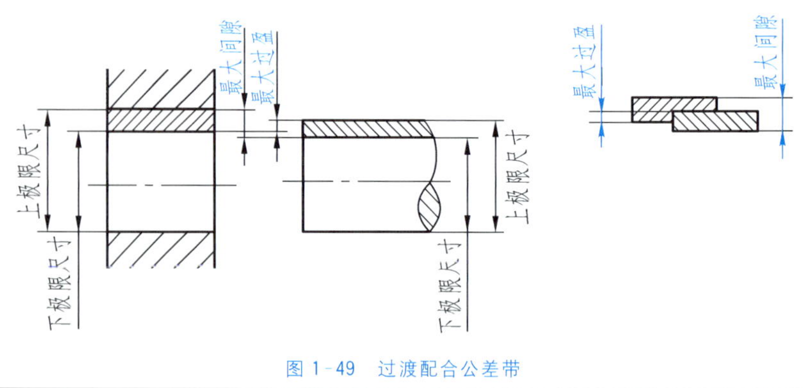

图 1-49　过渡配合公差带

4. 标准公差和基本偏差

GB/T 1800.1—2020 中规定,公差带是由标准公差和基本偏差组成。标准公差确定公差带的大小，基本偏差确定公差带的位置。

1）标准公差　公差是国家标准中用来确定公差带大小的标准化数值。国家标准中标准公差按公称尺寸范围和标准公差等级确定，分 20 个级别，即 IT01、IT0、ITl～ITl8。随着公差等级的增大，尺寸的精确程度依次降低，公差数值依次增大，其中 IT01 级精度最高，ITl8 级最低。

对一定的公称尺寸而言，公差等级越高，公差数值越小，尺寸精度越高。属于同一公差等级的公差数值，公称尺寸越大，对应的公差数值越大，但被认为具有同等的精确程度。

视频

标准公差和基本偏差

2）基本偏差　基本偏差是确定公差带相对零线位置的那个极限偏差，它可以是上极限偏差或下极限偏差，一般指靠近零线的那个偏差。当公差带在零线上方时，基本偏差为下极限偏差；反之，则为上极限偏差。国家标准规定的孔、轴基本偏差代号各有 28 个。大写字母代表孔的基本偏差代号，A～H 为下极限偏差，J～ZC 为上极限偏差，JS 对称于零线，其基本偏差为 + IT/2 或 − IT/2；小写字母代表轴的基本偏差代号，a～h 为上极限偏差，j～zc 为下极限偏差，js 对称于零线，其基本偏差为 + IT/2 或 − IT/2。孔和轴的基本偏差系列如图 1-50 所示。基本偏差数值可从国家标准和有关手册中查得。

5. 配合制

在制造配合的零件时，如果孔和轴两者都可以任意变动，则情况变化极多，不便于零件的设计和制造。使其中一种零件基本偏差固定，通过改变另一种零件的基本偏差来获得各种不同性质配合的制度称为配合制。

国家标准规定配合制度有基孔制配合和基轴制配合。基孔制配合是基本偏差为一定的孔的公差带与不同基本偏差的轴的公差带构成各种配合的一种制度。

基孔制配合中的孔称基准孔，用基本偏差代号“H”表示，其下极限偏差为零。如轴承内孔与轴的配合就属于基孔制。基孔制配合中的轴称配合件。

视频

孔和轴的基本偏差系列

基轴制配合是基本偏差为一定的轴的公差带与不同基本偏差的孔的公差带构成各种配合的一种制度。基轴制配合中的轴称基准轴，用基本偏差代号“h”表示，其上极限偏差为零。如轴承外圈直径与箱体孔的配合就属于基轴制配合。基轴制配合中的孔称配合件。

6. 极限与配合的查表及标注

1）公差带代号

公差带代号：H8 表示基本公差代号为 H，公差等级为 8 级的孔公差带代号。f7 表示基本偏差代号为 f，公差等级为 7 级的轴公差带代号。

当公称尺寸和公差带代号确定时，可根据“孔、轴极限偏差”表查得极限偏差值。

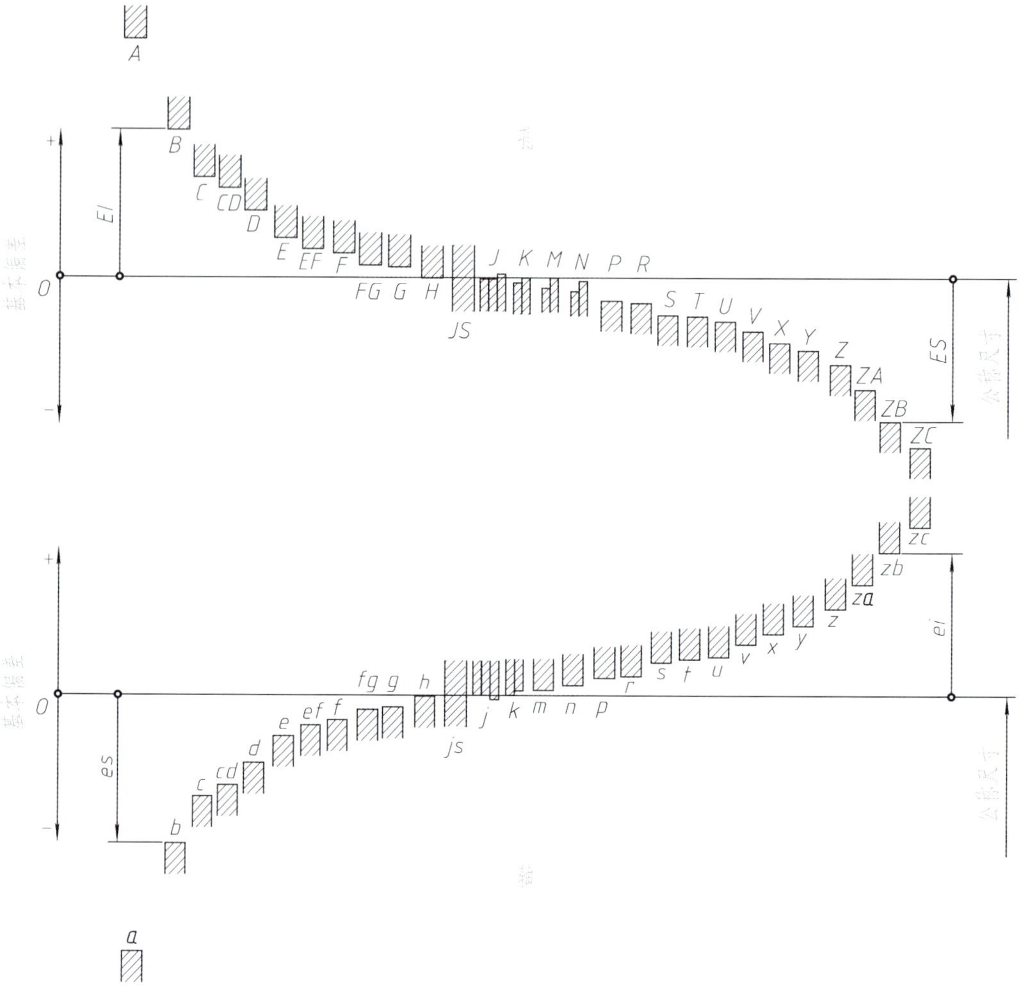

图 1-50　孔和轴的基本偏差系列

例 2　已知孔的公称尺寸为 $\phi50$，公差等级为 8 级，基本偏差代号为 H，写出公差带代号，并查出极限偏差值。

解　公差带代号为 $\phi50H8$。

由孔极限偏差表查得：上极限偏差为 +0.039，下极限偏差为 0，孔的尺寸可写为 $\phi50^{+0.039}_{\ 0}$ 或 $\phi50H8(^{+0.039}_{\ 0})$，$\phi50H8$ 孔的公差带示意图表示如图1-51 所示。

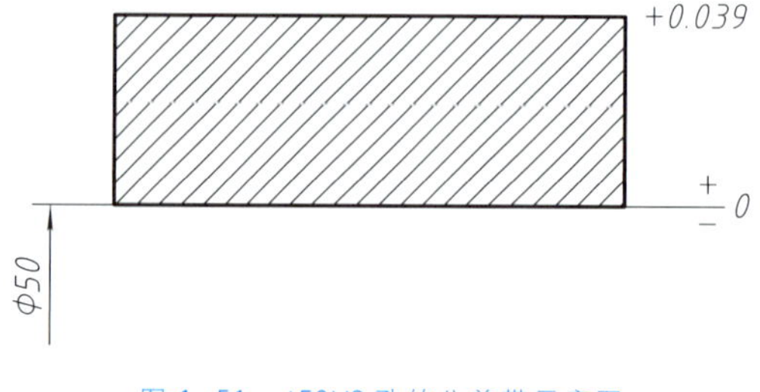

图 1-51　$\phi50H8$ 孔的公差带示意图

例 3　已知轴的公称尺寸为 $\phi50$，公差等级为 7 级，基本偏差代号为 f，写出公差带代号，并查出极限偏差值。

解　公差带代号为 $\phi50f7$。

由轴的极限偏差表查得：上极限偏差为 -0.025，下极限偏差为 -0.050，轴的尺寸可写为 $\phi50^{-0.025}_{-0.050}$ 或 $\phi50f7\left(^{-0.025}_{-0.050}\right)$，$\phi50f7$ 轴的公差带示意图如图1-52 所示。

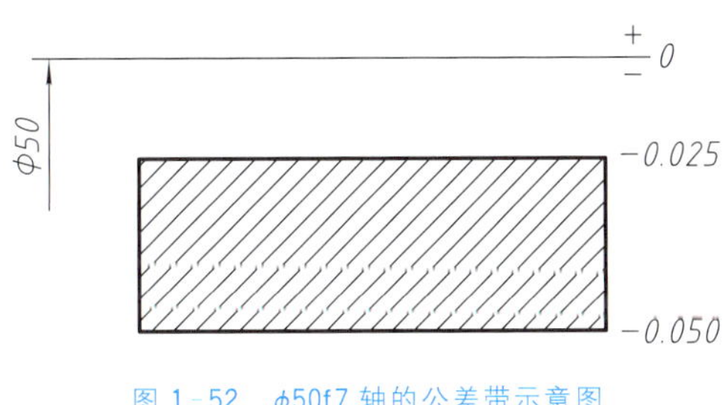

图 1-52　$\phi50f7$ 轴的公差带示意图

2）配合代号

配合代号用孔、轴公差带代号组成的分数式表示，分子表示孔的公差带代号，分母表示轴的公差带代号。

如：$\frac{H8}{f7}$、$\frac{H9}{h9}$、$\frac{P7}{h6}$等，也可写成：H8/f7、H9/h9、P7/h6 的形式。

显而易见，在配合代号中有“H”者为基孔制配合；有“h”者为基轴制配合。

例 4　公称尺寸为 $\phi50$ 的基孔制配合，孔的公差等级为 8 级，轴的基本偏差为 f，公差等级为 7 级，试写出它们的公称尺寸和配合代号。

解　根据配合代号的组成写为 $\phi50\,\frac{H8}{f7}$或 $\phi50H8/f7$。

由基本偏差系列图查出孔、轴极限偏差值，可得此配合为间隙配合。

例 5　已知配合代号为 40K7/h6，试说明配合代号含义。

解　根据公差带代号及配合代号的组成，可知 40K7/h6 表示公称尺寸为 40，公差等级为 6 级的基准轴与基本偏差为 K，公差等级为 7 级的孔形成的基轴制过渡配合。

3）极限与配合在图样中的标注

极限与配合在零件图中标注线性尺寸的公差有三种形式。零件图中尺寸公差的标注如图 1-53 所示。图 a 只注公差带代号；图 b 只注写上、下极限偏差数值，上、下极限偏差的字高为尺寸数字高度的三分之二，且下极限偏差的数字与尺寸数字在同一水平线上，在零件图中此种注法居多；图 c 既注公差带代号又注上、下极限偏差数值，但偏差数值加注括号。

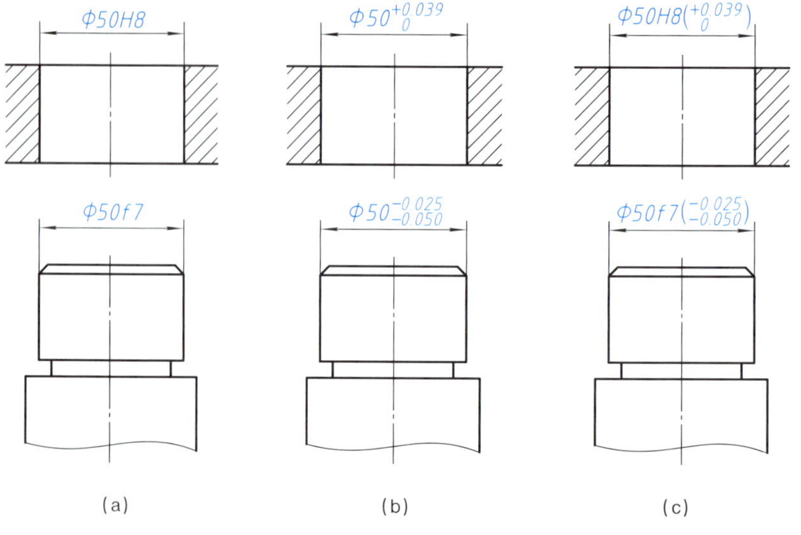

图 1-53　零件图中尺寸公差的标注

任务实施

步骤一　结构分析

从图 1-40 阶梯轴结构可以看出：阶梯轴主要是由不同直径的回转体组成，轴长远大于直径，属于轴套类零件，轴上有键槽、凹坑、螺纹、倒角、倒圆、方颈及工艺槽等结构。

步骤二　确定表达方案

主视图选择轴线为水平方向，采用局部剖视表达键槽和凹坑。阶梯轴的结构表达如图 1-54 所示。

步骤三　徒手绘制视图

徒手画水平线时，自左向右画，将图纸沿运笔方向略微倾斜；徒手画垂线时，自上而下运笔；画圆时，先绘制中心线，取四分点，若圆的直径过大，可做 45°线再取四个点，过八个点描出圆的草图。绘制好的阶梯轴视图如图 1-55 所示。

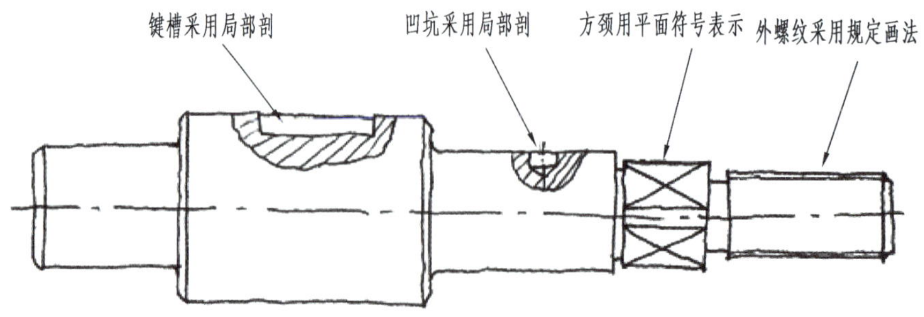

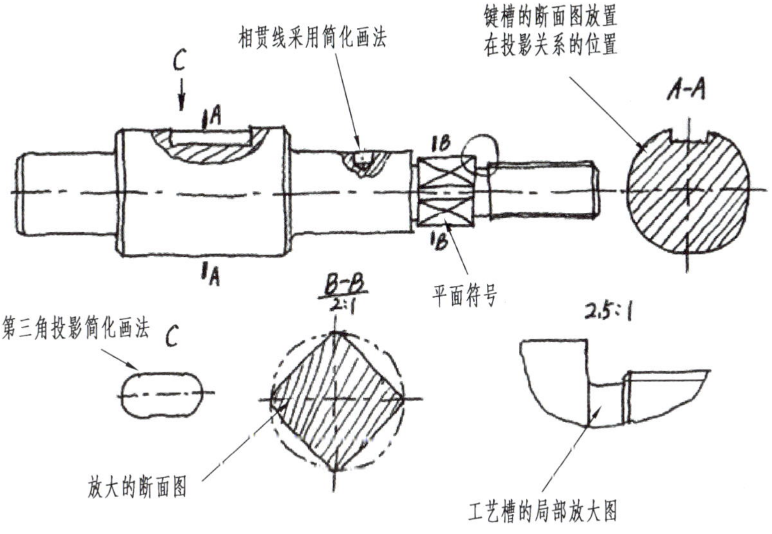

图 1-54 阶梯轴的结构表达

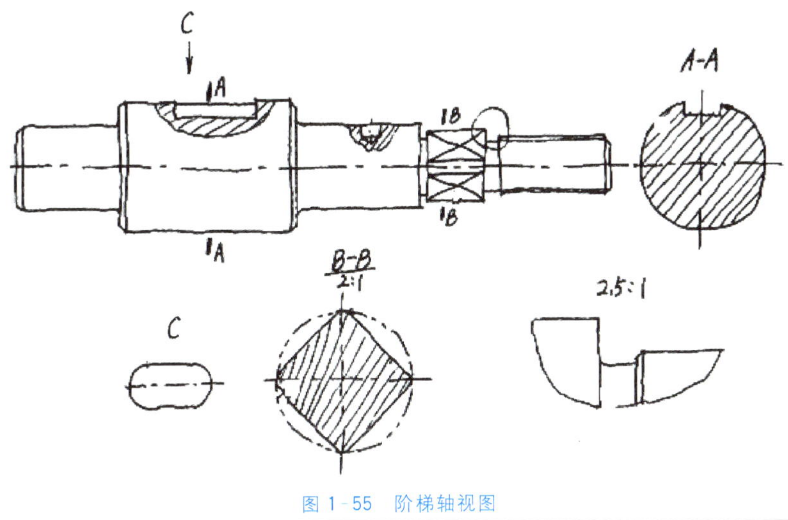

图 1-55 阶梯轴视图

步骤四 测量阶梯轴的尺寸，标注在草图上

1. 选择基准，标注尺寸线

该轴类零件为传动轴，带键槽的轴颈处与传动齿轮相配合，其右轴肩可以选为轴向的主要基准，用来确定键槽和凹坑的定位基准，而零件的右端面作为加工和测量轴向尺寸的第一辅助基准。轴上尺寸基准如图 1-56 所示。

根据设计与制造的要求，可根据加工顺序确定各部位尺寸，标注尺寸线，草图上尺寸标注 1 如图 1-57 所示。

2. 测量轴的尺寸，标注在草图上

使用游标卡尺测量螺纹的大径，得 $d=21.96$ mm；使用钢皮尺测量 6 个螺距的距离，得 $6P=15.2$ mm，则 $P=2.53$ mm。根据测量结果大径 $d=21.96$ mm，$P=2.53$ mm，查附表 1 螺纹标准参

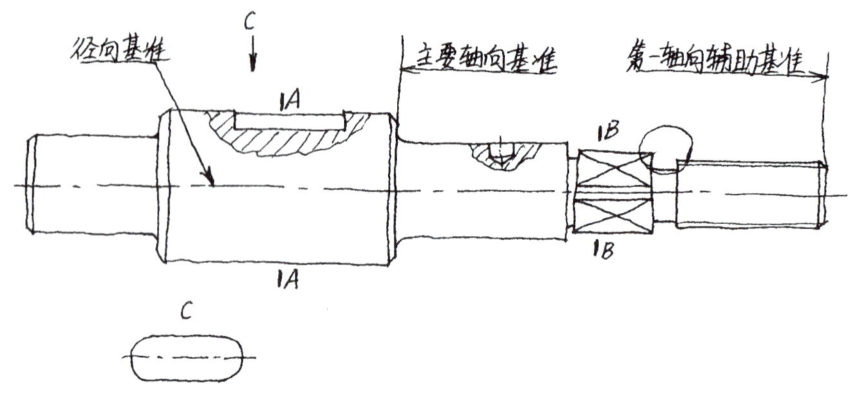

图 1-56 轴上尺寸基准

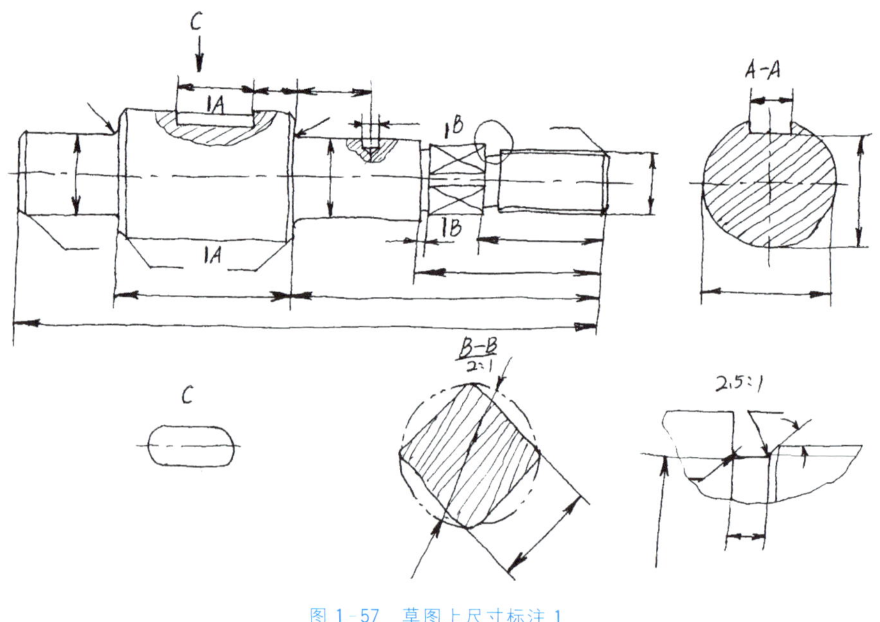

图 1-57 草图上尺寸标注 1

数，得公称直径 $d=22$ mm，螺距 $P=2.5$ mm，为普通粗牙螺纹，标记为 M22-6g；轴上其余尺寸，采用游标卡尺、钢皮尺以及内卡、外卡等测量工具，并将相应尺寸标注在草图上，草图上尺寸标注 2 如图 1-58 所示。

步骤五　根据阶梯轴的技术要求，标注相应的尺寸公差、表面粗糙度等技术要求

该零件带有键槽的轴颈表面结构要求为 $Ra1.6\ \mu$m，尺寸公差要求为 ±0.008 mm，键槽的表面结构要求为 $Ra6.3\ \mu$m，尺寸公差要求为 $^{+0.018}_{-0.061}$ mm；其两侧较小的轴颈表面结构要求为 $Ra3.2\ \mu$m，相对于带键槽轴的轴线的表面圆跳动的公差值为 0.04 μm，该两轴颈处与轴承相配合有尺寸公差的要求为 $^{+0.025}_{-0.087}$ mm；右端方轴颈表面结构要求为 $Ra6.3\ \mu$m，其两侧的槽为工艺槽，右侧工艺槽的表面结构要求为 $Ra6.3\ \mu$m，最右端外螺纹的中径、顶径公差带代号为 6g；该轴机加工完成后，除螺纹结构外，其他部位需要进行表面热处理，使其硬度达到 45～50HRC，并进行发蓝处理。阶梯轴的技术要求如图 1-59 所示。

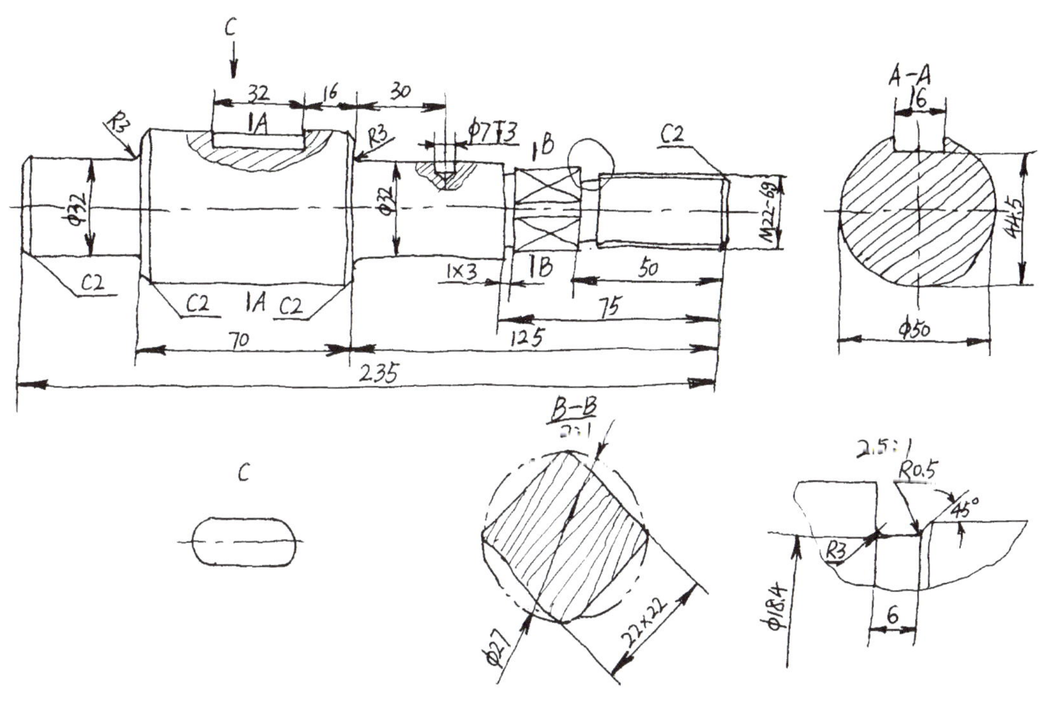

图 1-58　草图上尺寸标注 2

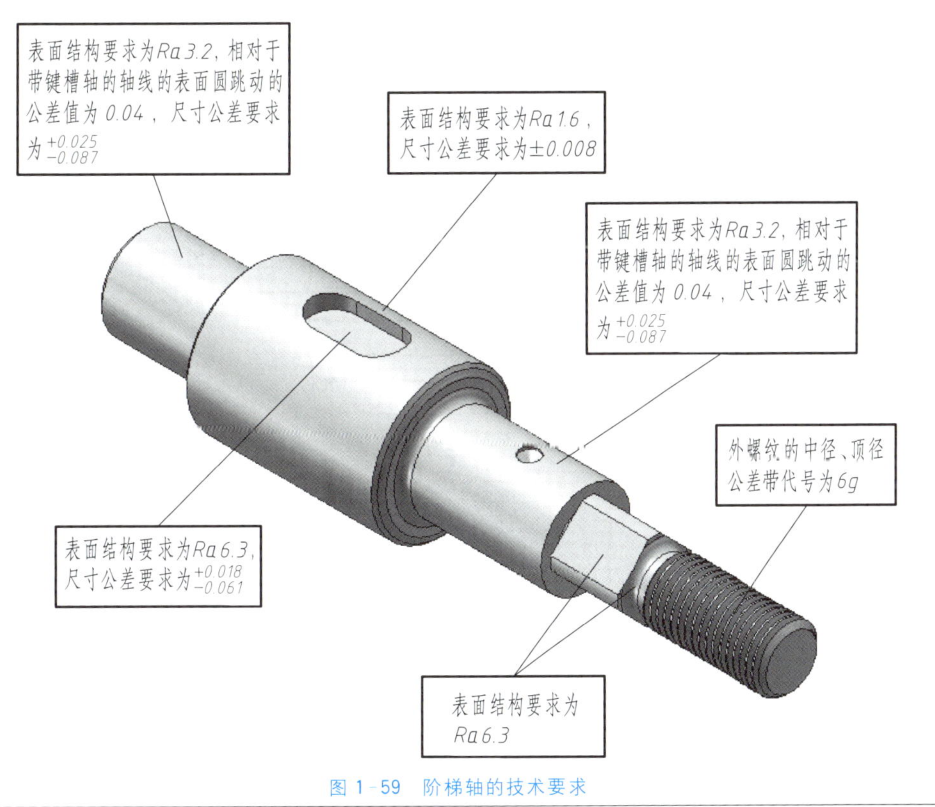

图 1-59　阶梯轴的技术要求

根据零件技术要求，分步骤进行标注。

1. 标注表面结构要求，如图 1-60 所示。

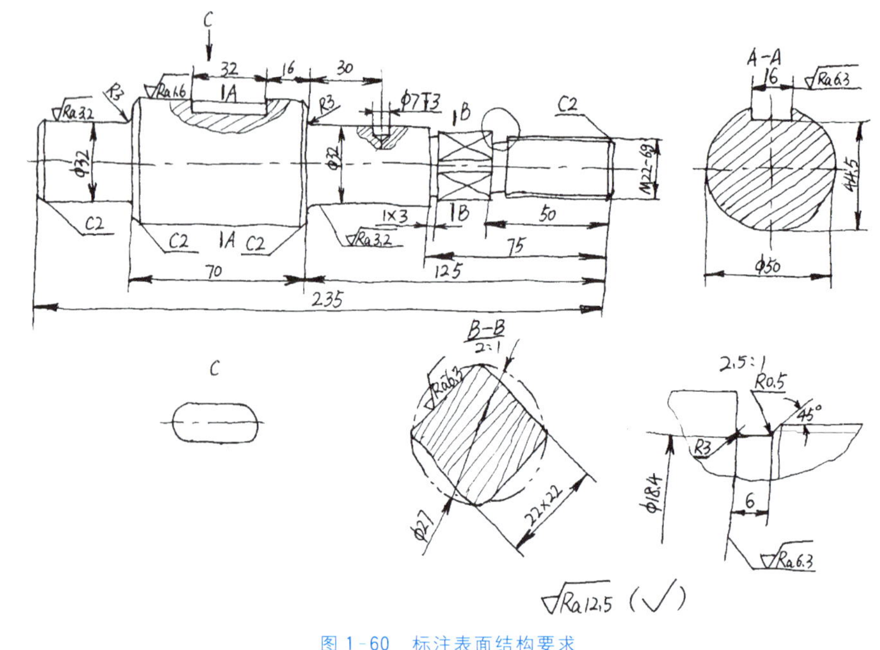

图 1-60　标注表面结构要求

2. 标注尺寸公差要求，如图 1-61 所示。

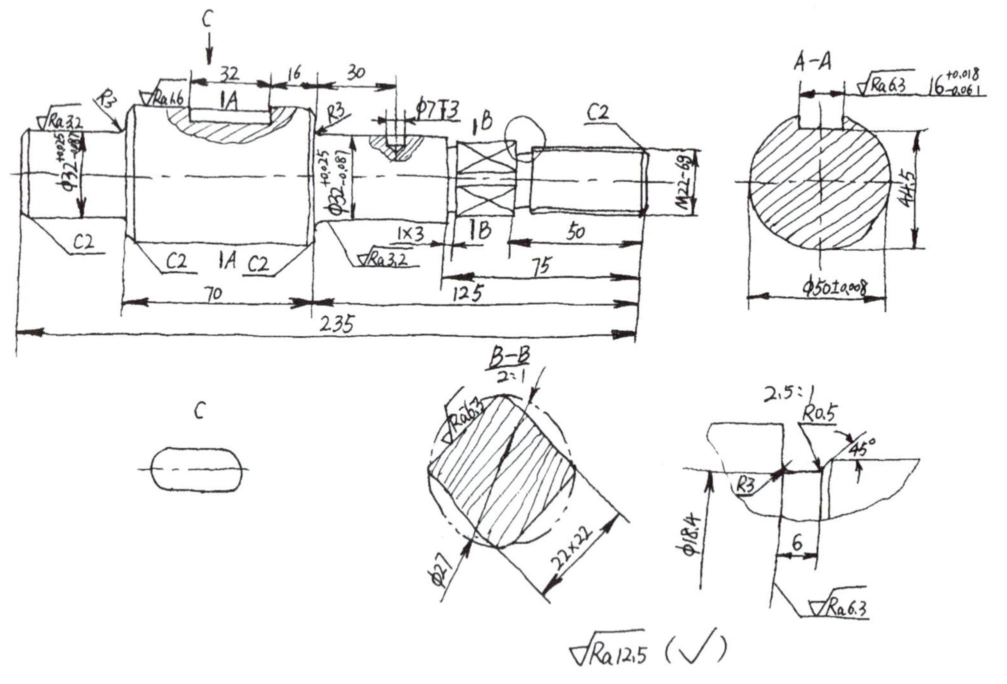

图 1-61　标注尺寸公差要求

3. 标注几何公差要求，如图 1-62 所示。

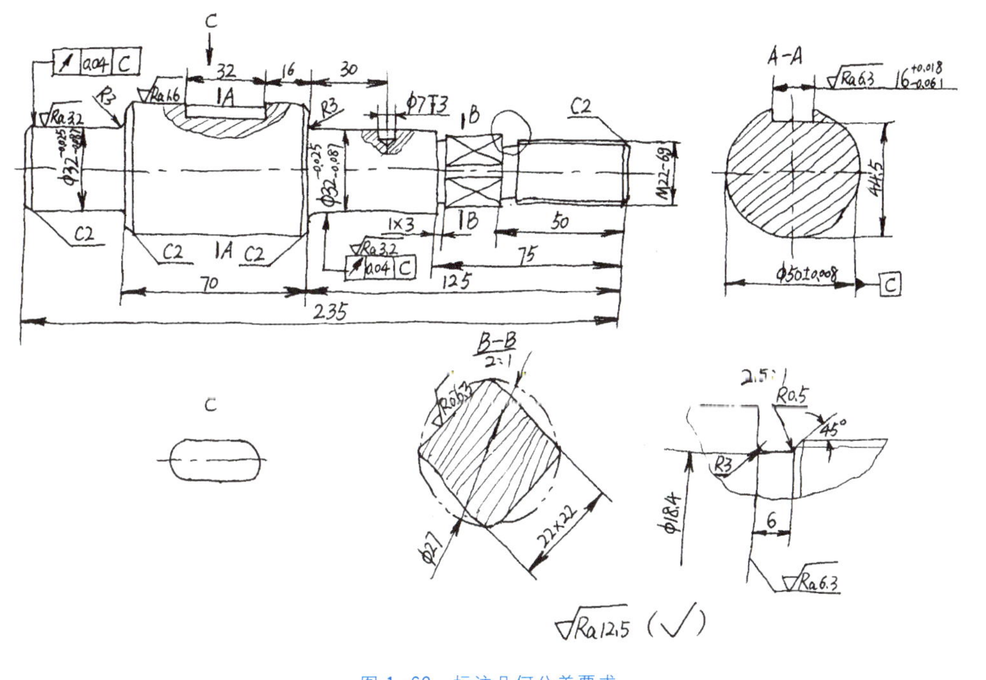

图 1-62 标注几何公差要求

4. 标注文字技术要求，如图 1-63 所示。

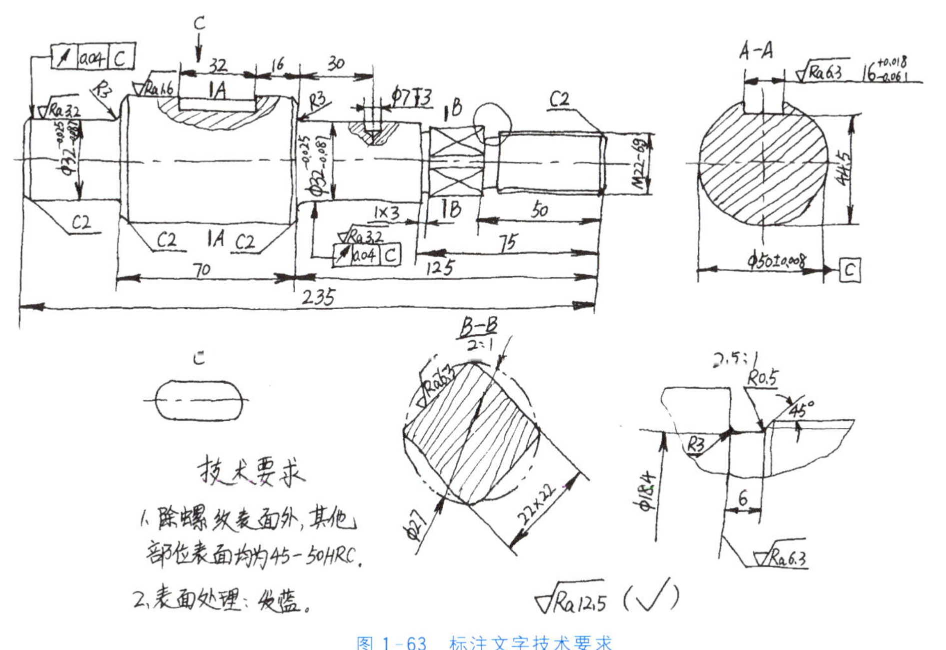

图 1-63 标注文字技术要求

5. 填写标题栏。完成草图如图 1-64 所示。

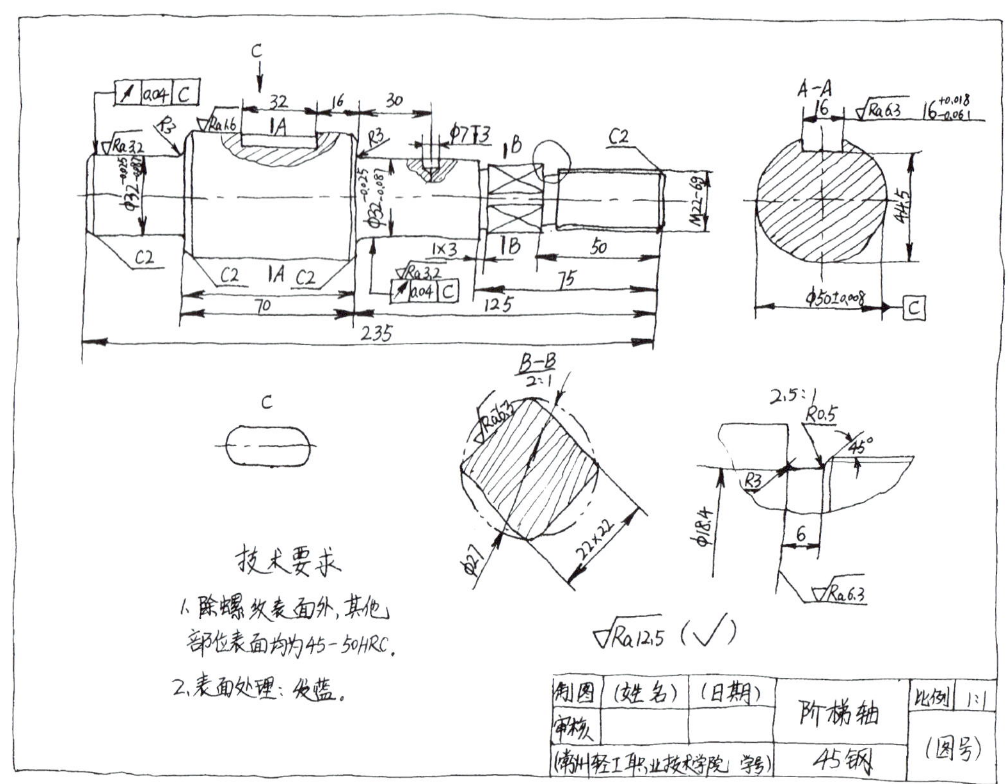

图 1-64　完成草图

任务2　识读阶梯轴零件图

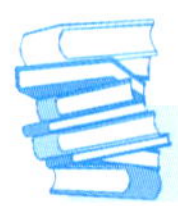

任务引入

本任务要求读懂阶梯轴的零件图，阶梯轴零件草图如图 1-64 所示。

任务分析

阶梯轴是由不同直径的回转体组成的，运用剖视图、局部剖视图的概念读懂零件的形状，读懂尺寸公差、技术要求。

相关知识

一、剖视图的概念与局部剖视图

在机械制图中为了表达看不见的结构，避免细虚线的出现，国家标准中规定了剖视图的基本表示法。

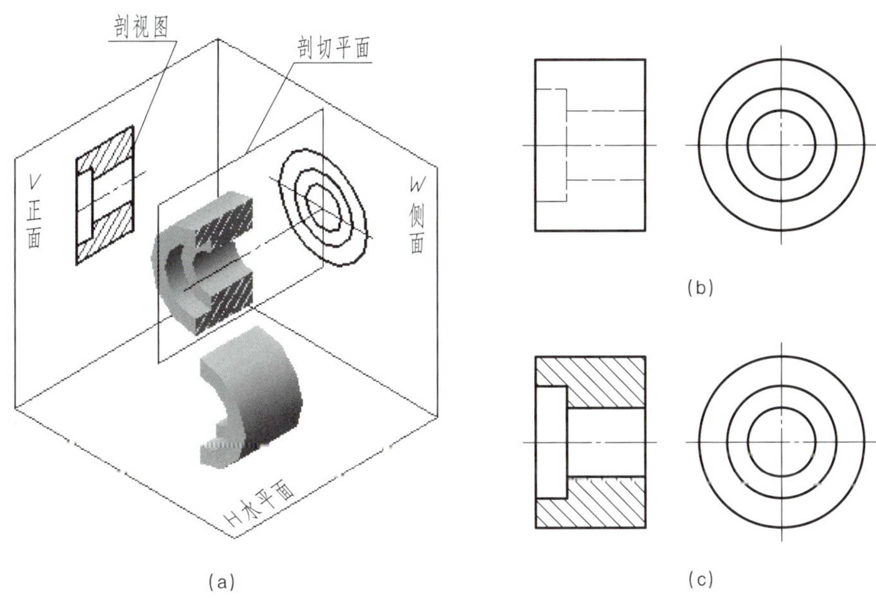

图 1-65　剖视图的概念与形成

1. 剖视图的基本概念

剖视图的概念与形成如图 1-65 所示。假想地用剖切面剖开机件,将处于观察者和剖切面之间的部分移去,将其余部分向投影面投射所得到的图形称为剖视图。

2. 局部剖视图的概念

带键槽轴的局部剖视图形成如图 1-66 所示。在需要表达的键槽结构处剖切采用剖视。这种假想用剖切面局部地剖开机件得到的剖视图称为局部剖视图。

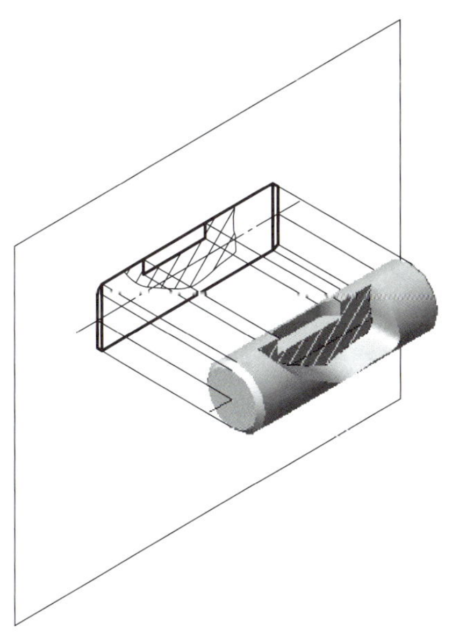

图 1-66　带键槽轴的局部剖视图形成

3. 画剖视图的注意事项

1）因为剖切是假想的，并不是真的把机件切开拿走一部分，因此，除了剖视图外，其余视图应按完整机件画出。

2）剖切平面与机件内、外表面的交线所围成的图形称为剖面。画剖视图时，在机件与剖切面相接触的剖面区域内应画上剖面符号，以便区别机件的实体与空心部分。金属材料的剖面符号用与图形主要轮廓线或剖面区域的对称线成45°且互相平行的细实线绘制。

在同一金属零件的零件图中，剖视图、断面图的剖面线，应画成间隔相等、方向相同。剖面线的方向如图1-67所示。

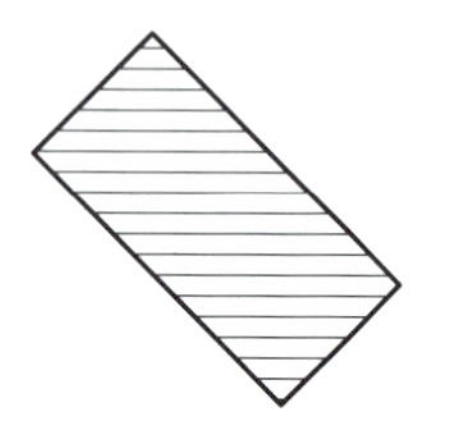

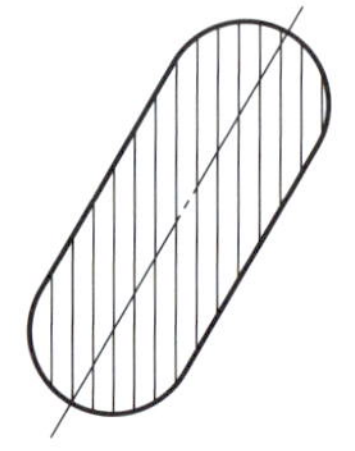
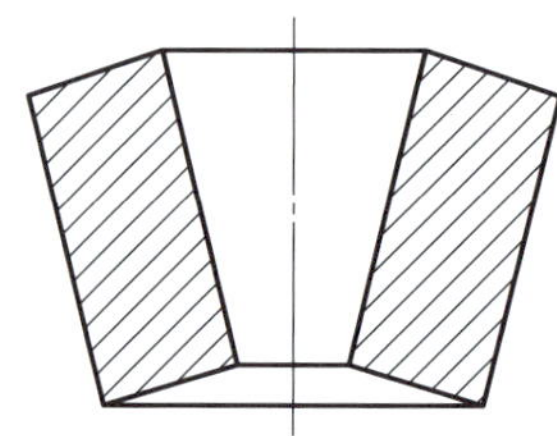

图1-67　剖面线的方向

3）剖切面一般应平行于投影面并通过内部孔、槽的对称中心平面或轴线。剖切面后面的可见部分应全部画出，不得遗漏，如图1-68所示。

4）局部剖视图上的波浪线画法。剖切部分的范围用波浪线表示。波浪线表示零件断裂处的投影线，要画在机件的实体部分，如遇孔、槽等，波浪线不能穿空而过，应在该处断开，也不能画在轮廓线的延长线上或超出轮廓线。同时也不应与图形上其他图线重合。

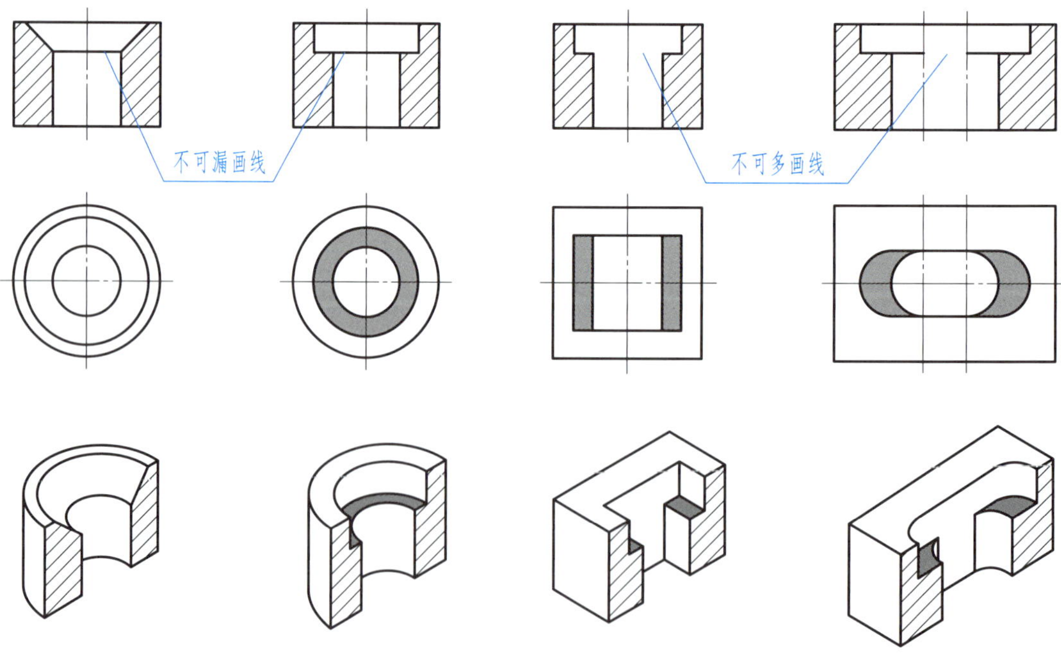

图1-68　画出剖切平面后的可见轮廓线

二、轴套类零件的结构与加工方法

轴类零件一般由同轴线的不同直径的回转体组成。零件上通常有键槽、轴肩、倒角、退刀槽、螺纹及孔等结构。下面对轴上的常见结构加以介绍。

拓展阅读

大国工匠
——郑建文

1. 倒角和倒圆角

阶梯的轴和孔，为便于零件的装配和去毛刺，轴和孔的端面上加工成 45°或其他度数的倒角。为避免在轴肩、孔肩处因应力集中而产生裂纹，轴肩、孔肩处常以圆角过渡。轴、孔的标准倒角和圆角的尺寸可由 GB/T 6403.4—2008 查得，倒角和倒圆角尺寸标注如图 1-69 所示。零件上倒角尺寸全部相同且为 45°时，可在图样右上角注明“全部倒角 CX”(X 为倒角的轴向尺寸)。

当零件倒角尺寸无一定要求时，则可在技术要求中注明“锐边倒钝”。

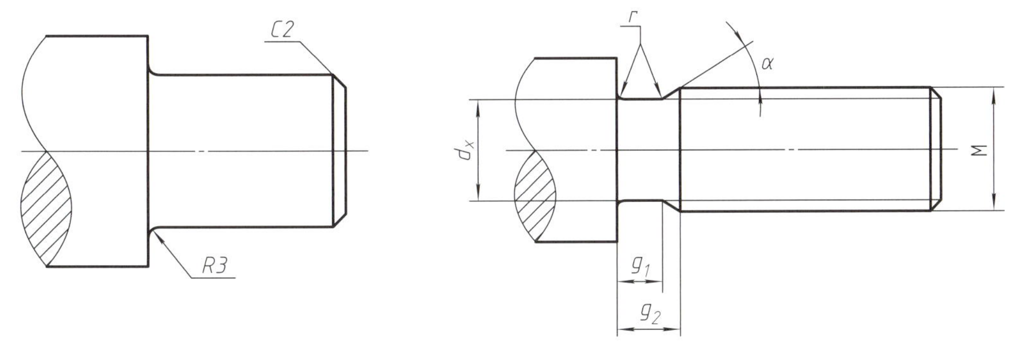

图 1-69 倒角和倒圆角尺寸标注

2. 退刀槽与砂轮越程槽

在切削加工中，为保护加工刀具、方便刀具退出，以及确保装配时两零件表面紧密接触，一般在零件加工表面的台肩处先加工出退刀槽或砂轮越程槽。相关尺寸数据可从标准手册中查取，具体结构如图 1-70 所示。退刀槽的尺寸一般可按“槽宽×直径”或“槽宽×槽深”的形式标注。砂轮越程槽一般用局部放大图绘制。退刀槽与砂轮越程槽尺寸标注如图 1-70 所示。

三、轴套类零件的尺寸分析与尺寸标注

1. 合理选择尺寸基准

零件在设计、制造、检验时，标注或定位尺寸的起点为尺寸基准。根据基准的作用不同，分为设计基准、工艺基准、测量基准等。

设计基准——设计时确定零件表面在机器中的位置所依据的点、线、面。

工艺基准——加工制造时，确定零件在机床或夹具中的位置所依据的点、线、面。

测量基准——测量某些尺寸时，确定零件在量具中的位置所依据的点、线、面。

零件的长、宽、高三个方向都有一个主要尺寸基准，在同一方向还可有辅助基准，如图 1-71

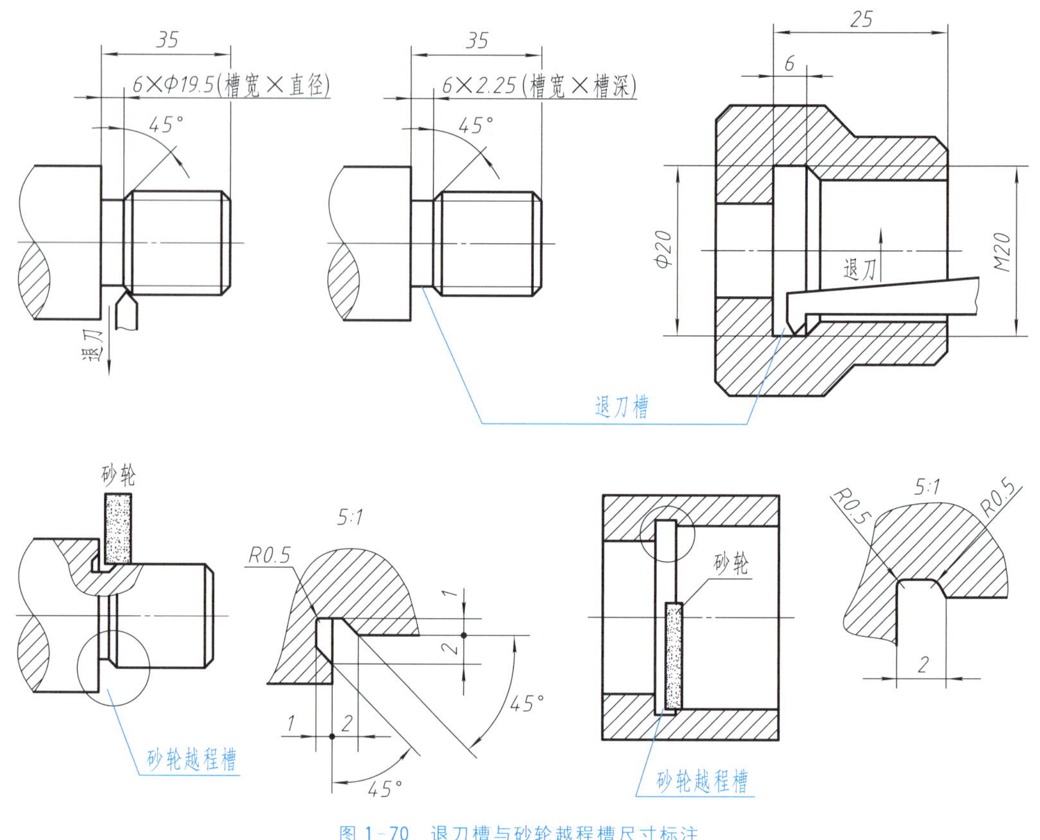

图 1-70 退刀槽与砂轮越程槽尺寸标注

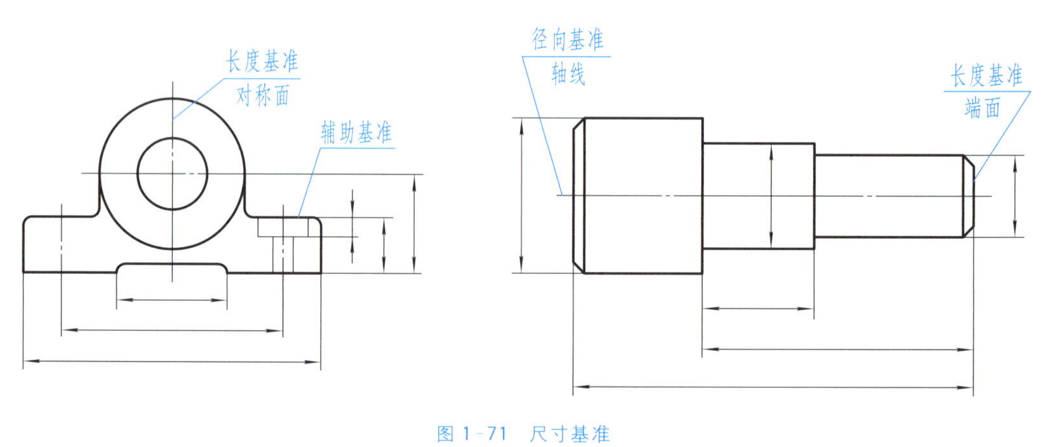

图 1-71 尺寸基准

所示两零件的尺寸基准。标注尺寸时要合理地选择尺寸基准，从基准出发标注定位、定形尺寸。选择尺寸基准应考虑零件的结构特点、工作性能、设计要求以及零件的制造和测量等方面的要求。

主要基准应与设计基准和工艺基准重合，工艺基准应与设计基准重合，这一原则称为“基准重合原则”。当工艺基准与设计基准不重合时，主要基准要与设计基准重合。

常用的基准为设计基准或工艺基准的点、线、面。工艺基准是指根据零件在制造和测量等方面的要求选定的基准。尺寸基准如图 1-71 所示。

基准面——有底板的安装面，重要的端面，装配结合面，零件的对称平面等。

基准线——有回转体的轴线等。

2. 重要的尺寸应直接注出

制造好的零件存在着尺寸误差，为了使零件的重要尺寸不受其他尺寸公差的影响，应在零件图中直接注出重要尺寸。同是一个零件，由于尺寸注法不同，最后加工出来的零件的尺寸就会有不同的结果。

坐标注法如图 1-72 所示。标注的尺寸从一个基准出发，其轴肩到基准面的尺寸精度不受其他尺寸影响，这是坐标注法的优点。*A*、*B* 段的轴长尺寸分别受两个尺寸误差的影响，很明显该两段尺寸应是不重要的尺寸。

链状注法如图 1-73 所示。标注的尺寸依次注成链状，每段轴长的尺寸误差不受其他尺寸影响，这是链状注法的优点，但轴的总长受三段轴长误差的影响。

综合注法如图 1-74 所示。它具有坐标注法和链状注法两种优点，因此零件的尺寸常采用综合注法，并根据零件设计和制造工艺的要求有多种标注形式。

3. 尺寸链不能注成封闭形

封闭尺寸链如图 1-75 所示。尺寸是同一方向串联并头尾相接组成封闭的图形。若尺寸 *A* 比较重要，而尺寸 *A* 受到尺寸 *B*、*C* 的影响就难以保证，所以不能注成封闭尺寸链。解决办法是将不重要的尺寸 *B* 去掉，那么尺寸 *A* 就不受尺寸 *C* 的影响，*A*、*C* 尺寸的误差都可积累到不注尺寸的部位上。不注封闭尺寸链如图 1-76 所示。

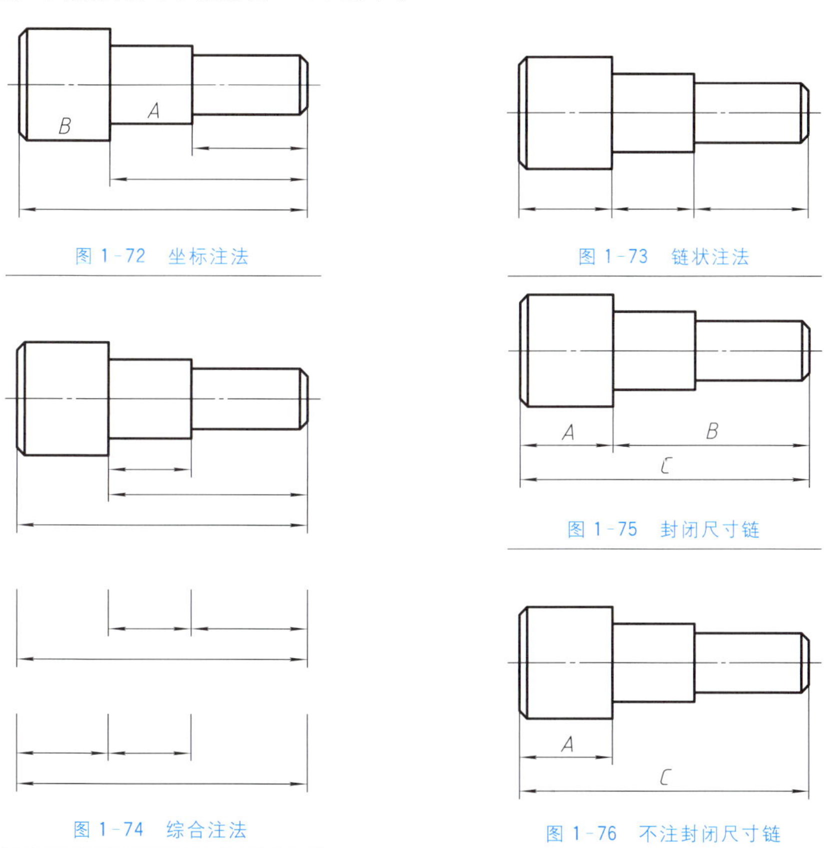

图 1-72　坐标注法

图 1-73　链状注法

图 1-74　综合注法

图 1-75　封闭尺寸链

图 1-76　不注封闭尺寸链

4. 尺寸标注应符合加工顺序，并便于测量

按照零件的加工顺序标注尺寸，便于看图和测量，也有利于保证零件的加工精度。零件结构尺寸以及加工顺序如图 1-77 所示。

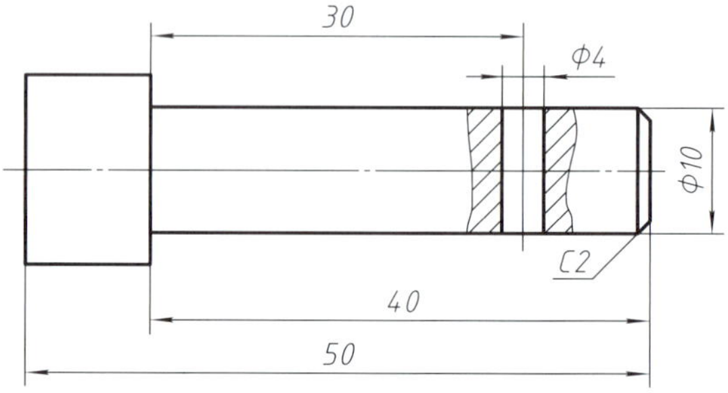

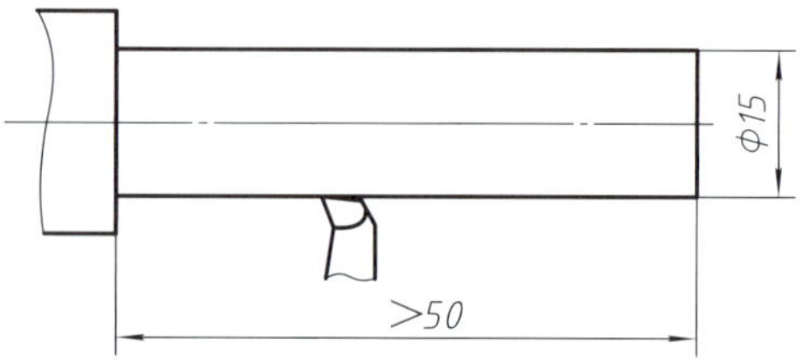

(a) 在略大于 50 的长度内，车外圆得 ϕ15　　(b) 车外圆得 ϕ10，车倒角 C2

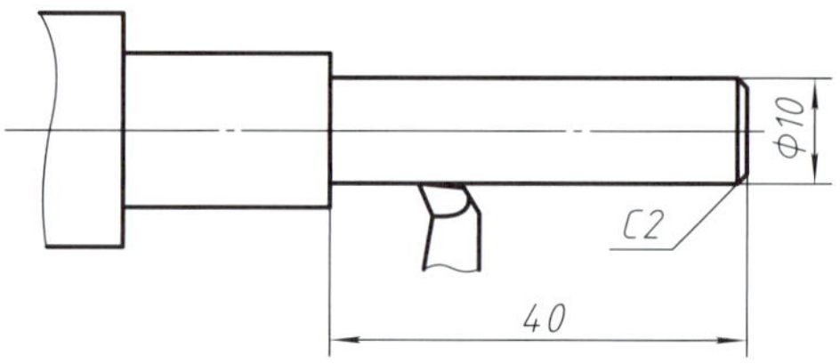

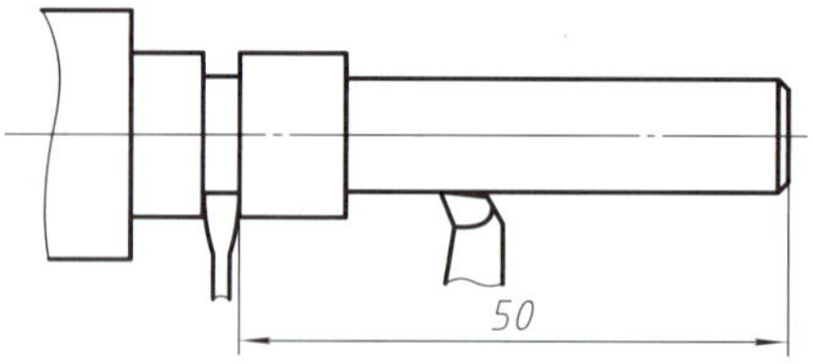

(c) 在长度 50 处切断 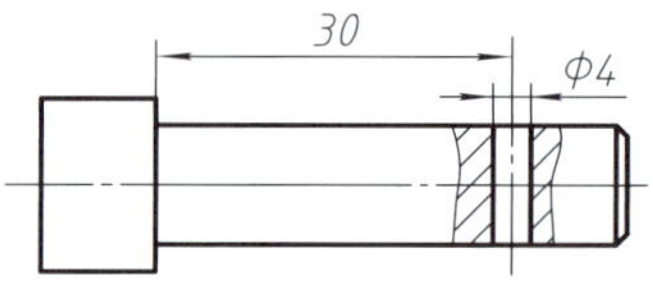　　(d) 划线定出尺寸 30，钻 ϕ4 孔

图 1-77　零件结构尺寸以及加工顺序

标注尺寸的方式对加工和测量难易程度的影响如图 1-78 和图 1-79 所示。

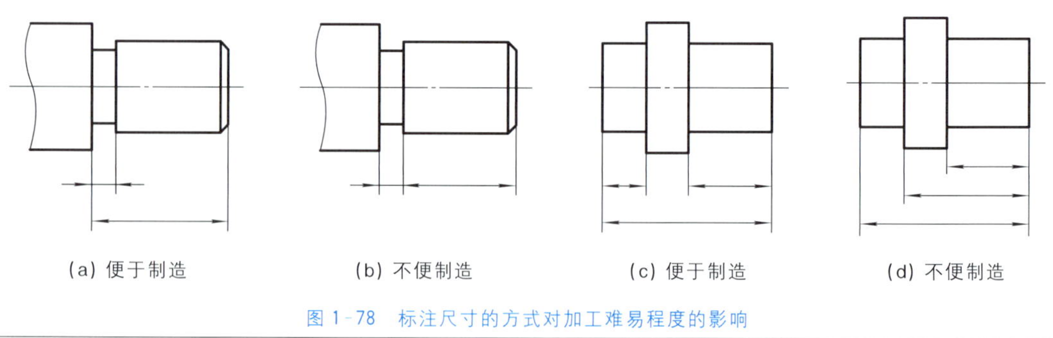

(a) 便于制造　　(b) 不便制造　　(c) 便于制造　　(d) 不便制造

图 1-78　标注尺寸的方式对加工难易程度的影响

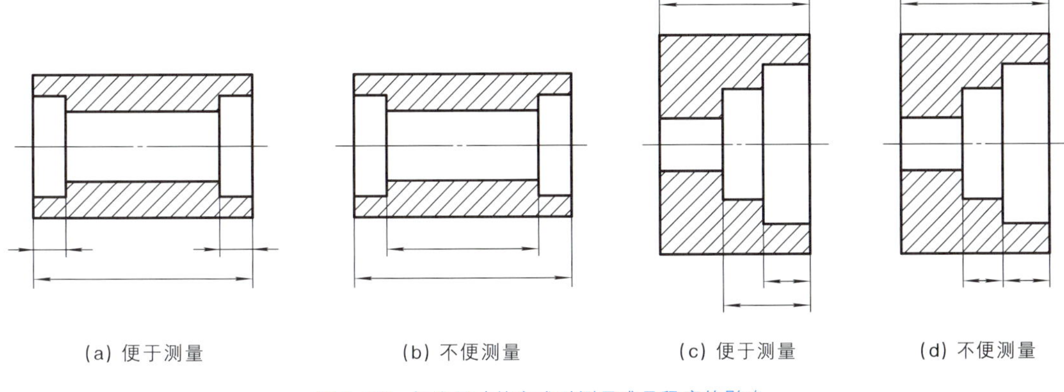

图 1-79 标注尺寸的方式对测量难易程度的影响

任务实施

步骤一 获取零件的基本信息

由图 1-64 标题栏可知，该零件选用的材料是 45 钢，绘制该图形所选用的比例是 1∶1。

步骤二 读形状

阶梯轴是用一个基本视图、一个局部放大图、一个第三角投影简化画法和两个断面图来表达该零件的形状和结构。该轴由 5 段直径不同的轴颈组成，其中 4 段为同轴的圆柱体，结合 *B*—*B* 断面图可以看出剩下一段为方颈。用局部放大图主要表达的是退刀槽的结构。结合 *A*—*A* 断面图可知，在 ϕ50 轴段上有宽 16 深 5.5 的键槽。用第三角投影简化画法表达的是该键槽的外形。在中间 ϕ32 轴段上有一个局部剖，用于表达此处凹坑的结构。在最右侧的轴段上加工有螺纹。阶梯轴的零件结构见图 1-40。

步骤三 读尺寸标注

1. 尺寸基准

径向基准就是轴线，所有径向尺寸都从此处进行标注。轴向基准是 ϕ50 轴段的右端面，尺寸 16、30、70、125 都从此处出发进行标注。零件的右端面是轴向的第一辅助基准，由此出发标注了 50、75 和 235 等尺寸。

2. 尺寸标注

ϕ7↧3 表示 ϕ7 mm 的孔，深为 3 mm。M22-6g 表示：M22 为普通粗牙螺纹，公称直径为 22，6 g 为中径、大径的公差带代号，其中 6 为公差等级，g 为基本偏差代号。

步骤四 读技术要求

1. 尺寸公差

尺寸为 ϕ50±0.008 的轴段，由于该处在实际工作时要与齿轮相配合，所以尺寸精度要求较高。上极限尺寸为 ϕ50.008 mm，下极限尺寸为 ϕ49.992 mm。其余尺寸请读者自行分析。

2. 几何公差

径向圆跳动公差，为 0.04 mm，被测要素为两个 $\phi32$ 的圆柱面，基准要素为 $\phi50\pm0.008$ 圆柱面的轴线（基准 C）。

3. 表面粗糙度

该零件有四种表面结构要求，分别是 $Ra1.6$、$Ra3.2$、$Ra6.3$ 和 $Ra12.5$。其中表面粗糙度值为 $Ra1.6$ 的表面质量最好，该表面即为 $\phi50\pm0.008$ 圆柱面，由于此处要与齿轮相配合，所以表面精度要求最高，需进行精加工。

回顾与总结

轴套类零件的特点见表 1-6。

表 1-6　轴套类零件的特点

结构组成	通常由不同直径的回转体组成，如键槽、退刀槽、砂轮越程槽、中心孔、销孔以及轴肩、螺纹等
加工方法	毛坯一般用棒料，主要加工方法是车削、镗削和磨削
视图表达	主视图按加工位置放置，表达其主体结构。采用断面图、局部剖视图、局部放大图等表达零件的局部结构
尺寸标注	以回转轴线作为径向（高、宽方向）尺寸基准，轴向（长度方向）的主要尺寸基准是重要端面。主要尺寸直接注出，其余尺寸按加工顺序标注
技术要求	有配合要求的表面，其表面粗糙度参数值较小。有配合要求的轴颈、主要端面一般有几何公差要求

模块二　盘盖类零件的图样绘制与识读

项目一　减速器透盖零件图的绘制与识读

任务1　绘制减速器透盖零件图

任务引入

在机械制造职业岗位中，绘图能力是必须掌握的一项技能，本任务要求绘制减速器透盖零件图，透盖的结构如图 2-1 所示。

任务分析

如图 2-1 所示。透盖直径远大于轴长，属于四大类零件中的盘盖类零件。透盖在减速器中是用来固定轴承、承受轴向力及调整轴承间隙的，透盖内侧的沟槽起密封作用，整体结构是由不同直径的回转体组成的，局部有沟槽和凹槽。

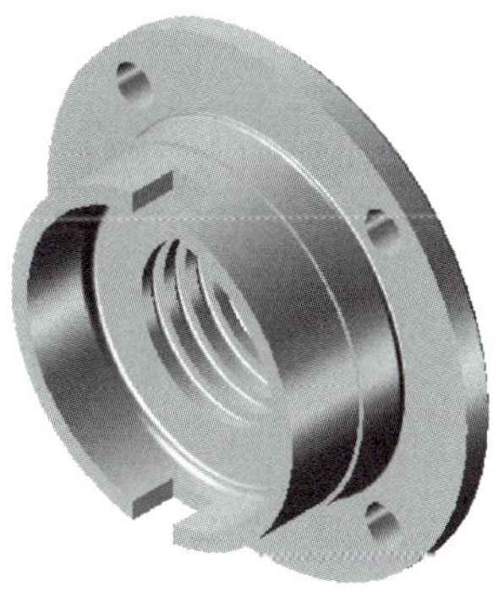

图 2-1　透盖结构

相关知识

一、盘盖类零件的结构分析

许多零件可以看成是由若干基本体，或由被平面切割后的基本体，通过组合或切割形成的。基本体通常指较规则且简单的平面体（如棱柱、棱锥等）和简单的回转体（如圆柱、圆锥、圆环、球

等)。由两个以上的基本形体组合而成的物体称为组合体,组合体的主要类型有叠加类和切割类。

(1) 叠加类　由若干基本体按一定的相对位置叠加而形成。

(2) 切割类　由一个基本体经过多次切割而形成。

从空间几何形状来分析,盘盖类零件就是一类简单的组合体,即由两个或两个以上基本体组成的物体。该类零件一般包括法兰盘、端盖、各种轮子等,基本形状为扁平的盘状,由几个同轴线、不同直径的回转体或其他形状的扁平板组成,其轴向尺寸往往比其他两个方向的尺寸小,且常伴有凸台、凹坑、螺孔、销孔和肋板等结构。

熟练掌握基本体及其被平面切割后的切割体的视图绘制与识读,能为绘制与识读各类零件图样打下坚实的基础。

二、平面体的视图

1. 棱柱

棱柱的主要形体特征是有两个形状相同且互相平行的多边形平面,这两个平面决定了棱柱的形状特征,被称为特征面。直棱柱的其余侧面均为矩形且垂直于特征面。棱柱的形状和大小,需要用特征面图形的定形尺寸以及两特征面之间的距离尺寸(常称为棱柱的高)来确定。

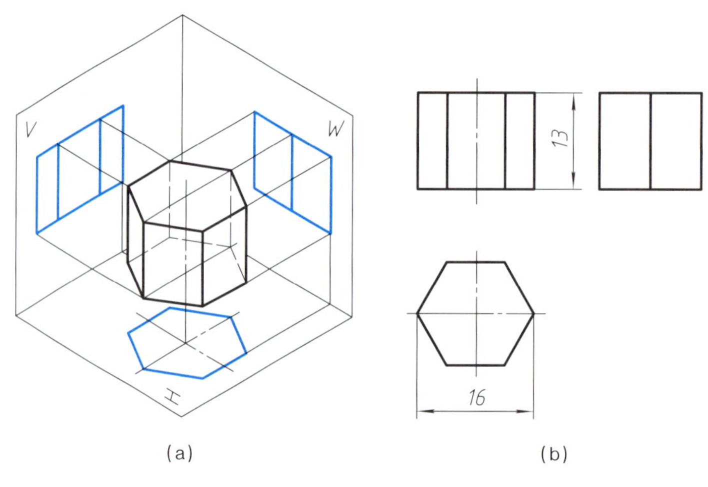

图 2-2　正六棱柱的投影分析

1) 棱柱的投影分析

正六棱柱的投影分析如图 2-2 所示。图中 H 面投影是一个正六边形,它反映了正六棱柱顶面和底面的实形,六条边分别是六个棱面的积聚性投影。在 V 面投影中,围成矩形线框的上、下两直线是顶面和底面的积聚性投影,四条竖线是可见的四条棱线的投影,三个封闭的线框是棱面的投影,三个线框中间一个反映最前和最后棱面的实形,其余两个线框是左右四个棱面的类似形。在 W 面的投影中,围成矩形线框的上下两直线是顶面和底面的积聚性投影,三条竖线分别是左侧可见的三条棱线的投影，正六棱柱右侧的三根棱线在 W 面上的投影应为细虚线，与可见的三条棱线的投影重合。

棱柱的投影特点是：一个视图反映形体的形状特征，另外两个视图是由细虚线或者粗实线围成的矩形线框。

2）绘制棱柱的视图

在画棱柱的三视图时，首先要明确棱柱的摆放位置，棱柱的特征面平行于 V 面称为正放，特征面平行于 H 面称为竖放，特征面平行于 W 面称为侧放。根据棱柱放置位置，确定先画的视图，先画反映形状特征的视图。如侧放棱柱，先画左视图；竖放棱柱，先画俯视图；正放棱柱，先画主视图。接着，按照形状特征面的定形尺寸画出反映形状特征的视图。最后，按视图间的投影关系完成其他两个矩形视图，如图 2-2(b)所示。

视频

棱柱的三视图绘制

3）棱柱的尺寸分析与尺寸标注

确定一个棱柱大小需要的尺寸：形状特征面的所有定形尺寸和棱柱的高度尺寸。在视图中标注其尺寸时，将特征面的定形尺寸标注在特征视图上，将棱柱的高度尺寸标注在另外的视图上，如图 2-2(b)所示。

4）棱柱视图的识读

棱柱的形体特征和视图识读方法如图 2-3 所示。

(1) 根据棱柱视图的特点，首先找出棱柱的特征视图，明确特征视图在哪个基本视图(即主视图、俯视图、左视图等)上，然后判断出棱柱的放置位置：如特征视图为主视图，则棱柱正放；特征视图为俯视图，则棱柱为竖放；特征视图为左视图，则棱柱为侧放。

(2) 分析特征视图的形状与尺寸，尽量在头脑中形成与标注尺寸大小相符(即成比例)的图形想象。

(3) 将棱柱的特征视图图形按其放置方位平行移动一个棱柱高度尺寸，则平面图形在空间留下的运动轨迹即是棱柱的空间形状，如图 2-3 所示。

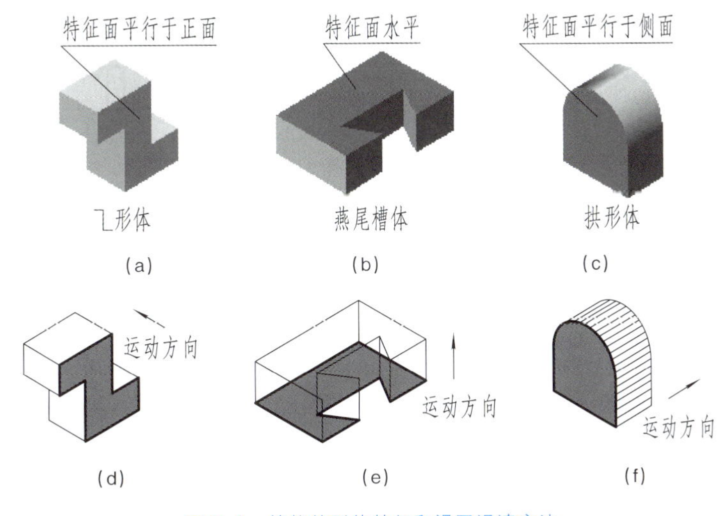

图 2-3　棱柱的形体特征和视图识读方法

前面所学的圆柱体是曲面柱体，曲面柱体与平面柱体统称为柱类形体，平面柱体的视图画法、视图识读、尺寸标注的方法与步骤也适用于其他柱类零件。图 2-4 列出了常见柱类零件特征面的形状与尺寸标注。

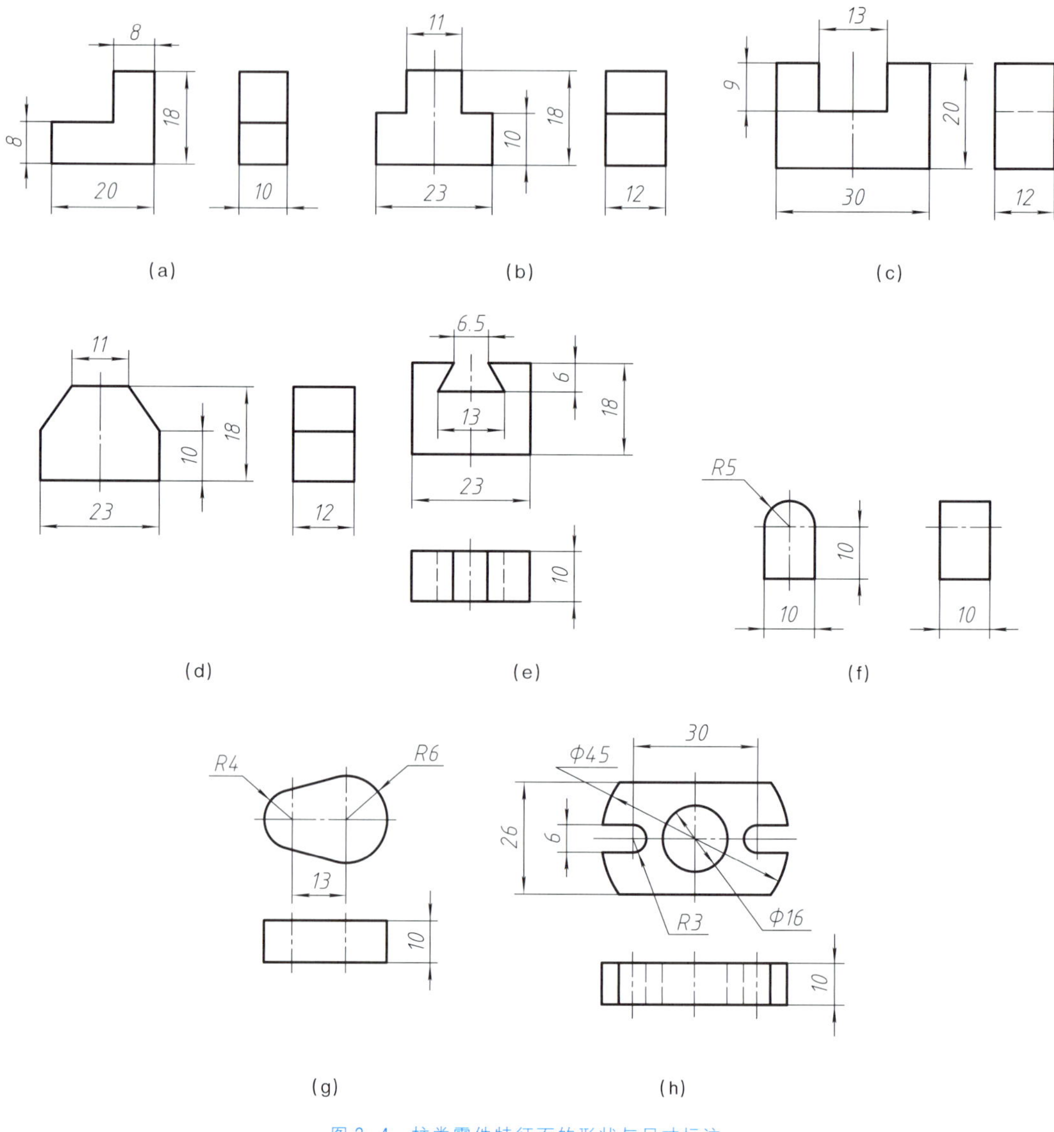

图 2-4　柱类零件特征面的形状与尺寸标注

2. 棱锥

棱锥的底面为多边形，各侧面是若干具有公共顶点的三角形。从棱锥顶点到底面的垂直距离叫作棱锥的高。当棱锥的底面为正多边形，且各侧面是全等的等腰三角形时，该棱锥称为正棱锥。

正三棱锥的投影分析如图 2-5 所示。正三棱锥的摆放位置为底面平行于水平面，且有一个侧面垂直于 *W* 面。

由于正三棱锥的底面△ABC为水平面，所以它的水平面投影△abc反映了底面的实形，其正面和侧面上的投影分别积聚成平行于X轴和Y轴的直线段$a'b'c'$和$a''(c'')b''$。锥体的△SAC后侧面垂直于W面，它在侧面上的投影积聚为一段斜线$s''a''(c'')$，它的V面和H面投影为类似形△$s'a'c'$和△sac，前者不可见，后者可见。左、右两个侧面为一般位置平面，它在三个投影面上的投影均是类似形。

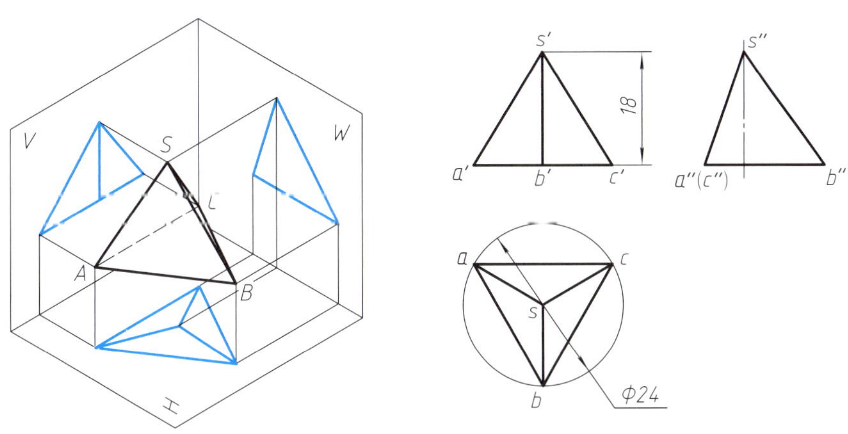

图2-5　正三棱锥的投影分析

三、平面切割体的视图

平面与平面体的表面相交产生的交线称为截交线。求平面体的截交线就是要找出平面体上被截棱线的截断点，然后依次连接这些截断点即可得到该平面体的截交线。

例1　图2-6表示正四棱锥被一正垂面P斜切，求作截交线的投影(注：正垂面为垂直于正立投影面V而与其他两个投影面倾斜的平面)。

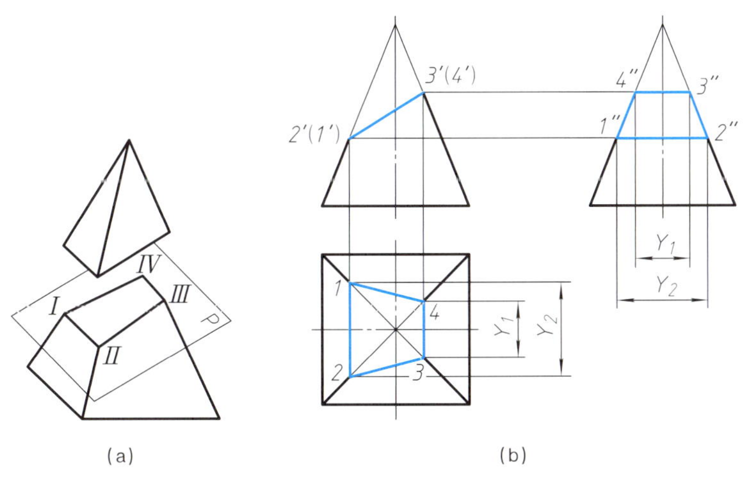

图2-6　正四棱锥被一正垂面斜切

分析:正四棱锥被正垂面 P 斜切，截交线为四边形，其四个顶点分别是四条侧棱与截平面的交点。因此,只要求出截交线四个顶点在各投影面上的投影,然后依次连接各点的同名投影,即可得到截交线的投影。

作图:(1) 因截断面的正面投影积聚成直线,可直接求出截交线各点的正面投影($1'$)、$2'$、$3'$、($4'$),如图 2-6 中主视图所示。

(2) 根据直线上点的投影规律,求出各顶点的水平投影 1、2、3、4 和侧面投影 $1''$、$2''$、$3''$、$4''$,如图 2-6 中俯视图、左视图所示。

(3) 依次连接各顶点的同名投影,即得到截交线的投影,如图 2-6 所示。

例 2 L 形六棱柱被一正垂面 P 斜切,如图 2-7 所示。求作切割后 L 形六棱柱的三视图。

分析:正垂面 P 切割 L 形六棱柱时,与六棱柱的六个棱面都相交,所以交线为六边形。如图 2-7(a)所示,平面 P 垂直于正面,交线的正面投影积聚在 P' 上。因为六棱柱六个棱面的侧面投影都有积聚性，所以交线的正面和侧面投影均为已知,仅需作出交线的水平投影。

作图:(1) 参照立体图在主、左视图上标注已知各点的正面和侧面投影,如图 2-7(b)所示。

(2) 由已知各点的正面和侧面投影作出水平投影 a、b、c、d、e、f,如图 2-7(c)所示。

(3) 擦去作图线,整理 L 形六棱柱被切割后的图线。值得注意的是,交线的水平投影和侧面投影为六边形的类似形(L 形)，如图 2-7(d)所示。

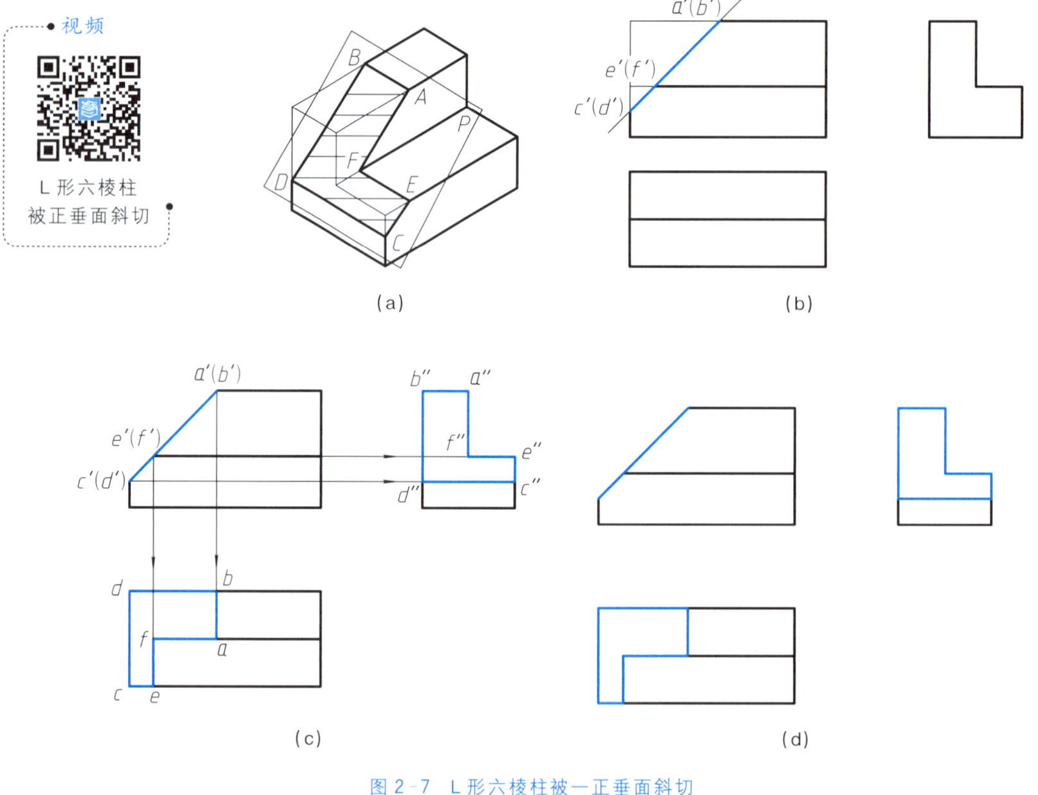

图 2-7 L 形六棱柱被一正垂面斜切

例 3　绘制图 2-8 所示的切割类组合体的视图。

分析:切割类组合体的绘制和读图通常采用线面分析法。即根据物体表面的投影特性对组合体表面的性质、形状及相对位置进行分析。

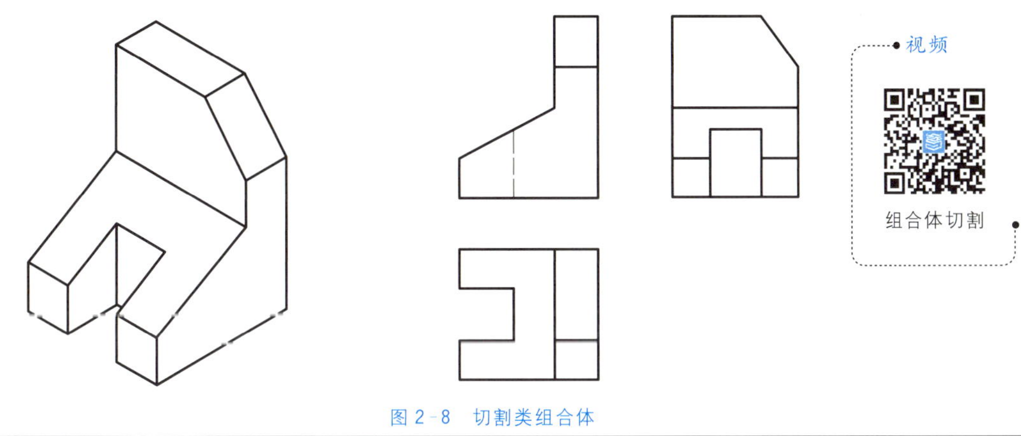

图 2-8　切割类组合体

图 2-8 所示的组合体可看成由长方体切去几个基本体而形成。切割类组合体视图的绘制步骤如图 2-9 所示。

绘制时应注意以下几点:

(1) 画每个切口或槽的投影时,应先从反映形体特征轮廓且具有积聚性投影的视图开始,再按投影关系画出其他视图。例如第一次切割时,先画切口的主视图,再画俯、左视图中的图线,如图 2-9(a)所示;第二次切割时,先画方槽的俯视图,再画主、左视图中的图线,如图 2-9(b)所示;第三次切割时,先画切角的左视图,再画主、俯视图中的图线,如图 2-9(c)所示。

(2) 注意切口截面投影的类似性。如图 2-9(b)中,方槽与斜面 P 相交而形成的截面形状的水平投影 p 与侧面投影 p' 应为类似形。

四、表面结构的标注方法

表面结构是表面粗糙度、表面波纹度、表面缺陷、表面纹理、表面几何形状的总称。这里主要介绍表面粗糙度的表示法。表面结构图形符号见表 2-1。

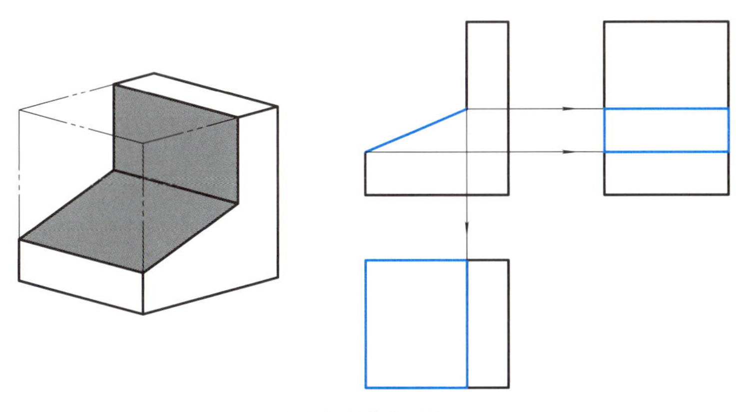

(a) 切割基本形体一

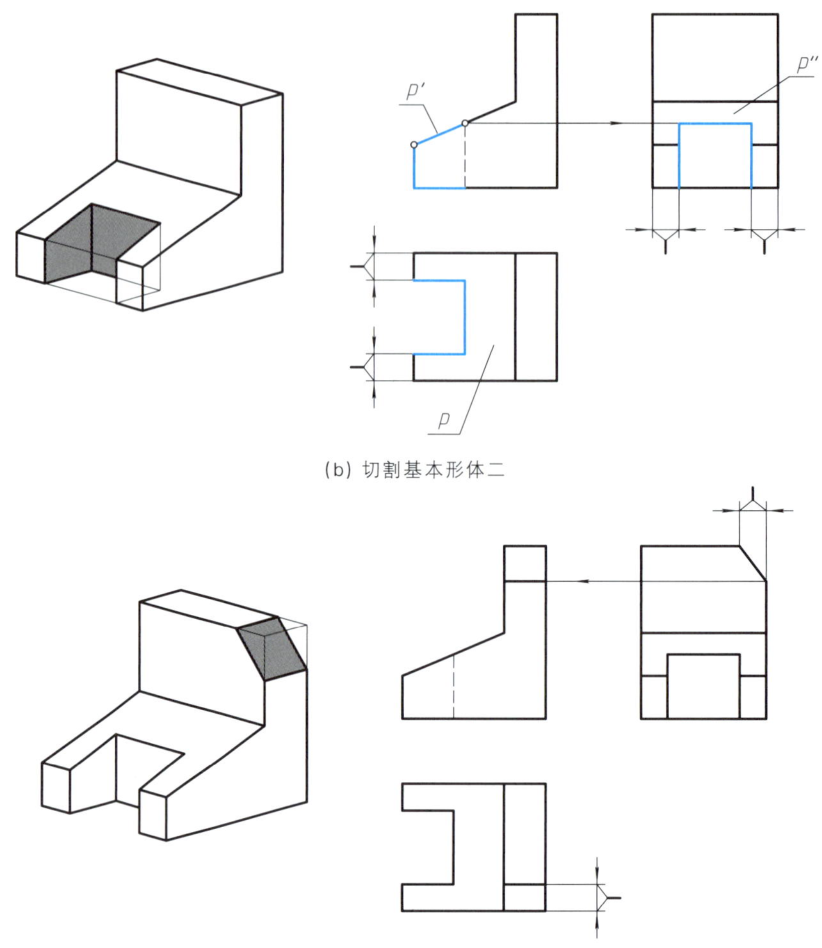

(b) 切割基本形体二

(c) 切割基本形体三

图 2-9 切割类组合体视图的绘制步骤

表 2-1 标注表面结构的图形符号

符号名称	符　　号	含　　义
基本图形符号	H_2 H_1 60° 60° d' = 0.35 mm（d'为符号线宽） H_1 = 3.5 mm，H_2 = 7 mm	未指定工艺方法的表面，当通过一个注释时可单独使用
扩展图形符号		用去除材料方法获得的表面，仅表示是“被加工表面”时可单独使用
		不去除材料的表面，也可用于表示保持上道工序（去除或不去除材料）形成的表面
完整图形符号		在以上各种符号的长边上加一横线，以便注写对表面结构的各种要求

零件经过机械加工后，表面会形成高低不平的凸峰和凹谷。这种由加工产生的、间距较小的峰谷所组成的微观几何形状，称为表面粗糙度。表面粗糙度是评定零件表面质量的一项重要技术指标，对零件的配合、耐磨性、耐蚀性以及密封性等都有显著影响，是零件图中必不可少的一项技术要求。它主要通过两个参数 *Ra*（算术平均偏差）和 *Rz*（轮廓的最大高度）来评定。一般情况下，凡是零件上有配合要求或有相对运动的表面，均要求 *Ra* 的值较小，*Ra* 值越小，表面质量越高，加工成本也越高。因此，在满足使用要求的前提下，应尽量选用较大的 *Ra* 值，以便降低成本。

拓展阅读

表面粗糙度

1. 表面结构要求在图形符号中的注写位置

表面结构要求在图形符号中的注写位置如图 2-10 所示。为了明确表面结构要求，除了标注表面结构参数和数值外，必要时应标注补充要求，包括传输带、取样长度、加工工艺、表面纹理方向及加工余量等。

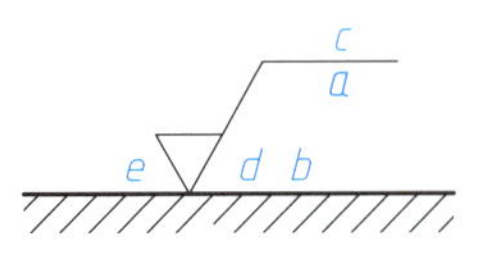

a 注写表面结构的单一要求
b 注写两个或多个表面结构要求
c 注写加工方法，如"车""磨""镀"等
d 注写表面纹理方向，如"=""×""M"
e 注写加工余量

图 2-10　表面结构要求在图形符号中的注写位置

2. 表面结构代号

表面结构符号中注写了具体参数代号及数值等要求后即称为表面结构代号。表面结构代号的含义及示例见表 2-2。

表 2-2　表面结构代号的含义及示例

代号示例	含义/解释
Ra 0.8	表示不允许去除材料，单向上限值，默认传输带，R 轮廓，算术平均偏差 0.8 μm，评定长度为 5 个取样长度（默认），"16%规则"（默认）
Rzmax 0.2	表示去除材料，单向上限值，默认传输带，R 轮廓，粗糙度最大高度的最大值 0.2 μm，评定长度为 5 个取样长度（默认），"最大规则"
0.008~0.8/Ra 3.2	表示去除材料，单向上限值，传输带 0.008～0.8 mm，R 轮廓，算术平均偏差 3.2 μm，评定长度为 5 个取样长度（默认），"16%规则"（默认）
-0.8/Ra3 3.2	传输带：根据 GB/T 6062，取样长度 0.8 mm（λ 默认 0.0025 mm），R 轮廓，算术平均偏差 3.2 μm，评定长度为 3 个取样长度（默认），"16%规则"（默认）
U Ramax3.2 L Ra0.8	表示不允许去除材料，双向极限值，两极限值均使用默认传输带，R 轮廓，上限值：算术平均偏差 3.2 μm，评定长度为 5 个取样长度（默认），"最大规则"，下限值：算术平均偏差 0.8 μm，评定长度为 5 个取样长度（默认），"16%规则"（默认）

有关检验规范的基本术语：

1）轮廓滤波器　将轮廓分为长波和短波成分的仪器。

2）传输带　由两个不同截止波长的滤波器分离获得的轮廓波长范围。

3）取样长度　在 x 轴上选取一段适当长度进行测量，该长度即为取样长度。

4）评定长度　在 x 轴方向上，用于评定轮廓且包含一个或几个取样长度的测量段，称为评定长度。

5）极限值判断原则　完工零件的表面按检验规范测得轮廓参数数值后，需与图样上给定的极限比较，以判定其是否合格。极限值判断规则有两种：

16％规则　当被检表面测得的全部参数值中，超过极限值的个数不多于总个数的 16％时，则该表面合格。

最大规则　被检的整个表面上测得的参数值一个也不应超过给定的极限值。

16％规则是所有表面结构要求标注的默认规则。即当参数代号后未注写“max”字样时，均默认为应用 16％规则；反之，则应用最大规则。

3. 表面结构要求在图样中的注法（表 2-3）

表 2-3　表面结构要求在图样中的注法

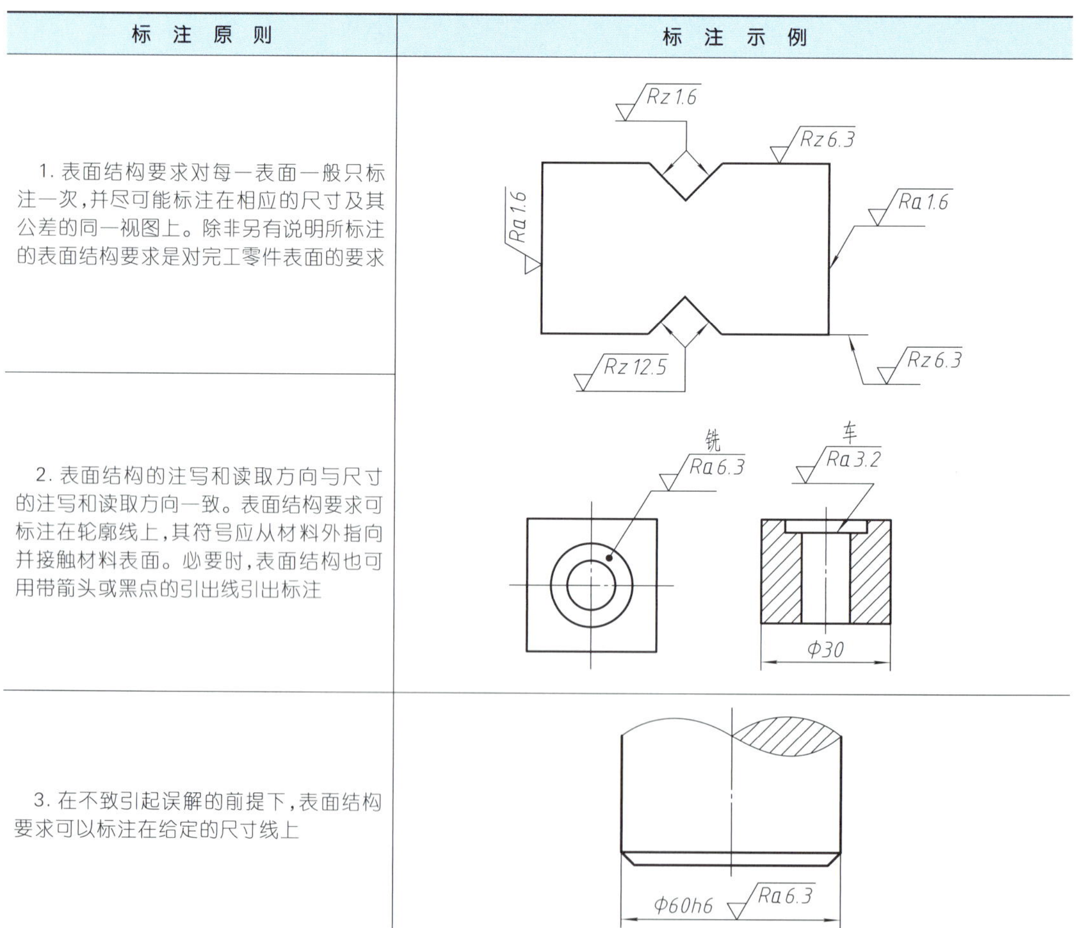

标　注　原　则	标　注　示　例
1. 表面结构要求对每一表面一般只标注一次，并尽可能标注在相应的尺寸及其公差的同一视图上。除非另有说明所标注的表面结构要求是对完工零件表面的要求	Rz 1.6 Rz 6.3 Ra 1.6 Ra 1.6 Rz 12.5 Rz 6.3
2. 表面结构的注写和读取方向与尺寸的注写和读取方向一致。表面结构要求可标注在轮廓线上，其符号应从材料外指向并接触材料表面。必要时，表面结构也可用带箭头或黑点的引出线引出标注	铣 Ra 6.3 车 Ra 3.2 Φ30
3. 在不致引起误解的前提下，表面结构要求可以标注在给定的尺寸线上	Φ60h6 Ra 6.3

续　表

标　注　原　则	标　注　示　例
4. 当图样中某个视图上构成封闭轮廓的各个表面有相同的表面结构要求时，需在完整图形符号上加一个圆圈，标注在工件的封闭轮廓线上	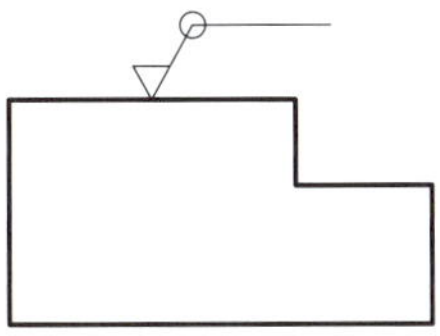 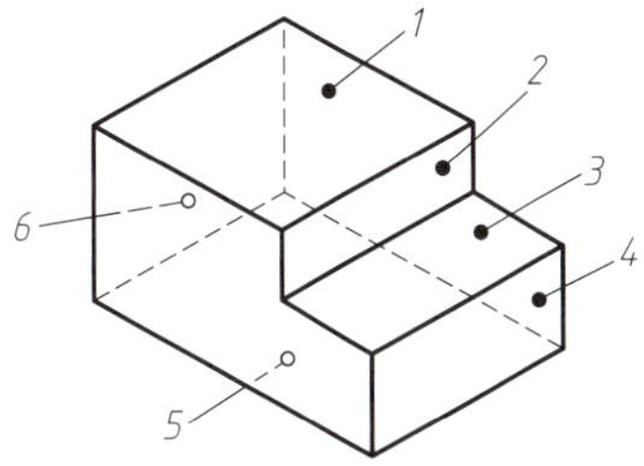
5. 有相同表面结构要求的简化注法：若工件的多数表面(包括全部)有相同的表面结构要求，那么其表面结构要求可统一标注在图样的标题栏附近	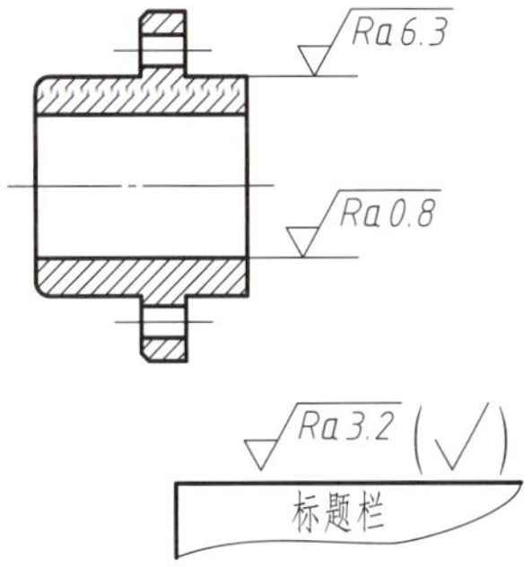 在圆括号内给出无任何其他标注的基本符号
	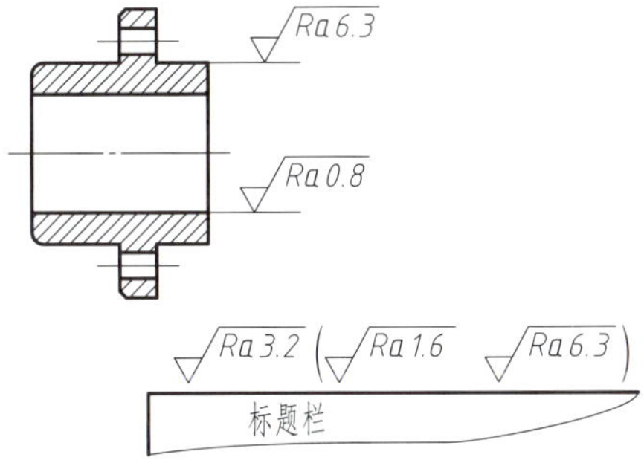 在圆括号内给出不同的表面结构要求

任务实施

步骤一　透盖的结构分析

透盖由不同直径的回转体组成，直径远大于透盖厚度。局部有凹槽、内侧有沟槽。

步骤二　确定表达方案

主视图的方向为反映透盖厚度的方向，轴线水平放置，采用单一剖切平面进行全剖以表达透盖的内部结构，左视图采用外形视图表达圆形的凸缘和四个均布的孔。

步骤三　视图绘制

运用形体分析法，逐个画出各部分的基本视图。画每一部分基本形体时，应先画反映该部分形状特征的视图。完成视图后，检查各形体间表面连接处的投影是否正确。透盖零件图如图2-11所示。

步骤四　尺寸标注

透盖的左端面是厚度方向尺寸的主要基准，回转体的轴线为另外两个方向的尺寸基准，其中透盖的凸缘左端面为厚度方向尺寸的辅助基准，将尺寸正确、完整、合理的标注在视图上，如图2-11所示。

步骤五　技术要求标注

有配合要求或起定位作用的表面，对表面结构要求较高，相应的尺寸精度也需较高。在端面与端面之间、轴线与轴线之间或端面与轴线之间，通常存在几何公差要求。技术要求应标注在视图上，如图2-11所示。

步骤六　填写标题栏

填写标题栏，完成透盖零件图的绘制，如图2-11所示。

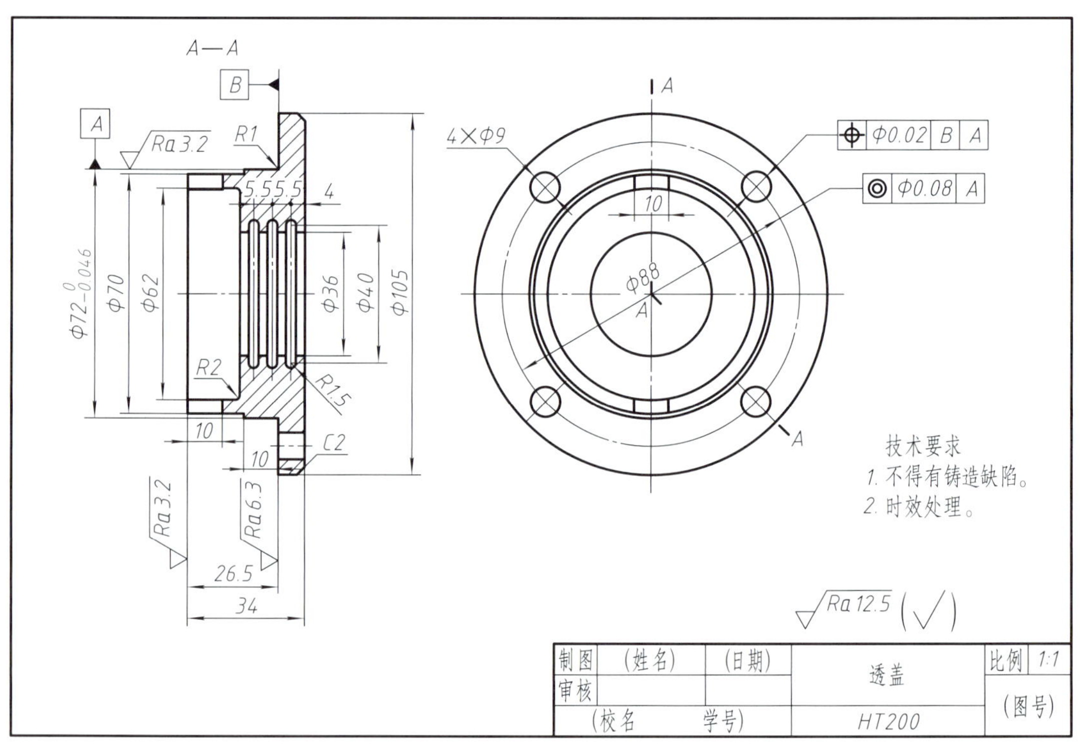

图2-11　透盖零件图

任务2　识读减速器透盖零件图

任务引入

在机械制造职业岗位中，只有读懂零件的形状和技术要求，才能完成加工、检验等生产任务。本任务要求读懂减速器透盖零件图。

任务分析

透盖是四类零件中的盘盖类零件，可由两个基本视图表达（图 2-11），通过对视图的识读，能够了解零件的结构以及技术要求，从而为其设计和制造提供依据。

相关知识

一、组合体的读图

1. 组合体读图的基本方法——形体分析法

假想将组合体分解为若干基本体，分析它们的形状、相对位置、组合形式和表面间的连接关系，以便于进行画图、看图和标注尺寸，这种分析组合体的思维方法称为形体分析法。形体分析法是解决组合体绘图、读图和尺寸标注问题的基本方法。

运用形体分析法读组合体视图时，首先用“分线框、对投影”的方法，分析构成组合体的各基本形体；然后通过“识形体、定位置”，先找出反映每个基本体形体特征的视图，对照其他视图想象出各基本形体的形状，再分析各基本形体间的相对位置、组合形式和表面连接关系；最后综合想象出组合体的整体形状。

2. 读图的基本要领

1）要几个视图联系起来看

一般情况下，一个或两个视图往往不能完全确定物体的形状。如图 2-12 所示的四组视图，它们的主视图都相同，但分别表示四种不同形状的物体；再如图 2-13 所示的三组视图，它们的

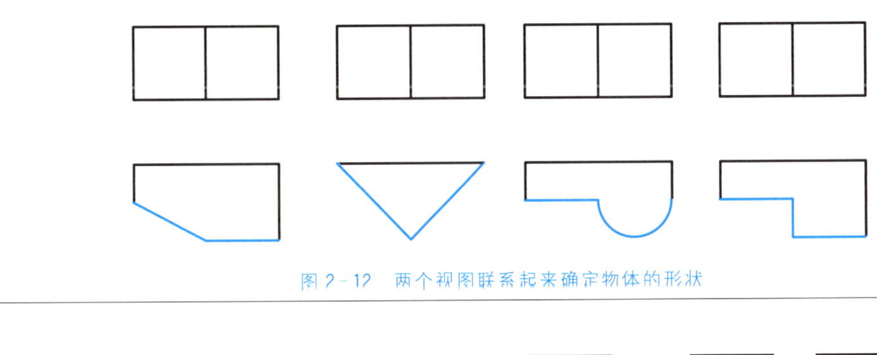

图 2-12 两个视图联系起来确定物体的形状

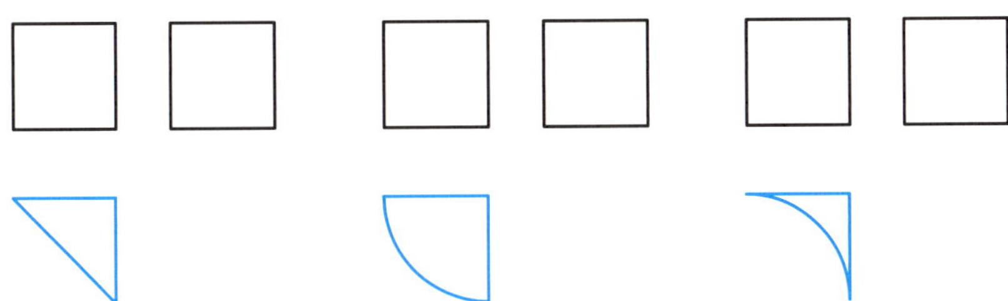

图 2-13 三个视图联系起来确定物体的形状

主、左视图都相同，但表示了三种不同形状的物体。因此读图时，必须几个视图联系起来进行分析，才能想象出物体的形状。

2）理解视图中图线、线框的含义

组合体三视图中的图线类型主要有粗实线、细虚线和细点画线，分析视图中图线和线框的含义，是读图的基础。

（1）视图中的粗实线和细虚线（包括直线或曲线）可以表示两表面（平面或曲面）交线的投影、回转面转向轮廓线的投影、具有积聚性的面（平面或柱面）的投影。

（2）视图中的细点画线一般是对称中心线或回转体的轴线。

视图中图线的含义如图 2-14 所示。

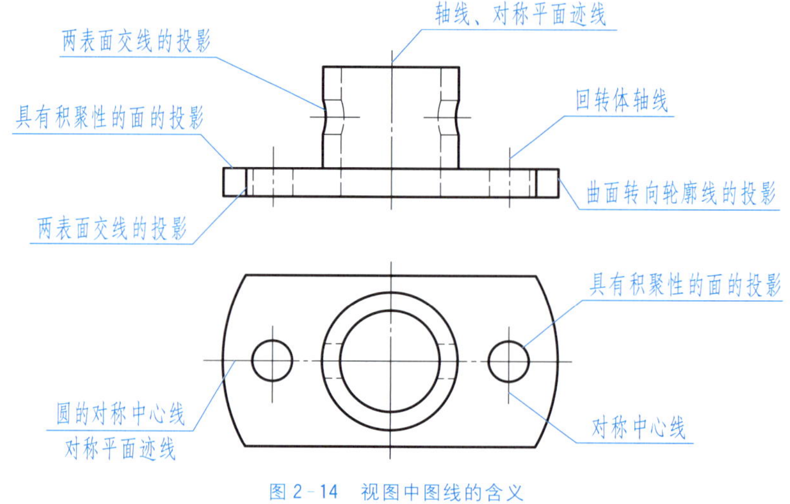

图 2-14　视图中图线的含义

（3）视图中封闭线框的含义如图 2-15 所示。封闭线框可以表示单一面（平面或曲面）的投影、曲面及其相切面的投影、孔的投影。

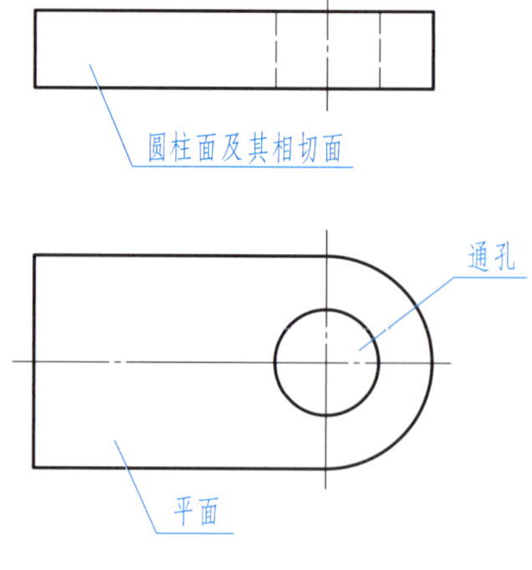

图 2-15　视图中封闭线框的含义

(4) 视图中两相邻的封闭线框的含义如图 2-16 所示。两相邻的封闭线框是物体上相交的或同向错位的两个面的投影,其分界线则表示两表面交线或具有积聚性的第三表面的投影。如图 2-16(a)中线框 *A* 和 *B*、*B* 和 *C* 在图 2-16(c)、(d)、(e)中表示相交的两个面,在图 2-16(b)中表示前后两个面。

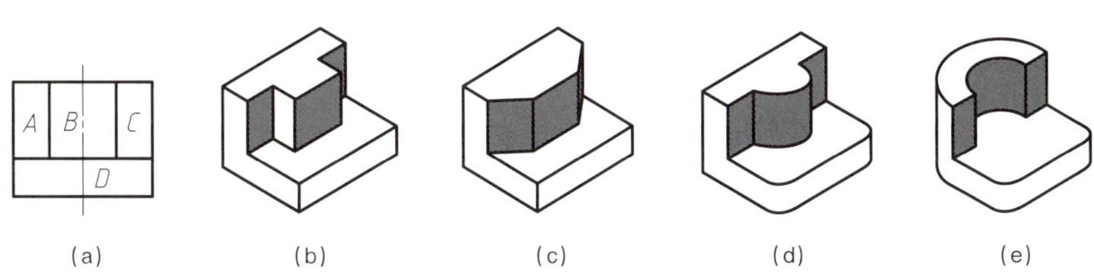

图 2-16　视图中两相邻的封闭线框的含义

3) 善于抓住形状特征和位置特征视图

最能清晰地表达物体的形状特征的视图称为形状特征视图。最能清晰地表达组合体各形体之间相互位置关系的视图称为位置特征视图。一般主视图能较多反映组合体的整体形状特征,左视图为位置特征的视图,如图2-17 所示。从主视图看,封闭线框 *Ⅰ* 内有封闭线框 *Ⅱ* 和 *Ⅲ*,它们的形状特征比较明显,但相对位置不清楚。处于线框包围中的线框,可以表示凸起或凹进的表面,也可以表示通孔,从俯视图看,两者一个是凸起的,一个是孔,但不能确定哪个形体是凸起的,哪个形体是孔。而左视图却明显反映了位置特征,将主、左两个视图联系起来看,就能唯一判定组合体的形状。

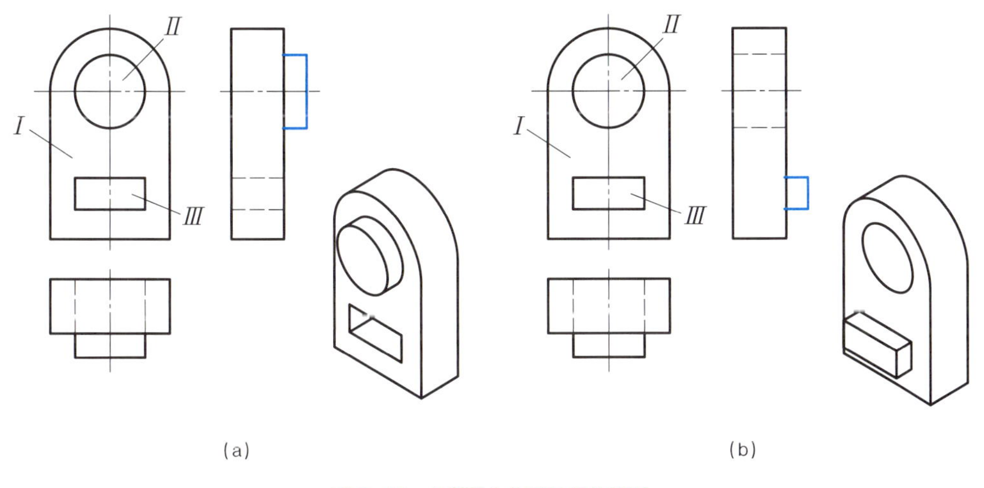

图 2-17　左视图为位置特征的视图

4) 图中细虚线、粗实线的变化区分各部分的相对位置关系(图 2-18)

如图 2-18(a)中的三角形肋板与立板间的连接线在主视图上是粗实线,说明它们前面不共面,因此肋板在中间。图 2-18(b)中三角形肋板与立板及底板间的连接线在主视图上均为细虚线，则表示它们前面共面，根据俯视图可确定前、后各有一块肋板。

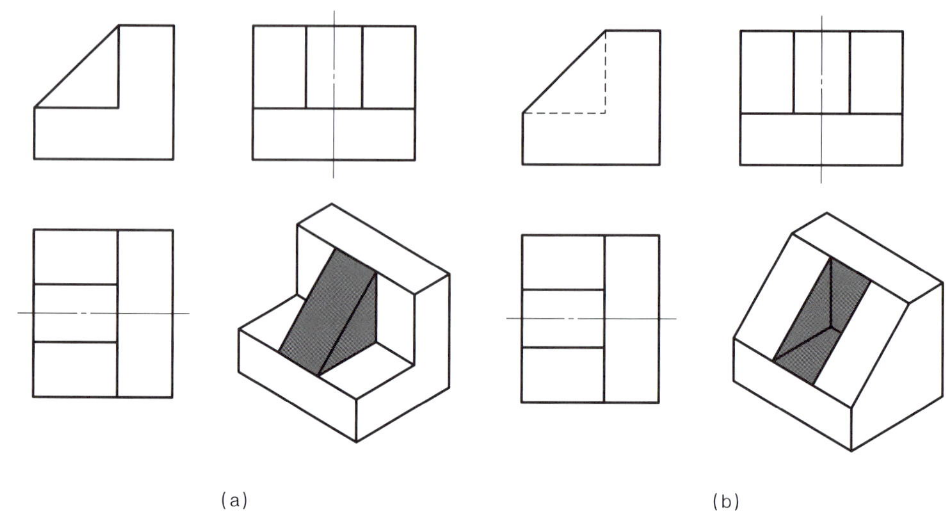
(a) (b)

图 2-18 细虚线、粗实线的变化区分各部分的相对位置关系

二、盘盖类零件表面的连接关系及连接处的画法与识读

盘盖类零件的结构一般较简单，由两三个基本体或基本体的切割体组成，通常由一圆形或方形板和一两个旋转体组合而成。无论以何种方式构成，各基本体之间有一定的相对位置关系，它们的表面也存在一定的连接关系。其连接形式可归纳为不共面、共面、相切和相交四种情况。

1. 不共面与共面

当相邻两个基本体叠加时，除贴合处表面重合外，没有公共表面，在视图中要画出两个不平齐表面之间的分界线。两表面不平齐如图 2-19 所示。

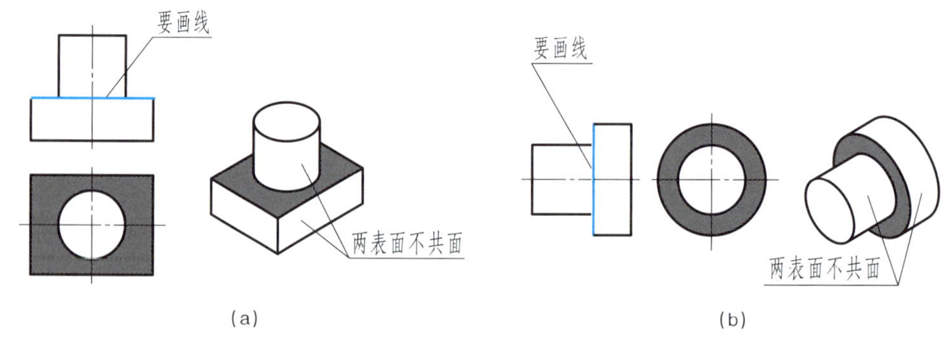

(a) (b)

图 2-19 两表面不平齐

当相邻两个基本体具有相互连接的一个面（共平面或共曲面）时，它们之间不存在分界线，在视图中不应有线（粗实线）隔开。两表面平齐如图 2-20 所示。

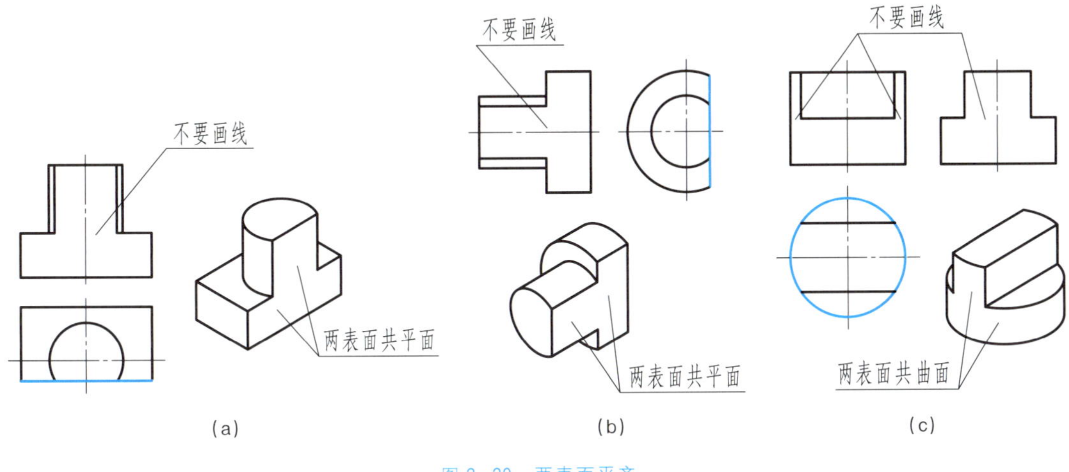

图 2-20　两表面平齐

2. 两表面相切

相切是指两个基本体的相邻表面(平面与曲面或曲面与曲面)光滑过渡。两表面相切如图 2-21 所示。相切处不存在轮廓线,在视图中一般相切处不画出分界线。

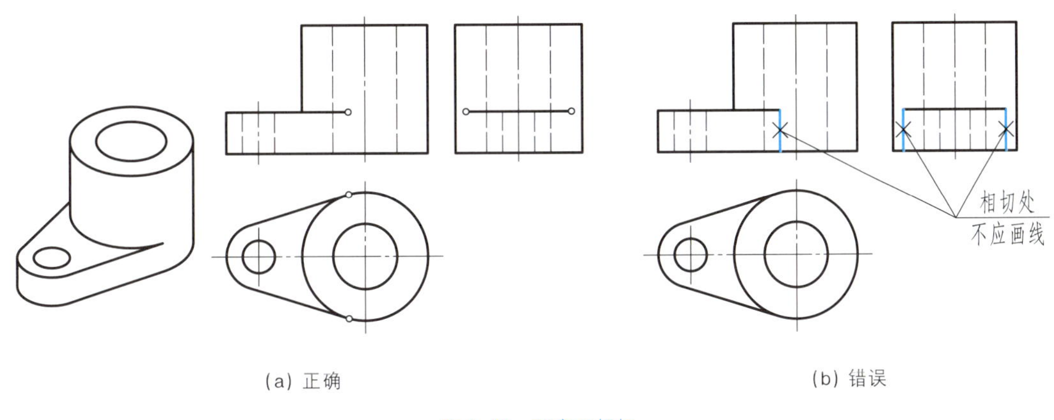

图 2-21　两表面相切

当两曲面相切时,要看两曲面的公切面是否垂直于投影面。如果公切面与投影面垂直,则在该投影面上相切处画线,否则不画线。两曲面相切如图 2-22 所示。

3. 两表面相交

当两基本体表面相交时,相交处会产生不同形式的交线,在视图中应画出这些交线(截交线或相贯线)的投影,两表面相交如图 2 23 所示。

截交线的作图已介绍过,下面介绍相贯线的相关内容。

4. 相贯线的作图

相贯线是指两回转体相交时立体表面产生的交线,即相贯两立体表面的共有线。相贯线上的点是两立体表面的共有点;相贯线一般是封闭的空间曲线,特殊情况下可能是平面曲线或直线。

视频

两曲面相切时的画法

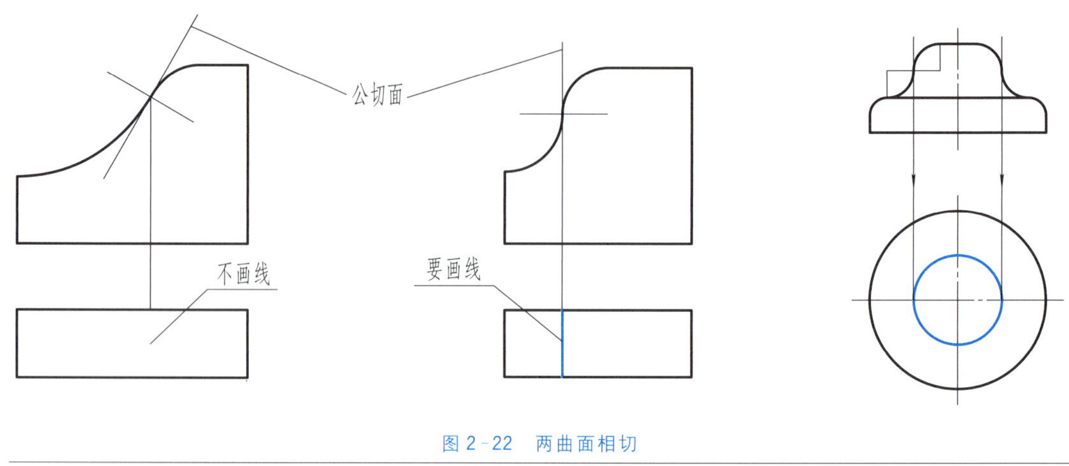

图 2-22　两曲面相切

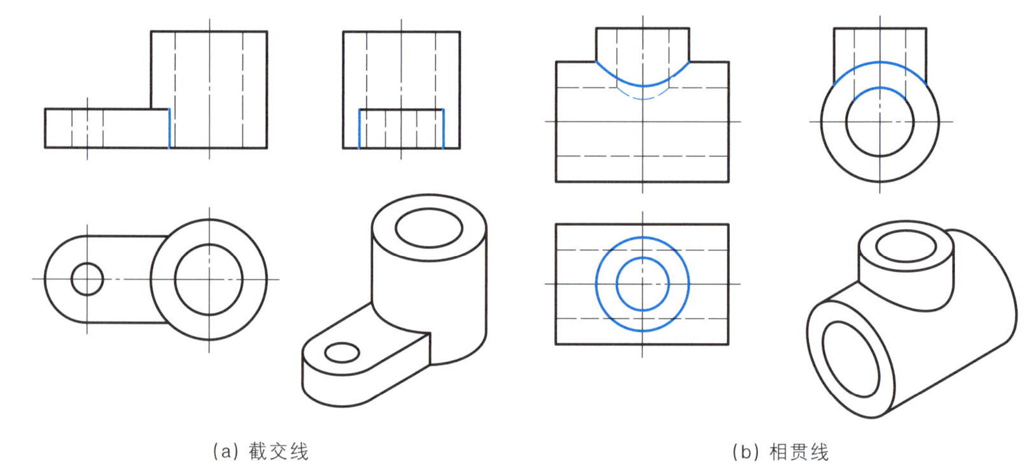

(a) 截交线　　(b) 相贯线

图 2-23　两表面相交

1) 不同直径的两圆柱正交产生相贯线的简化画法

两圆柱正交时相贯线的简化画法如图 2-24 所示。两圆柱轴线垂直相交，竖放圆柱的直径小于侧放圆柱的直径，其相贯线为封闭的空间曲线，且前后、左右对称。由于竖放圆柱的水平投影和侧放圆柱的侧面投影都有积聚性，所以相贯线的水平投影和侧面投影分别与两圆柱有积聚性的投影——圆重合，因此只须作出相贯线的正面投影。由于相贯线的前后、左右对称，因此在其正面投影中，可见的前半部和不可见的后半部重合，并且左右对称。

视频

两圆柱正交时相贯线的简化画法

当两圆柱正交且直径不相等时，相贯线的投影可采用简化画法。如图 2-24 所示，相贯线的正面投影以大圆柱的半径为半径，以轮廓线的交点 O_1 为圆心向大圆柱的外侧作圆弧，与小圆柱的中心线相交于 O，再以该交点 O 为圆心，以大圆柱的半径为半径画圆弧，即为相贯线的投影，该投影弯向大圆柱的轴线。

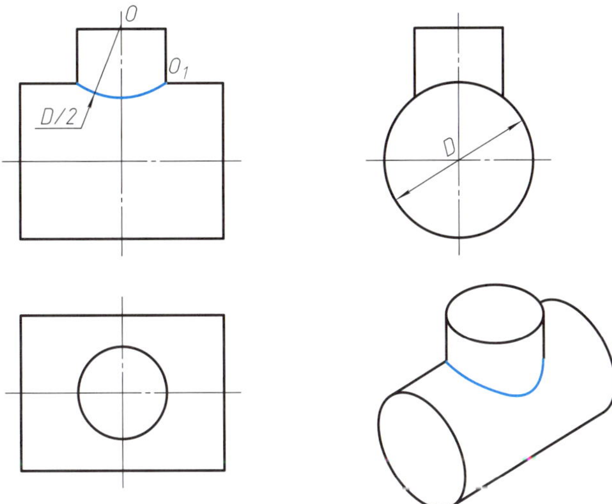

图 2-24 两圆柱正交时相贯线的简化画法

2）两圆柱直径的相对大小对相贯线形状和位置的影响（图 2-25）

视频

两圆柱直径的相对大小对相贯线形状和位置的影响

设竖放圆柱直径为 D_1，侧放圆柱直径为 D，则

当 $D_1>D$ 时，相贯线的正面投影为上下对称的曲线，如图 2-25（a）所示；

当 $D_1=D$ 时，相贯线的正面投影为相交的两条直线，如图 2-25（b）所示；

当 $D_1<D$ 时，相贯线的正面投影为左右对称的曲线，如图 2-25（c）所示。

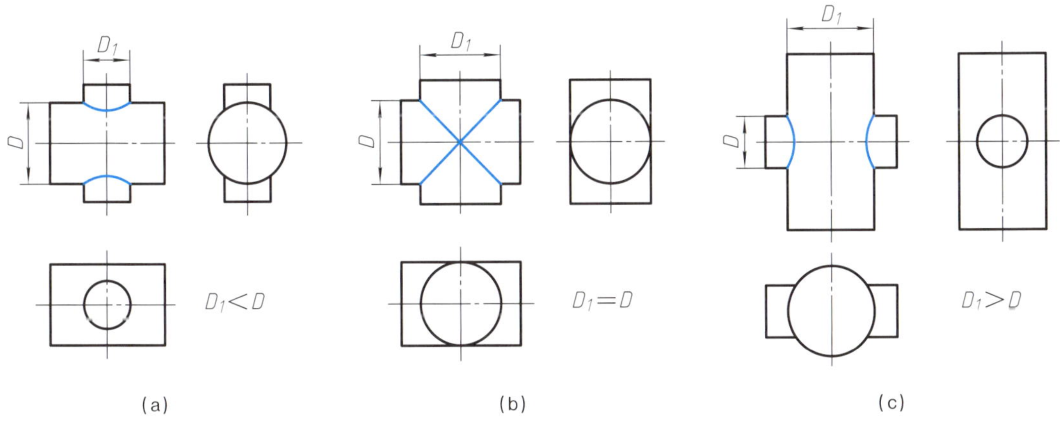

图 2-25 两圆柱直径的相对大小对相贯线形状和位置的影响

3）内、外圆柱表面相交（图 2-26）

圆柱孔与外圆柱面相交时，在孔口会形成相贯线；两圆柱孔相交时，在内表面处也会产生相贯线。这两种情况相贯线的形状和作图方法与图 2-24 所示两外圆柱面相交时相同。

视频

圆柱孔与
外圆柱面相交时
形成的相贯线

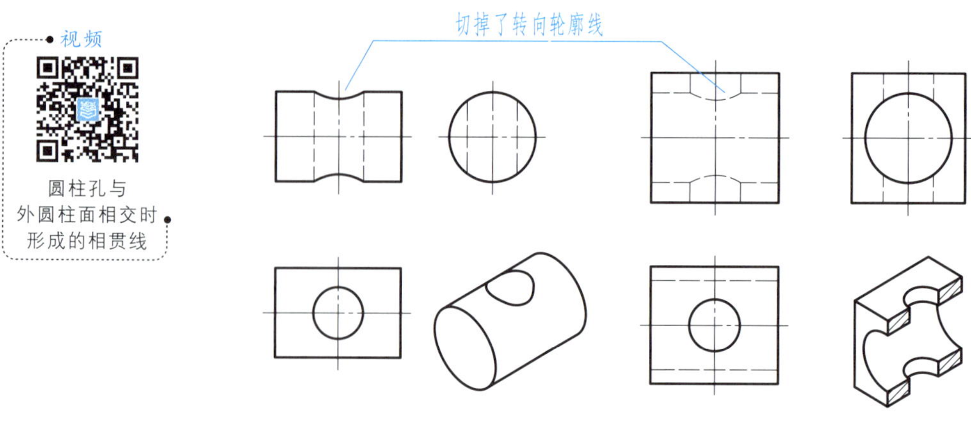

图 2-26　内、外圆柱表面相交

视频

图 2-27(a)
立体图

4) 相贯线的特殊情况

(1) 两回转体共轴线相交　同轴回转体的表面交线如图 2-27 所示。两回转体有一个公共轴线，在它们相交时，它们的相贯线是平面曲线——圆。因为两回转体的公共轴线平行于正立投影面，所以它们的相贯线的正面投影为直线，其水平投影为圆或椭圆。

视频

图 2-27(c)
立体图

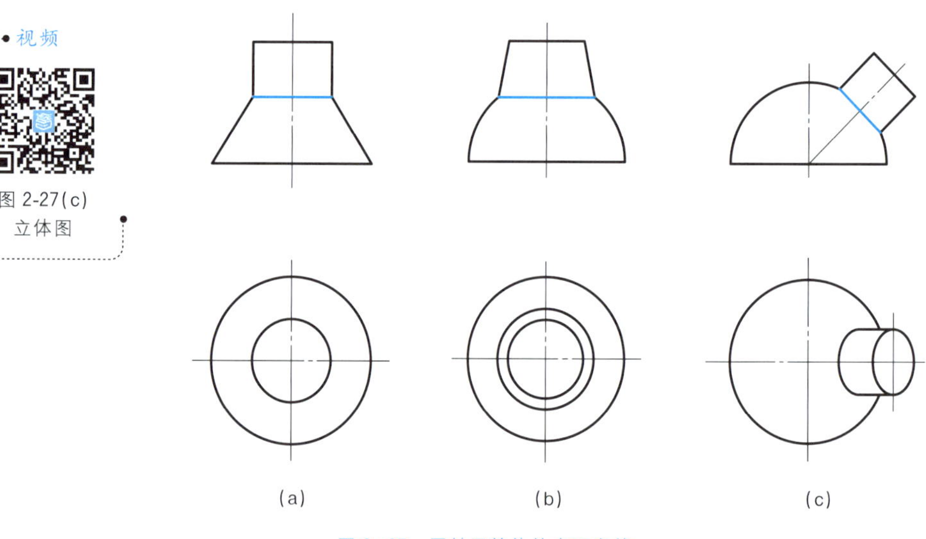

图 2-27　同轴回转体的表面交线

视频

具有公共
内切球的圆柱与
圆锥表面的交线

(2) 两回转体共切于球　具有公共内切球的两回转体表面的交线如图 2-28 所示。由图 2-28(b)、(c)可知，圆柱与圆柱相交，并共切于球；或由图 2-28(a)可知，圆柱与圆锥相交也共切于球，即都属于两回转体相交，并共切于球的情况，则它们的相贯线都是平面曲线——椭圆。因为两回转体的轴线都平行于正立投影面，所以它们相贯线的正面投影为直线，其水平投影为圆或椭圆。

(3) 两圆柱面的轴线平行　两回转体的交线为直线如图 2-29 所示。当两圆柱面的轴线平行时，表面交线为直线。

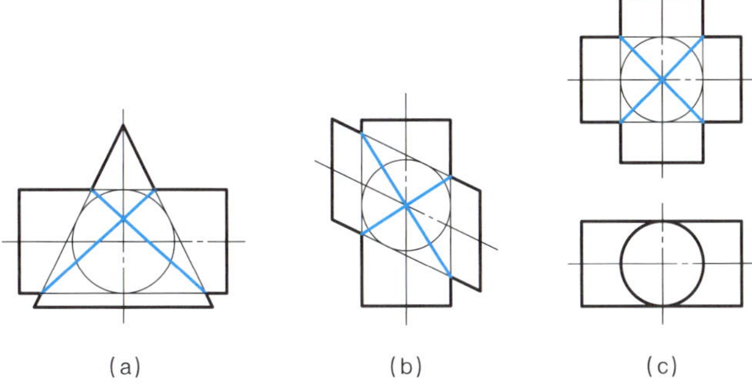

图 2-28　具有公共内切球的两回转体表面的交线

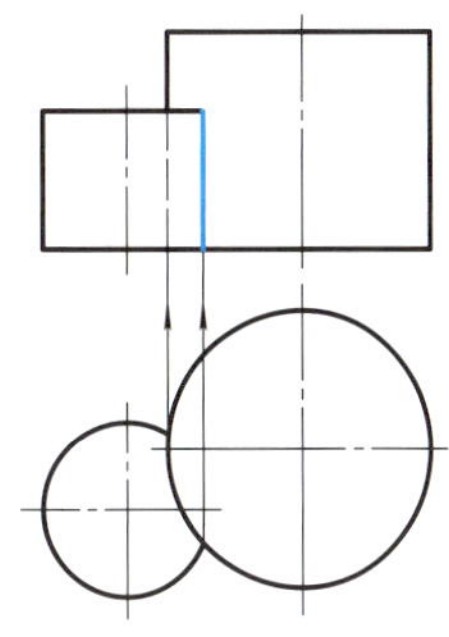

图 2-29　两回转体的交线为直线

任务实施

视频

具有公共内切球的两圆柱表面的交线

步骤一　获取零件的基本信息

由图 2-11 标题栏可知，该零件选用的材料是 HT200，绘制该图形所选用的比例是 1∶1。

步骤二　读形状

两回转体的交线为直线

用两个基本视图表达减速器透盖的结构形状。主视图采用单一剖切面的全剖视图，它表达出零件的内部结构，主要由两个同轴的圆柱孔构成，其中在 $\phi36$ 的圆柱孔内还有连续的三个沟槽。该零件的外形主要由三个同轴圆柱体组成。在 $\phi70$ 和 $\phi62$ 组成的圆筒上分布着上下对称的两个槽。把主、左视图联系起来看，知道在 $\phi105$ 的圆柱上分布着 $4\times\phi9$ 的光孔。透盖的结构如图 2-1 所示。

步骤三　读尺寸标注

透盖的左端面是轴向的主要基准，尺寸 10、26.5 均由此面标注起；径向基准是轴线。

步骤四　读技术要求

1. 尺寸公差

$\phi72_{-0.046}^{\ 0}$ 最大极限尺寸是 $\phi72$ mm，最小极限尺寸是 $\phi71.954$ mm。该处与其他零件有配合要求，尺寸精度相应要高。其余尺寸均未标注公差，说明它们的公差要求在普通工艺条件下即可以达到。

2. 几何公差

① 同轴度 $\phi0.08$ 的被测要素是 $\phi88$ 的轴线，基准要素是尺寸为 $\phi72_{-0.046}^{\ 0}$ 圆柱面的轴线（基准 A），公差值为 $\phi0.08$ mm。

② 位置度 $\phi0.02$ 被测要素是 $4\times\phi9$ 的轴线，基准要素由左端面（基准 B）和 $\phi72_{-0.046}^{\ 0}$（基准

A)的轴线共同确定,公差值是 ϕ0.02 mm。

3. 表面粗糙度

该零件共有 Ra3.2、Ra6.3 和 Ra12.5 三种表面粗糙度要求。

项目二　齿轮零件图的绘制与识读

任务1　绘制齿轮零件图

任务引入

齿轮是广泛用于传动的机械零件,可以用来传递动力,还能改变转速和回转方向。本任务要求完成直齿圆柱齿轮图样的绘制,直齿圆柱齿轮的结构如图2-30 所示。

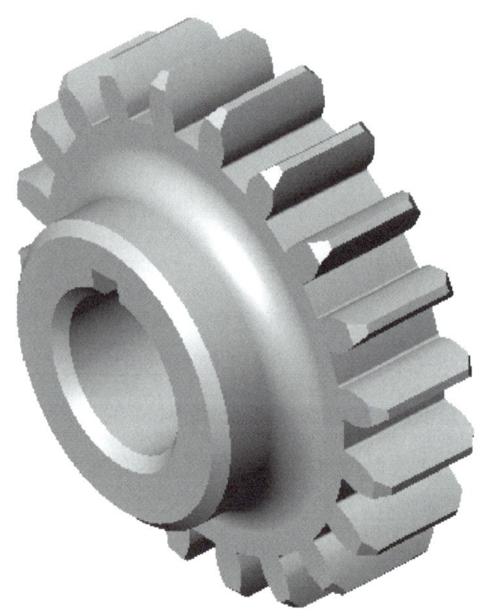

图 2-30　直齿圆柱齿轮结构

任务分析

齿轮的主体结构是由不同直径的回转体组成的,局部有轮齿、键槽等结构,属于盘盖类零件。齿轮的轮齿已标准化,可按规定画法绘制,主视图的轴线水平放置,反映厚度的方向为主视图的方向。左视图采用局部视图来表达键槽的形状。

相关知识

一、齿轮

1. 直齿圆柱齿轮的几何要素(图 2-31)

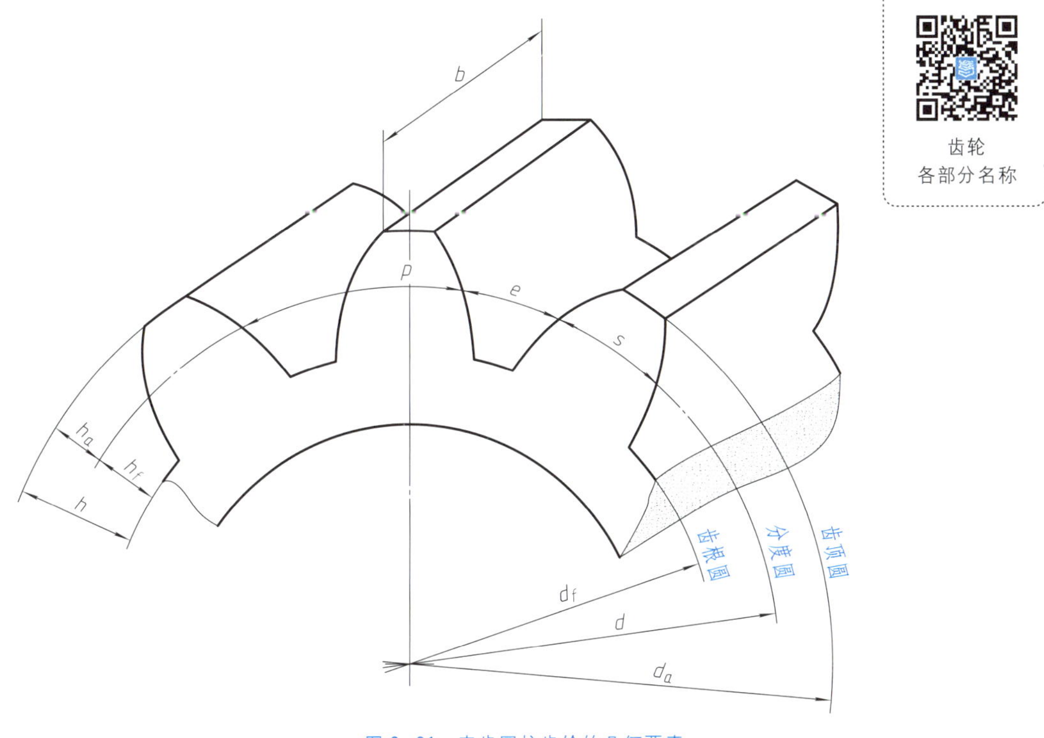

图 2-31　直齿圆柱齿轮的几何要素

1) 齿顶圆　通过轮齿顶部的圆,其直径用 d_a 表示。

2) 齿根圆　通过轮齿根部的圆,其直径用 d_f 表示。

3) 分度圆　用来均匀分齿,确定齿厚和齿间宽的假想圆。对于标准直齿圆柱齿轮,分度圆是一个约定的假想圆,在该圆上,齿厚 s 等于齿间宽 e(s 和 e 均指弧长)。分度圆直径用 d 表示,它是设计、制造齿轮时计算各部分尺寸的基准圆。

4) 齿距　分度圆上相邻两齿廓对应点之间的弧长,用 p 表示。$p=e+s$。

5) 齿高　轮齿在齿顶圆与齿根圆之间的径向距离,用 h 表示。

齿顶高　齿顶圆与分度圆之间的径向距离,用 h_a 表示。

齿根高　齿根圆与分度圆之间的径向距离,用 h_f 表示。

齿全高　$h=h_a+h_f$。

6) 节圆　齿轮节圆与中心距如图 2-32 所示。两齿轮啮合时,在中心连线上,两齿廓的接触点 K 称为节点,分别以 O_1、O_2 为圆心过节点 K 所作的两个圆称为节圆,其直径分别用 d_1、d_2 表示。一对标准齿轮按理论位置安装时,节圆和分度圆相重合。

7）中心距　两啮合齿轮轴线之间的距离，用 a 表示。

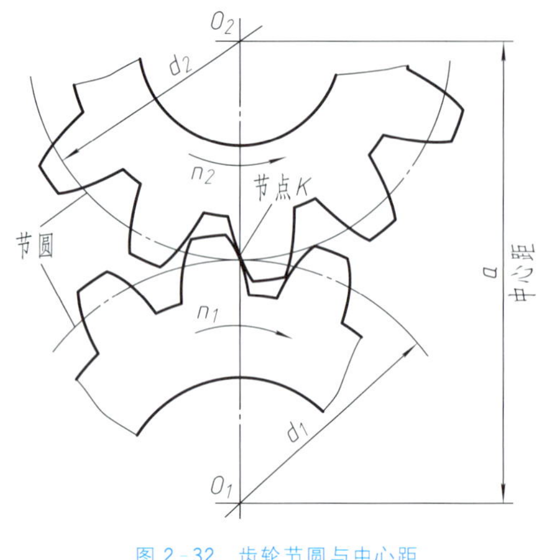

图 2-32　齿轮节圆与中心距

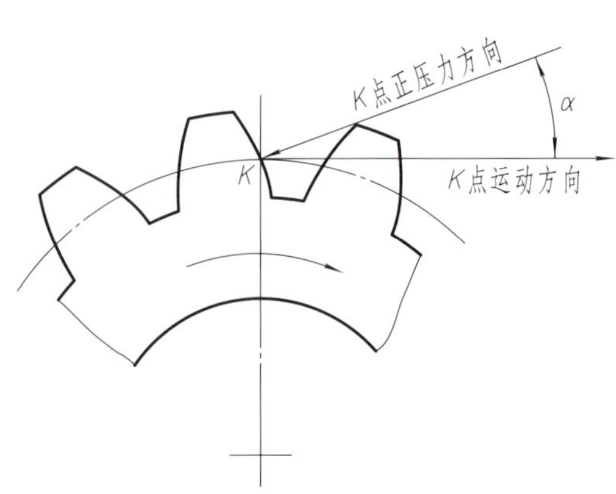

图 2-33　齿轮压力角

2. 直齿圆柱齿轮的基本参数

1）齿数 z　齿轮上轮齿的个数。

2）模数 m　齿轮的分度圆周长 $\pi d=zp$，则 $d=\frac{p}{\pi}\cdot z$，令 $\frac{p}{\pi}=m$，则 $d=mz$。所以模数是齿距 p 与圆周率 π 的比值，即 $m=\frac{p}{\pi}$，单位为 mm。

模数是齿轮设计、加工中十分重要的参数，模数好比衣服的号码，模数大，轮齿就大，因而齿轮的承载能力也大。为了便于设计和制造，模数已经标准化。渐开线圆柱齿轮模数见表 2-4。

表 2-4　渐开线圆柱齿轮模数(GB/T 1357—2008)　mm

第一系列	1	1.25	1.5	2	2.5	3	4	5	6	8	10	12	16	20	25	32	40	50
第二系列	1.125	1.375	1.75	2.25	2.75	3.5	4.5	5.5	(6.5)7	9	11	14	18	22	28	35	45	

3）压力角 α　齿轮压力角如图 2-33 所示。齿轮转动时，分度圆上点 K 的运动方向(分度圆的切线方向)和正压力方向(渐开线的法线方向)所夹的锐角称为压力角。压力角用 α 表示。根据 GB/T 1356—2001 的规定，我国采用的标准压力角 α 为 20°。两标准直齿圆柱齿轮正确啮合传动的条件是模数 m 和压力角 α 均相等。

3. 直齿圆柱齿轮各部分尺寸的计算公式(表 2-5)

齿轮的基本参数 z、m、α 确定以后，齿轮各部分尺寸可按表 2-5 中的公式计算。

表 2-5　直齿圆柱齿轮各部分尺寸的计算公式

名　称	代　号	计算公式
齿顶高	h_a	$h_a=m$
齿根高	h_f	$h_f=1.25m$

续　表

名　称	代　号	计算公式
齿　高	h	$h=2.25m$
分度圆直径	d	$d=mz$
齿顶圆直径	d_a	$d_a=m(z+2)$
齿根圆直径	d_f	$d_f=m(z-2.5)$
中心距	a	$a=\frac{1}{2}(d_1+d_2)=\frac{1}{2}m(z_1+z_2)$

4. 单个圆柱齿轮的画法(图 2-34)

齿轮上的轮齿是多次重复出现的结构,在投影为圆的视图上,齿顶圆用粗实线表示,分度圆用细点画线表示,齿根圆用细实线表示或省略不画。GB/T 4459.2—2003 对齿轮的非圆视图的画法作了如下规定:

视频

单个圆柱齿轮的画法

1) 在外形图中,齿顶线用粗实线表示,分度线用细点画线表示,齿根线画细实线或省略不画,如图 2-34(a)所示。

2) 在剖视图中,齿根线用粗实线表示,齿顶线和分度线的画法与外形图中一致。轮齿部分不画剖面线。对于直齿,一般采用全剖,如图 2-34(b)所示;对于斜齿或人字齿的圆柱齿轮,可用三条与齿线方向一致的细实线表示。齿线是分度圆柱面与齿面的交线。斜齿一般采用半剖,如图 2-34(c)所示;人字齿一般采用局部剖,如图 2-34(d)所示。齿轮的其他结构按投影画出。

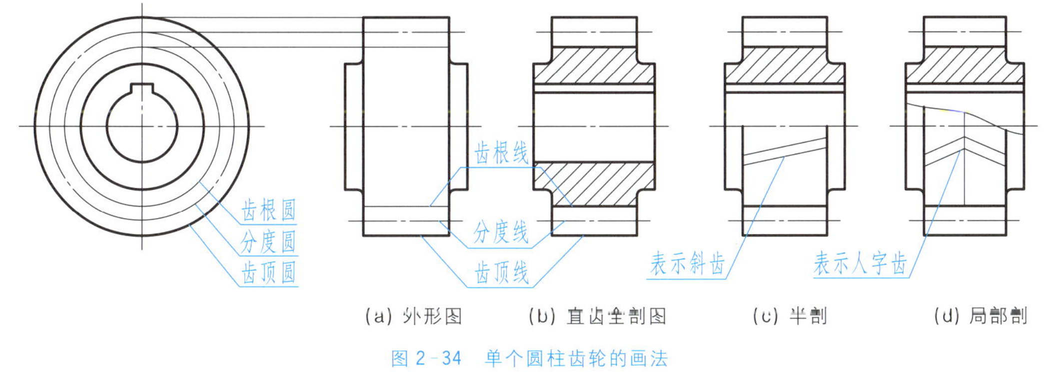

图 2-34　单个圆柱齿轮的画法

齿轮零件图除用视图表达形状外,还需根据生产要求,完整、合理地注出尺寸。轮齿部分只注出齿顶圆直径、分度圆直径及齿宽,齿根圆直径不注。在零件图的右上角,注出模数、齿数、压力角和精度等。直齿圆柱齿轮零件图如图 2-35 所示。

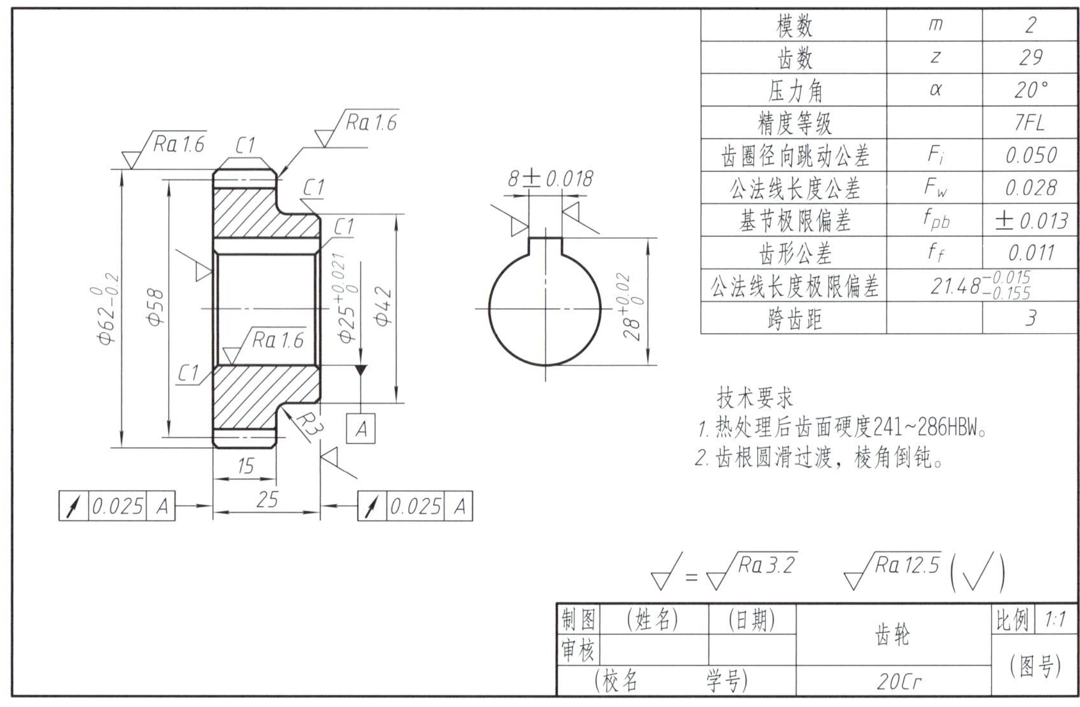

图 2-35　直齿圆柱齿轮零件图

任务实施

步骤一　结构分析

齿轮的主体结构由不同直径的回转体组成，属于盘盖类零件，局部有轮齿、键槽等结构。

步骤二　确定表达方案

主视图的方向为反映齿轮厚度的方向，轴线水平放置，齿轮的键槽结构采用剖视图的表达方法，轮齿按不剖绘制，键槽的形状特征使用第三角投影的局部视图来表达。

步骤三　绘制视图

按照直齿圆柱齿轮的规定画法进行绘制，在剖视图中，齿顶圆和齿顶线用粗实线绘制；分度圆和分度线用细点画线绘制；齿根圆和齿根线用粗实线绘制，如图 2-35 所示。

步骤四　尺寸标注

齿轮的左端面是厚度方向尺寸的主要基准，回转体的轴线为另外两个方向的尺寸基准，将尺寸正确、完整、合理地标注在视图上，如图 2-35 所示。

步骤五　技术要求标注

有配合要求或起定位作用的表面，要求光滑平整，尺寸精度相应地高，齿轮的左右端面、键槽的侧面都应有表面结构要求以及尺寸公差要求。端面、轴线与轴线之间或端面与轴线之间应有几何公差要求。将技术要求标注在视图上，如图 2-35 所示。

步骤六 填写标题栏

填写标题栏，完成齿轮零件图的绘制，如图 2-35 所示。

任务 2 识读齿轮零件图

任务引入

在机械制造职业岗位中，加工齿轮也是一项工作任务，要加工出合格的齿轮零件，首先必须读懂齿轮零件图，齿轮零件图如图 2-35 所示。

任务分析

齿轮属于标准件，轮齿已经标准化，对于轮齿有规定的画法。此处需读懂齿轮的尺寸及技术要求，以便加工和检验。

任务实施

步骤一 获取零件的基本信息

由图 2-35 标题栏可知：该零件选用的材料是 20Cr，绘制该图形所选用的比例是 1∶1。

步骤二 读形状

圆柱齿轮用全剖的主视图和一个局部视图来表达其形状和结构。它的基本形状是两个同轴的圆柱体，直径分别为 $\phi62$ 和 $\phi42$。在 $\phi62$ 的圆柱体上加工出模数 2 的 29 个轮齿，还有与两个圆柱体同轴的 $\phi25$ 通孔，在孔上有一个宽度 8 的键槽，深度为 $28-25=3$。齿轮的结构见图 2-30。

步骤三 读尺寸标注

轴向基准是左侧端面，它是尺寸 15 和 25 的起点。径向基准是中心线；确定键槽深度尺寸 28 的基准是圆孔的最下面一条素线。

齿轮分度圆直径 $d=mz=2\times29=58$；齿顶圆直径 $d_a=m(z+2)=62$；齿根圆直径 $d_f=m(z-2.5)=53$。

步骤四 读技术要求

1. 尺寸公差

右上角标中的第四项说明精度等级为 7，该齿轮属于中级精度。跨齿距 3 是测量公法线长度时卡入的齿数。

2. 几何公差

端面圆跳动公差 0.025 的被测要素为齿轮的左端面和右端面，基准要素是 $\phi25^{+0.021}_{0}$ 的中心线，公差值是0.025。

3. 表面粗糙度

该零件共有 $Ra1.6$、$Ra3.2$ 和 $Ra12.5$ 三种表面粗糙度要求。其中 $Ra1.6$ 是轮齿表面的表面粗糙度，需经过精加工才能达到。

项目三　齿轮泵右端盖零件图的绘制与识读

任务1　绘制齿轮泵右端盖零件图

任务引入

本任务要求绘制齿轮泵右端盖的零件图。齿轮泵右端盖的结构如图2-36所示。

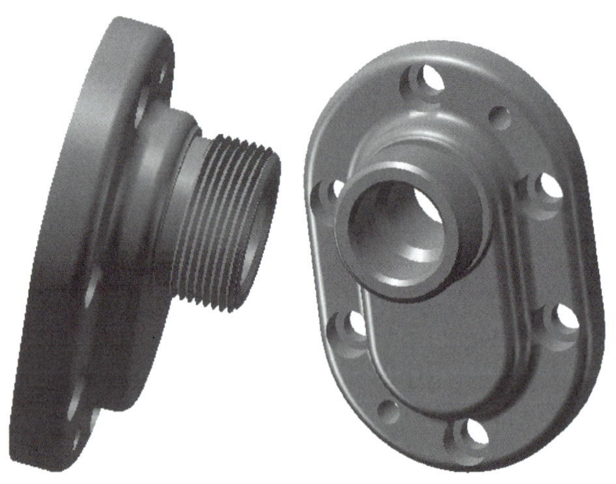

图2-36　齿轮泵右端盖结构

任务分析

由图2-36可以看出，该零件属于盘盖类零件，绘制时应按盘盖类零件的表达方法进行视图表达。

相关知识

一、利用形体分析法绘制盘盖类零件的视图

可从整体结构上把握盘盖类零件，该类零件通常是由一个圆形板或方形板和一两个旋转体

或其他形体叠加而成的，属于叠加类组合体。

组合体的画图步骤如图 2-37 所示。

1. 形体分析

图 2-37(a)所示组合体由两个基本形体组成：一个是三角形半圆头竖板，中间有圆孔；另一个是平放的带圆角的长方体(底板)，两边各有一个小圆孔。两块板叠合，后端面平齐。

2. 选择视图

首先选择主视图，主视图应能较全面地反映组合体各部分的形状特征及相对位置。主视图确定后，其他视图也随之确定。

3. 画视图

布图并画出作图基线，如图 2-37(b)所示；画底板轮廓、底板圆孔及小圆角，如图 2-37(c)所示；画竖板上部圆角及圆孔，如图 2-37(d)所示；画竖板两边切线，如图 2-37(e)所示；检查、整理图形，如图 2-37(f)所示。整个画图过程本着先画基线，后画基本形体，再画圆角、圆孔等细部结构的原则，顺序作图。画图应先从反映特征轮廓的视图作为主视图入手，如半圆头竖板，先画其主视图，画主视图时应先定位后画形状。画半圆头竖板上的圆孔时，应先画出两条垂直相交的中心线，确定圆心位置，然后画圆。三个视图最好同时画，不要画完一个视图再画另一个视图。

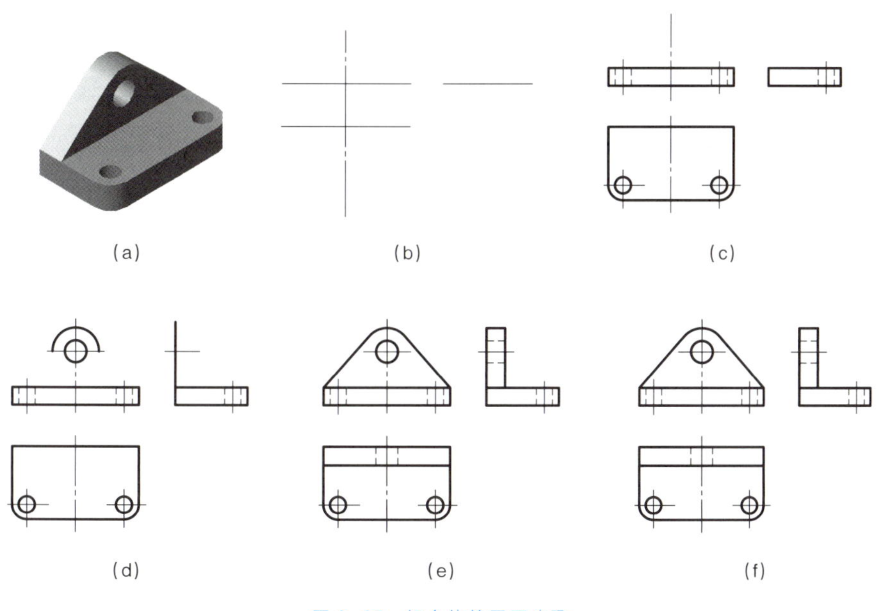

图 2-37 组合体的画图步骤

4. 检查无误后，擦去多余作图线，整理图形

盘盖类零件通常由短粗的回转体或短而扁的平面体组合而成，都有回转体的内孔结构，孔主要在车床或镗床上加工，所以主视图通常按加工位置将轴线置于水平位置，为表达内形，常采用剖视图的表达方法。而左视图或右视图，重点反映轮盘的轮廓、肋、孔、轮辐等结构的分布情况，

齿轮泵右端盖零件图如图 2-46 所示。有时还采用局部放大图、局部视图、断面图等方法表达某一处的具体结构形状和大小。

二、利用形体分析法分析与标注盘盖类零件视图的尺寸

标注盘盖类零件的尺寸时，常选用孔的轴线及加工过的端面作为尺寸的基准。分析尺寸时可分别分析底板与其他回转体的定形尺寸与定位尺寸。

表 2-6 列举了一些常见底板、法兰盘（仅画一个方向视图）的尺寸标注及注意点。

盘盖类零件上常常加工有各种安装、连接孔，表 2-7 是各种孔的简化画法及尺寸标注。

总之，绘制、识读及标注组合体视图的基本方法是形体分析法。所谓形体分析，就是假想把组合体分解为若干基本形体，分清它们的形状、组合方式和相对位置，分析它们的表面连接关系以及投影特性，进行画图、读图及标注尺寸。

表 2-6　常见底板、法兰盘的尺寸标注及注意点

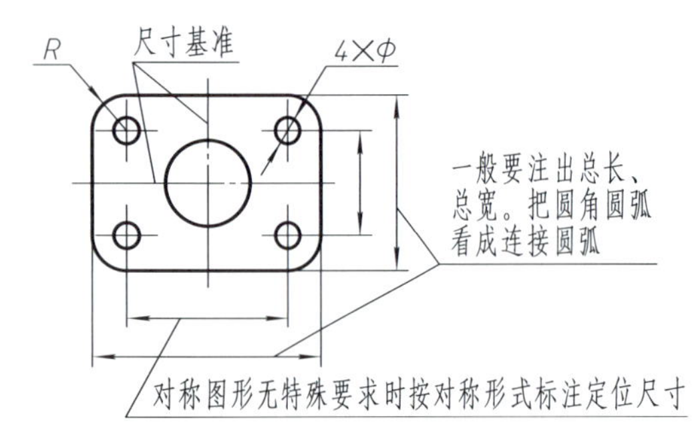

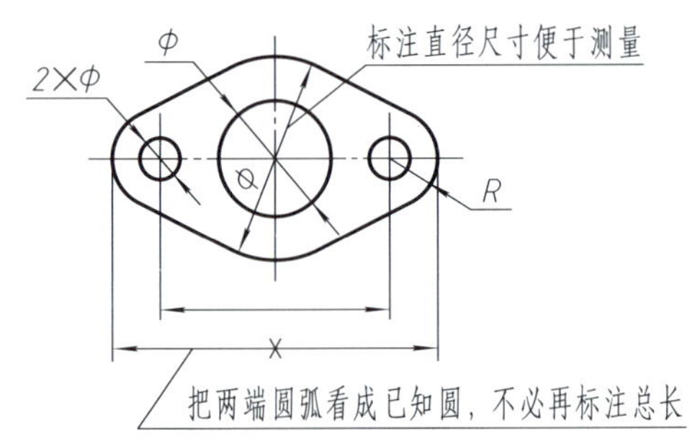

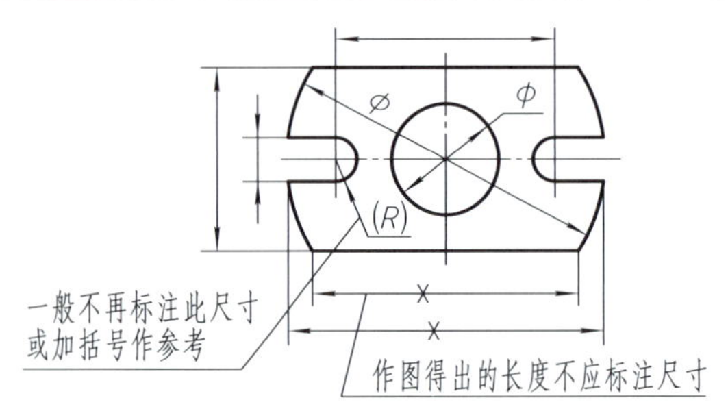

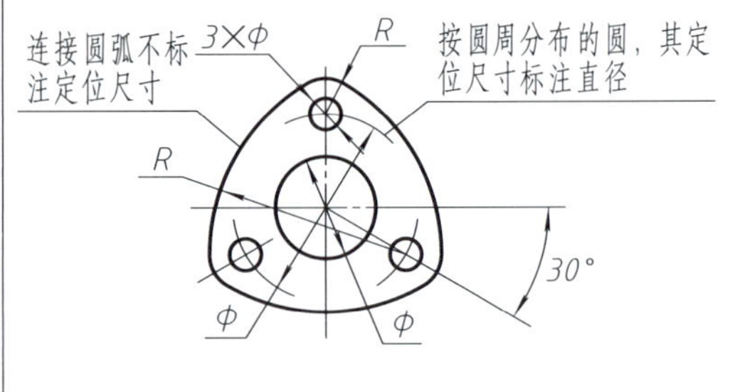

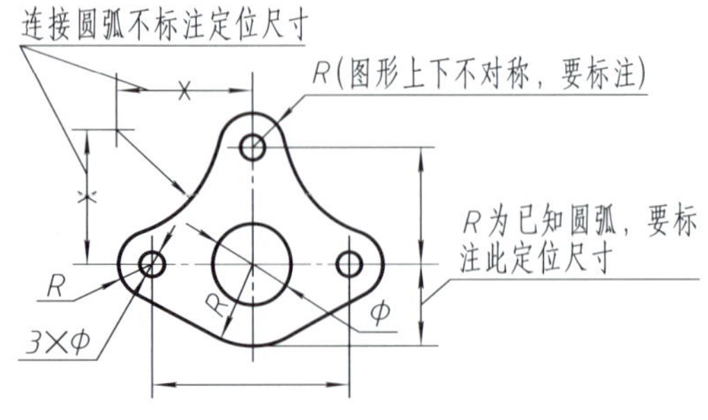

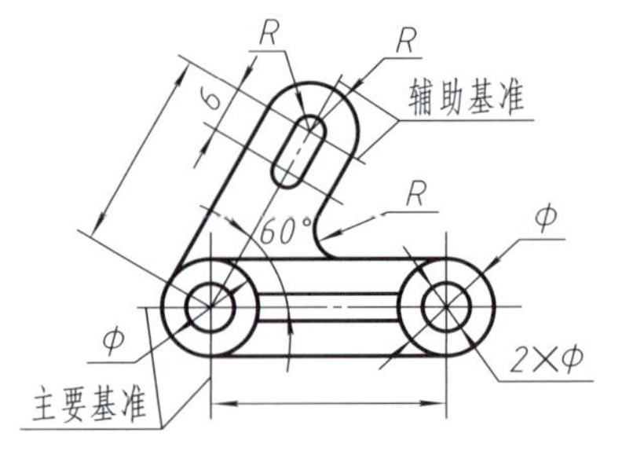

表 2-7　各种孔的简化画法及尺寸标注

类型	旁注法		普通注法
光孔	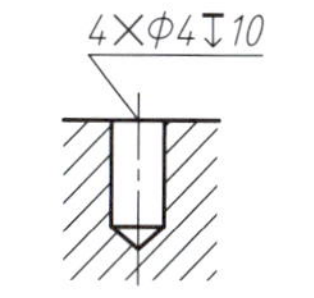 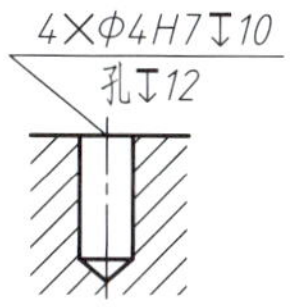 4×Φ4↧10	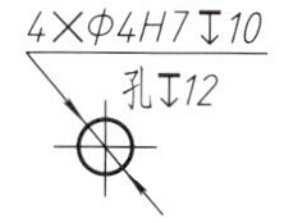 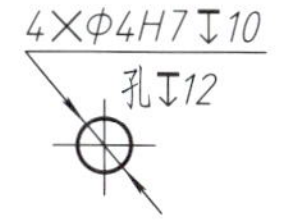 4×Φ4H7↧10 孔↧12	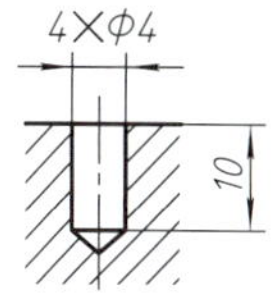 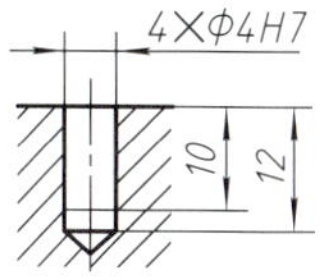 4×Φ4 10
	4×Φ4H7↧10 孔↧12	4×Φ4H7↧10 孔↧12	4×Φ4H7 10　12
	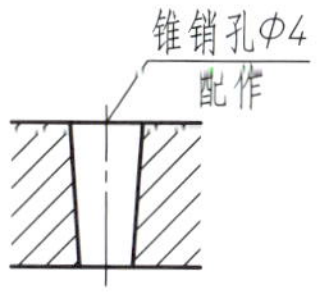 锥销孔Φ4 配作	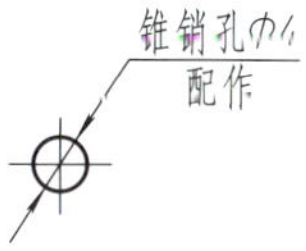 锥销孔Φ4 配作	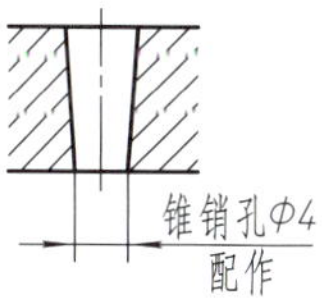 锥销孔Φ4 配作
螺孔	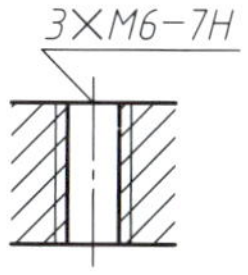 3×M6-7H	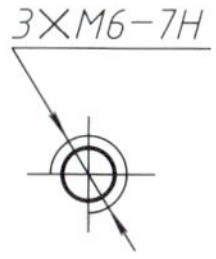 3×M6-7H	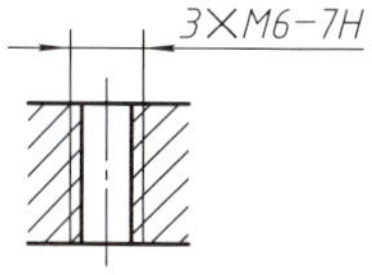 3×M6-7H
	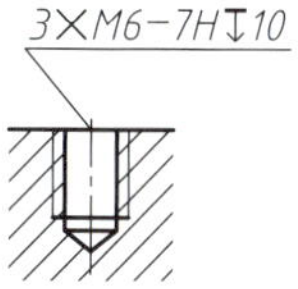 3×M6-7H↧10	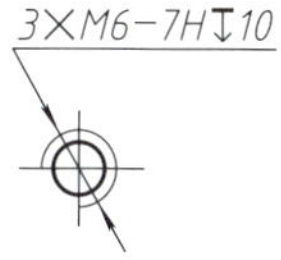 3×M6-7H↧10	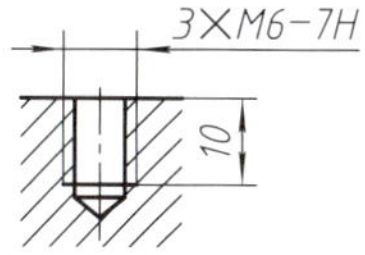 3×M6-7H 10
	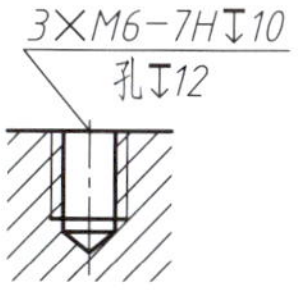 3×M6-7H↧10 孔↧12	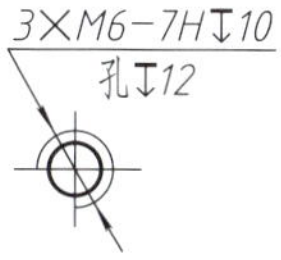 3×M6-7H↧10 孔↧12	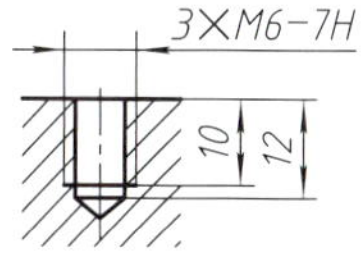 3×M6-7H 10　12
沉孔	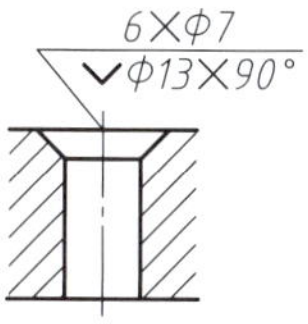 6×Φ7 ⌵Φ13×90°	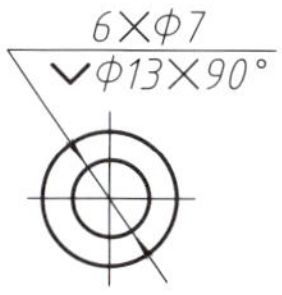 6×Φ7 ⌵Φ13×90°	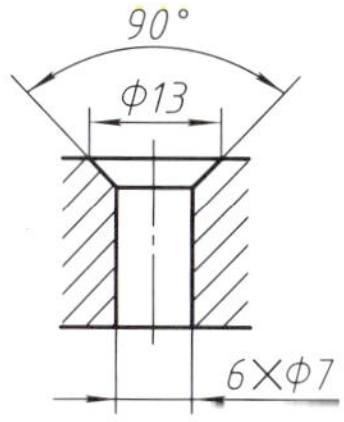 90° Φ13 6×Φ7
	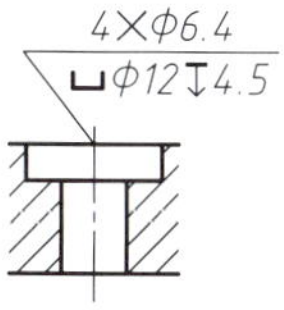 4×Φ6.4 ⌴Φ12↧4.5	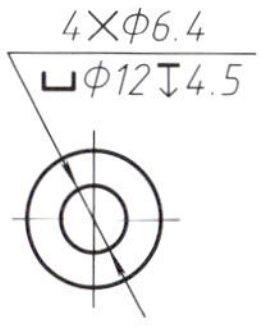 4×Φ6.4 ⌴Φ12↧4.5	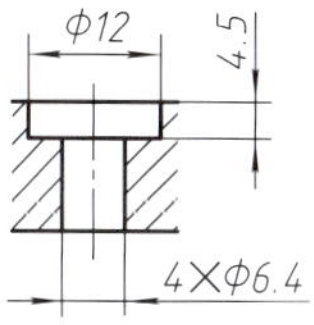 Φ12　4.5 4×Φ6.4
	 4×Φ9 ⌴Φ20	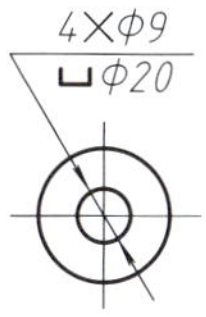 4×Φ9 ⌴Φ20	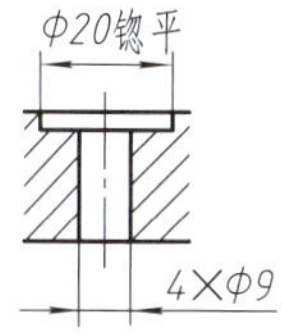 Φ20锪平 4×Φ9

视频

外螺纹加工

三、螺纹

1. 螺纹的基本知识

1) 螺纹的形成

螺纹是在圆柱或圆锥表面上,沿着螺旋线形成的具有规定牙型(三角形、梯形或矩形等)的连续凸起。在圆柱或圆锥外表面形成的螺纹称为外螺纹,在圆柱或圆锥内表面形成的螺纹称为内螺纹。

视频

内螺纹加工

2) 螺纹的加工

形成螺纹的加工方法很多,可以在车床上车削螺纹,可以用搓丝板(滚压)加工螺纹,可以用板牙加工外螺纹,可以用丝锥加工内螺纹。用丝锥攻螺纹时,应先用钻头钻孔,再用丝锥攻螺纹。螺纹的加工方法如图 2-38 所示。

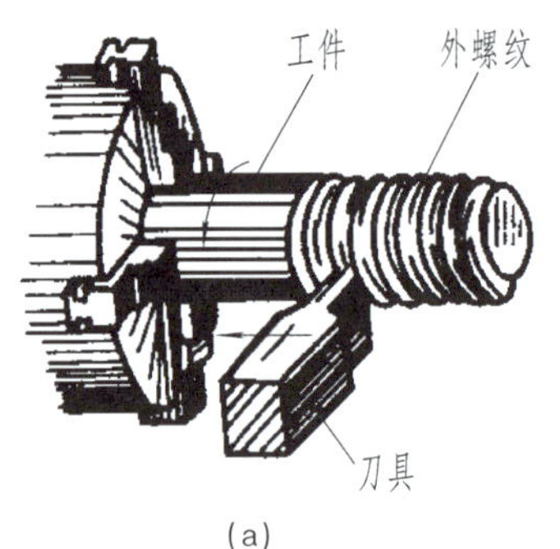

(a)

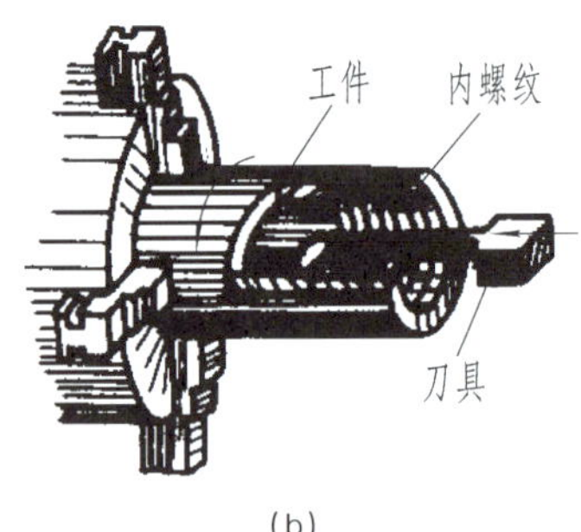

(b)

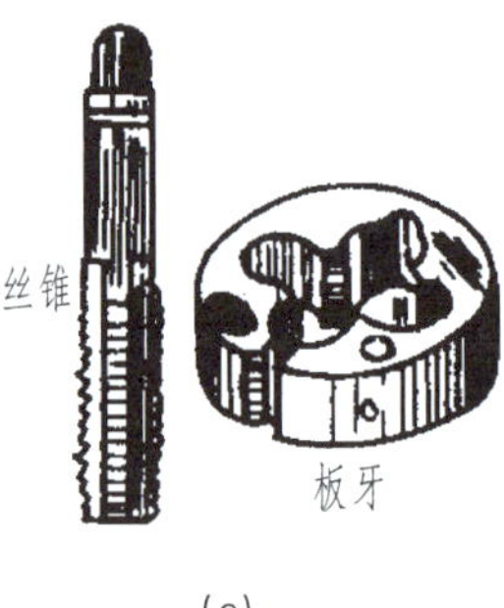

(c)

图 2-38 螺纹的加工方法

视频

丝锥攻螺纹

3) 螺纹五要素

在车削螺纹时需要知道下列五个结构要素:

(1) 牙型 螺纹轴线断面上的螺纹轮廓形状称为螺纹牙型。常见的螺纹牙型有三角形、梯形、锯齿形和矩形。其中,矩形螺纹尚未标准化,其余牙型的螺纹均为标准螺纹。

(2) 直径 螺纹的直径有大径、小径和中径(图 2-39)。

视频

螺纹五要素

大径是指与外螺纹牙顶或内螺纹牙底相切的假想圆柱或圆锥的直径(即螺纹的最大直径),内、外螺纹的大径分别用 D 和 d 表示,是螺纹的公称直径。

小径是指与外螺纹牙底或内螺纹牙顶相切的假想圆柱或圆锥的直径。内、外螺纹的小径分别用 D_1 和 d_1 表示。

中径是指母线通过牙型上沟槽和凸起宽度相等处的假想圆柱或圆锥的直径。内、外螺纹的中径分别用 D_2 和 d_2 表示。

(3) 线数 螺纹有单线和多线之分。沿一条螺旋线形成的螺纹为单线螺纹,沿两条或两条以上螺旋线形成的螺纹为双线或多线螺纹。螺纹的线数、导程和螺距如图 2-40 所示。

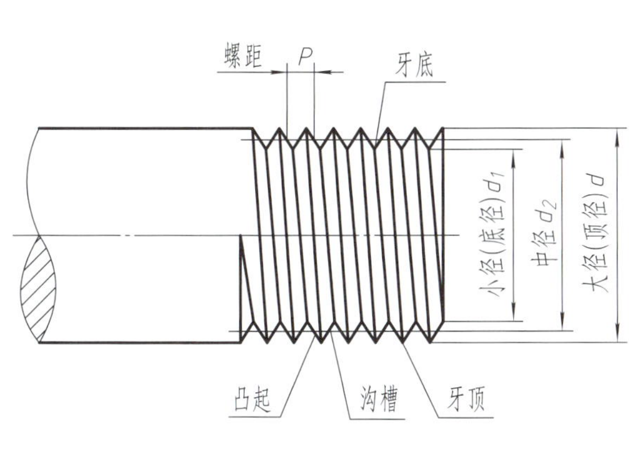

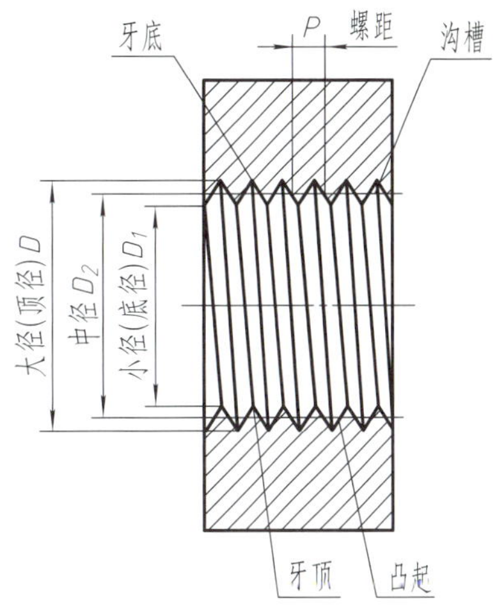

图 2-39 螺纹的直径

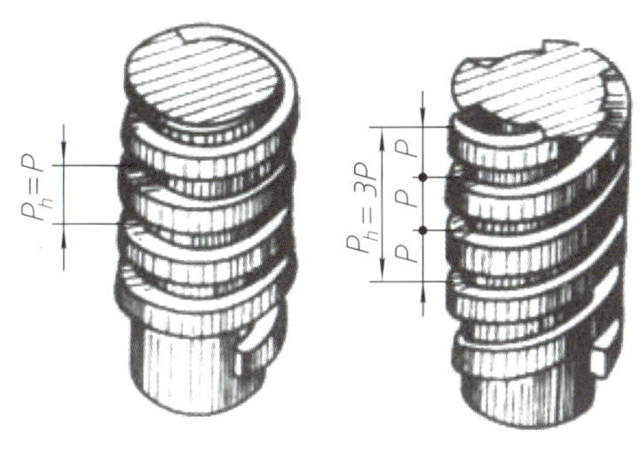

图 2-40 螺纹的线数、导程和螺距

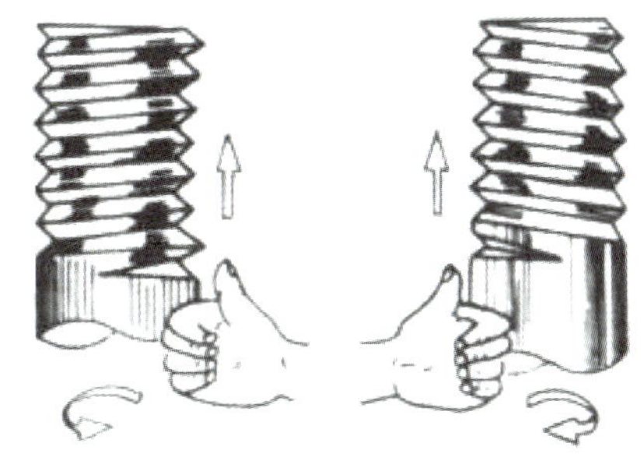

图 2-41 螺纹旋向的判别方法

(4) 螺距和导程 螺纹上相邻两牙在中径线上对应两点间的轴向距离称为螺距(P);沿同一条螺旋线形成的螺纹,相邻两牙在中径线上对应两点间的轴向距离称为导程(P_h),如图 2-40 所示。对于单线螺纹,$P_h = P$;对于线数为 n 的多线螺纹,$P_h = n \times P$。

(5) 旋向 螺纹有右旋和左旋两种。螺纹旋向的判别方法如图 2-41 所示。右旋螺纹用右手判别旋向,左旋螺纹用左手判别旋向,四指为旋向,大拇指为螺纹的前进方向。工程上常用右旋螺纹。

4) 螺纹分类

螺纹按用途可分为四类。

紧固连接用螺纹 简称紧固螺纹,用来连接零件的连接螺纹,如应用最广的普通螺纹。

传动用螺纹 简称传动螺纹,用来传递动力和运动的传动螺纹,如梯形螺纹、锯齿形螺纹和矩形螺纹等。

管用螺纹 简称管螺纹,如 55°非密封管螺纹、55°密封管螺纹等。

专门用途螺纹 简称专用螺纹,如自攻螺钉用螺纹、木螺钉螺纹和气瓶专用螺纹等。

2. 螺纹的规定画法

1) 单个螺纹的画法

(1) 外螺纹的画法 外螺纹的画法如图 2-42 所示。螺纹的牙顶(大径)和螺纹终止线用粗

实线表示，牙底（小径）用细实线表示。通常，小径 d_1 按 $0.85d$ 画出。在平行于螺纹轴线的视图中，表示牙底的细实线应画入倒角或倒圆部分。在垂直于螺纹轴线的视图中，表示牙底的细实线只画约 3/4 圈，此时螺纹的倒角按规定省略不画。在螺纹的剖视图（或断面图）中，剖面线应画到粗实线。

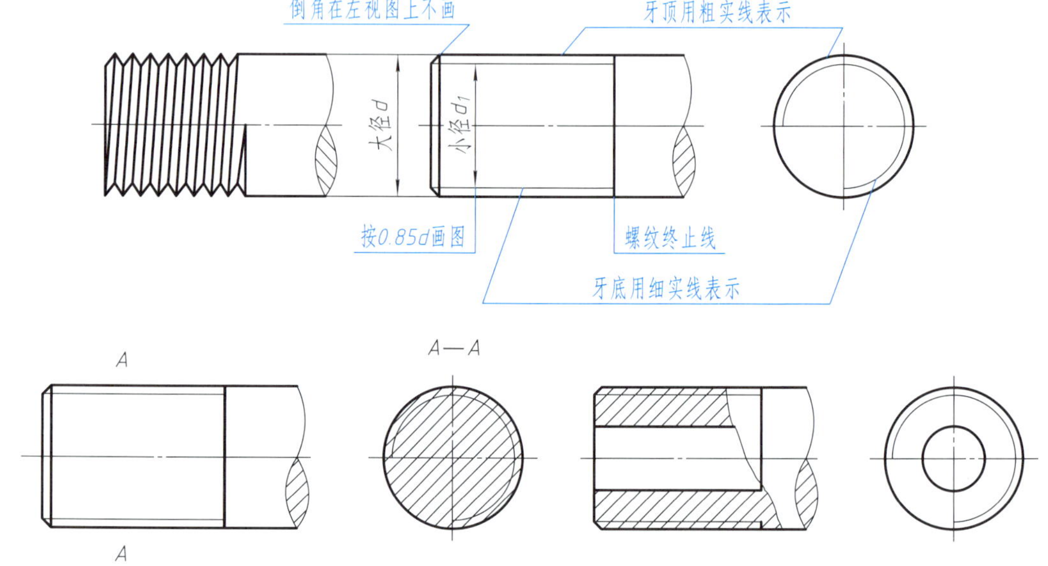

图 2-42　外螺纹的画法

（2）内螺纹画法　在视图中，内螺纹若不可见，所有图线均用细虚线绘制。

在剖视图中，穿通的内螺纹画法如图 2-43 所示，螺纹的牙顶（小径）及螺纹终止线用粗实线表示，牙底（大径）用细实线表示，剖面线画到粗实线处。在投影为圆的视图中，表示牙底的细实线圆只画约 3/4 圈，倒角圆省略不画。不穿通的内螺纹画法如图 2-44 所示。应分别画出钻孔深度 H 和螺纹长度 L，

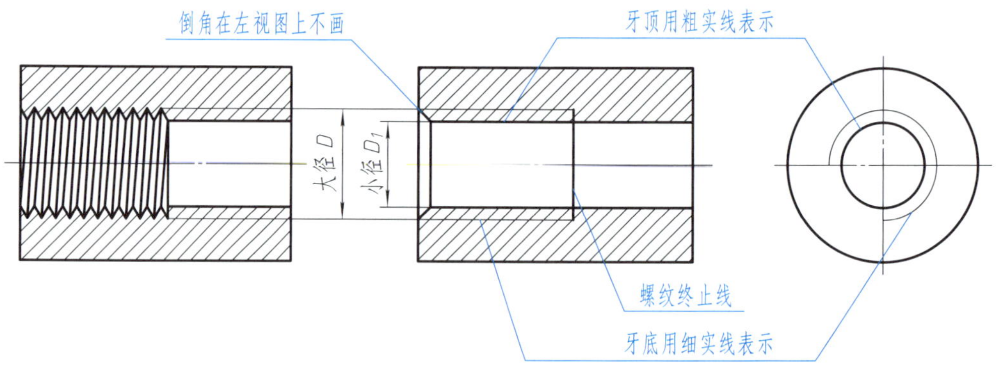

图 2-43　穿通的内螺纹画法

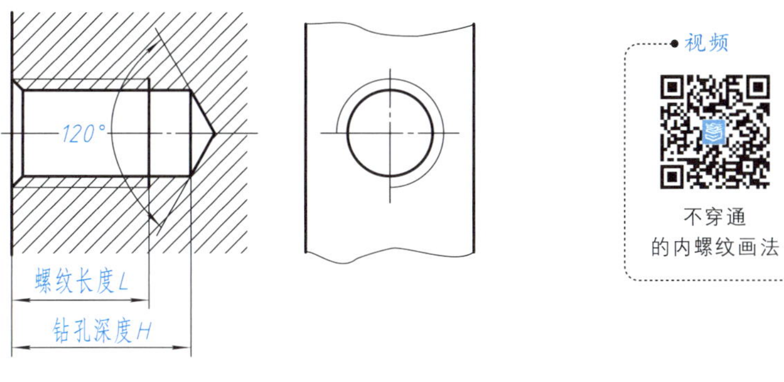

图 2-44　不穿通的内螺纹画法

钻孔深度比螺纹长度深(0.2～0.5)D(D 为螺孔大径)。

不穿通的小直径螺纹孔(也叫螺纹盲孔),一般制造的工序是先用钻头钻孔,然后用丝锥在孔的内壁攻出螺纹。由于钻头端部是 118°的锥面,所以钻孔底部也是一个 118°的锥面,画图时简化为 120°。

不通孔的螺纹部分的长度 L 包括螺尾在内,其尺寸可在 GB/T 3—1997 中查出。

2) 旋合螺纹的画法

内、外螺纹总是成对使用的,只有当内、外螺纹的五个结构要素完全一致时,才能正常地旋合。旋合螺纹的画法如图 2-45 所示。内、外螺纹旋合后,旋合部分按外螺纹画,其余部分仍按各自的画法表示。必须注意,表示大、小径的粗实线和细实线应分别对齐。

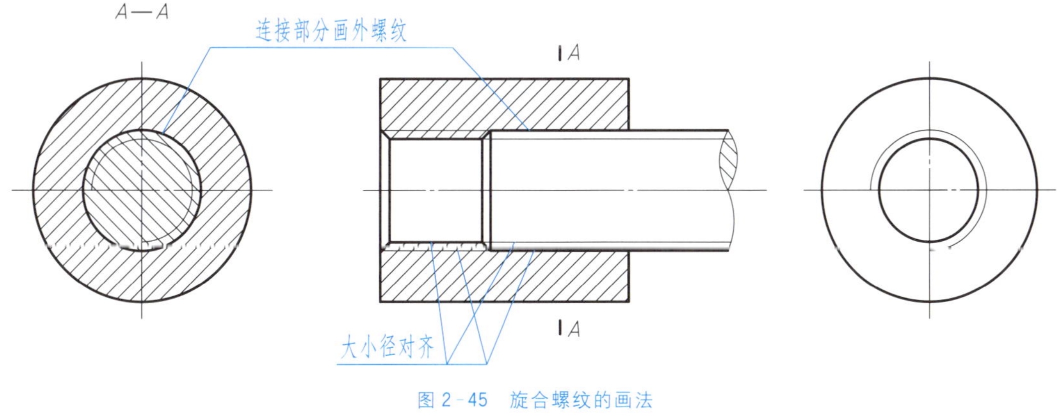

图 2-45　旋合螺纹的画法

3. 螺纹的标注

螺纹按规定画法画出后,在图上不能反映它的牙型、螺距、线数和旋向等结构要素,因此必须按规定的标记在图样中进行标注。

1）常见标准螺纹的螺纹代号

（1）普通螺纹、梯形螺纹和锯齿形螺纹的螺纹标记构成如下：

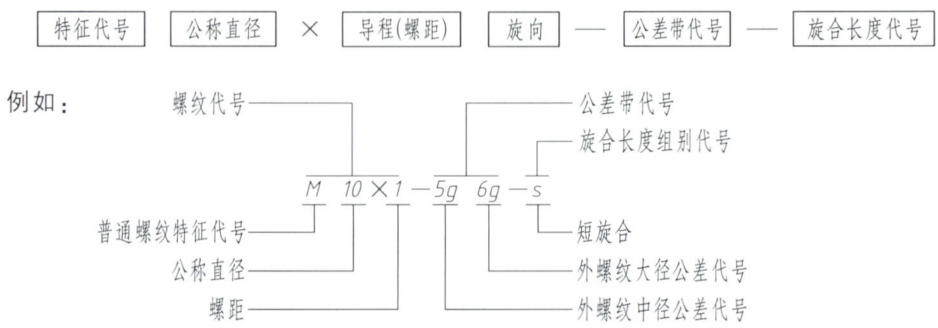

（2）管螺纹的螺纹标记构成如下：

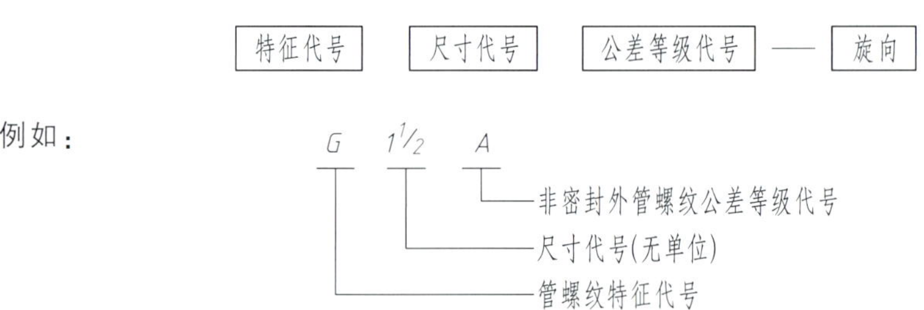

2）注写螺纹标记时注意的问题

（1）普通螺纹的螺距有粗牙和细牙两种，粗牙螺距不标注，细牙必须注出螺距。

（2）左旋螺纹要注写 LH，右旋螺纹不注。

（3）螺纹公差带代号包括中径和大径公差带代号，如 5g、6g，前者表示中径公差带代号，后者表示大径公差带代号。如果中径与大径公差带代号相同，则只标注一个代号。

（4）普通螺纹的旋合长度规定为短(S)、中(N)、长(L)三组，中等旋合长度(N)不必标注。

（5）55°非密封管螺纹的内螺纹和 55°密封管螺纹的内、外螺纹仅一种公差等级，公差带代号省略不注，如 Rc1。55°非密封管螺纹的外管螺纹有 A、B 两种公差等级，螺纹公差等级代号标注在尺寸代号之后，如 G1½ A—LH。

3）常用螺纹的标注示例（表 2-8）

表 2-8　常用螺纹的标注示例

螺纹类别		标注示例	说明
连接螺纹	粗牙普通螺纹	M10-6g　M10-6H	粗牙普通螺纹，特征代号 M，公称直径 10，螺距 1.5（查表获得），右旋；外螺纹中径和大径公差带代号都是 6g；内螺纹中径和大径公差带代号都是 6H；中等旋合长度

续　表

螺纹类别		标注示例	说明
连接螺纹	细牙普通螺纹	M8×1LH-6g　M8×1LH-7H	细牙普通螺纹，特征代号 M，公称直径 8，螺距 1，左旋；外螺纹中径和大径公差带代号都是 6g；内螺纹中径和大径公差带代号都是 7H；中等旋合长度
	55°非密封管螺纹	G1A　G3/4	55°非密封管螺纹，特征代号 G，外管螺纹的尺寸代号为 1，公差等级为 A 级；内管螺纹的尺寸代号为 3/4。内螺纹公差等级只有一种，省略不标注
	55°密封管螺纹	$R_2$1/2　Rc3/4-LH	55°密封管螺纹，特征代号 R_2，R 表示圆锥外螺纹，尺寸代号为 1/2，右旋，与圆锥内螺纹配合；特征代号 Rc 为圆锥内螺纹，尺寸代号为 3/4，左旋；公差等级只有一种，省略不标注。Rp 是圆柱内螺纹的特征代号，与其配合的圆锥外螺纹的特性代号为 R_1
	梯形螺纹	Tr40×7-7e	梯形外螺纹，特征代号 Tr，公称直径 40，单线，螺距 7，右旋，中径公差带代号 7e；中等旋合长度
	锯齿形螺纹	B32×6-7e	锯齿形外螺纹，特征代号 B，公称直径 32，单线螺距 6，右旋；中径公差带代号 7e；中等旋合长度

任务实施

步骤一　结构分析

齿轮泵右端盖主要由不同直径的回转体组成，属于盘盖类零件，右侧为腰形板，上面均布 6 个沉孔和 2 个销孔，左侧是带有螺纹的回转体。

步骤二　确定表达方案

主视图的方向为反映泵盖厚度的方向，轴线水平放置，小端在左，大端在右，并且采用两个相交平面剖切的全剖视图来表达齿轮泵右端盖的内部结构，左视图主要表达齿轮泵右端盖各部分形体的形状特征。

步骤三　绘制视图

先绘制基准线，然后基本体逐一绘出，在绘制过程中，直接使用剖视图的表达方法，图形绘制完成后，两个相交平面剖切的剖视图需要进行剖切标注。齿轮泵右端盖的零件图如图 2－46 所示。

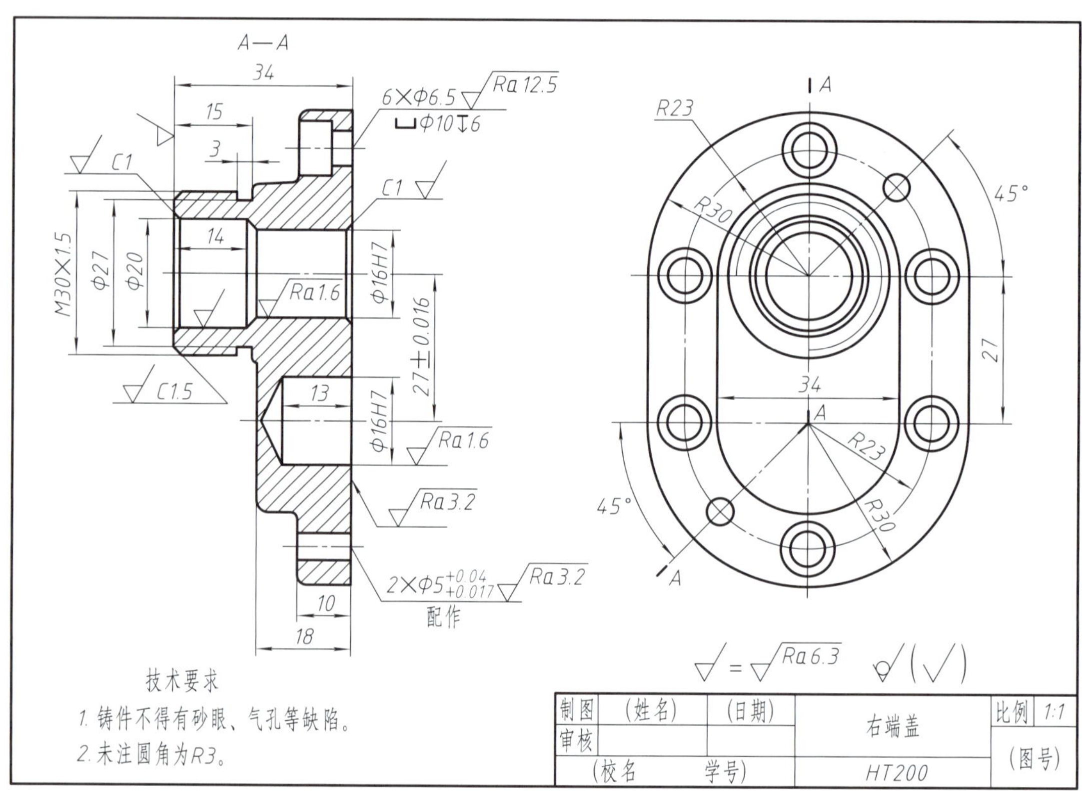

图 2－46　齿轮泵右端盖的零件图

步骤四　尺寸标注

齿轮泵右端盖以大端面作为配合面，在长度方向上即以该端面为主要基准，以上面的孔的轴线为高度方向的基准，宽度方向以对称的中心线为基准，将尺寸正确、完整、合理地标注在视图上。

步骤五　技术要求标注

右端面为配合面，其表面要求光滑，尺寸精度相应地要求较高。端面、轴线与轴线之间或端面与轴线之间常应有几何公差要求。将技术要求标注在视图上。

步骤六　填写标题栏

完成齿轮泵右端盖零件图的绘制，如图 2－46 所示。

任务2　识读齿轮泵右端盖零件图

任务引入

读懂齿轮泵右端盖零件的空间结构形状，了解其生产、加工、检验要求等。

任务分析

齿轮泵右端盖属于盘盖类零件，按照盘盖类零件的结构特点想象零件的形状，通过尺寸和技术要求了解加工齿轮泵右端盖所需的技术指标。

相关知识

利用形体分析法识读盘盖类零件图及识读剖视图的思维基础

表达盘盖类零件的视图一般需两个视图，主视图一般为全剖视图，反映零件的厚度(即轴向厚度)和内部结构，左视图或右视图反映零件外形轮廓和孔、槽的分布情况。若有其他视图，如局部剖视图、断面图、局部放大图等，都是反映盘盖类零件上某处细节结构形状的。因此，读盘盖类零件图不仅要熟练掌握利用形体分析法读图，还要掌握读剖视图的方法和步骤。

读剖视图是根据机件已有的视图、剖视图、断面图，分析了解剖切关系及表达意图，从而想象出机件内、外结构形状的过程。读剖视图的分析方法之一如图 2-47 所示。读剖视图的分析方法之二如图 2-48 所示。读剖视图应掌握的知识和分析基础如下所述。

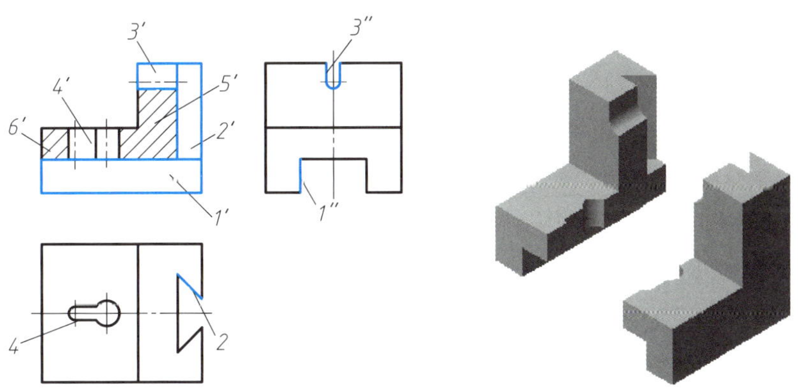

图 2-47　读剖视图的分析方法之一

1. 区分零件上结构要素的空与实、远与近的方法

零件上的剖视图中凡是画有剖面符号的封闭形线框均表示实体范围，空白封闭形线框一般

情况下表示空腔范围及剖切面后的结构。如图2-47中线框5′、6′内画有剖面线,表示剖切面与零件相交的断面形状,线框1′、2′、3′、4′表示零件上的孔、槽结构。

2. 确定零件上内部形状的方法

在剖视图中的空白线框常常不能直接确定其形状。这时,必须在其他视图上找到剖切位置,并借助于空白线框所对应的特征形线框或线段的形状想象其内形。例如图2-47的线框2′、4′对应俯视图线段2和线框4,线框1′、3′对应左视图的线段1″和线段3″。通过这种对应关系,就能想象出这四部分的内形,如图2-47中立体图所示。

3. 从局部线段推想整个面形的方法

一般情况下,剖视图中的细虚线不画出,这必然影响视图之间找线框和线段的对应关系。此时,应借助于剖视图中线段的延伸及其在其他视图上相对应的线框和线段形状和范围,确定整个面的位置和形状。如图2-48(a)所示线段1′与俯视图的线框1不完全成对应关系,此时,设想线段1′延伸到与线框1成对应关系,如图2-48(b)所示,该面的形状和位置即可确定。用同样的方法可想象出线段2′所表达的面形和位置。

读盘盖类零件图时,可先从左视图或右视图判断零件底板和其他部分的形状特征,若底板和其他部分都为同轴的复合回转体,则只要将剖视的主视图中画有剖面线的图形线框分离出一半,绕轴旋转一周即可在头脑中形成零件的结构形状来。若底板为非回转体形状,则将视图中的底板特征形按另一视图中的厚度拉伸出一定距离,即可在头脑中形成其空间形状,然后再与其他部分组合,形成零件的整体形状。

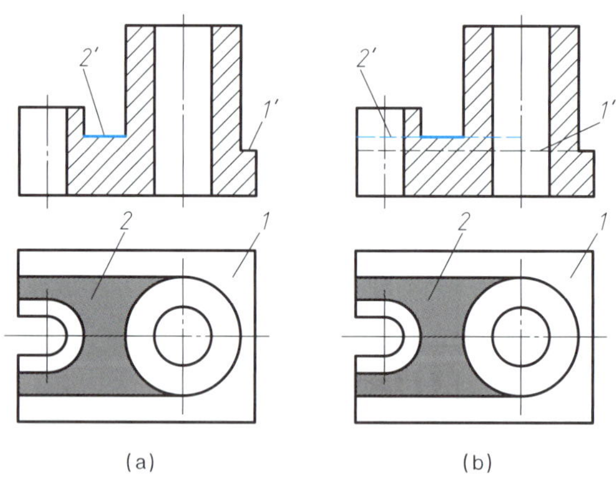

图2-48 读剖视图的分析方法之二

任务实施

步骤一 获取零件的基本信息

由图2-46标题栏可知,该零件选用的材料是HT200,绘制该图形所选用的比例是1∶1。

步骤二　读形状

用两个基本视图表达齿轮泵右端盖的形状和结构。主视图采用两个相交剖切面剖开画出的全剖视图。它表达了该零件的内部结构主要是尺寸为 ϕ20 和 ϕ16 的阶梯通孔。结合左视图看，该零件的外形主要由一个圆柱体和两个长圆形柱体组成。其中在右侧的长圆形柱体内部开有 6 个柱形沉孔，2 个 ϕ5 的销孔和 ϕ16H7 不通孔。在左侧的圆柱体上加工有 M30×1.5 的螺纹。

步骤三　读尺寸标注

1. 尺寸基准

该零件长度方向的基准是最右侧的端面，它是尺寸 10、18 和 34 的起点。宽度方向的基准是零件前后的对称面。高度方向的基准是 ϕ20 圆柱孔的轴线。

2. 尺寸标注

M30×1.5：表示普通细牙螺纹，公称直径 30，螺距 1.5；

$\frac{6\times\phi6.5}{\sqcup\ \phi10\ \downarrow 6}$：表示 6 个 ϕ6.5 孔，ϕ10 沉孔，深为 6；

$2\times\phi5^{+0.04}_{+0.017}$配作：表示 2 个 ϕ5 的销孔，配作的意思是将泵盖和泵体装配正确后钻、铰 ϕ5 的销孔。

步骤四　读技术要求

1. 尺寸公差

图中两个轴孔尺寸为 ϕ16H7，基本尺寸为 ϕ16，基本偏差代号为 H，公差等级为 7。这两处都要与齿轮轴相配合，所以尺寸精度要求高。其余尺寸请读者自行分析。

2. 几何公差

读者自行分析。

3. 表面粗糙度

该零件有四种表面粗糙度要求，分别是 *Ra*3.2、*Ra*6.3、*Ra*12.5 和不加工保持铸件表面原状。由此可看出零件的表面粗糙度要求不是很高。

回顾与总结

盘盖类零件的特点见表 2-9。

表 2-9　盘盖类零件的特点

结构特点	主体部分常由回转体组成，也可能是方形或组合体形。零件通常有键槽、轮辐、均布孔等结构要素，并且常有一个端面与部件中的其他零件结合
主要加工方法	毛坯多为铸件，主要在车床上加工，较薄时采用刨床或铣床加工
视图表达	一般采用两个基本视图表达。主视图按加工位置原则，将轴线水平放置，通常采用全剖视图表达内部结构；另一个视图表达外形轮廓和其他结构要素，如孔、肋、轮辐的相对位置
尺寸标注	径向的主要尺寸基准是回转轴线，轴向(厚度方向)尺寸则以主要结合面为基准
技术要求	重要的轴、孔和端面尺寸精度要求较高，且一般都有几何公差要求，如同轴度、垂直度、平行度和端面跳动等。配合的内、外表面及轴向定位端面的表面有较高的表面粗糙度要求。材料多数为铸件，有时效处理和表面处理等要求

模块三　叉架类零件的图样绘制与识读

项目一　拨叉零件图的绘制与识读

任务1　绘制拨叉零件图

任务引入

绘制拨叉零件图，拨叉的结构如图 3－1 所示。

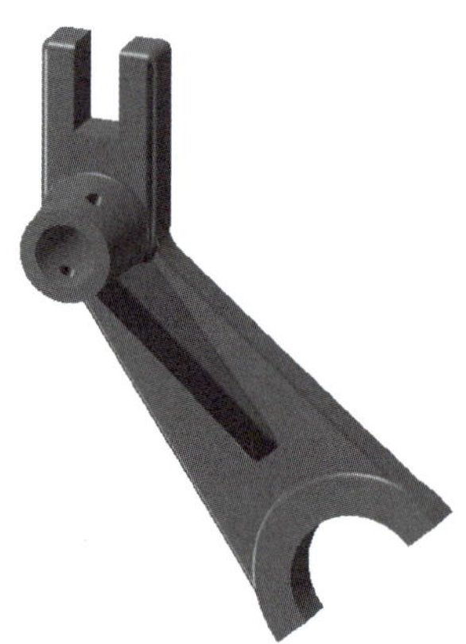

图 3－1　拨叉结构

任务分析

由图 3－1 可见：拨叉由倾斜的底板、带有起模斜度的圆柱以及为了增加拨叉强度而设置的三角形加强肋组成。一般采用两个基本视图来表达拨叉的整体结构，加强肋的断面形状使用断面图来表达，使用两个相交的剖切平面进行剖切以表达拨叉的内部结构。

相关知识

一、叉架类零件的结构分析

拨叉、连杆、支架、支座等均属于叉架类零件。其结构一般都由支承部分、工作部分和连接部分组成。结构形状复杂多样。其作用为操纵、连接、传动或支承。毛坯多为不规则的铸、锻件，杆身断面形状常为矩形、椭圆形、工字形、T 形或十字形。

二、叉架类零件的视图表达方法

叉架类零件的结构形状多样，用三视图、单一的剖切、断面图等基本表达零件的方法已不能满足表达这类零件的需要。为此，要进一步学习制图标准中关于零件的表达方法。

1. 基本视图

用六面体的六个面作为基本投影面，六个基本视图的形成与配置如图3－2 所示。将机件放置于六面体内，采用正投影法分别向六个基本投影面投射，即得六个基本视图，如图 3－2(a)所示。基本投影面的展开如图 3－2(b)所示，基本视图的配置如图 3－2(c)所示。

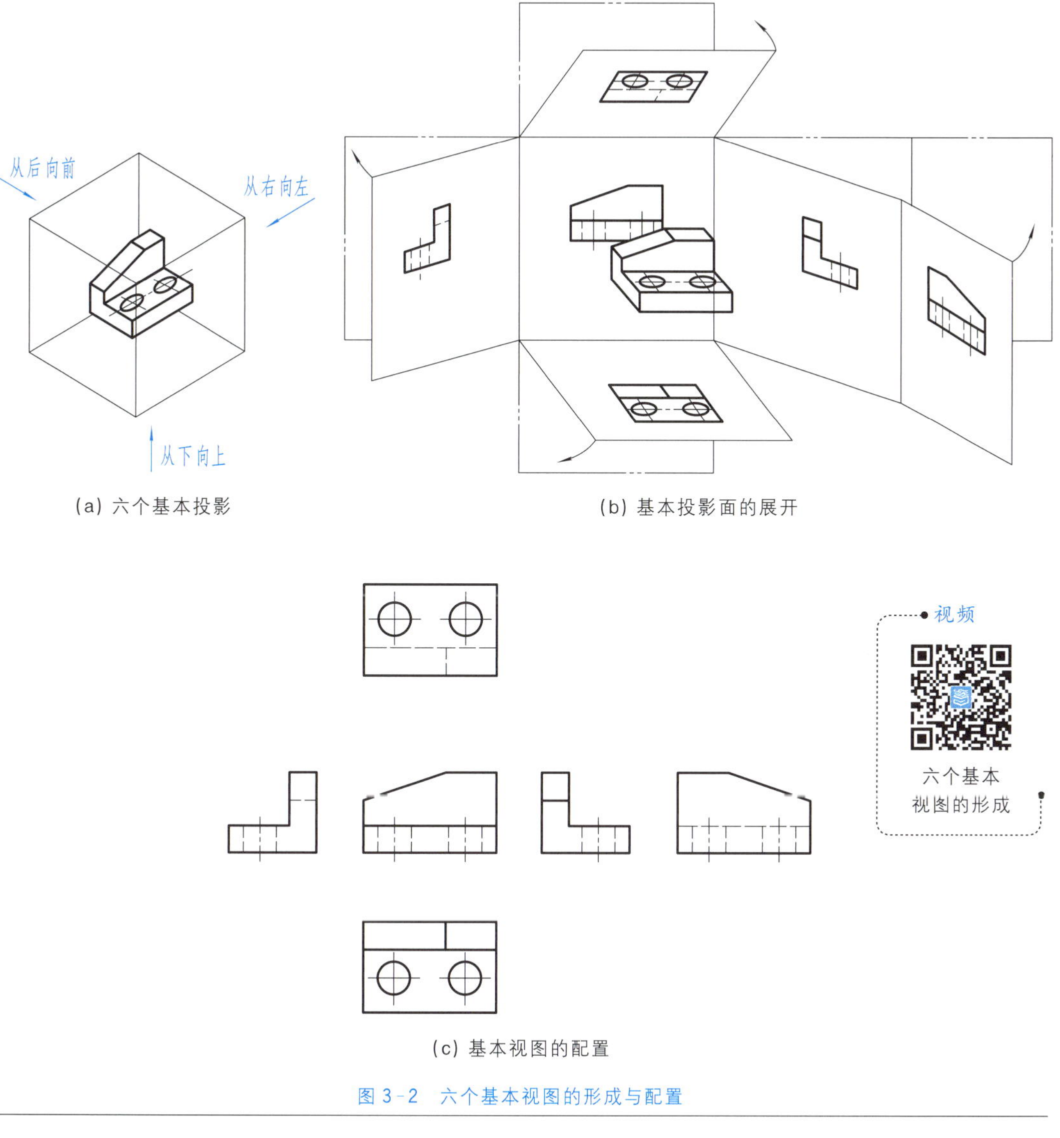

(a) 六个基本投影　(b) 基本投影面的展开

(c) 基本视图的配置

图 3－2　六个基本视图的形成与配置

六个基本视图的名称及投射方向规定如下：

主视图——由前向后投射所得的视图；

俯视图——由上向下投射所得的视图；

左视图——由左向右投射所得的视图；

右视图——由右向左投射所得的视图；

仰视图——由下向上投射所得的视图；

后视图——由后向前投射所得的视图。

六个基本投影面的展开如图 3-2(b)所示，即正面不动，将其余投影面展开与正投影面共面，展开后六个基本视图的位置关系如图 3-2(c)所示。

在同一张图纸内，按图 3-2(c)配置基本视图时，一律不注视图的名称。

六个基本视图仍符合“长对正、高平齐、宽相等”的投影关系。

2. 向视图

向视图是可以自由配置的视图。为便于看图，在视图的上方用大写拉丁字母标注该向视图的名称，在相应的视图附近用箭头指明投射方向，并注上相同的字母，向视图如图 3-3 所示。

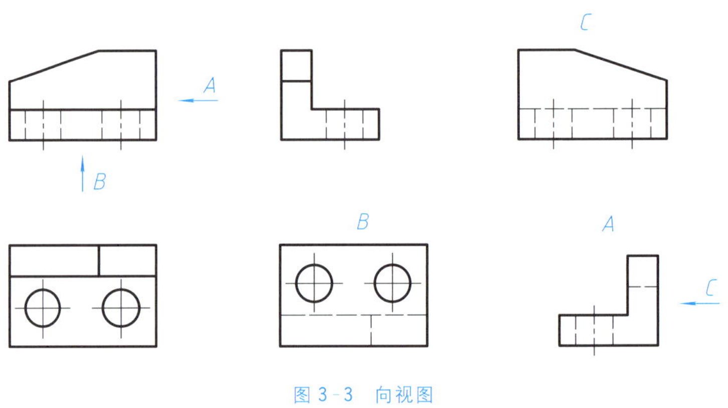

图 3-3 向视图

视频

局部视图的形成

3. 局部视图

为了能清楚地表达机件的某一部分，可将这一局部形状向基本投影面投射，所得视图称为局部视图，如图 3-4 所示。图中，主、俯视图已将机件的主体结构表达清楚，尚缺左、右两个凸缘的结构需要表达。但又没有必要画出左视图，故采用 *A* 向、*B* 向两个局部视图，这样，突出了表达重点，又不重复主体结构形状，达到了图面简洁的目的。

局部视图的画法及标注：

1) 局部视图的断裂边界以波浪线表示，当所表示的局部结构是完整的，其外部轮廓线又成封闭时，波浪线可省略不画，如图 3-4 中的 *B* 视图。

2) 局部视图可按向视图的形式配置并标注。

3) 局部视图也可按基本视图的位置配置，并可省略标注，如图 3-4 中的 *A* 视图。

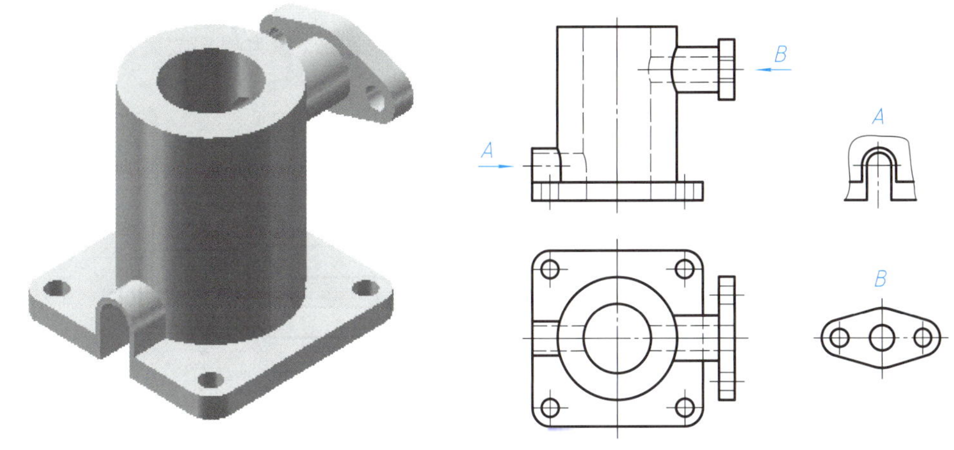

图 3-4　局部视图

4. 斜视图

若机件具有倾斜部分，在基本视图中不能反映该部分实形，这时可选用一个新的投影面，使它与机件上倾斜部分主要表面平行，然后将倾斜部分向该投影面投射，就可以得到反映该部分实形的视图。这种将机件向不平行于任何基本投影面的平面投射所得到的视图称为斜视图。斜视图如图 3-5 所示。

斜视图的画法及标注：

1) 斜视图一般只表达倾斜部分的局部形状，其余部分不必全部画出，可用波浪线断开，如图 3-5(b)所示。当倾斜结构自成封闭图形时，不必画出波浪线。

2) 斜视图通常按向视图的配置形式配置并标注，必要时也允许将斜视图旋转配置。旋转符号的箭头表示旋转方向，表示该视图名称的大写拉丁字母应靠近符号的箭头端，如图 3-5(c)所示，也允许将旋转角度标注在字母后，如图 3-5(d)所示。

视频

斜视图的形成

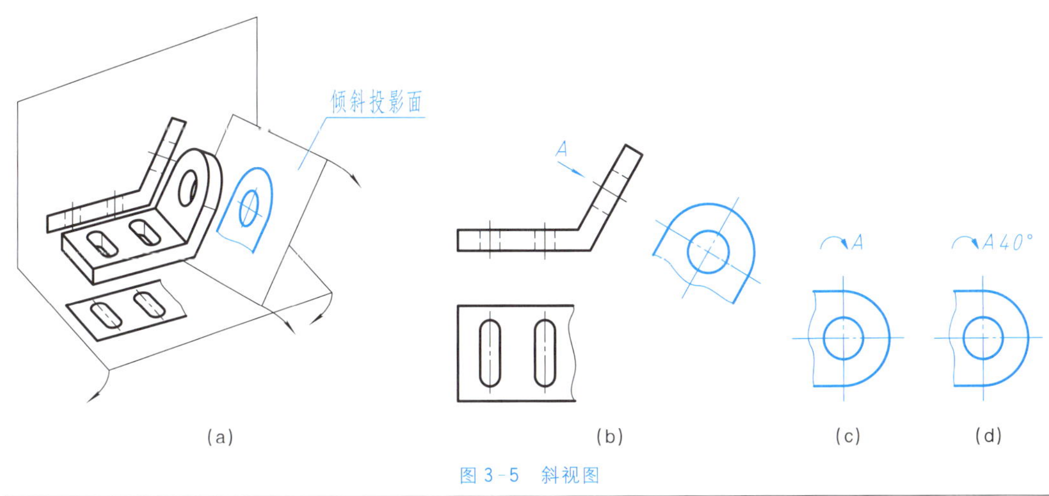

(a)　(b)　(c)　(d)

图 3-5　斜视图

5. 局部放大图

将机件的部分结构用大于原图形所采用的比例画出的图形，称为局部放大图。局部放大图如图 3-6 所示。

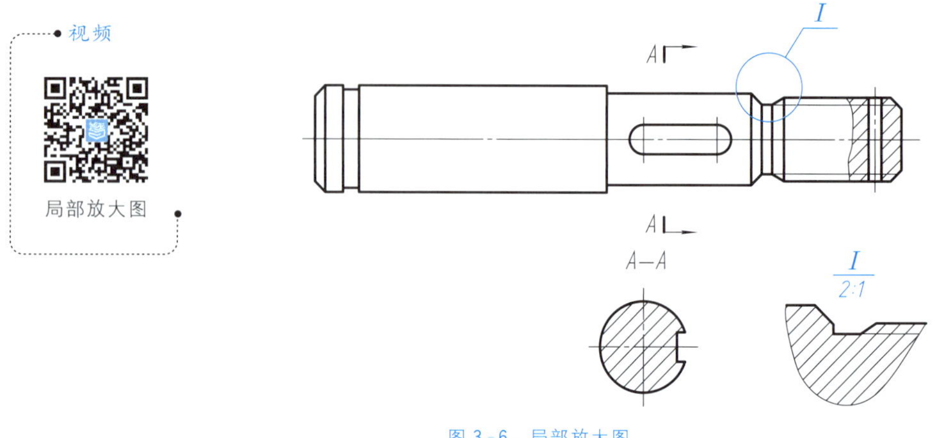

图 3-6　局部放大图

1）画法　局部放大图可以画成视图、剖视图和断面图，它与被放大部分的表达方法无关，且与原图形所采用的比例无关。局部放大图应尽量配置在被放大部位的附近。

2）标注　画局部放大图时，需用细实线圈出被放大的部位，并在局部放大图上方标明放大的比例。同时有几处被放大时，需用罗马数字依次标明被放大的部位，并在局部放大图上方标出相应的罗马数字和所用的比例。

6. 剖视图

机件的内部结构在外表是看不出来的，如图 3-7(a)所示。必须作出剖视图，如图 3-7(b)所示。

1）剖面符号(GB/T 17452—1998、GB/T 4457.5—2013)

在剖视和断面图中，应采用所规定的剖面符号。

2）剖切位置与剖视图的标注

一般应在剖视图的上方用字母标出剖视图的名称“*X*—*X*”。在相应的视图上用剖切符号表示剖切位置，用箭头表示投射方向，并注上同样的字母。剖切符号(线宽 $1d$～$1.5d$，断开的粗实线)尽可能不与图形的轮廓线相交，在它的起、讫和转折处应用相同的字母标出，如图 3-7 所示。

剖视图可按投影关系配置在与剖切符号相对应的位置，必要时允许配置在其他适当位置。

当剖视图按投影关系配置，中间又没有其他图形隔开时，可省略箭头。剖视图的省略标注如图 3-8 所示。

当单一剖切平面通过机件的对称平面或基本对称平面，且剖视图按投影关系配置，中间又没有其他图形隔开时，可省略标注。

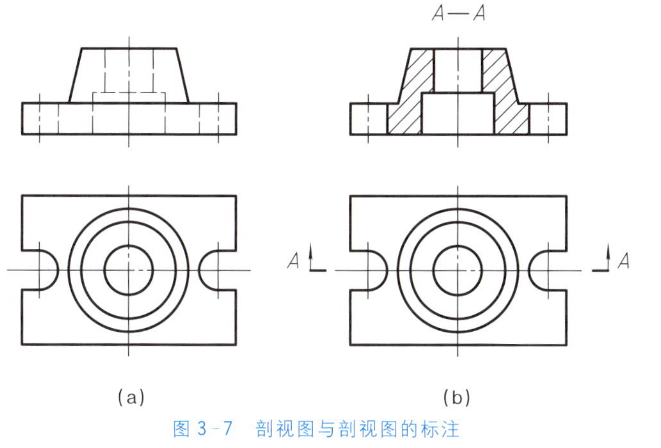

图 3-7　剖视图与剖视图的标注

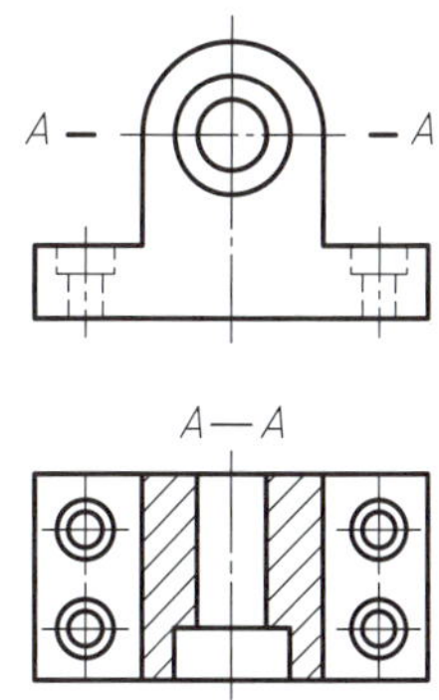

图 3-8　剖视图的省略标注

3) 剖视图的种类

视频

半剖视图的形成

全剖视图——用剖切面完全地剖开机件(图 3-9(a))所得的剖视图,如图 3-9(b)所示。

半剖视图——当机件具有对称平面时,在垂直于对称平面的投影面上投射所得到的图形,可以对称中心线为界,一半画成剖视图,一半画成视图,如图 3-9(c)、(d)所示。基本对称的机件,当不对称部分已有其他图形表达清楚时,也可画成半剖视图,如图 3-9(e)所示。

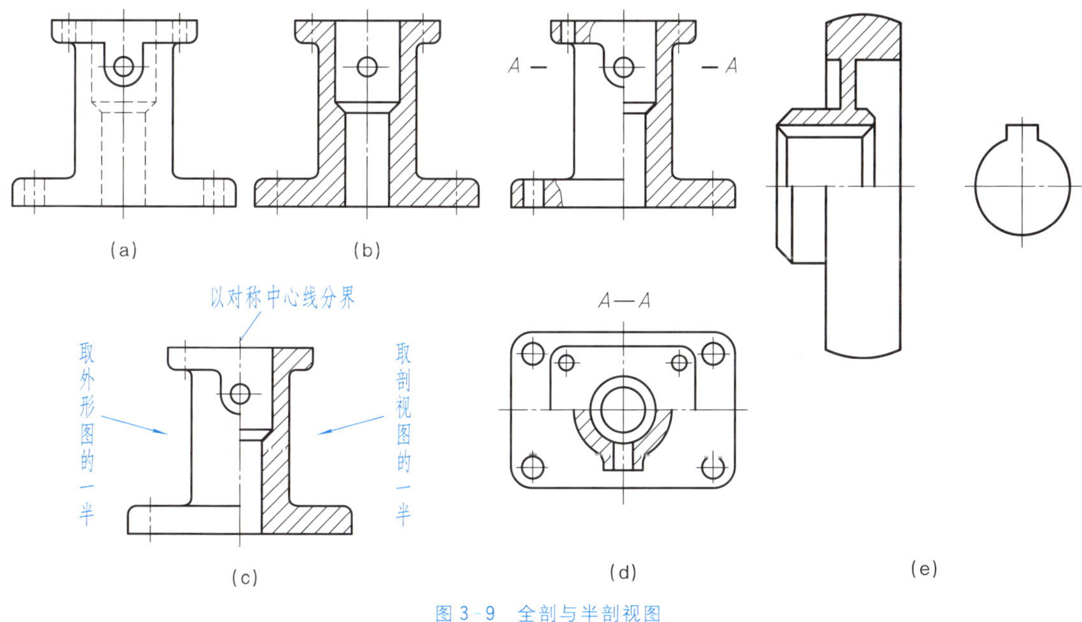

图 3-9　全剖与半剖视图

局部剖视图——用剖切面局部地剖开机件所得的剖视图,如图 3-9(d)中上底板与下底板上的孔的表达。

局部剖视图用波浪线作为视图与剖视图的分界线,波浪线不应和图形上其他图线重合,如图 3-10 所示。

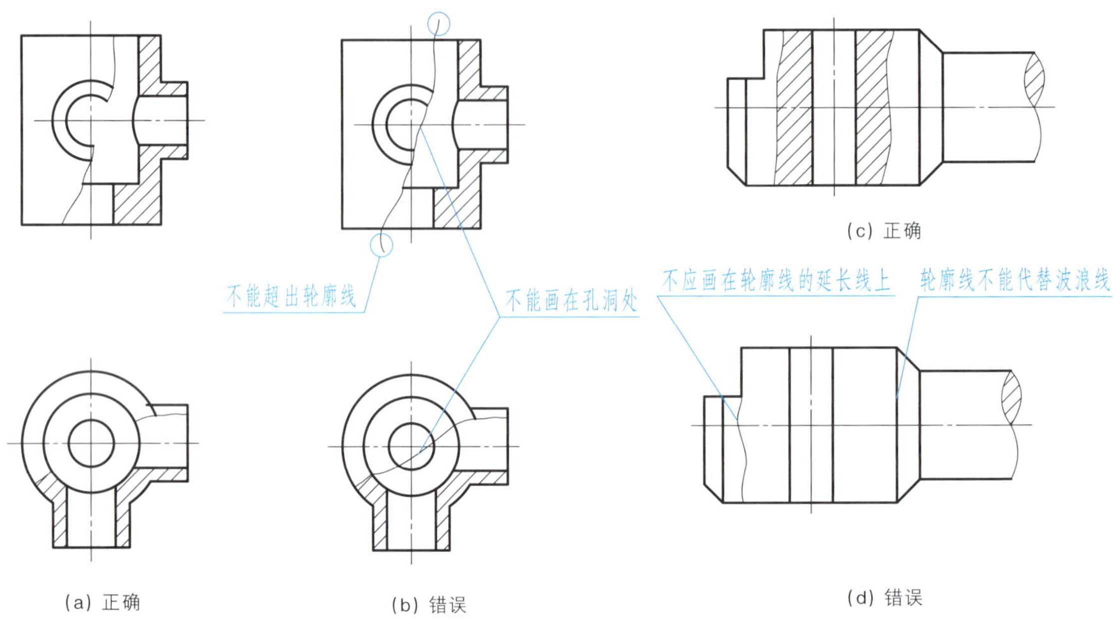

图 3-10　局部剖视图中波浪线的画法

视频

局部剖视图

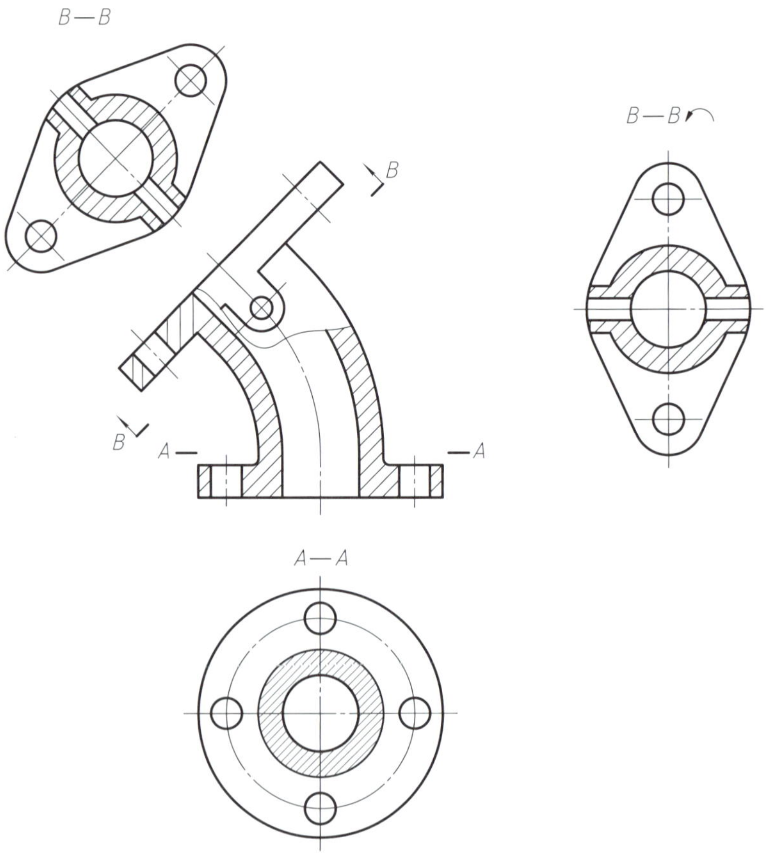

B—B

B—B

B

B

A　　A

A—A

图 3-11　不平行于基本投影面的单一剖切面

4）剖切面

由于机件内部结构形状不同，常需选用不同数量、位置及形状的剖切面剖开机件，以便将机件的结构表达清楚。

（1）选用单一剖切面剖开机件　当机件的内部结构位于一个剖切面上时，通常用平行于某个基本投影面的单一平面剖切，如图3-8所示。当机件具有倾斜的内部结构形状时，也可采用一个与倾斜部分的主要结构平行且垂直于某一基本投影面的单一剖切面剖切机件并投射，得到该部分内部结构的实形，如图3-11所示，这种剖切方法又称为斜剖。必要时，允许将图形旋转放正，并加注旋转符号，如图3-11所示。

（2）选用几个平行的剖切平面剖开机件　用来表示机件上分布在几个相互平行平面上的内部结构形状，如图3-12所示。标注这种剖视图时，需在剖切面的起、讫和转折处画上剖切符号，并标注字母。当转折处位置较小时，可省略字母。当剖视图按投影关系配置，中间又没有其他图形隔开时，可省略箭头。

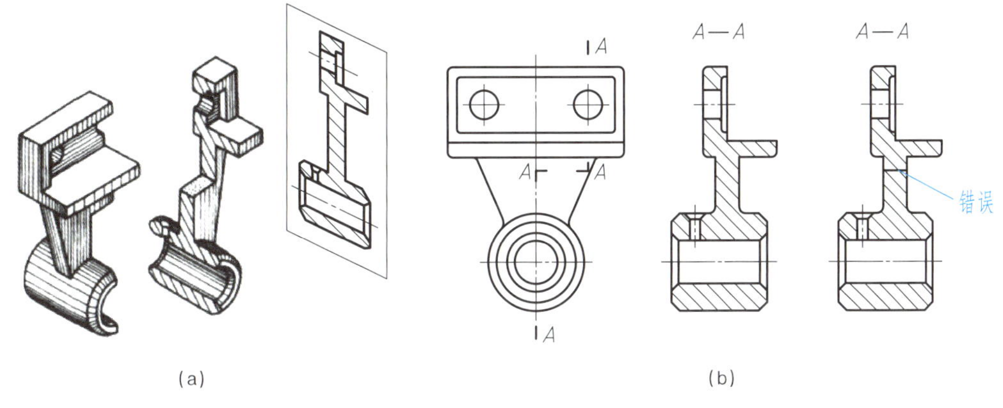

图3-12　几个平行的剖切平面

注意事项：

① 因为剖切是假想的，所以在剖视图上不应画出剖切平面转折的界线，且转折面必须与选定的投影面垂直。

② 剖切符号不能与图形轮廓线重合，错误画法如图3-13所示。

③ 剖视图中不应出现不完整的结构要素，错误画法如图3-14所示，仅当两个要素在图形上具有公共对称中心线或轴线时，方可各画一半。

（3）选用几个相交的剖切平面剖开机件　用来表达具有明显回转轴线的机件上分布在几个相交平面上的内部结构形状，剖切平面的交线垂直于某一基本投影面，两相交的剖切平面如图3-15所示。这种剖切方法旧称旋转剖，其标注方法如图3-15所示，应标注完整。

注意事项：

① 画这种剖视图时，先假想按剖切位置剖开机件，然后将倾斜剖切平面剖开的结构及其有

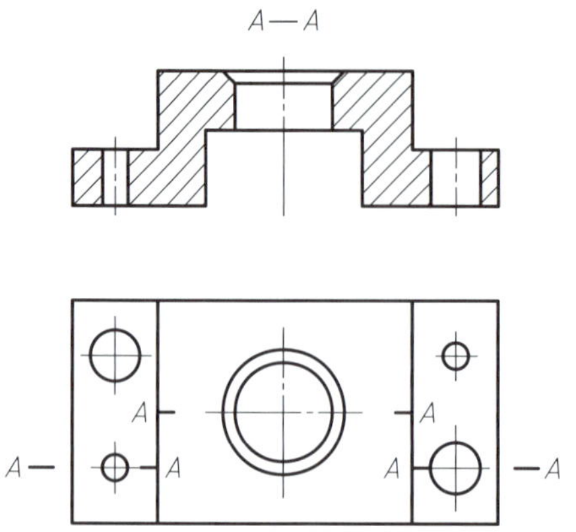

图 3-13 剖切平面的转折处与轮廓线重合的错误画法

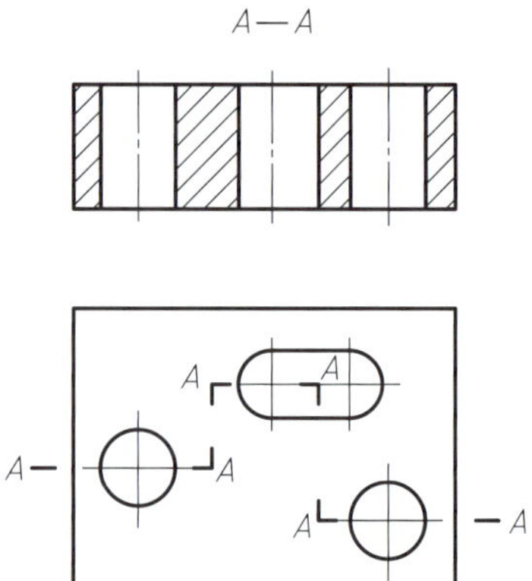

图 3-14 剖视图中出现不完整结构要素的错误画法

视频

两相交的剖切平面

关部分旋转到与选定的投影面平行后再进行投射，剖切平面后面的其他结构一般仍按原位置投射，如图 3-15 所示。

② 当剖切后产生不完整要素时，此部分结构应按不剖绘制，如图 3-16 所示。

③ 标注中的箭头仅表示投射方向，与倾斜部分的旋转无关。

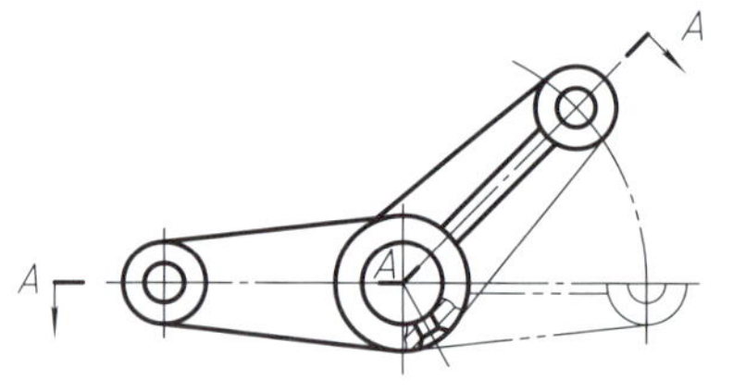

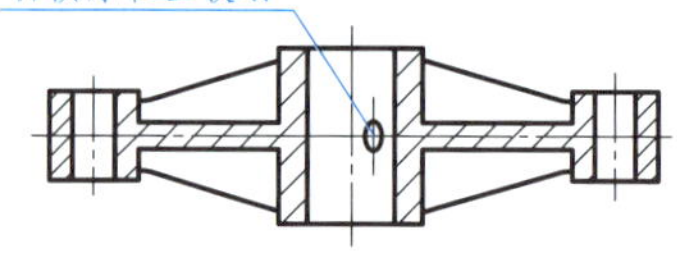

图 3-15 两相交的剖切平面

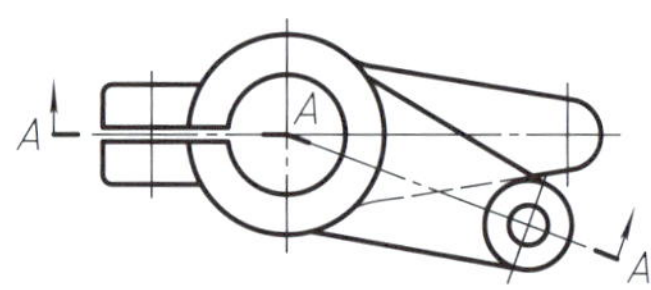

图 3-16 剖切后产生不完整要素按不剖绘制

视频

移出断面图

7. 断面图

断面图分为移出断面图（图 3-17）和重合断面图（图 3-18）两种。

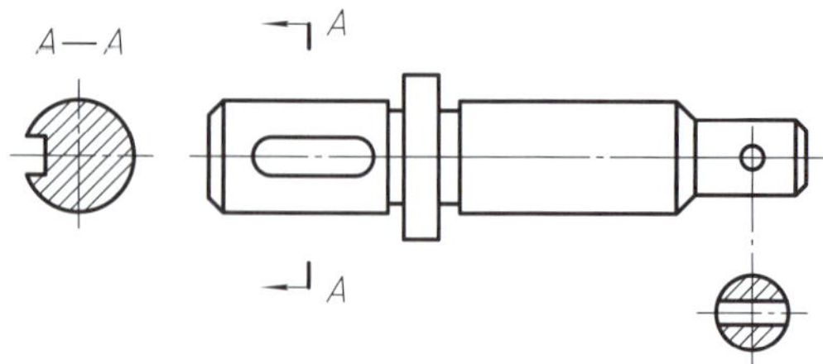

图 3-17 移出断面图

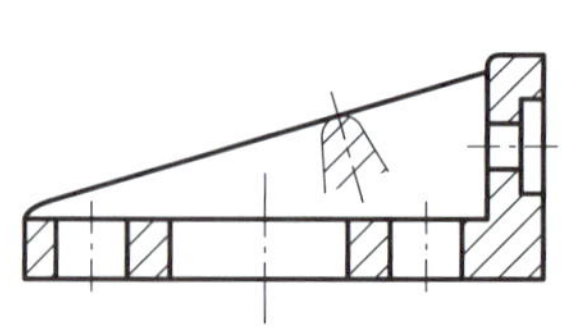

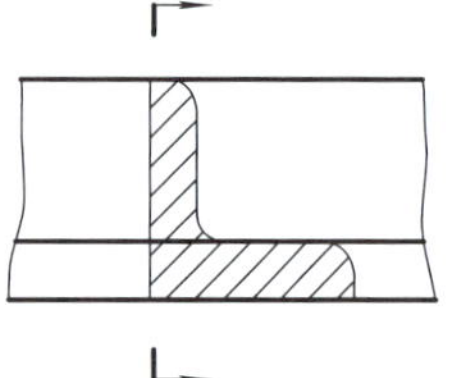

图 3-18 重合断面图

移出断面图的轮廓线用粗实线绘制，如图 3 - 17 所示。重合断面图的轮廓线用细实线绘制。当视图中的轮廓线与重合断面的图形重叠时，视图中的轮廓线仍应连续画出，不可间断，如图 3 - 18 所示。

视频
重合断面图

移出断面应尽量配置在剖切符号或剖切平面迹线的延长线上，剖切平面迹线是剖切平面与投影面的交线，用细点画线表示，剖切符号指剖切面起止和转折位置(用粗短线表示)及投射方向(用箭头表示)。

断面图形对称时也可画在视图的中断处，如图 3 - 19 所示。也可按投影关系配置，必要时也允许将移出断面配置在其他适当位置。

当剖切面通过非圆孔会导致完全分离的两个断面图时，这些结构也应按剖视绘制，即应绘出这些结构在剖切面后面的投影线，如图 3 - 20 所示。

移出断面图一般应用剖切符号表示剖切位置，用箭头表示投射方向，并注上字母，在断面图的上方应用同样的字母标出相应的名称“X—X”，如图 3 - 20 所示。如果投射方向、剖切位置及断面图名称明确，则可分别省略标注。

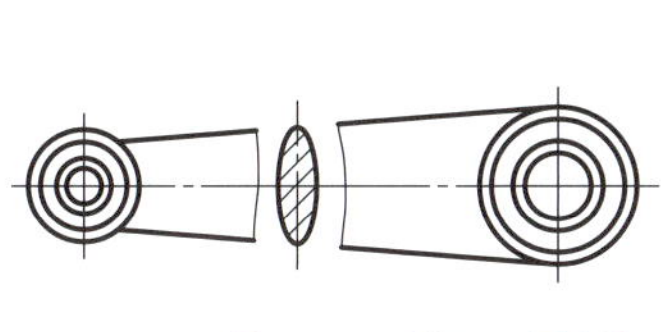
图 3 - 19　断面图画在视图中断处

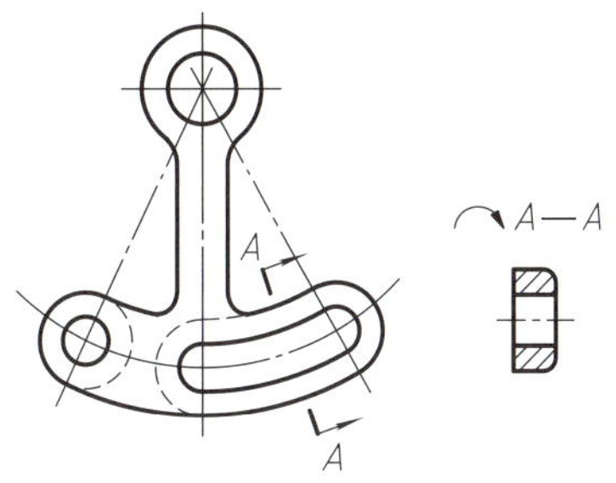

图 3 - 20　按剖视绘制的移出断面图

8. 简化画法(GB/T 16675.1—2012)

当机件上具有若干个相同结构(齿、槽、孔等)并按一定规律分布时，只需画出几个完整的结构，其余用细实线连接或画出中心线位置，在零件图中则必须注明该结构的总数，如图 3 - 21 所示。

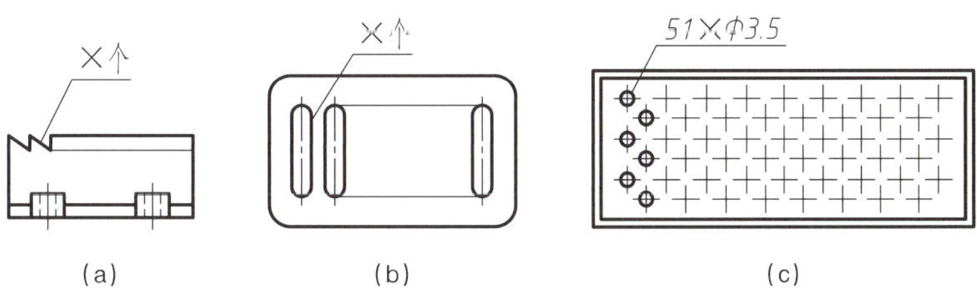

图 3 - 21　相同结构的简化画法

在不致引起误解时，对于对称机件的视图可只画一半或四分之一，并在对称中心线的两端画出两条与其垂直的平行细实线，如图 3 - 22 所示。

较长的机件(轴、杆、型材、连杆等)沿长度方向的形状一致或按一定规律变化时,可断开后缩短绘制,但要标出实长尺寸,如图 3-23 所示。

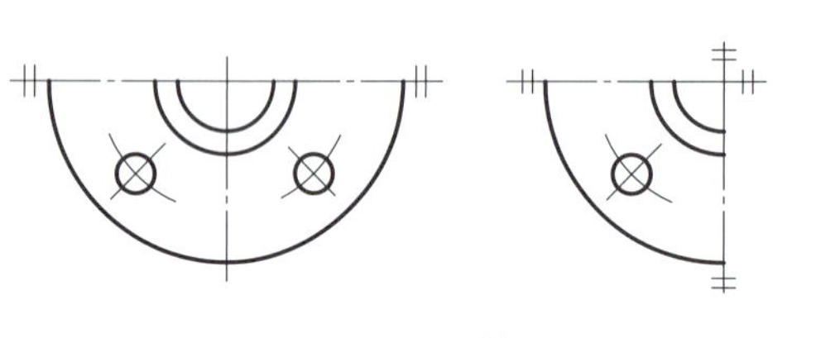

图 3-22　对称机件的简化画法

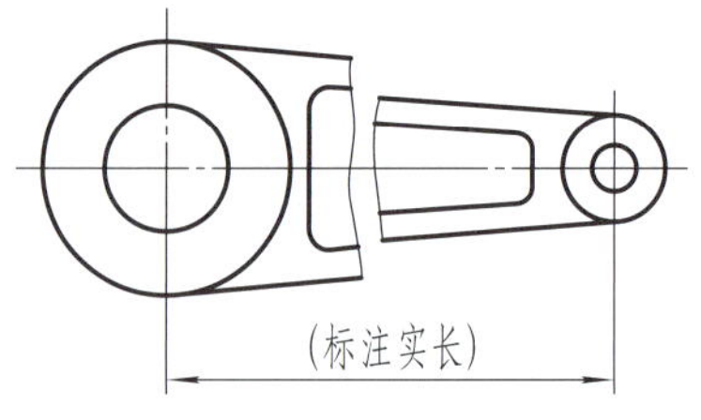

图 3-23　较长机件的折断画法

零件上对称结构的局部视图,可按图 3-24 所示的方法绘制。

圆柱形法兰上均匀分布的孔,可按图 3-25 所示方法表示。

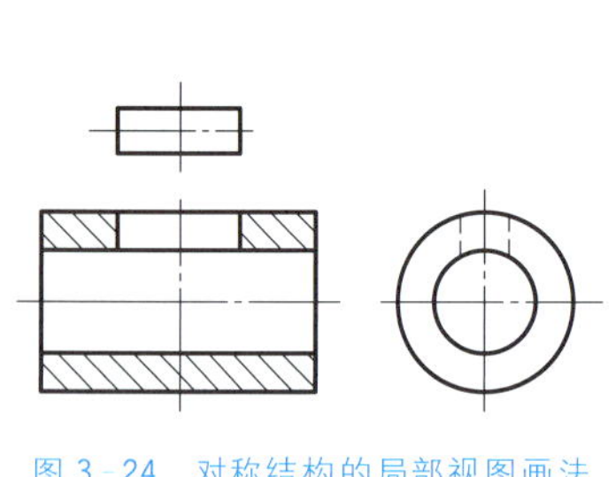

图 3-24　对称结构的局部视图画法

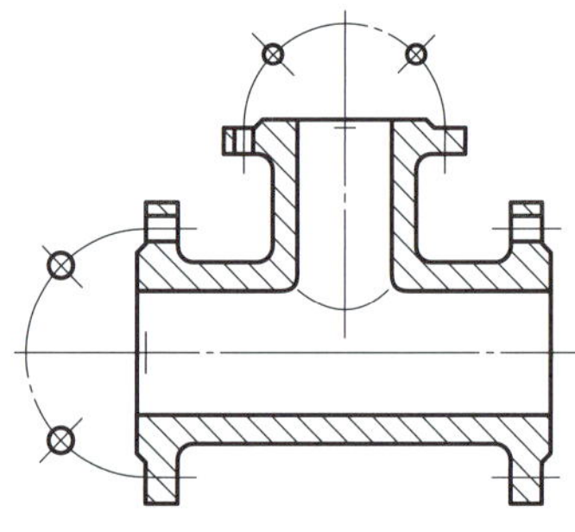

图 3-25　法兰上均布的孔的画法

对于肋、轮辐及薄壁结构的机件,如按纵向剖切,这些机件不画剖面线,而用粗实线将其与相邻部分分开,如图 3-26 所示。

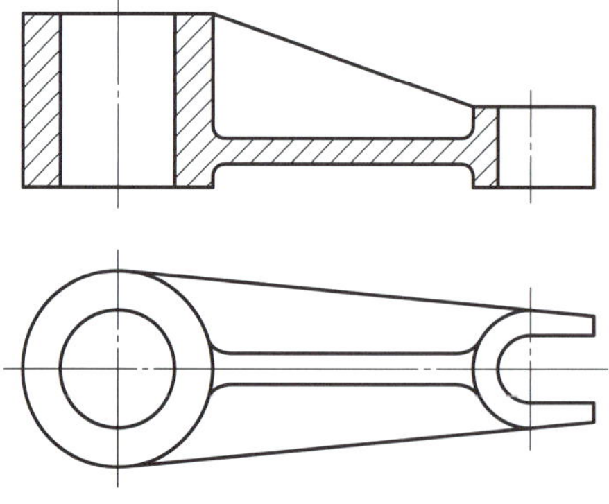

图 3-26　纵向剖切时肋的画法

总之,绘制叉架类零件视图时,一般以自然位置或工作位置为基准,按形状结构特征方向作为主视图的方向,用一两个基本视图,根据具体结构需要辅以斜视图或局部视图,用斜剖、旋转剖等方式作全剖视图或半剖视图来表达内部结构，对于连接支撑部分的截面形状，可用断面图表达。

三、绘制叉架类零件视图的方法与步骤

叉架类零件就其几何形状而言，是典型的叠加类组合体。绘制叉架类零件图时，应根据零件的结构特点，巧妙地应用各种表达方法。

要合理地用图样表达零件，应先分析零件内、外结构的形状及位置分布，以便选用视图、剖视图(剖切面数量、位置及范围)、断面图及其他表达方法。在确定表达方案的过程中，必须应用形体分析法使各部分形状表达完整和清晰。对于内外形状较为复杂的机件往往有多种表达方案，因此选择表达方法时，常拟定几个表达方案，进行分析比较，找出较为合适的一个。

下面以图 3-27 所示的轴承座为例来说明叉架类零件视图的画法。

为巩固较复杂形体的三视图画法等基础知识，应首先按画组合体三视图的步骤画出轴承座的三视图，然后考虑组合体内表面的分布位置，选择合适的表达方法，在完整、清晰地表达机件各部分的内外形状的前提下，力求绘图简便，使所绘图样易看易画。

1. 形体分析

先认清组合体的形状和结构，然后分析组合体由几个简单的形体组成，以及各部分之间表面的连接关系。

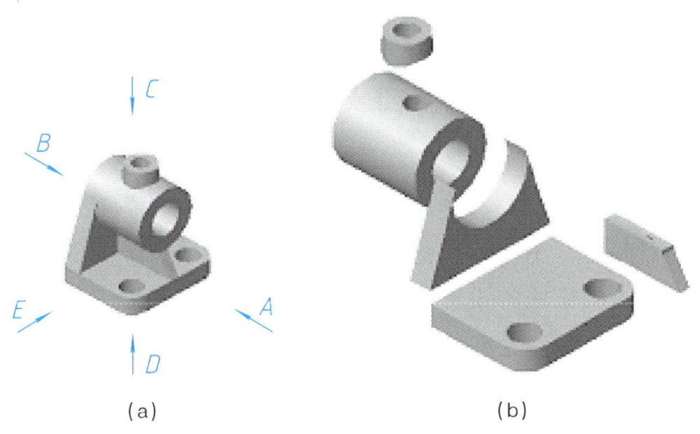

图 3-27 轴承座

1) 分析组合体的组成 由图 3-27 可见，轴承座由竖放圆筒、横放圆筒、支承板、肋板和底板五部分叠加而成。

2) 分析各组成部分的相对位置 轴承座左右对称，支承板与底面及横放圆筒的后表面平齐，横放圆筒前端面伸出肋板前表面，并在横放圆筒上方正中间立着一个竖放圆筒。

3) 分析各组成部分之间的表面连接关系 支承板的左右侧面与横放圆筒表面相切，前表面与横放圆筒相交；肋板的左右侧面及前表面与横放圆筒相交；底板的顶面与支承板、肋板的底面重合；竖放圆筒和横放圆筒表面相贯。

4) 分析内形的位置分布 横放圆筒与竖放圆筒的内表面相互垂直正交，具有公共对称平

面，可选择剖切面通过此对称平面，以表达轴承座内孔结构，底板上两圆柱孔的分布与其他内表面不在同一位置上，要表达此结构可用局部剖切的方法。

2. 选择主视图

绘制叉架类零件图时，零件一般以自然位置或工作位置放置，按形状结构特征方向作为主视图的投射方向，尽量将组成部分的内、外形状和相对位置关系的特征在主视图上显示出来。图 3-27 所示的 A 向反映轴承座各部分的轮廓特征比较明显，所以确定以 A 向作为主视图的投射方向。

主视图确定后，俯视图和左视图也随之确定。俯视图、左视图补充表达主视图上未表达清楚的部分，如底板的形状及通孔的位置由俯视图反映，肋板的形状由左视图来表达。

3. 布置视图

根据组合体的大小，画出各视图的基线，如组合体的底面和端面的投影、对称中心线等，以初步确定各视图的位置。同时，注意各视图之间留出余地，以便标注尺寸，画标题栏等。

4. 画图步骤

画图的一般步骤是先画主要部分，后画次要部分；先定位置，后定形状；先画基本形体，再画切口、穿孔、圆角等局部形状。轴承座三视图的绘制步骤如图 3-28 所示。

画图时应注意以下几点：

1) 运用形体分析法，逐个画出形体的各部分，同一形体的三个视图应按投影关系同时画出，而不是先画完一个视图后再画另一个视图。这样可减少投影的错误，并可以提高绘图速度。

2) 画每一部分基本形体的视图时，应先画反映该部分形状特征的视图。例如先画正放圆筒的主视图，再画其俯视图、左视图。对于底板上的圆孔和圆角，则应先画俯视图，再画主视图、左视图。

3) 完成各基本体的三视图后，应检查形体间表面连接处的投影是否正确。如支承板的左右侧面与横向圆筒的表面相切，支承板在俯视图、左视图上应画至切点处为止。肋板与正放圆筒表面相交处，应注意左视图上画交线的投影位置。回转体的轮廓线穿入另一形体实体部分的一段不应画，如横放圆筒的左右轮廓线在俯视图上处于支承板宽度范围内的一段不画，圆筒最下面的轮廓线在左视图上处于肋板和支承板宽度范围内的一段也不画。

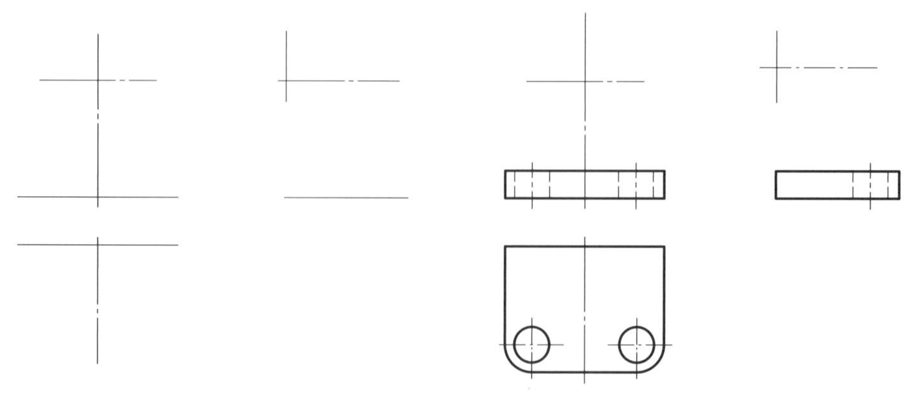

(a) 布置视图，画中心线和基线　　(b) 画底板三视图

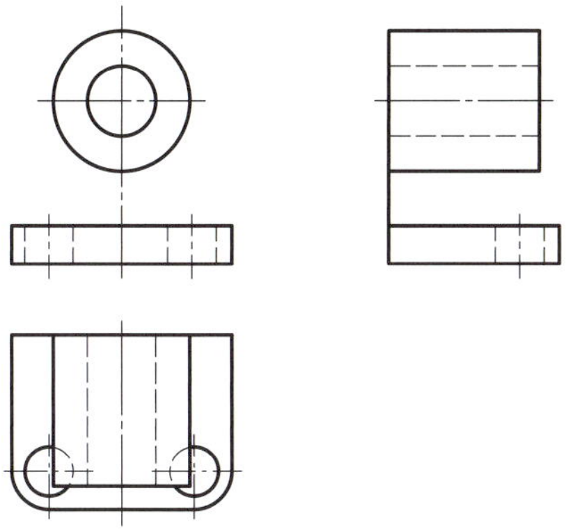

(c) 画横放圆柱筒三视图 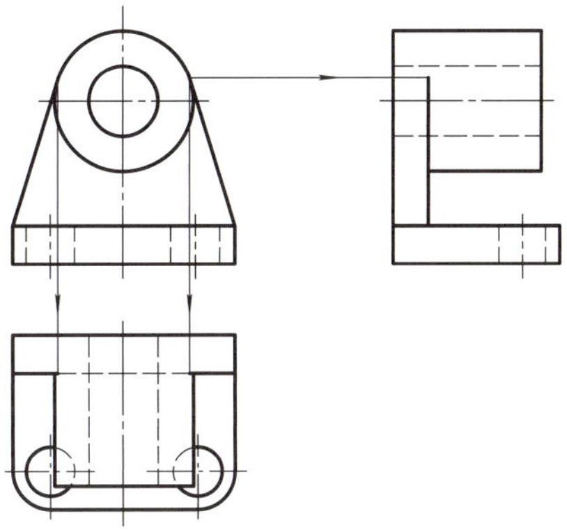　　(d) 画支撑板三视图

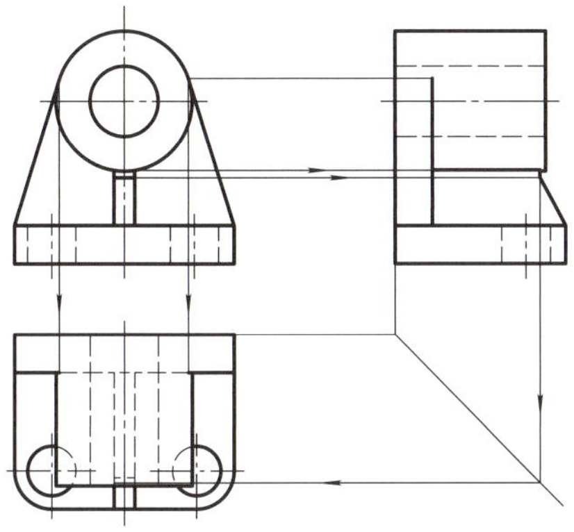

(e) 画肋板三视图 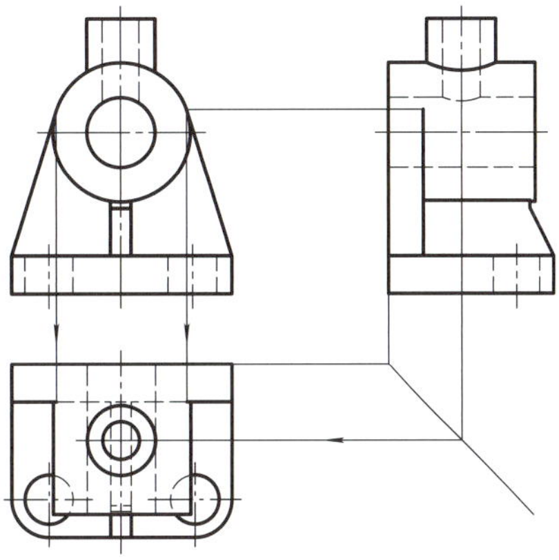　　(f) 画竖立圆柱筒三视图

图3-28　轴承座三视图的绘制步骤

4) 组合体各部分的投影画完后，还需检查，校对。轴承座的三视图，如图3-29所示。

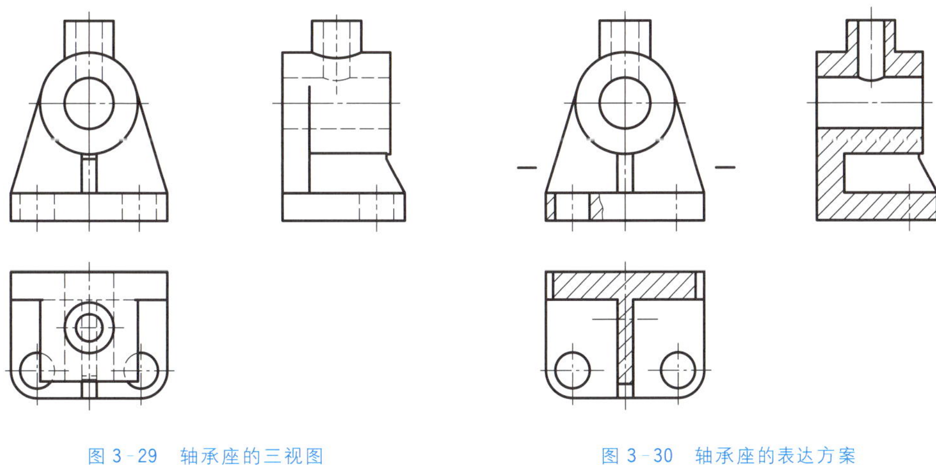

图3-29　轴承座的三视图　　图3-30　轴承座的表达方案

为表达轴承座零件的内部形状，下面综合各种表达方法选择、确定一个较合理的表达轴承座零件的方案。

采用一个通过横放圆筒和竖放圆筒公共对称面的剖切平面（平行于侧面的平面）将零件剖开，表达横向圆筒与竖向圆筒的内部结构，如图 3-30 中的左视图所示。

为表达支承板与肋板截面形状，采用一个水平剖切面在适当的位置剖开零件，将其上部移去，画出支承板与肋板的截面形状，如图 3-30 中的俯视图所示，同时，俯视图又表达了底板的形状特征。

为表达零件底板上两个孔的内部结构，在孔的前后对称平面上部分地剖开底板，表达出安装孔的内部结构，如图 3-30 中主视图上的局部剖视所示。

四、叉架类零件图的尺寸标注

以轴承座零件图的尺寸标注为例，根据零件的结构特点和设计要求选定底面为高度方向的尺寸基准。零件左右对称，选左右对称面为长度方向的尺寸基准，选底板、支承板和横放圆筒的公共后表面为宽度方向的基准。确定基准后，轴承座零件图标注尺寸，如图 3-31 所示。

五、叉架类零件图尺寸标注要点

1. 同一个基本形体的定形尺寸和有关定位尺寸，要尽量集中标注在一个或两个视图上，尽量注在反映形体的形状和位置特征最明显的视图上，并注意避免注在细虚线上，这样便于看图，如图 3-31 所示。

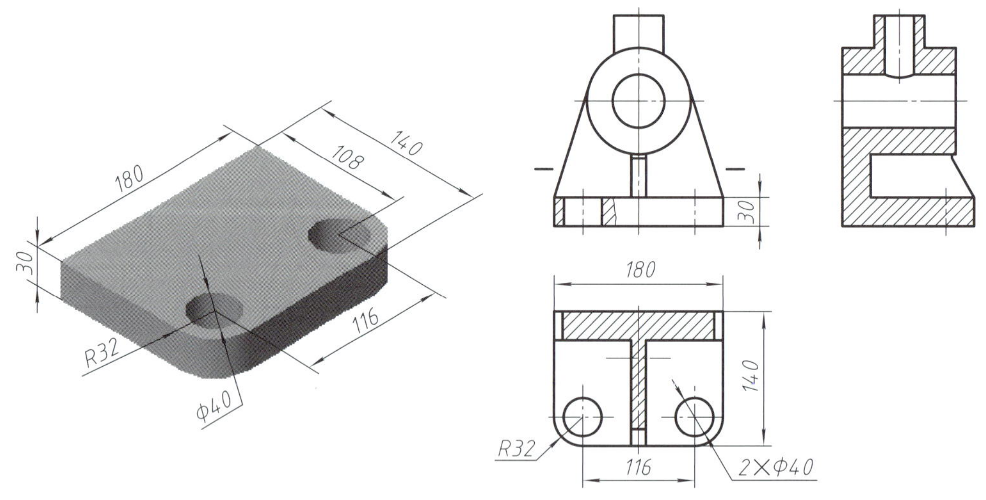

(a) 底板尺寸标注
定形尺寸：180、140、30、R32、2 × ϕ40，定位尺寸：116、108

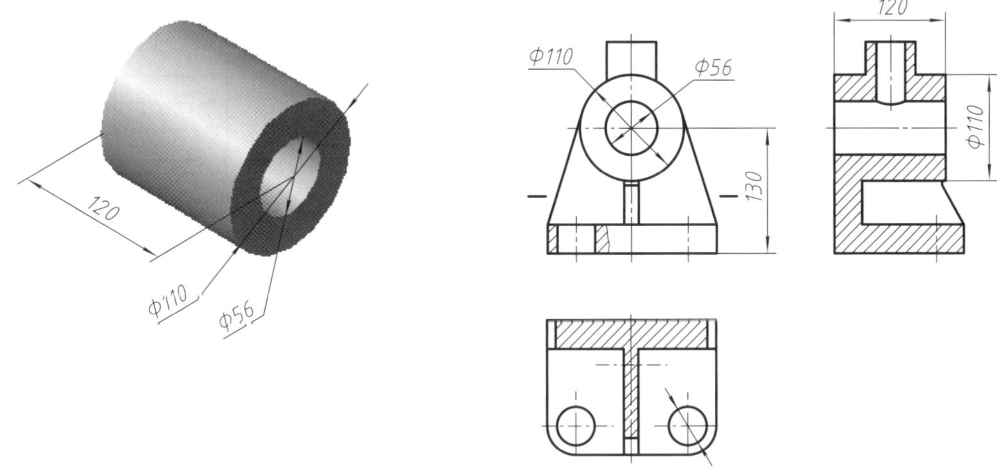

(b) 横放圆筒尺寸标注
定形尺寸:120、ϕ56、ϕ110,定位尺寸:130

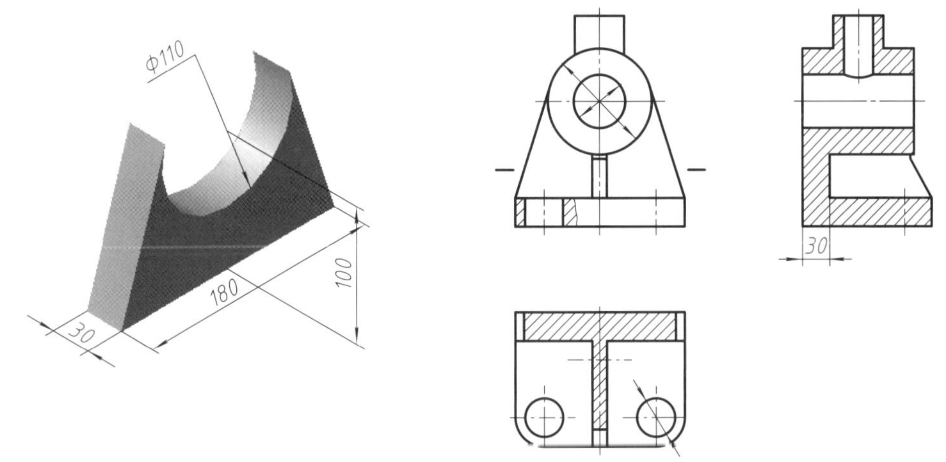

(c) 支承板尺寸标注
定形尺寸:30,其括号中尺寸已由前几步标注,位置明显,定位尺寸省略

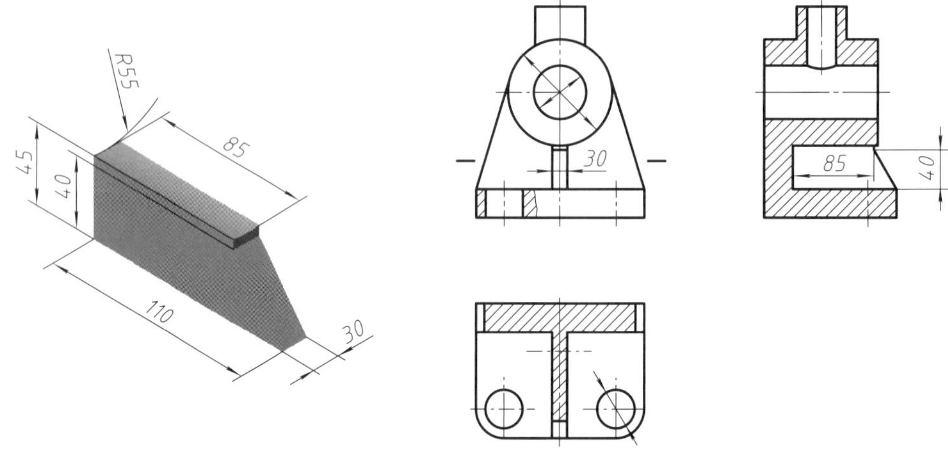

(d) 肋板尺寸标注

定形尺寸:30、40、85,定位尺寸其括号中尺寸不必再标注

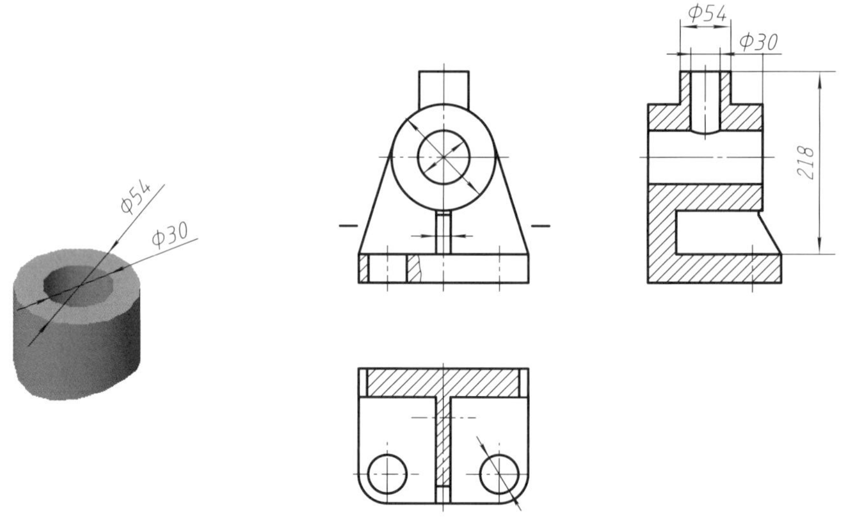

(e) 竖直圆筒尺寸标注

定形尺寸:ϕ54、ϕ30,定位尺寸:218、60

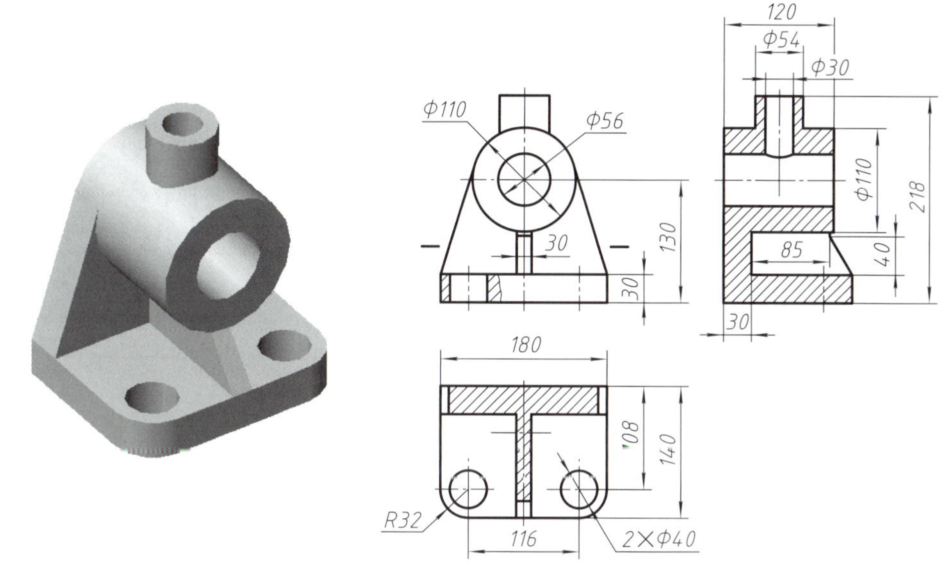

(f) 完整轴承座尺寸标注

总体尺寸：180、140、218

图 3-31　轴承座零件图的尺寸标注

2. 尺寸应尽量标注在视图外部，高度尺寸尽量注在主、左视图之间，长度尺寸尽量注在主、俯视图之间，以保持两视图之间的联系。为了避免尺寸标注凌乱，同一方向连续的几个尺寸尽量放

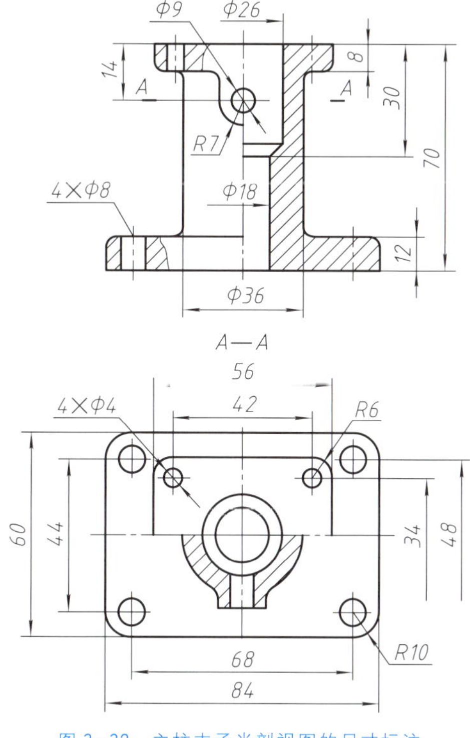

图 3-32　立柱支承半剖视图的尺寸标注

在一条线上。

3. 重要尺寸应从主要基准直接注出。重要尺寸主要是指直接影响零件在机器中的工作性能和位置关系的尺寸，如零件之间的配合尺寸、重要的安装定位尺寸等。图 3-31 中的轴承座，轴承孔的中心高 130 和安装孔的定位尺寸 116、108 均是重要尺寸，必须直接注出。

4. 零件剖视表达后，某些结构往往未全部画出，标注尺寸时应按完整形状注出。

5. 对称分布的内形结构在半剖视图中另一半未画出，应把尺寸线超过对称中心线或轴线，如图 3-32 立柱支承半剖视图中的 $\phi18$、$\phi26$、34、48 等尺寸就是用这种标注方法进行标注的。

任务实施

步骤一　结构分析

由图 3-33 可以看出：拨叉是由倾斜的底板和带有起模斜度的圆柱以及为了增加拨叉强度的三角形加强肋组成的。一般采用两个基本视图来表达拨叉的整体结构，加强肋的断面形状使用断面图来表达，使用两个相交的剖切平面进行剖切以表达拨叉的内部结构。

步骤二　确定表达方案

采用两个基本视图来表达拨叉的整体结构，主视图的位置为拨叉的工作位置，使用全剖视图表达零件的内部结构，左视图采用视图表达外部整体结构，加强肋的断面形状使用断面图来表达，使用两个相交的剖切平面进行剖切以表达拨叉的内部结构，圆筒上的小圆孔的表达采用剖视的局部视图。

步骤三　绘制视图

根据形体分析法，按照基本形体的投影规律作图，主视图的全剖视图采用的是两个相交的剖切平面进行剖切的，所以必须进行标注，加强肋的断面图应画在加强肋附近，剖切平面与主要轮廓线垂直，剖切的局部视图配置在剖切位置的附近，读图方便。绘制好的拨叉零件图如图 3-33 所示。

步骤四　尺寸和尺寸公差标注

尺寸标注比较复杂，各部分的形状和相对位置的尺寸要直接标注，尺寸基准常选择安装面、对称平面、孔的中心线和轴线。拨叉的高度和宽度方向的主要尺寸基准均为圆台上 $\phi20$ 孔的轴线，长度方向的主要尺寸基准为拨叉的右端面。要将尺寸正确、完整、合理地标注在视图上。

步骤五　标注技术要求

支承部分、运动配合面及安装面，均有较严的尺寸公差、几何公差和表面粗糙度等要求。技术要求的标注如图 3-33 所示。

步骤六　填写标题栏

填写标题栏，完成零件图的绘制，拨叉零件图如图 3-33 所示。

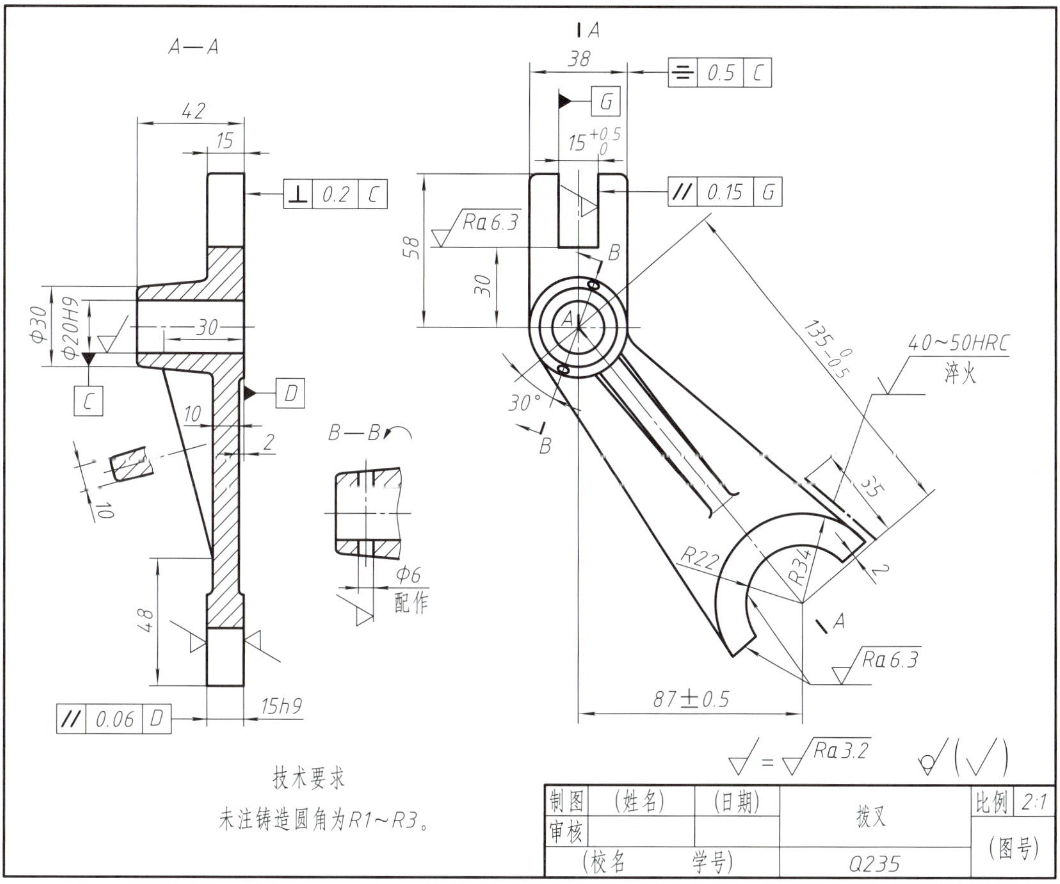

技术要求
未注铸造圆角为R1～R3。

制图	(姓名)	(日期)	拨叉	比例	2:1
审核				(图号)	
(校名　学号)			Q235		

图 3-33　拨叉零件图

任务2　识读拨叉零件图

任务引入

识读拨叉零件视图，想象出零件的形状，读懂尺寸和技术要求，为今后的工艺设计打下基础，拨叉的零件图如图 3-33 所示。

任务分析

尺寸标注比较复杂。各部分的形状和相对位置的尺寸要直接标注，尺寸基准常选择安装面、对称平面、孔的中心线和轴线，支承部分、运动配合面及安装面均有较严的尺寸公差、几何公差和表面粗糙度等要求，读懂尺寸标注，读懂技术要求。

相关知识

识读叉架类零件视图的方法

叉架类零件的内外结构一般较复杂，其零件图通常采用较多的表达方法，读这类零件图时除了要具备读简单剖视图的思维基础外，还要特别掌握看半剖视图和局部剖视图的方法。看半剖视图时，以半个视图联想出整个视图，想象其整体外部形状；以半个剖视图联想整个剖视图，想象其整体内部形状。如图 3-34(a)所示的主、俯半剖视图，从半个视图，想象出机座由三部分外形所组成，如图 3-34(b)所示；从半个剖视图想象出机座的内形，如图 3-34(c)所示。把内、外形状结合起来想象，机座的整体形状就想象出来，如图 3-34(d)所示。

看局部剖视图与看半剖视图的方法是一样的，它以波浪线为界，从剖视图范围内想象该处的内部形状，从视图范围去想象外部形状。

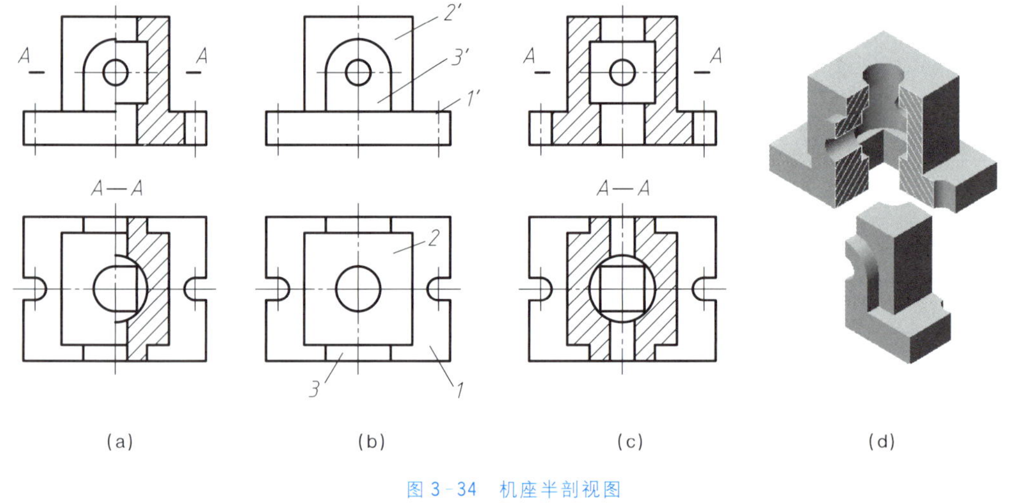

图 3-34　机座半剖视图

下面以读支架的零件图为例介绍识读该类零件的方法与步骤。

例　识读图 3-35 所示支架剖视图，想象其立体形状。

1. 明确视图名称及投影关系

看图时，应先搞清楚视图、剖视图和断面图等的名称和作用，搞清楚剖视图和断面图的剖切位置和各视图之间的投影关系，为投影分析做准备。如图 3-35(a)中主视图采用局部剖视，表达拱形槽结构；俯视图为 *A—A* 剖视图，是在主视图上的 *A—A* 处剖切，以表示 *A—A* 处断面形状及在 *A—A* 处以下的底板形状；左视图采用 *B—B* 剖视图，以表示两个相交剖切平面处支架的内部形状。

2. 分析各部分的投影关系，想象每一部分的内、外形状

看剖视图一般应把机件的内外形状分几个部分，在剖视图中分离出每部分的对应投影，从而想象出每部分的内、外形状。

如图 3-35(b)、(c)、(d)中的图形分别是从图 3-35(a)中分离出的具有对应投影关系的视

图，表达了支架的三个主要部分。如主视图的线框1′与左视图中的线框1″是对应的投影，联系起来可想象出圆筒Ⅰ的形状；主视图的线框2′与俯视图中的线框2是对应的投影，联系起来可想象出底板Ⅱ的形状。从主视图的线框3′、A—A剖切位置及俯视图的断面图线框3的对应关系，想象支承板Ⅲ的形状；从主视图的线框4′、B—B剖切位置与左视图的B—B剖视图、线框4″的对应关系，想象圆筒和耳板组成的形体。

3. 综合想象整体形状

把分别想象出的各个部分的形状进行相应位置和连接关系的想象，支架的整体形状结构就想象出来了，如图3-35(e)所示。

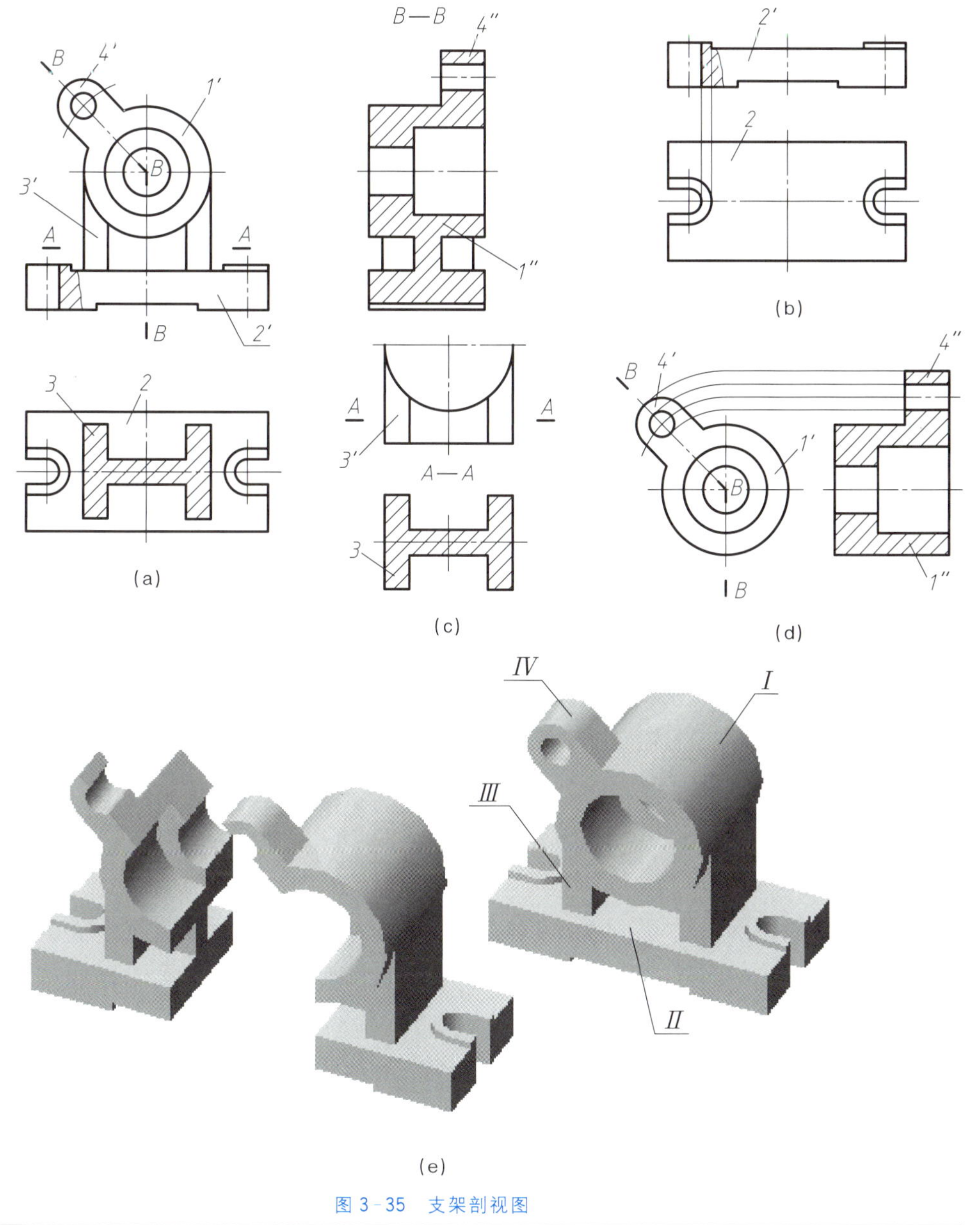

图3-35　支架剖视图

任务实施

步骤一　获取零件的基本信息

拨叉主要用在机床或内燃机等各种机器的操纵机构上，操纵机器或调节速度等。图 3-33 所示拨叉材料为 Q235，绘图比例为 2∶1。

步骤二　读形状

拨叉采用两个基本视图、一个移出断面图和一个局部剖视图来表达。主视图是用两个相交的剖切平面剖开画出的全剖视图，重点表达拨叉的内部结构。左视图主要表达拨叉的外形，同时表达出 *B*—*B* 的剖切位置。对照主、左视图可以看出拨叉的主要结构：拨叉的上部是方形叉口，开有宽 15、深 28 的槽；中间是圆台，圆台内开有 $\phi 20$ 的通孔；下部的圆弧叉口是略比半圆柱筒小的圆柱筒。圆弧叉口和圆台之间有连接板，连接板上有一个三角形肋板，用移出断面图来表达肋板的厚度。从 *B*—*B* 剖视图可以看出圆台壁上开有 $\phi 6$ 的销孔。拨叉的结构如图 3-1 所示。

步骤三　读尺寸标注

高度和宽度方向的主要尺寸基准均为圆台上 $\phi 20$ 孔的轴线，长度方向的主要尺寸基准为拨叉的右端面。拨叉的主要尺寸有上部方形叉口的宽度 $15^{+0.5}_{0}$、中间圆台的孔 $\phi 20H9$、下部圆弧形叉口厚度 15h9 以及圆弧形叉口与圆台孔的相对位置尺寸 $135^{0}_{-0.5}$、87 ± 0.5 等。

步骤四　读技术要求

1. 尺寸公差

以图中方形叉口内开的槽口宽度 $15^{+0.5}_{0}$ 为例，上极限尺寸为 15.05，下极限尺寸为 15，公差为 0.5。其余尺寸请读者自行分析。

2. 几何公差

1) 垂直度公差 |⊥|0.2|C| 被测要素是零件右端面，基准要素是 $\phi 20H9$ 的轴线（基准 *C*），公差值是 0.2。

2) 平行度公差 |//|0.06|D| 被测要素是圆弧叉口的左端面，基准要素是圆弧叉口的右端面（基准 *D*），公差值是 0.06。

3) 对称度公差 |⌯|0.5|C| 被测要素是方形叉口的中心面，基准要素 $\phi 20H9$ 的轴线（基准 *C*），公差值是 0.5。

4) 平行度公差 |//|0.15|G| 被测要素是方形槽口的前端面，基准要素是方形槽口的后端面，公差值是 0.15。

3. 表面粗糙度

该零件有三种表面粗糙度要求，分别是 *Ra*3.2、*Ra*6.3 及保持铸件表面原状。

4. 热处理

左视图中用粗点画线表示的是在尺寸 35 长度范围内的淬火硬度 45～50 HRC，这是局部热处理的标注形式。

项目二　托架零件图的绘制与识读

任务1　绘制托架零件图

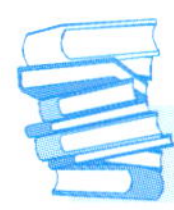

任务引入

绘制托架的零件图,托架的结构如图 3-36 所示。

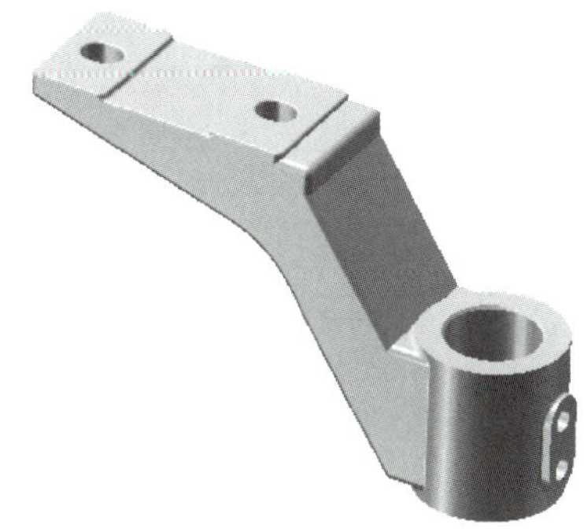

图 3-36　托架结构

任务分析

托架通常由两个基本形体通过连接部分连接,左侧是矩形板,板上有凸台和圆孔,右侧是圆筒,圆筒上有腰形的凸台,凸台上有两个圆孔,圆筒和矩形板之间使用凹字形的肋板连接起来。一般需要两个以上基本视图来表达,常以工作位置为主视图的位置,反映主要形状特征的方向作为主视图的投射方向。连接部分和局部结构采用局部视图或斜视图,并用剖视图、断面图、局部放大图表达局部结构。

任务实施

步骤一　结构分析

由图 3-36 可以看出:托架的结构通常是由两个基本形体通过连接部分将其连接起来,左侧是矩形板,板上有凸台和圆孔,右侧是圆筒,圆筒上有腰形的凸台,凸台上有两个圆孔,圆筒和矩形板之间使用凹字形的肋板连接起来。

步骤二　确定表达方案

主视图的位置为托架的工作位置,主视图表达了托架的整体结构,两处采用局部剖视分别表达左侧矩形板上孔的内部结构和右侧圆筒的内部结构，俯视图采用视图表达左侧矩形板的形状特征，凹字形的肋板采用移出断面图来表达断面形状，圆筒侧面的凸台使用局部视图来表达凸台的形状特征。

步骤三　绘制视图

根据形体分析法，按照基本形体的投影规律作图，主视图采用视图加上局部剖视的表达方法；俯视图上为了表达凹字形肋板的分布情况，又要尽可能地减少视图的数量，在俯视图上用细虚线来表示；凹字形肋板的断面图应画在肋板附近，剖切平面与主要轮廓线垂直，凸台的局部视图需标注。绘制好的托架零件图如图 3－37 所示。

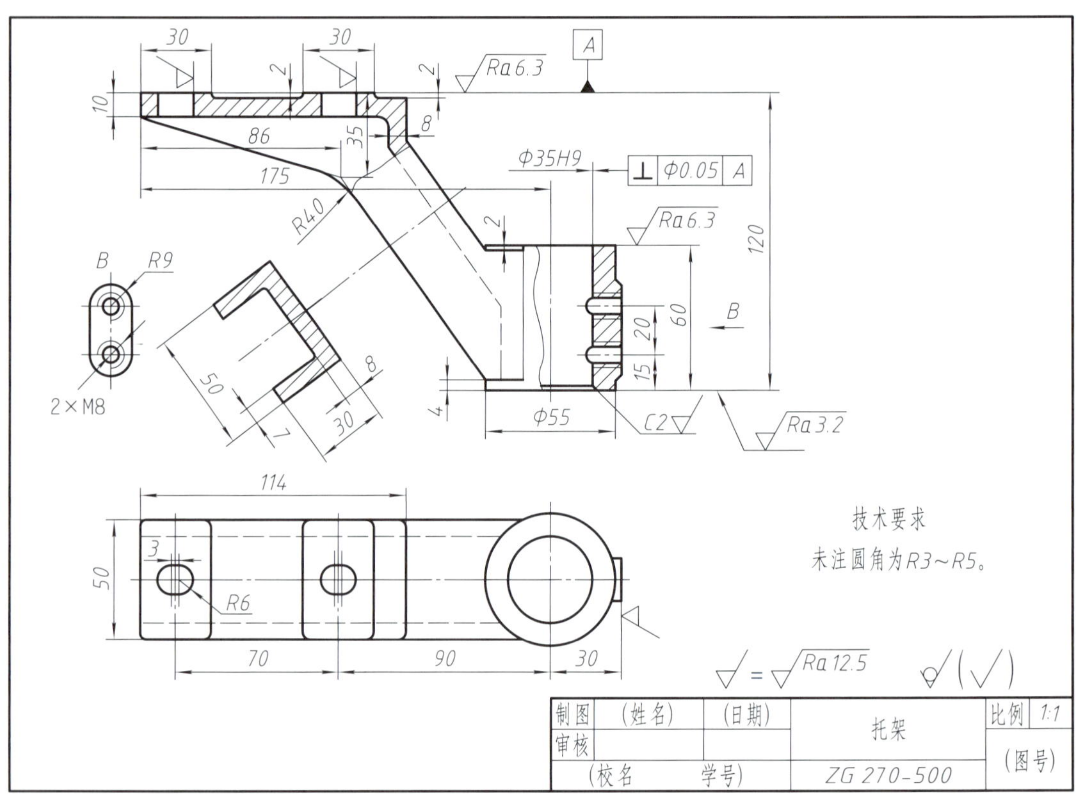

图 3－37　托架零件图

步骤四　尺寸和尺寸公差标注

尺寸标注比较复杂。各部分的形状和相对位置的尺寸要直接标注，尺寸基准常选择安装面、对称平面、孔的中心线和轴线。长度方向的基准是 ϕ35H9 的中心线；高度方向的尺寸基准在圆筒的下底面，圆筒的上平面是高度方向的辅助基准；宽度方向的基准是托架前后方向的对称平面。将尺寸正确、完整、合理地标注在视图上。

步骤五　标注技术要求

支承部分、运动配合面及安装面，均有较严的尺寸公差、几何公差和表面结构要求等。技术要求的标注如图 3－37 所示。

步骤六　填写标题栏

填写标题栏，完成零件图的绘制，托架零件图如图 3-37 所示。

任务 2　识读托架零件图

任务引入

读懂图 3-37 所示的托架零件图。

任务分析

使用形体分析法，根据各个基本形体的投影关系，读懂托架零件的形状，找出尺寸基准，读懂技术要求。

任务实施

步骤一　获取零件的基本信息

由图 3-37 标题栏可知：该零件选用的材料是 ZG 270-500，绘制该图形所选用的比例是 1∶1。

步骤二　读形状

托架用两个基本视图、一个移出断面图和 *B* 向局部视图来表达其结构和形状。

主视图主要表达了托架的基本组成和相对位置关系。零件的右下部是一个圆筒，外径为 ϕ55、内径为 ϕ35H9、高 60；左上方是长 114、宽 50 的平板，其上方有两个凸台。结合移出断面图，可以看出圆筒和平板之间用凹字形的槽钢结构相连。主视图上两个局部剖视图分别表达了板的形状、结构和圆筒上凸台以及两个螺孔的位置等。

俯视图主要表达托架的外形。

步骤三　读尺寸标注

长度方向的基准是 ϕ35H9 的中心线，它是尺寸 175、30 和 90 的标注起点；高度方向的尺寸基准在托架的上平面，它是尺寸 10、2、120 的标注起点，圆筒的底面是高度方向的辅助基准；宽度方向的基准在托架前后方向的对称平面，它是尺寸 50、*R*6 的标注起点；托架右侧凸台的两个螺纹孔尺寸为 M8。

步骤四　读技术要求

1. 尺寸公差

尺寸精度要求高的是 ϕ35H9 的孔，基本偏差代号 H，采用基孔制，公差等级为 9。其余尺寸都未注公差。

2. 几何公差

垂直度公差 |⊥|φ0.05|A| 被测要素是 φ35H9 的轴线，基准要素是平板的上平面(基准 A)，公差值是 φ0.05。

3. 表面粗糙度

该零件有四种表面粗糙度要求，分别是 *Ra*3.2、*Ra*6.3、*Ra*12.5 和保持铸造原状的不加工表面，可以看出托架的表面结构要求不高。

回顾与总结

叉架类零件的特点见表 3-1。

表 3-1 叉架类零件的特点

结构特点	叉架类零件通常由工作部分、支承部分及连接部分组成，形状比较复杂且不规则。零件上常有叉形结构、肋板和孔、槽等
主要加工方法	毛坯多为铸件或锻件，经车、镗、铣、刨、钻等多种工序加工而成
视图表达	一般需要两个以上基本视图来表达，常以工作位置为主视图，反映主要形状特征。连接部分和局部结构采用局部视图或斜视图，并用剖视图、断面图、局部放大图表达局部结构
尺寸标注	尺寸标注比较复杂。各部分的形状和相对位置的尺寸要直接标注。尺寸基准常选择安装基面、对称平面、孔的中心线和轴线
技术要求	支承部分、运动配合面及安装面，均有较严的尺寸公差、几何公差和表面结构要求

模块四　箱体类零件的图样绘制与识读

项目一　缸体零件图的绘制与识读

任务1　绘制缸体零件图

任务引入

绘制缸体零件图，缸体的结构如图4-1所示。

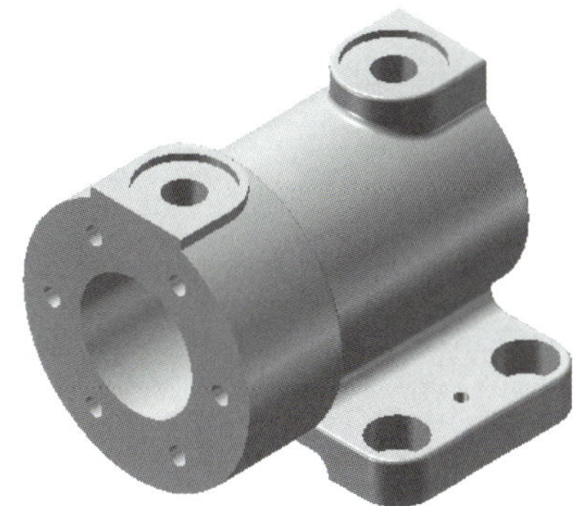

图4-1　缸体结构

任务分析

由图4-1可知：缸体是由薄壁围成的空腔，空腔容纳和支承传动件，底座将缸体安装到其他部件上，缸体的左侧是法兰，和其他零件配合。缸体的结构表达需要三个基本视图，主视图的位置为缸体的工作位置，主视图采用全剖视图表达内腔的结构，俯视图采用视图表达，为了制造和安装方便，缸体上有凹坑、圆角等结构。

相关知识

一、箱体类零件的工艺结构

箱体类零件一般为机器、部件的主体。体积较大，形状也较复杂，常为铸件，也有焊接件，其作用主要是容纳和支承传动件，保护机器和其他零件。箱体类零件结构常有内腔、轴承孔、凸台或凹坑、肋板、螺孔与螺栓通孔等结构。这些结构有些是以零件的工作性能要求为出发点设计的，如箱体的内腔结构形状是根据被容纳零件的结构形状而设计的；而有些结构是考虑加工、制造的方便和可能性设计的，如箱体上的凸台和凹坑结构，这种结构称为零件的工艺结构。下面介绍一些常见零件的工艺结构。

1. 铸造工艺结构

1）起模斜度（图 4－2）

用铸造的方法制造零件毛坯时，为了便于在型砂中取出模型，一般起模方向的内外壁上应有适当的斜度，称为起模斜度，一般为 3°～5°。起模斜度在图样上可以不标注，也不一定画出，如图 4－2 所示。必要时，可以在技术要求中用文字说明。

拓展阅读

铸造圆角

2）铸造圆角（图 4－3）

在铸件毛坯各表面相交的转角处都有铸造圆角，如图 4－3 所示。这样既能方便起模，又能防止浇注铁水时将砂型转角冲坏，还可以避免铸件在冷却时产生裂纹或缩孔。铸造圆角的大小一般为 $R3$～$R5$，铸造圆角在图上一般不标注，常集中注写在技术要求中。当有一个表面加工后圆角被切去，此时应画成尖角。

3）铸件壁厚（图 4－4）

在浇铸零件时，为了避免各部分因冷却速度不同而产生缩孔或裂纹，如图 4－4(c)，铸件各部分壁厚应尽量均匀，如图 4－4(a)，在不同壁厚处应使厚壁与薄壁逐渐过渡，如图 4－4(b)所示。

4）过渡线的画法（图 4－5）

由于两个非切削表面相交处一般均做成圆角过渡，所以两表面的交线就变得不明显，这种交线称为过渡线。可见过渡线用细实线表示。过渡线的画法与相贯线的画法基本相同，按其理论交线的投影绘出，但线的两端要与其他轮廓线断开，如图 4－5 所示。

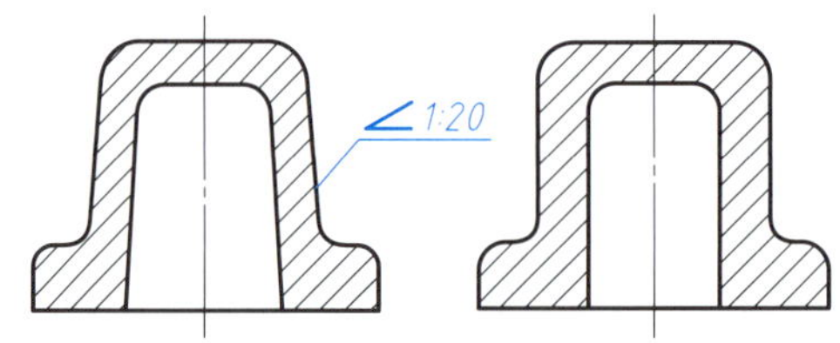

图 4－2　起模斜度

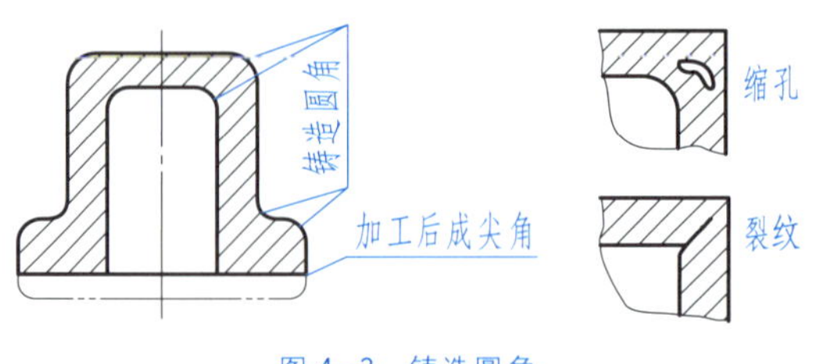

图 4－3　铸造圆角

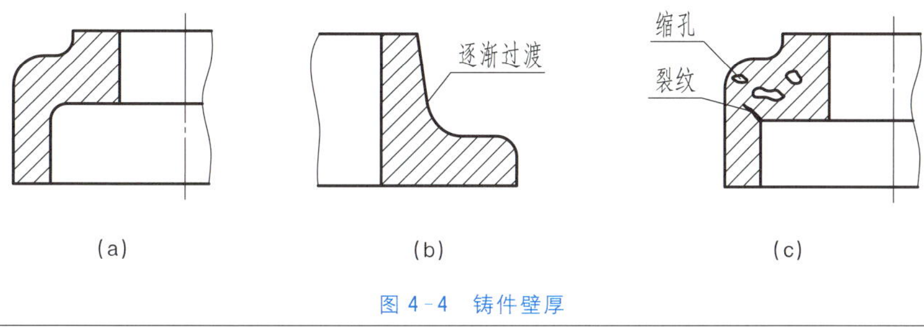

图 4-4 铸件壁厚

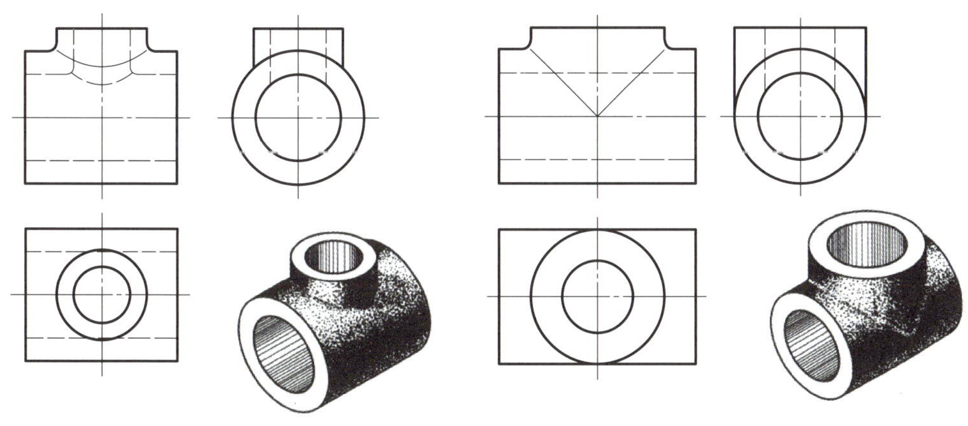

图 4-5 过渡线的画法

2. 机械加工工艺结构

1) 凸台与凹坑(图 4-6)

零件上与其他零件接触或配合的表面一般应切削加工。为了减少加工面、保持良好的接触和配合,常在接触面处设计凸台或凹坑。同一平面上的凸台应尽量同高,以便于加工,如图 4-6 所示。

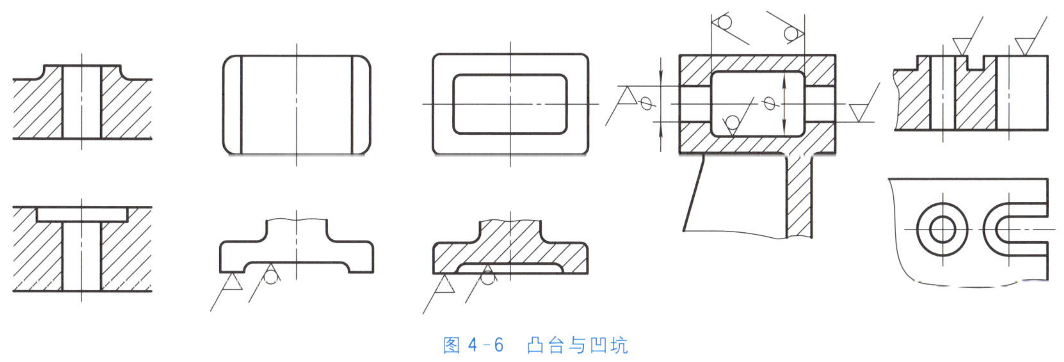

图 4-6 凸台与凹坑

2) 钻孔结构(图 4-7)

钻孔时,应尽可能使钻头轴线与被钻孔表面垂直,不致钻头单边受力,以保证孔的精度、避免钻头折断。当零件表面倾斜时应设置凸台或凹坑,如图 4-7(b)、(c)所示,而图 4-7(a)是不合理的结构。当钻通孔时,应尽可能使钻头通过的结构对称完整,如图 4-7(e)所示,不致因钻头单边受力而折断,图 4-7(d)是不合理的结构。

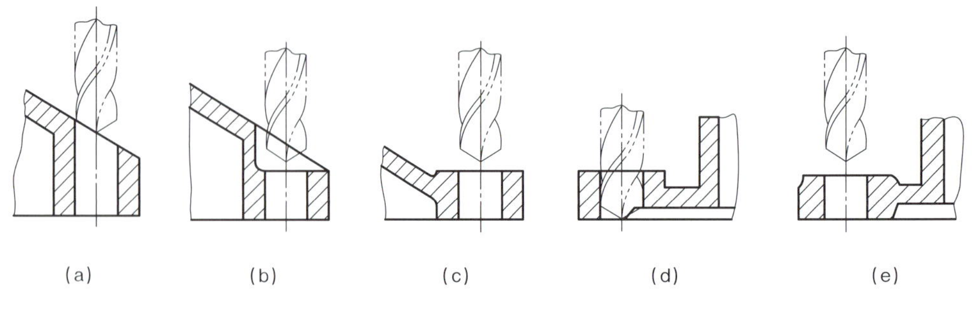

图 4-7　钻孔结构

二、箱体类零件图上的技术要求

箱体类零件的毛坯多为铸件,部分结构要经机械加工而成。加工时有关零件的几何精度与理化性能方面的质量要求通常称为技术要求,如表面粗糙度、极限与配合、几何公差、零件材料与热处理等。技术要求通常用符号、代号或标记标注在图形上,或者用简明的文字注写在标题栏附近。下面介绍几何公差的技术要求。

形状和位置公差简称几何公差,是指零件的实际形状和实际位置相对理想形状和理想位置的允许变动量。

对于一般零件,如果没有标注几何公差,其几何公差可用尺寸公差加以限制,但是对于某些精度较高的零件,在零件图中不仅规定尺寸公差,还规定几何公差,因此几何公差也是评定产品质量的重要指标。

1. 几何公差代号、基准代号两种画法(图 4-8)

几何公差代号包括:几何特征符号、指引线、几何公差数值、基准代号的字母等。表 4-1 列出了几何公差的几何特征和符号。

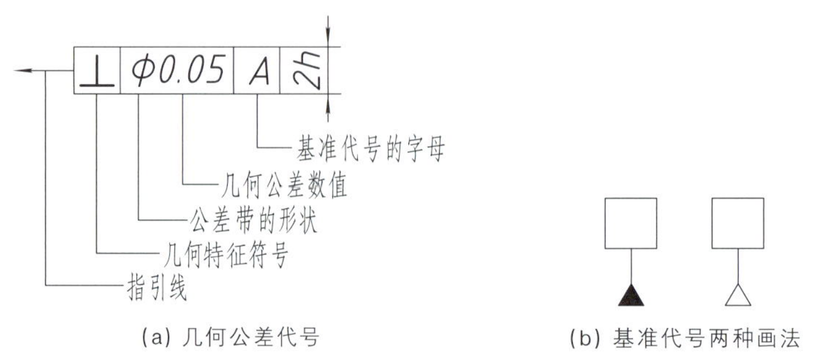

图 4-8　几何公差代号、基准代号两种画法

表 4-1　几何公差的几何特征和符号

公差类型	几何特征	符　号	有无基准	公差类型	几何特征	符　号	有无基准
形状公差	直线度	—	无	位置公差	位置度	⌖	有或无
	平面度	▱	无		同心度（用于中心点）	◎	有
	圆度	○	无		同轴度（用于轴线）	◎	有
	圆柱度	⌭	无		对称度	⌯	有
	线轮廓度	⌒	无		线轮廓度	⌒	有
	面轮廓度	⌓	无		面轮廓度	⌓	有
方向公差	平行度	//	有	跳动公差	圆跳动	↗	有
	垂直度	⊥	有		全跳动	⌰	有
	倾斜度	∠	有				
	线轮廓度	⌒	有				
	面轮廓度	⌓	有				

2. 几何公差标注示例

标注几何公差时，指引线的箭头要指向被测要素的轮廓线或其延长线上。当被测要素（或基准要素）为轮廓几何要素（即指零件的表面、棱线等）时，几何公差代号指引线的箭头（或基准代号的粗实线）应直接指向该要素的投影线，并与其尺寸明显错开；当被测要素（或基准要素）为中心几何要素（即指零件表面上的轴线、对称面等）时，几何公差代号中指引线的箭头（或基准代号中与粗实线垂直的细实线）应与标注该要素的尺寸线对齐。位置公差的标注如图 4-10 所示。

图 4-9(a) 中的标注，表示 ϕd 圆柱表面的任意素线的直线度公差为 0.02。

图 4-9(b) 中的标注，表示 ϕd 圆柱体轴线的直线度公差为 ϕ0.02。

图 4-10(a) 中的标注，表示被测左端面对于 ϕd 轴线的垂直度公差为 0.05。

图 4-10(b) 中的标注，表示 ϕd 孔的轴线对于底面的平行度公差为 0.03。

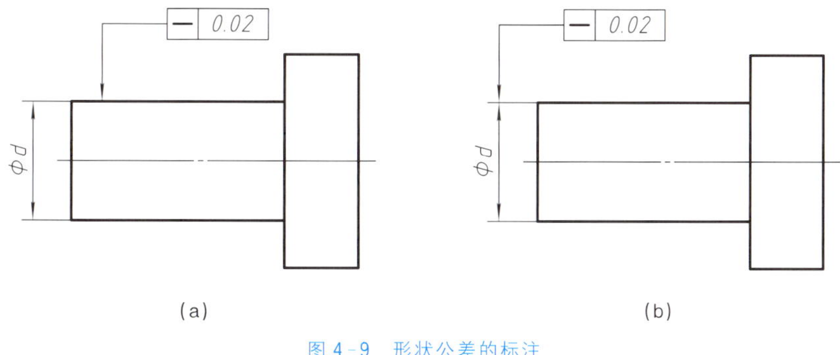

图 4-9　形状公差的标注

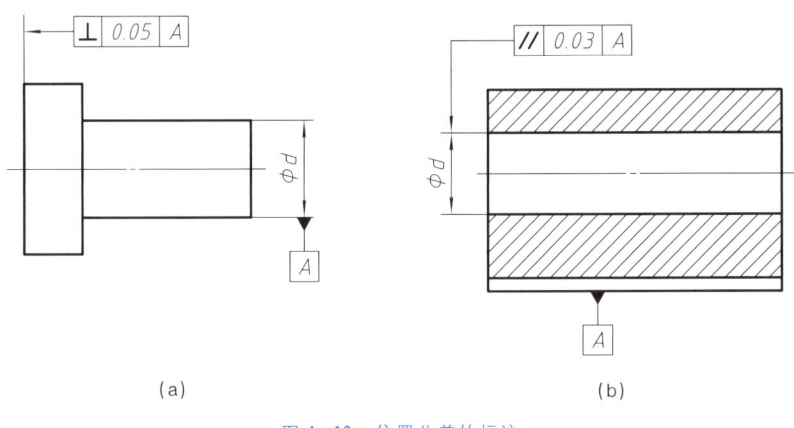

图 4-10　位置公差的标注

任务实施

步骤一　结构分析

由图 4-1 可知:缸体是由薄壁围成的空腔,空腔容纳和支承传动件,底座将缸体安装到其他部件上,缸体的左侧是法兰,和其他零件配合。缸体的结构表达需要三个基本视图,主视图的位置为缸体的工作位置,主视图采用全剖视图表达内腔的结构,俯视图采用视图表达,为了制造和安装方便,缸体上有凹坑、圆角等结构。

步骤二　确定表达方案

采用三个基本视图来表达缸体的结构,主视图的位置为缸体的工作位置,使用全剖视图表达零件的内部结构;俯视图采用视图,表达缸体上部的凸台和凹坑的形状和分布情况;缸体的结构前后对称,左视图采用半剖视图,一半是视图,表达缸体左端面上螺纹孔的分布情况,一半是剖视图,表达销孔的内部结构以及缸体的厚度,并且在视图的一侧用局部剖视来表达底座上凹坑的内部结构。

步骤三　绘制视图

根据形体分析法,按照基本形体的投影规律作图,主视图的全剖视图采用单一剖切平面进行剖切,剖切平面经过缸体前后位置的对称平面;俯视图采用视图,将缸体上方的凸台的形状特征和底座沉孔的分布表达清楚;左视图整体采用半剖视图,局部结构采用局部剖视图表示凹坑的内部结构。绘制好的缸体零件图如图 4-11 所示。

步骤四　尺寸和尺寸公差标注

尺寸标注比较复杂。根据形体分析法,将缸体分解成简单的形体,标注各部分的形状和相对位置的尺寸。尺寸基准常选择安装面、对称平面、孔的中心线和轴线。缸体的高度方向的主要基准为底面,宽度方向的主要基准为对称的中心面,长度方向的基准为缸体的左端面。先标注各简单形体的形状尺寸,再标注各部分之间的相对位置尺寸,再调整总长、总宽和总高。对有表面结构要求的尺寸需要标注尺寸公差,如 ϕ35H7。将尺寸正确、完整、合理地标注在视图上。

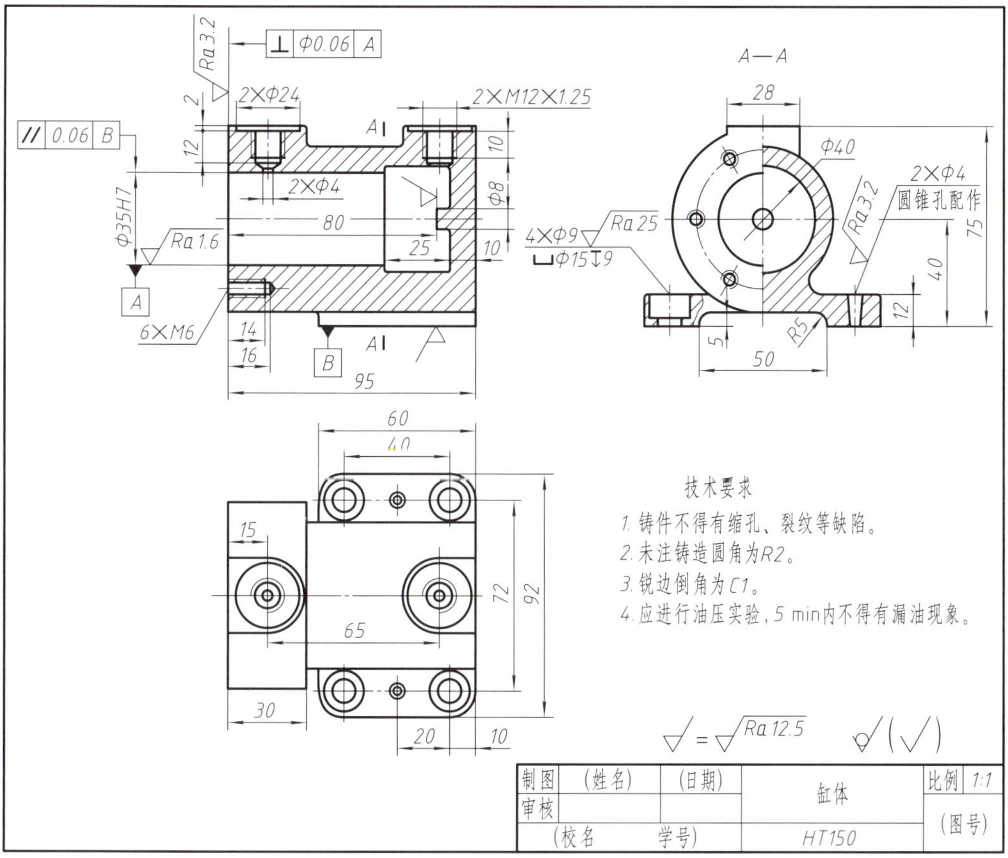

技术要求

1. 铸件不得有缩孔、裂纹等缺陷。
2. 未注铸造圆角为R2。
3. 锐边倒角为C1。
4. 应进行油压实验，5 min内不得有漏油现象。

制图	(姓名)	(日期)	缸体	比例	1:1
审核				(图号)	
(校名 学号)			HT150		

图 4-11 缸体零件图

步骤五 标注技术要求

左端面、底面及安装面，均有较严的尺寸公差、几何公差和表面结构要求。技术要求的注写如图 4-11 所示。

步骤六 填写标题栏

填写标题栏，完成缸体零件图的绘制，零件图如图 4-11 所示。

任务2 识读缸体零件图

任务引入

读懂图 4-11 所示的缸体零件图。

任务分析

缸体是由薄壁围成的空腔，能容纳和支承传动件，底座是为了将缸体安装到其他部件上，缸体的左侧是法兰，和其他零件配合。表达缸体的结构需要三个基本视图，主视图的位置为缸体的工作位置，主视图采用全剖视图表达内腔的结构，俯视图采用视图表达，为了制造和安装方便，缸体上有凹坑、圆角等结构。

相关知识

箱体类零件的视图表达与识读

1. 视图表达

箱体类零件一般是机器或部件的主体部分，起着支承、包容其他零件的作用，有轴承孔、凸台、肋板、底板、法兰及螺孔等，其结构形状复杂，一般多为铸件。箱体类零件的加工工序较多，装夹位置又不固定。为了将零件的结构形状表达得正确、完整、清晰，便于看图和画图，必须合理地选择表达方案。主要考虑如下几方面：

1) 主视图应最能反映零件各部分结构形状和相对位置特征，安放自然平稳。箱体的表达方案如图 4-12 所示。主视图最能显示它的结构形状特征。

2) 其他视图的选择应考虑能表达主视图上尚未表达清楚的结构与形状。具有明确的表达重点，注意避免不必要的细节重复，同时，在充分表达清楚零件结构形状的前提下，尽量减少视图的数量，力求制图简便。

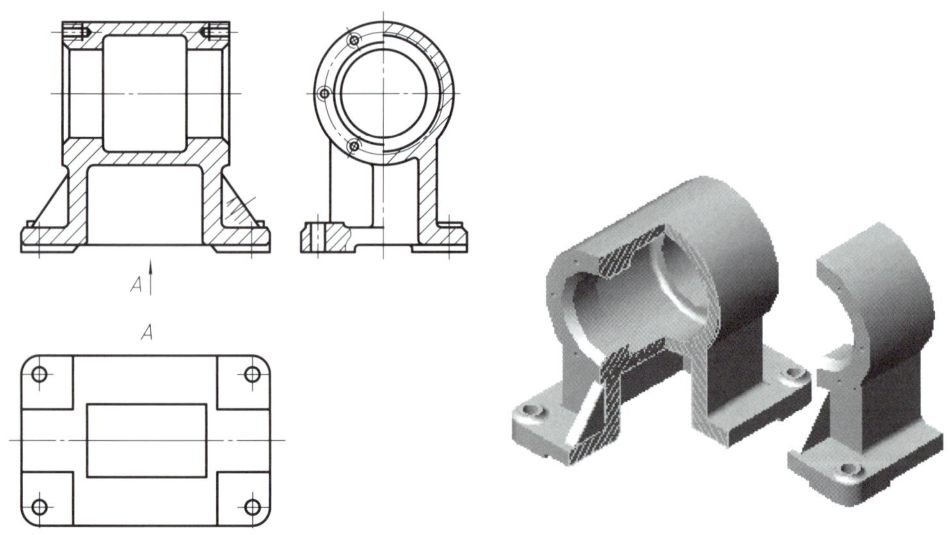

图 4-12　箱体的表达方案

总之，表达零件首先应根据零件的复杂程度、结构特点及表达需要，将视图、剖视图、断面图、简化画法等各种表达方法加以综合应用，恰当地重组。初学者应首先致力于表达的清晰、完整。画图时，不要因自己见过实物，就主观地认为各部分的形状、位置和连接关系已经表达清楚，以致与实际情况相悖。

2. 识读零件图

识图是根据零件图了解零件的名称、材料、用途，分析零件图形、尺寸，想象出零件各组成部分的结构形状、相对位置、尺寸大小，了解零件的技术要求及加工方法。为了更好地读懂零件图，应联系零件在机器或部件的位置、功能以及与其他零件的关系。读该类零件图的方法和步骤如下所述。

1）观察标题栏 从标题栏了解零件的名称、材料、比例等，联系典型零件的分类特点，初步认识它在机器中的部位、作用和加工方法。

2）分析表达方案 分析视图时，首先要找出主视图，然后弄清楚各视图名称、投射方向以及各视图之间的投影关系。分析剖视图时，要弄清剖切位置及投射方向、表达目的等。对零件的轮廓有初步了解。

3）分析形体 应用形体分析法与线面分析法以及剖视图的读图方法，仔细分析，逐一读懂零件各部分的结构和形状，最后综合想象出零件的整体形状。

4）分析尺寸 分析尺寸时，首先要找出长、宽、高三个方向的尺寸基准，然后从基准出发，弄清各部分的定位尺寸和定形尺寸，分清主要尺寸与次要尺寸，检查尺寸标注是否齐全合理。

5）观察技术要求 根据图上标注的表面结构要求、尺寸公差、几何公差及其他技术要求，了解零件的结构特点和作用。

6）综合考虑想象整体 将零件的结构、形状、所注尺寸及技术要求等内容读懂并综合起来，从而想象出零件的全貌，对零件的结构形状在机器中的作用形成全面的认识。

任务实施

步骤一 获取零件的基本信息

由图 4-11 标题栏可知：该零件选用的材料是 HT150，绘制该图形所用的比例是 1∶1。

步骤二 读形状

零件用三个基本视图来表达。主视图是用单一剖切平面剖开的全剖视图，剖切平面就是零件前后方向的对称面，主要表达零件的内部结构，重点表达了 ϕ35H7 孔和与其同轴的 ϕ40 的孔、左端面上 6 个螺孔的深度以及零件上部两个油孔的位置、结构等。

俯视图主要表达缸体的外形，2 个油孔、2 个锥销孔和 4 个沉孔的位置和外形，以及安装底板的外形。左视图是半剖视图，它表达了零件左侧面 6 个螺孔沿着圆周方向的分布情况以及 ϕ40 的圆柱孔和 ϕ4 的锥孔。其余的局部剖视图表达了安装沉孔的结构。

综合分析：该零件的主体结构是两个同轴的圆柱体，其内部开有两个同轴的不通孔，其上有两个凸台，在凸台上加工了两个油孔。该同轴的圆柱体支在长方体安装板上，安装板上有 4 个沉孔。缸体的结构见图 4-1。

步骤三 读尺寸标注

1. 尺寸基准

缸体长度方向的尺寸基准是左端面，它是尺寸 80、95、14、16、30、15 的标注起点，宽度方向的尺寸基准是缸体前后方向的对称面，它是尺寸 72、92 和 50 的标注起点，高度方向的尺寸基准是底面，它是尺寸 40、75、12 的标注起点。

2. 尺寸标注

1) 2×M12×1.25　2 表示 2 个螺孔;M12 表示普通细牙螺纹,公称直径为 12; 1.25 表示螺距。

2) 4×ϕ9 ⌴ ϕ15 ↧ 9　表示 4 个 ϕ9 的孔,沉孔 ϕ15,深为 9。

3) 2×ϕ4 圆锥孔配作　表示 2 个圆锥销孔,配作的意思是两个零件连接好,待准确位置确定后再钻、铰孔。

步骤四　读技术要求

1. 尺寸公差

缸体尺寸精度要求高的部位是 ϕ35H7 孔,精加工可以达到精度要求。

2. 几何公差

1) 垂直度公差 |⊥|ϕ0.06|A|　被测要素是零件的左端面,基准要素是 ϕ35H7 孔的中心线,公差值是 ϕ0.06。

2) 平行度公差 |//|0.06|B|　被测要素是 ϕ35H7 孔的中心线,基准要素是下底面,公差值是 0.06。

3. 表面粗糙度

该零件有 5 种表面粗糙度要求,分别是 Ra1.6、Ra3.2、Ra12.5、Ra25 和不加工的铸造表面。其中表面加工要求最高的表面粗糙度是 Ra1.6,精加工才能达到;其次是 Ra3.2,铰削能达到;其余表面的 Ra25、Ra12.5 经过粗加工、半精加工很容易达到。

项目二　减速器箱体零件图的绘制与识读

任务 1　绘制减速器箱体零件图

任务引入

绘制减速器箱体的零件图,减速器箱体的结构如图 4-13 所示。

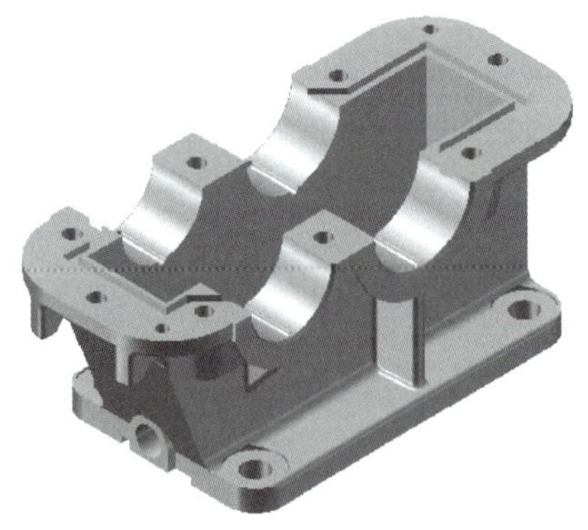

图 4-13　减速器箱体结构

任务分析

减速器箱体的结构主要是由薄壁围成的，局部有凸台、凹坑、肋板等结构。

任务实施

步骤一　结构分析

由图 4-13 可以看出：减速器箱体是由薄壁围成的空腔，空腔里容纳支承轴、齿轮等传动件，底座是用来支承箱体的，底座上有凹坑是为了减少接触面积，底座上有凸台是为了减少加工面积，箱体周围有加强肋是为了提高强度，箱体上表面有油槽为了将齿轮转动飞溅起来的润滑油导向轴承。由于该箱体为铸件，所以具有一些铸造工艺结构，如铸造圆角、起模斜度等。

步骤二　确定表达方案，绘制视图

采用三个基本视图来表达箱体的结构，主视图的位置为箱体的工作位置，主视图表达箱体的整体结构，为了表达箱体的厚度和孔的结构，采用了局部剖视的表达方法。左视图采用半剖视图，一半表达外形结构，一半表达内部结构，在视图的一半采用局部剖视表达底座上沉孔的内部结构。俯视图采用视图表达箱体的整体外形以及上表面沟槽的分布情况，采用重合断面图表达肋板的断面形状，两侧耳板及油塞孔的实形是由局部剖视图来表达。

绘制好的减速器箱体零件图如图 4-14 所示。

步骤三　尺寸和尺寸公差标注

尺寸标注比较复杂。各部分的形状和相对位置的尺寸要直接标注。尺寸基准常选择安装面、对称平面、孔的轴线。高度方向的基准是箱体的上表面，长度方向的基准是主要孔 ϕ72H7 的轴线，宽度方向的基准是箱体前后的对称面。将尺寸正确、完整、清晰、合理地标注在视图上。

步骤四　标注技术要求

支承部分、运动配合面及安装面，均有较严的尺寸公差、几何公差和表面粗糙度等要求。技术要求的标注如图 4-14 所示。

步骤五　填写标题栏

填写标题栏，完成减速器箱体零件图的绘制，零件图如图 4-14 所示。

任务 2　识读减速器箱体零件图

任务引入

识读减速器箱体零件图。

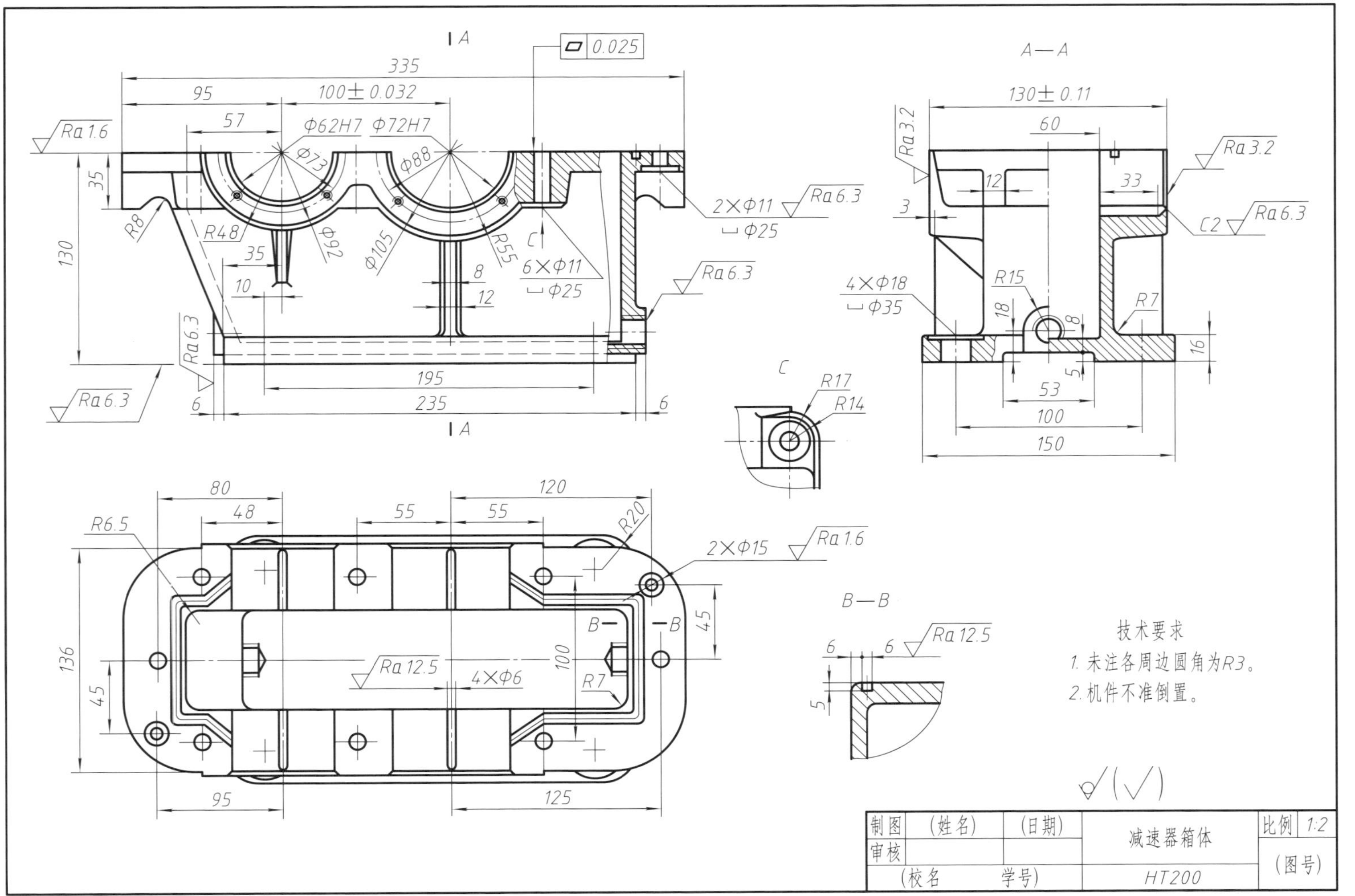

图 4-14 减速器箱体零件图

任务分析

图 4-13 所示的减速器箱体，箱体在减速器中用来安装传动轴、齿轮、轴承等零件以及储存润滑油，与箱盖配合使用，具有内腔、肋板等结构。

任务实施

步骤一　获取零件基本信息

由图 4-14 标题栏可知：该零件选用的材料是 HT200，绘制该图形所选用的比例是 1∶2。

步骤二　读形状

减速器箱体用三个基本视图、一个局部视图、一个移出断面图来表达其结构和形状。

主视图采用局部剖视图，同时表达零件的外形和内部结构。外形上主要表达两侧的吊耳、用来安装滚动轴承的轴孔的外形，以及轴孔下方加强肋的外形等。主视图上最右侧的局部剖视图表达箱体左右 2 个 ϕ11 锪平沉孔的结构以及箱体下方螺孔（油塞孔）的位置、结构等，另外的局部剖视图主要表达处在轴孔附近的凸缘内部的 6 个 ϕ11 锪平沉孔的结构，ϕ11 孔为连接箱盖箱体的螺栓孔。凸缘的外形用 *C* 向视图进行表达。

俯视图主要表达箱体的外形。包括箱体左右方向的 2 个锪平沉孔、6 个轴承座孔、2 个锥销孔以及箱体下方 2 个油塞孔的外形和位置分布等。结合 *B—B* 断面图，可以清楚看出箱体顶部分布的油槽的外形位置及深度。

左视图采用半剖视图，主要表达箱体左侧油塞孔的外形位置、箱体的壁厚和加强肋的外形等。

步骤三　读尺寸标注

1. 尺寸基准

高度方向的基准是箱体的上表面，尺寸 35、130 以此为基准进行标注。长度方向的基准是孔 ϕ72H7 的轴线。宽度方向的基准是箱体前后的对称面，尺寸 45、136、53、100、150 以此为基准进行标注。

2. 尺寸标注

6×ϕ11 锪平 ϕ25：锪平面 ϕ25 的深度不必标注，一般锪平到不出现毛面为止。

步骤四　读技术要求

1. 尺寸公差

轴孔 ϕ62H7 处要和滚动轴承装配，所以精度要求高。公称尺寸为 ϕ62，基本偏差代号 H，公差等级为 7。其余尺寸请读者自行分析。

2. 几何公差

平面度公差 | ⏥ | 0.025 |　被测平面是箱体的上表面，由于上表面是结合面，所以有形状公差

要求，公差值是0.025。

3. 表面粗糙度

该零件有5种表面粗糙度要求，分别是 $Ra1.6$、$Ra3.2$、$Ra6.3$、$Ra12.5$ 和不加工的铸造表面。其中上表面是配合面，表面加工质量要求较高，表面粗糙度是 $Ra1.6$，需要精加工才能达到。

回顾与总结

箱体类零件的特点见表4-2。

表4-2 箱体类零件的特点

结构特点	箱体类零件主要起包容、支承其他零件的作用，常有内腔、轴承孔、凸台、肋板、安装板、光孔、螺孔等结构
主要加工方法	毛坯多为铸件，主要在刨床、铣床、钻床上加工
视图表达	一般需要两个以上的基本视图来表达，主视图按形状特征和工作位置来选择，采用通过主要支承孔轴线的剖视图来表达其内部形状结构，局部结构常用局部视图、局部剖视图、断面图等表达
尺寸标注	长、宽、高三个方向的主要尺寸基准通常选用轴孔的轴线、对称平面、结合面和较大的加工平面。定位尺寸较多，各孔轴线之间的距离、轴承孔轴线与安装面之间的距离应直接注出
技术要求	箱体类零件的轴孔、结合面及重要表面在尺寸精度、表面粗糙度和几何公差等方面有较严格的要求。箱体类需件常有铸造质量的要求，如进行时效处理，不允许有砂眼、裂纹等

模块五　装配体的测绘与识读

项目一　齿轮泵的测绘与识读

任务1　测绘齿轮泵

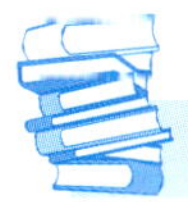

任务引入

测绘齿轮泵。

任务分析

齿轮泵是机器润滑系统中的一个部件,主要作用是将润滑油压入机器运转部位的各个零件间,使其内部作相对运动的零件接触面之间产生油膜,从而降低零件间的摩擦,减少磨损,确保各运动零件(如轴承、齿轮等)正常工作。

齿轮泵的结构如图5-1所示。对齿轮泵进行测绘,要求分析该齿轮泵的结构特点,了解油泵中各个零件间的连接关系,弄清齿轮泵的工作原理,学习其中齿轮的啮合画法、螺纹连接件的连接画法、键连接和销连接的画法、装配图的规定画法以及特殊画法,绘制齿轮泵的装配示意图,

图5-1　齿轮泵结构

确定齿轮泵的拆卸顺序，绘制各零件草图，确定齿轮泵装配图的表达方案、绘制齿轮泵的装配图，根据草图和装配图绘制齿轮泵的零件图。

相关知识

一、两圆柱齿轮啮合及其画法

直齿圆柱齿轮传动副的结构如图 5-2 所示，适用于两平行轴之间的传动。

图 5-2　直齿圆柱齿轮传动副结构

两标准齿轮互相啮合时，两轮分度圆处于相切的位置，此时分度圆又称为节圆。两齿轮的啮合画法关键是啮合区的画法，其他部分仍按单个齿轮的规定画法绘制。啮合区的规定画法如下：

1. 外形画法

圆柱齿轮的啮合画法如图 5-3 所示。在投影为圆的视图中，两齿轮的节圆相切。啮合区内的齿顶圆均画成粗实线，如图 5-3(b)所示；也可以省略不画，如图 5-3(c)所示；在投影为非圆的视图中，啮合区的齿顶线和齿根线不必画出，节线画成粗实线，如图 5-3(d)所示。

2. 剖视画法

在投影为非圆的剖视图中，两轮节线重合，画成细点画线，齿根线画成粗实线。齿顶线的画法是将一个轮的轮齿作为可见部分画成粗实线，另一个轮的轮齿被遮挡的部分画成细虚线，如图 5-3(a)所示，该细虚线也可省略不画。

齿轮啮合区的放大画法如图 5-4 所示，其中一个齿轮的齿顶与另一个齿轮的齿根之间应有 $0.25m$ 的间隙（m 为齿轮模数）。

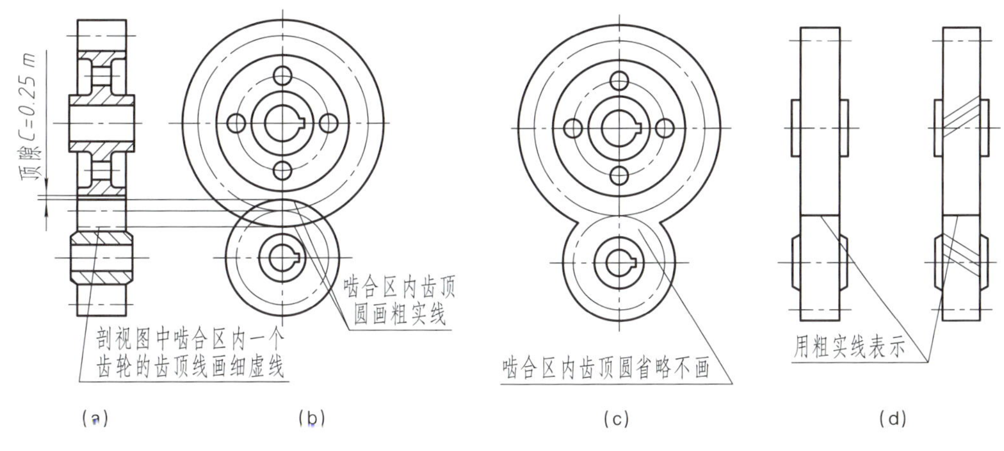

图 5-3 圆柱齿轮的啮合画法

图 5-4 齿轮啮合区的放大画法

二、螺纹紧固件的连接形式及其装配画法

视频

螺栓连接

螺纹紧固件(图 5-5)的连接形式很多,常用的有螺栓连接、双头螺柱连接和螺钉连接三种(图 5-6)。螺纹紧固件通常都是标准件,在有关标准中可以查得结构型式和全部尺寸。

圆柱头开槽螺钉

圆柱头内六角螺钉

沉头十字槽螺钉

无头开槽螺钉

六角头螺栓

双头螺柱

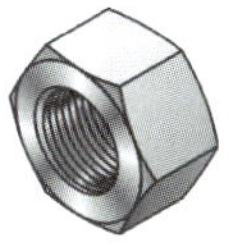
六角螺母

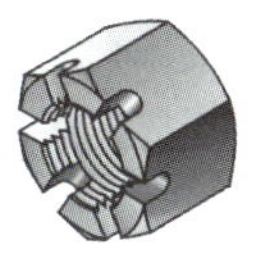
六角开槽螺母

平垫圈

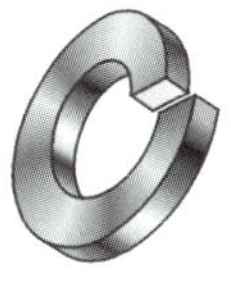
弹簧垫圈

图 5-5 常用螺纹紧固件

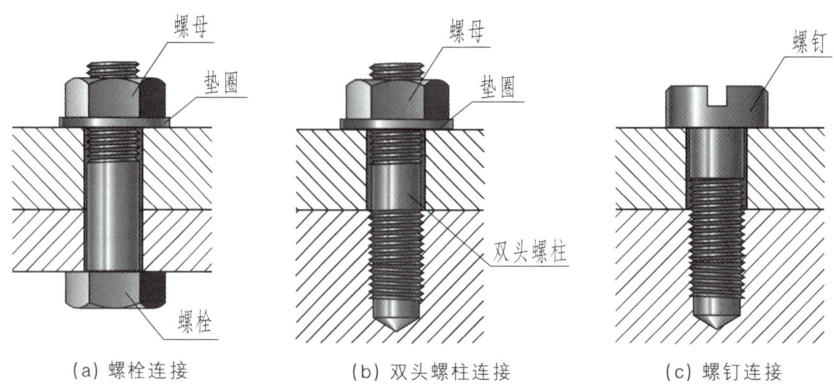

(a) 螺栓连接　(b) 双头螺柱连接　(c) 螺钉连接

图 5-6　螺纹紧固件的连接形式

视频

双头螺柱连接

为作图方便，画图时一般不按实际尺寸作图，而是采用按比例画出的简化画法。螺栓连接的画法如图 5-7 所示，双头螺柱连接的画法如图 5-8 所示。在螺纹紧固件装配图的简化画法当中，不穿通的螺纹孔可以不画出钻孔深度，而是按螺纹深度(不包括螺尾)画出。

图 5-9 所示为螺栓、螺柱、螺母和垫圈的比例画法，除螺栓、螺柱的公称长度需要设计计算，并查有关标准选定标准值外，其余各部分尺寸都按与螺纹公称直径 d(或 D)成一定比例确定。

视频

螺钉连接

视频

螺栓连接的画法

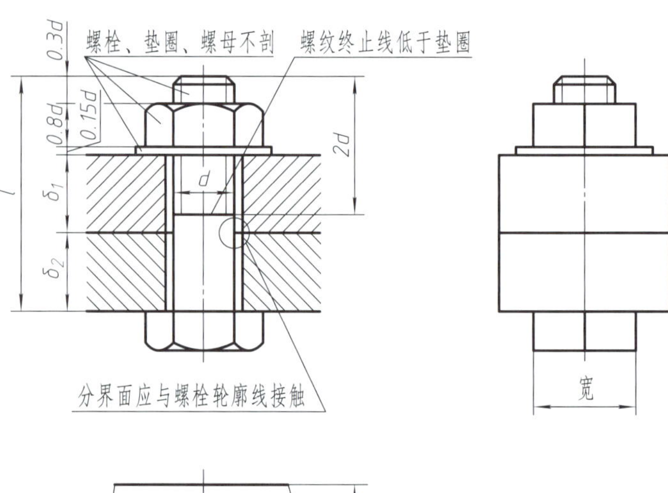

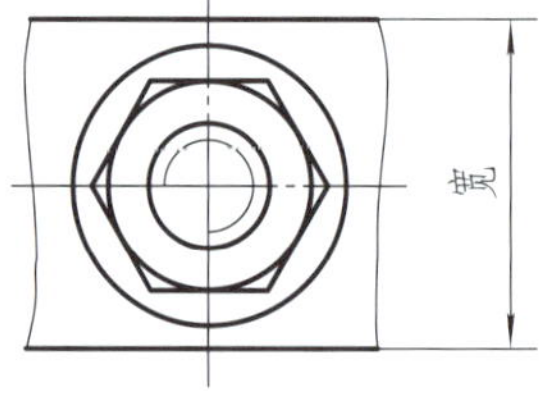

图 5-7　螺栓连接的画法

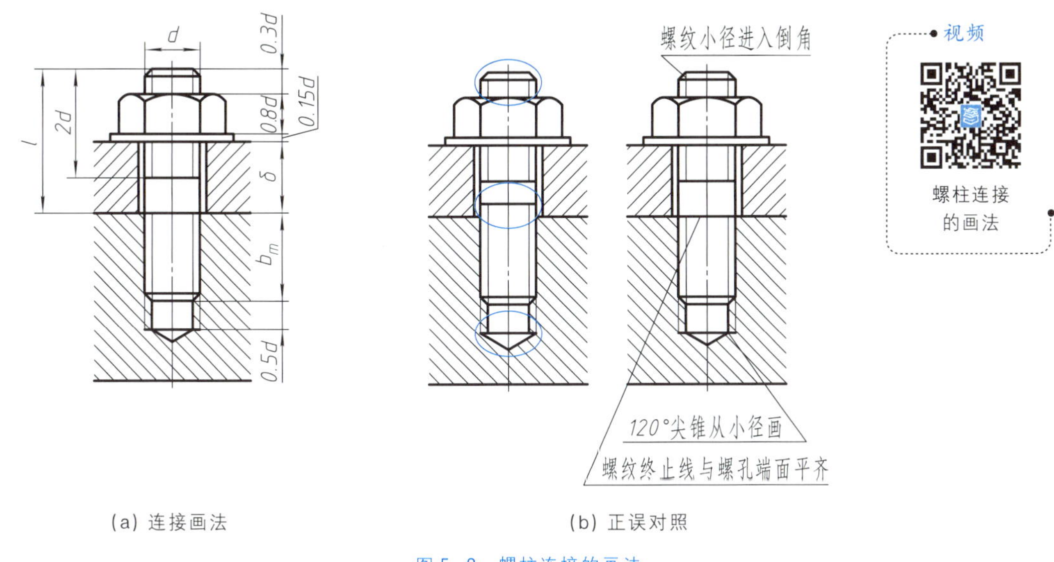

图 5-8　螺柱连接的画法

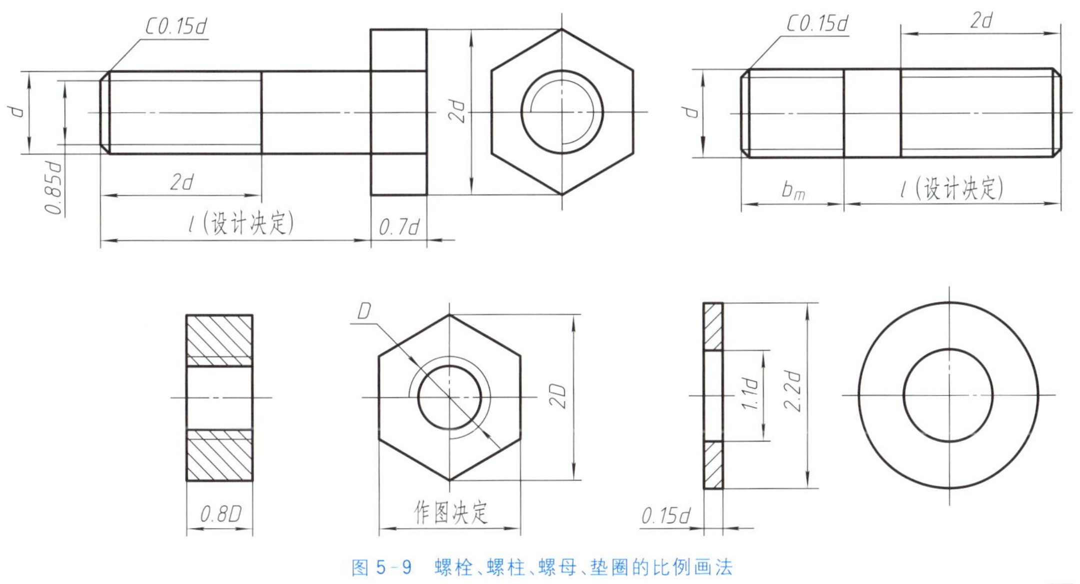

图 5-9　螺栓、螺柱、螺母、垫圈的比例画法

1. 螺栓连接(图 5-7)

螺栓由带有螺纹的圆柱杆和棱柱形的头部组成。它的种类很多,根据头部形状可分为方头螺栓、六角头螺栓等。适用于连接两个不太厚的并能钻成通孔的零件。连接时将螺栓穿过被连接两零件的光孔(孔径比螺栓大径略大,一般可按 1.1d 画出),套上垫圈,然后用螺母紧固。垫圈的作用是保护被连接零件表面不受损坏并使受力均匀。

画螺栓连接时应注意以下几点:

1) 螺栓的公称长度 l 按下式计算:

$$l \geqslant \delta_1 + \delta_2 + 0.15d\text{(垫圈厚)} + 0.8d\text{(螺母厚)} + 0.3d\text{(螺栓顶端露出高度)}$$

按上式计算出长度后，再查螺栓标准 GB/T 5782—2016 比对，选取略大于计算值的公称长度 l。

2）在剖视图中，当剖切平面通过螺栓轴线时，螺栓、螺母、垫圈均按不剖绘制。

3）相邻两零件的表面接触时，画一条粗实线作为分界线，不接触表面画两条粗实线。

4）相邻两零件的剖面线方向相反。

5）螺栓的螺纹终止线必须画在垫圈之下，否则螺母可能拧不紧。

2. 螺柱连接（图 5-8）

螺柱两端都制有螺纹，一端用以旋入被连接零件的螺孔内，称为旋入端；另一端的螺纹用螺母紧固，称为紧固端。螺柱适用于被连接零件之一由于太厚或不宜钻成通孔的场合。连接时，旋入端全部旋入被连接零件之一的螺孔内，紧固端穿过另一个被连接零件的通孔，套上垫圈，再用螺母拧紧。

画螺柱连接的装配图时应注意以下几点：

1）螺柱的公称长度 l 按下式计算：

$$l \geqslant \delta(\text{光孔零件的厚度}) + 0.15d(\text{垫圈厚}) + 0.8d(\text{螺母厚}) + 0.3d(\text{螺柱顶端露出高度})$$

按上式计算出长度后，再查双头螺柱标准 GB 897—1988 比对，选取略大于计算值的公称长度 l。

2）在剖视图中，当剖切平面通过螺柱轴线时，螺柱、螺母、垫圈均按不剖绘制。

3）相邻两零件的表面接触时，画一条粗实线作为分界线。旋入端按旋合螺纹画，紧固端的画法与螺栓画法一样。

4）相邻两零件的剖面线方向相反。

5）旋入端长度 b_m 与被旋入零件的材料有关，钢或青铜：$b_m = d$；铸铁：$b_m = 1.25d$ 或 $1.5d$；铝合金 $b_m = 2d$。为保证连接牢固，应使旋入端完全旋入螺纹孔中，即在装配图上旋入端的螺纹终止线与螺纹孔口端面平齐。

6）被连接零件上的螺孔深度应稍大于 b_m，一般取螺纹长度加 $0.5d$。

3. 螺钉连接

螺钉连接适用于受力不大的零件之间的连接，且用于不经常拆卸的连接。被连接件之一为不通的螺纹孔，另一被连接件制出比螺钉大径稍大的光孔。螺钉旋入端与螺柱相同，被连接板孔口画法与螺栓相同，螺钉连接的画法如图 5-10 所示。螺钉连接不如螺柱连接拆卸方便，因为后者在拆卸时，只需拧松上端螺母，不会损坏被连接件上的内螺纹。螺钉根据其头部的形状不同而有多种形式。

画螺钉连接装配图时应注意以下几点：

1）螺钉的公称长度 l 按下式计算：

$$l \geqslant \delta(\text{光孔零件的厚度}) + b_m(\text{螺钉旋入连接零件的深度})$$

按上式计算出长度后，再查标准比对，选取略大于计算值的公称长度 l。

2）在剖视图中，当剖切平面通过螺钉轴线时，螺钉按不剖绘制。

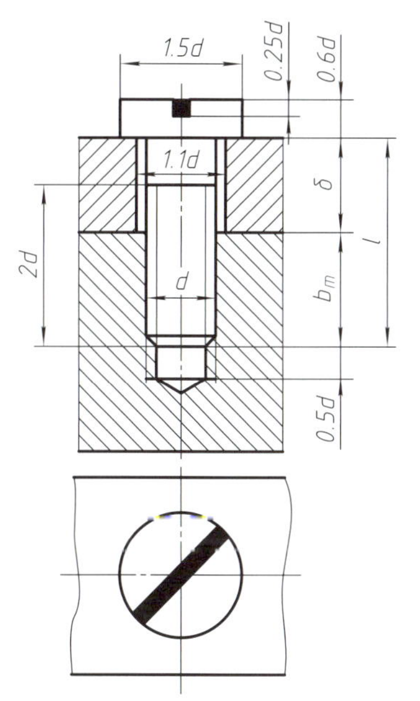

(a) 开槽圆柱头螺钉连接画法

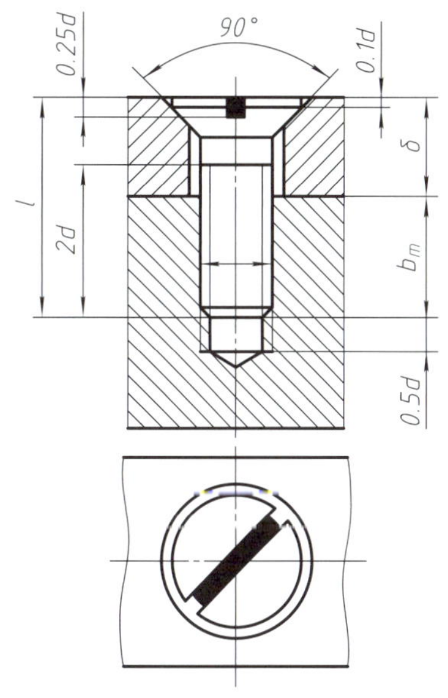

(b) 开槽沉头螺钉连接画法

图 5-10 螺钉连接的画法

3) 相邻两零件的表面接触时，画一条粗实线作为分界线。旋入端按旋合螺纹画，紧固端的画法与螺栓画法一样。

4) 相邻两零件的剖面线方向相反。

5) 旋入端长度 b_m 与螺柱旋入端相同。为保证连接牢固，应使螺钉的螺纹长度大于螺钉的旋合螺纹长度，被连接件的螺纹长度大于螺纹旋合长度。即装入螺钉后，螺钉上的螺纹终止线必须高出旋入端零件的上端面。

6) 开槽圆柱头螺钉和开槽沉头螺钉的槽口在反映螺钉轴线的视图上，槽口与投影面垂直，槽口用阴影填充，如图 5-10(a) 和图 5-10(b) 所示。

7) 开槽圆柱头螺钉头部的槽在投影为圆的视图上不按投影关系绘制，可按图 5-10(a) 和 5-10(b) 所示画成与水平线成 45°的加粗实线，线宽为粗实线的 2 倍。

紧定螺钉连接的画法如图 5-11 所示。紧定螺钉通常起固定两个零件

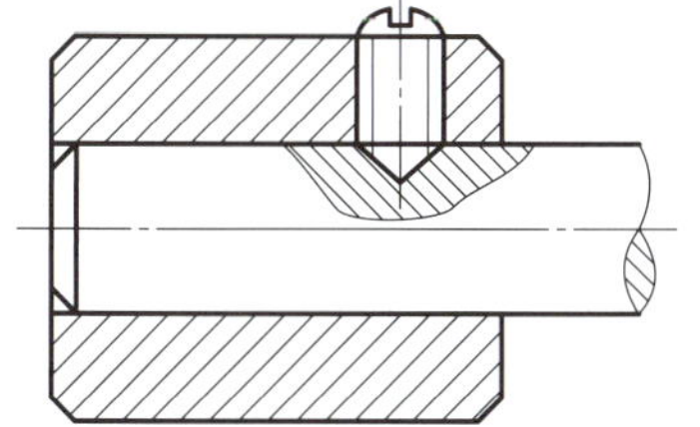
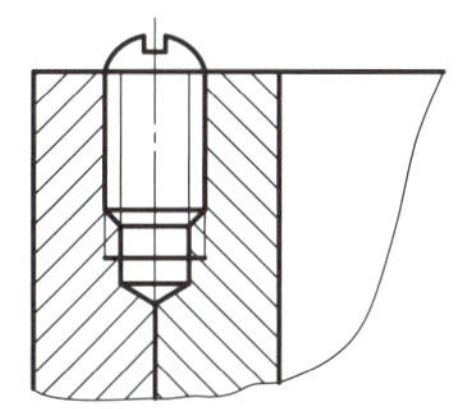

图 5-11 紧定螺钉连接的画法

相对位置的作用，避免零件产生位移或脱落现象。使用时，螺钉拧入一个零件的螺纹孔中，并将其尾端压入另一个零件的凹坑或插入另一个零件的小孔中。

三、键连接

键连接是一种可拆连接。键用于连接轴和轴上的转动零件，如齿轮、带轮等。键使轴和轴上的转动零件一同旋转，而不产生相对转动，以达到传递扭矩的目的。键一般分为两大类：普通键和花键。一般在重载的情况下，广泛采用花键。

键是标准件。常用的键有普通平键、半圆键、钩头楔键等，键的结构型式及其标记示例见表 5-1。

表 5-1 键的结构型式及其标记示例

名 称	圆头普通平键	平头普通平键	半圆头普通平键	半 圆 键
结构型式及规格尺寸	A 型	B 型	C 型	
标记示例	键 18×7×110 GB/T 1096—2003	键 B18×7×110 GB/T 1096—2003	键 C18×7×110 GB/T 1096—2003	键 6×10×25 GB/T 1098—2003
说 明	b = 18 mm，h = 7 mm， L = 110 mm， 标记中省略“A”	b = 18 mm，h = 7 mm， L = 110 mm	b = 18 mm，h = 7 mm， L = 110 mm	b = 6 mm，h = 10 mm， D = 25 mm

普通平键的工作面是两侧面，在绘制普通平键的连接图时，平键两侧面与轮毂和轴键槽侧面因紧密接触，只画一条粗实线。但平键顶面与轮毂的槽顶没有接触，应留出间隙。

视频

键连接的画法

普通平键连接的画法如图 5-12 所示。主视图中键被剖切面纵向剖切，键按不剖处理。为了表示键在轴上的装配情况，采用了局部剖视，键长与轴上键槽等长，画一条粗实线；左视图中键被剖切面横向剖切，键要画剖面线（与轮毂的剖面线方向一致，但间隔不等）。在左视图中由于平键两个侧面是工作表面，键的两个侧面分别与轴的键槽和轮毂的键槽两个侧面配合，键的底面与轴的键槽底面接触，画一条粗实线。而键的顶面不与轮毂键槽底面接触，在主视图和左视图中都要画两条粗实线。

1. A 型普通平键键槽的画法及尺寸标注

因为键是标准件，所以一般不必画出零件图，但要画出零件上与键相配合的键槽（图 5-12）。键槽的宽度 b 可根据轴的直径 d 查表确定，轴上的槽深 t_1 和轮毂上的槽深 t_2 可从键的标准（附表 12）中查得。

2. A 型普通平键的标记

例如：GB/T 1096 键 18×11×100

表示 b= 18 mm，h= 11 mm，L= 100 mm 的 A 型普通平键（A 型普通平键的型号 A 可省略不注）。

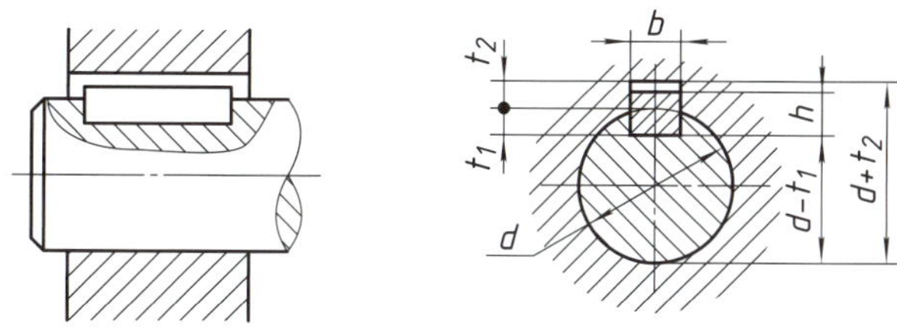

图 5-12　普通平键连接的画法

四、销连接

销也是标准件，销主要用于零件间的连接和定位，并可传递不大的载荷。常用的销有圆柱销、圆锥销和开口销。开口销用在带孔螺栓或带槽螺母上，将其插入槽形螺母的槽口或带孔螺栓的孔，并将销的尾部叉开，以防止螺母与螺栓松脱。

销的主要尺寸、标记和连接画法见表 5-2。

表 5-2　销的主要尺寸、标记和连接画法

名称及标准	主要尺寸	标记示例	连接画法
圆柱销 GB/T 119.1—2000	d l	公称直径 $d=6$ mm、公差为 m6、公称长度 $l=30$ mm 的圆柱销： 销 GB/T 119.1 6 m6 × 30	
圆锥销 GB/T 117—2000	1:50 d l	公称直径 $d=6$ mm、公称长度 $l=30$ mm、材料为 35 钢、热处理硬度 28～38 HRC 的 A 型圆锥销： 销 GB/T 117 6×30	
开口销 GB/T 91—2000	l d	公称规格为 5 mm、公称长度 $l=50$ mm、材料为 Q215 或 Q235 的开口销： 销 GB/T 91 5×50	

五、常见装配结构

在进行装配体设计与装配时，应考虑装配结构的合理性，以保证机器和部件的性能良好，连接可靠，且便于零件拆装。

1. 接触面与配合面结构的合理性

1）两个零件在同一方向上有一个接触面和配合面，如图 5-13 所示。

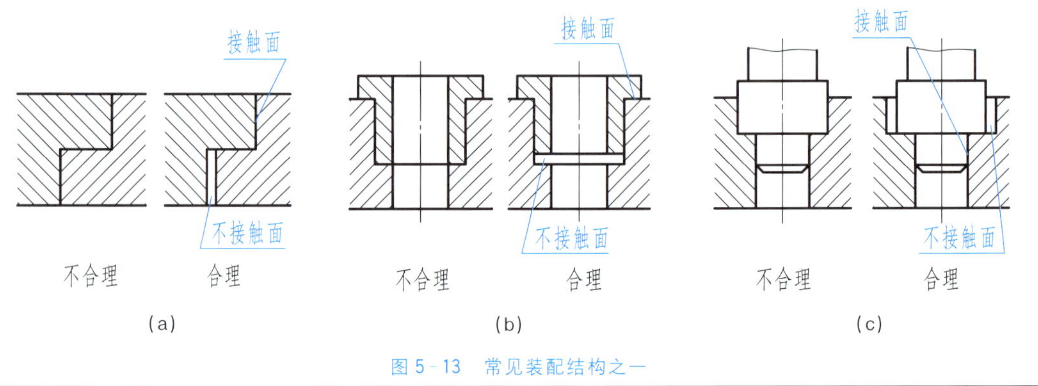

图 5-13　常见装配结构之一

2）为保证轴肩端面与孔端面接触，可在轴肩处加工出工艺槽，或在孔的端面加工出倒角，如图 5-14 所示。

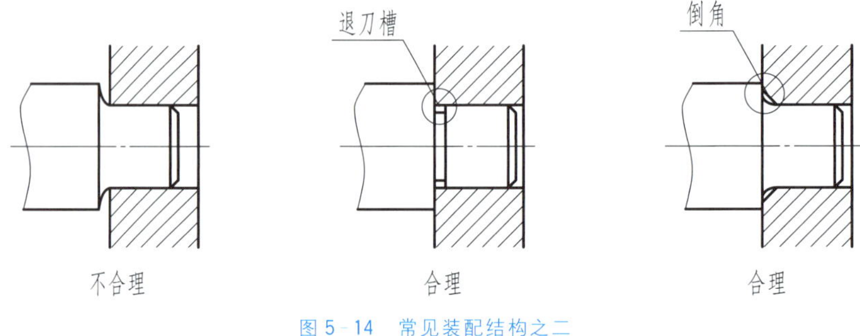

图 5-14　常见装配结构之二

2. 密封装置

为防止机器或部件内部的液体或气体向外渗漏，以及外部的灰尘、杂质等侵入，必须采用密封装置。典型的密封装置如图 5-15 所示，该装置通过压盖或螺母将填料压紧，从而起到防漏作用。

本任务中采用的是压紧螺母通过压盖将填料压紧的填料箱密封的方式。

3. 并紧与防松装置

机器或部件在工作时，由于受到振动或冲击，有些紧固件可能产生松动。为了防止松动，在轴上零件装配时或某些装置中需采用防松结构，常见的防松装置如图 5-16 所示。

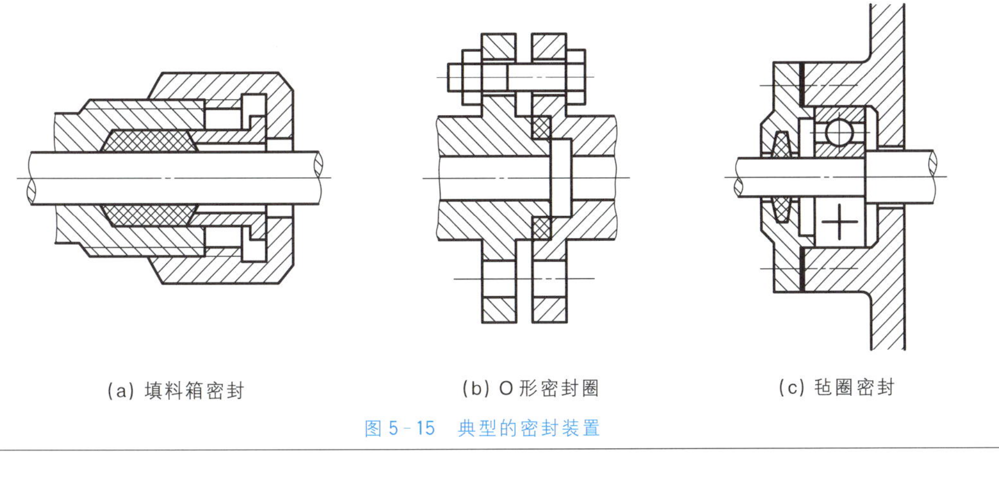

图 5-15　典型的密封装置

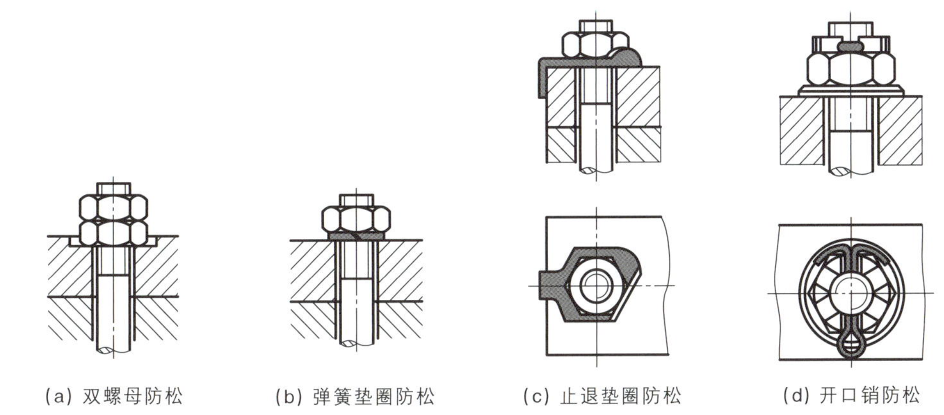

图 5-16　常见的放松装置

本任务中采用的是弹簧垫圈防松,螺母轴向并紧的装置。

六、中心孔

中心孔是轴类零件上使用频率很高的结构要素。根据 GB/T 145—2001,标准中心孔有四种型式:A、B、C、R,如图 5-17 所示,结构与尺寸见附表 25。

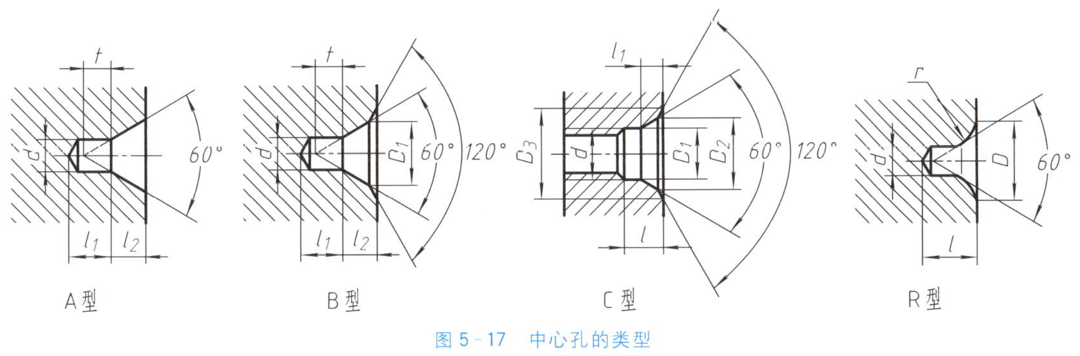

图 5-17　中心孔的类型

A 型不带护锥;B 型带护锥,适用于多工序、加工精度要求较高的工件;C 型带螺纹,适用于尺寸较大的工件。R 型呈弧形,可减小摩擦热。

测绘时应根据实物确定中心孔的型式和尺寸。中心孔的符号和表示法示例见表 5-3。

除表 5-3 中的几种中心孔表示法之外,也可将标记中的标准编号移至型式、尺寸的下方,如图 5-18(a)、(b)所示,在不致引起误解时,也可省略标准编号,如图 5-18(c)所示。

表 5-3 中心孔的符号和表示法示例(摘自 GB/T 4459.5—1999)

要求	符号	表示法示例	说明
在完工的零件上要求保留中心孔	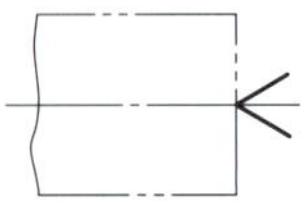	 GB/T 4459.5-B2.5/8	采用 B 型中心孔 D = 2.5 mm, D_1 = 8 mm 在完工的零件上要求保留
在完工的零件上可以保留中心孔	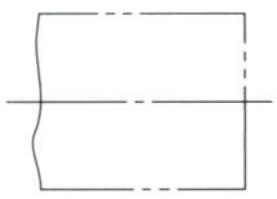	 GB/T 4459.5-A4/8.5	采用 A 型中心孔 D = 4 mm, D_1 = 8.5 mm 在完工的零件上是否保留都可以
在完工的零件上不允许保留中心孔	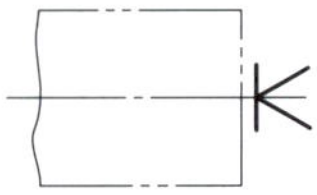	 GB/T 4459.5-A1.6/3.35	采用 A 型中心孔 D = 1.6 mm, D_1 = 3.35 mm 在完工的零件上不允许保留

(a) (b) (c)

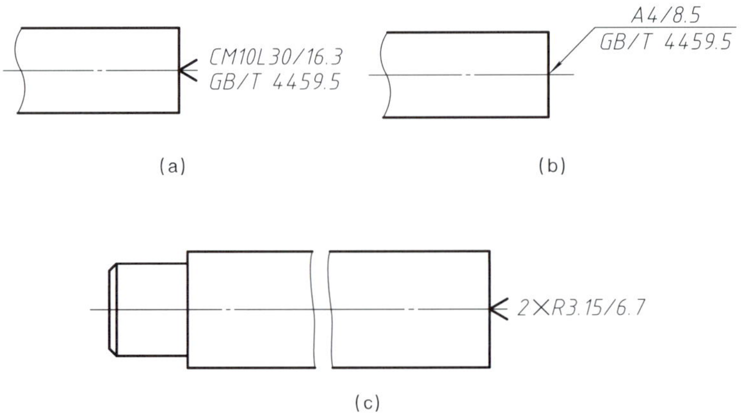

图 5-18 中心孔的表示方法

七、拆卸工具介绍

在拆卸部件时,应在分析装配体结构特点的基础上,选用合适的工具逐步拆卸,保证不损坏零件和影响零件的精度,常用的拆卸工具见表 5-4。

表 5-4 常用的拆卸工具

图 形	功 用
扳手 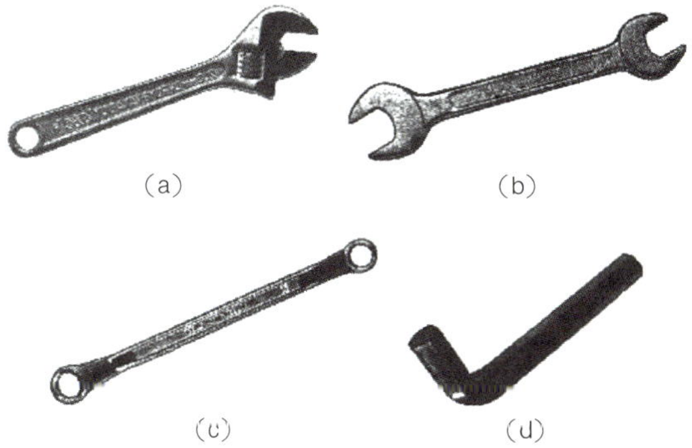 (a) (b) (c) (d)	(a) 活扳手——可扳动一定范围内的六角头或方头螺栓、螺母； (b) 呆扳手——用于紧固、拆卸一种或两种规格的螺栓、螺母； (c) 梅花扳手——用于工作空间狭小、不能容纳活、呆扳手的场合； (d) 内六角扳手——用于紧固或拆卸内六角螺钉
虎钳 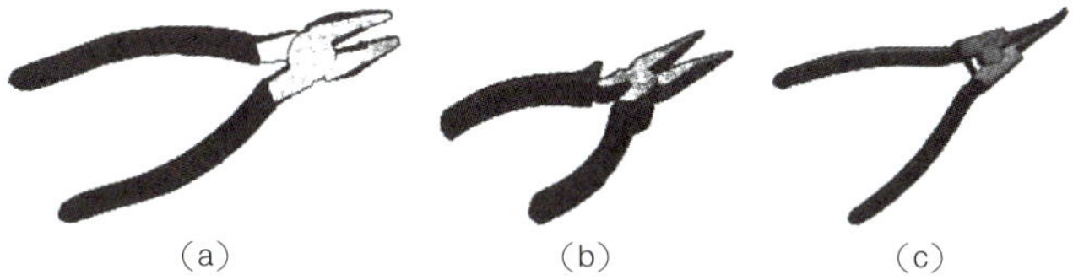 (a) (b) (c)	(a) 钢丝钳——用于夹持小零件，剪断或弯曲金属丝； (b) 尖嘴钳——在狭小的工作空间操作； (c) 挡圈钳——用于装拆弹性挡圈
螺钉旋具 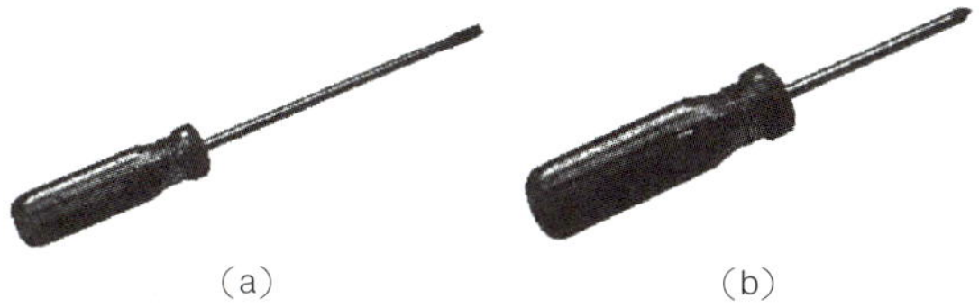 (a) (b)	(a) 一字形螺钉旋具； (b) 十字形螺钉旋具
小锤和冲子  (a) (b)	(a) 小锤——有钢制和木质两种； (b) 冲子——用于拆卸圆柱销或圆锥销

八、装配图

1. 装配图的内容

装配图是用来表达机器或部件的图样。表示一台完整机器的图样称为总装图，表示一个部件的图样称为部件装配图。铣刀头装配图如图 5-19 所示。

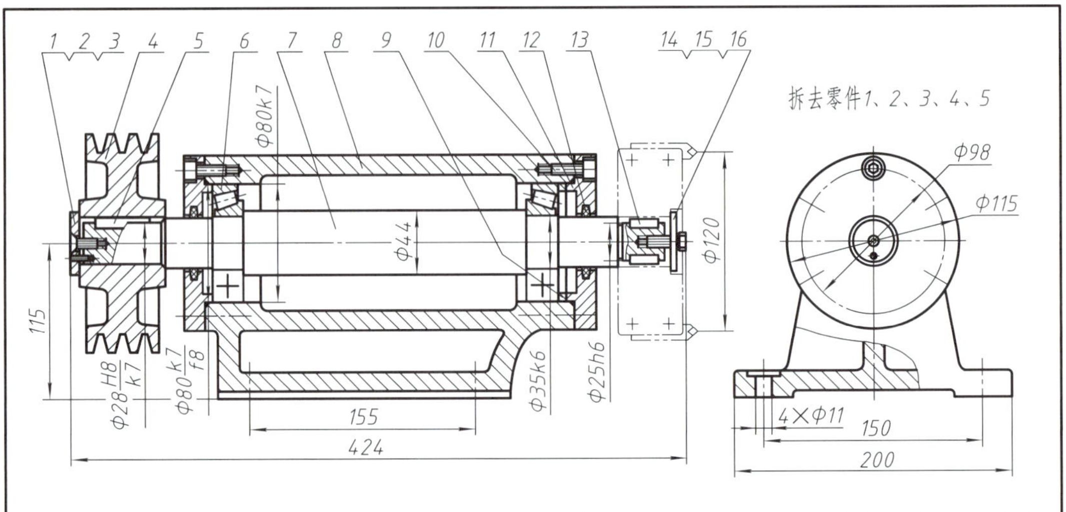

拆去零件1、2、3、4、5

序号	零件名称	数量	材料	备注
16	垫圈6	1	65Mn	GB/T 93
15	螺栓M6×20	1	Q235-A	GB/T 5783
14	挡圈B32	1	35	GB/T 892
13	键6×20	2	45	GB/T 1096
12	毛毡25	2	222-36	无图
11	端盖	2	HT200	
10	螺钉M6×20	12	Q235-A	GB/T 70.1
9	调整环	1	35	
8	座体	1	HT200	
7	轴	1	45	
6	轴承30307	2		GB/T 294
5	键8×40	1	45	GB/T 1096
4	V带轮	1	HT150	
3	销3×12	1	35	GB/T 119.1
2	螺钉M6×18	1	Q235-A	GB/T 68
1	挡圈35	1	Q235-A	GB/T 891

铣刀头			比例	重量	第 张	(图号)
			1:2		共 张	
制图	(姓名)	(日期)	(单位)			
审核	(姓名)	(日期)				

图 5-19 铣刀头装配图

视频

铣刀头装配

装配图主要表达机器或部件的工作原理、装配关系、结构形状和技术要求，用以指导机器或部件的装配、检验、调试、安装、维修等。图 5-19 所示的铣刀头装配图包括以下四个基本内容：

1）一组视图　用一组视图来正确、完整、清晰地表达机器（或部件）的工作原理、各零件的装配关系、零件的连接方式、传动路线以及零件的主要结构形状等。

2）必要的尺寸　表示机器（或部件）的规格、性能以及装配、检验、安装时所必要的一些尺寸。

3）技术要求　用文字或符号说明机器（或部件）的性能、装配和调整要求、验收条件、试验和使用规划等（图 5-19 中未列出）。

4）零件的序号、明细栏和标题栏　为了便于生产的组织和管理工作，在装配图上对每个不同零件编写序号并编制明细栏。明细栏中说明各零件的名称、序号、数量、材料以及备注等。标题栏的内容有机器（或部件）的名称、重量、图号、图样比例及制图、审核人员的签名等。

2. 装配图的表达

装配图要正确、清晰地表达装配体结构和主要零件的结构形状，其表达方法与零件图的表达方法基本相同。装配图表达的是装配体的总体情况，因此在装配图中对装配体的表达方法又作了一些其他规定。

1) 规定画法

装配图的基本规定画法如图 5-20 所示。

(1) 两零件的接触(或配合)表面，只画一条轮廓线。但两零件的非接触(或非配合)表面，必须画出两条线，以表示各自的轮廓。如图 5-20 中滚动轴承外圈与机座孔、内圈与轴颈两处的配合面以及螺母和垫圈、垫圈和齿轮端面两处的接触面都只画了一条轮廓线，而端盖孔与轴、键的顶面两处的非配合表面均分别画出各自的轮廓线。

(2) 在采用剖视的装配图中，相邻两金属零件的剖面线倾斜方向应相反或是方向一致、间隔不等，截面小的剖面线间隔画得小一些。如图 5-20 中的机座与端盖、端盖与滚动轴承外圈的剖面线都画成相反的倾斜方向，而机座与滚动轴承外圈的剖面线就画成方向一致，但间隔不等。必须注意，同一装配图中的同一零件，在各视图中的剖面线，其倾斜方向和间隔均应相同。

当零件的厚度小于或等于 2 mm 时，允许用涂黑代替剖面符号，如图 5-20 所示的垫片。

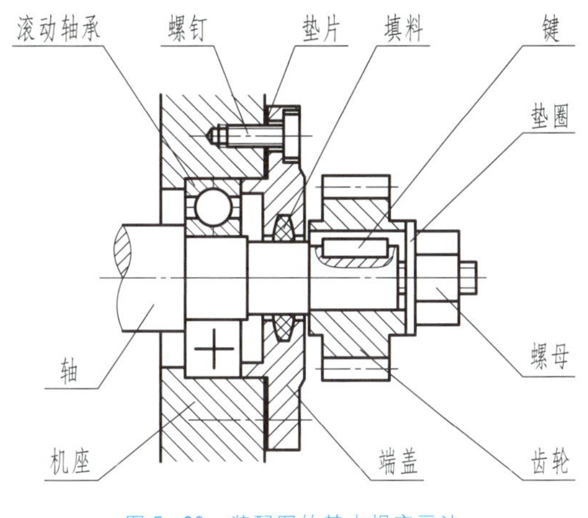

图 5-20 装配图的基本规定画法

(3) 为了简化作图，在剖视图中，对紧固零件(螺栓、螺钉、螺母、垫圈)以及轴、销、键、球等实心零件，若按纵向剖切且剖切平面通过其对称平面或轴线时，则这些零件均按不剖绘制。如需特别表示该零件上的结构和装配关系，则可用局部剖视图表达这些结构(如凹槽、键槽、销孔等)，如图 5-20 所示。

2) 特殊画法

(1) 拆卸画法　当某个(或某些)零件在装配图的某一视图上遮住了其他需要表达的结构时，在这个视图上可以假想拆去这个(或这些)零件，把其余部分画出来。需要说明时，可以标注“拆去××等”，图 5-19 所示的左视图就是拆去 V 带轮等五个零件画出的。

(2) 沿零件结合面剖切的画法　在装配图的某个视图上，为了表示内部结构，可假想用剖切平面沿某些零件的结合面剖切，此时零件的结合面上不画剖面符号，而被剖切的部分必须画出剖面符号。如图 5-21 中的 A—A 剖视图就是按以上方法画出的，图中被剖切到的轴、螺栓、销都画出了剖面符号。

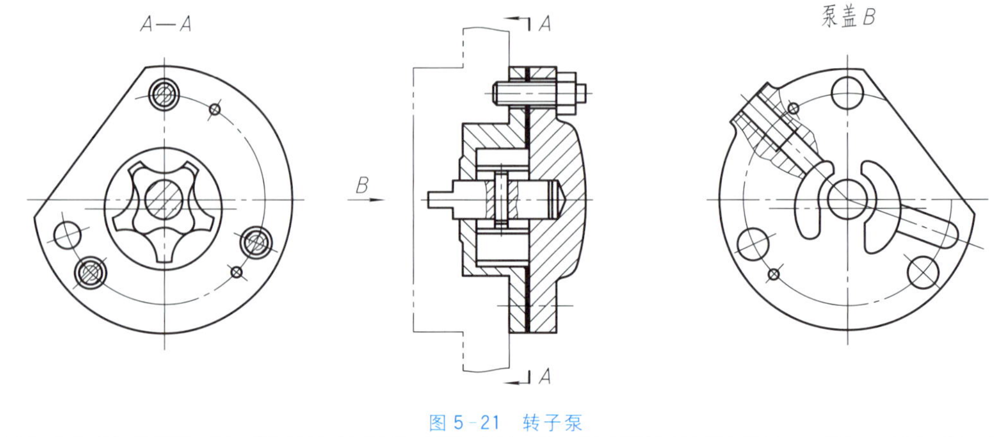

图 5-21 转子泵

(3) 单独表示某个零件　在装配图中，当某个零件的形状没有表达清楚时，可以单独画出该零件的某一视图，但必须在所画视图上方注出该零件的视图名称，在相应视图附近用箭头指明投射方向，并注上同一字母，如图 5-21 中的泵盖 B 向视图。

(4) 假想投影画法　在装配图中，为了表示运动零件的极限位置或表示本部件与相邻零(或部)件的部分轮廓，可用细双点画线表示。假想投影画法如图 5-22 所示。

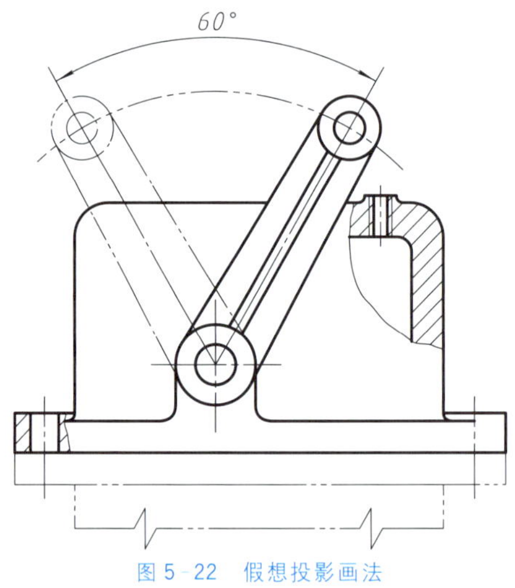

图 5-22 假想投影画法

(5) 夸大画法　对装配体上的薄片零件、细丝弹簧、微小的间隙和锥度很小的销、孔等，允许该部分不按比例画而夸大画出，如图 5-20 中的垫片。

(6) 简化和省略画法　对装配图中若干相同的零件组(如螺栓连接等)可仅详细画出一组或几组，其余只需用细点画线表示出装配位置，简化和省略画法如图 5-23 所示。

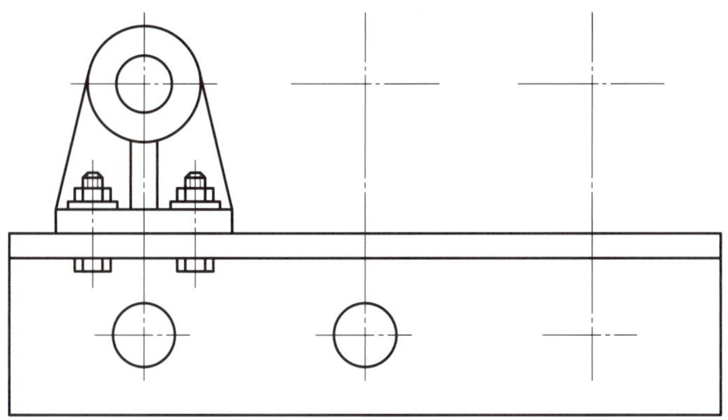

图 5-23　简化和省略画法

在装配图中，零件的工艺结构（如倒角、圆角、退刀槽等）可不画。装配图中的滚动轴承允许采用简化画法或示意画法，如图 5-20 所示。

（7）展开画法　三星齿轮传动机构如图 5-24 所示，为了表达三星齿轮传动机构的传动路线和装配关系，假想按传动顺序沿轴线剖切，然后依次展开到与所选的投影面（图示为侧面）相平行的位置，再画出剖视图，这种画法叫作展开画法。展开画法必须进行标注，即用剖切符号和字母表示剖切的位置和投射方向，在剖视图的上方注明展开图的名称“*X*—*X* 展开”。

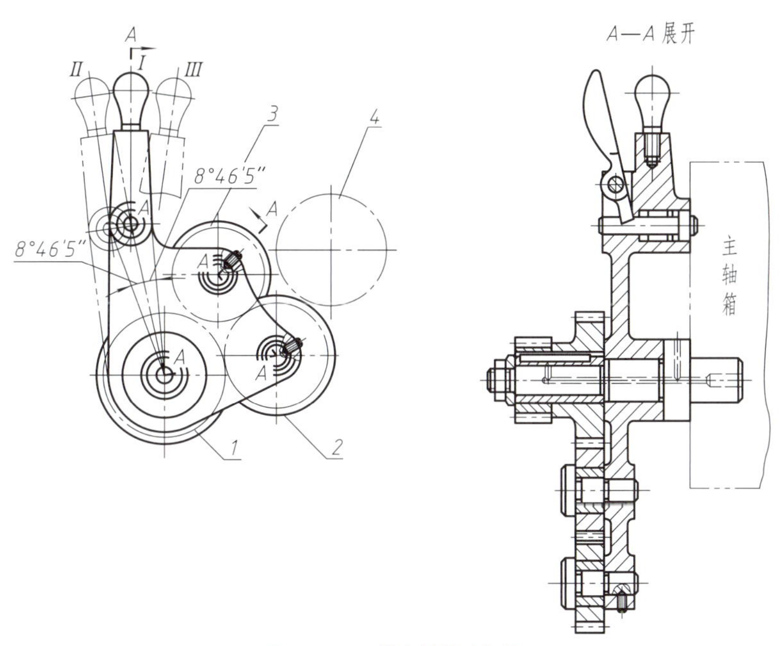

图 5-24　三星齿轮传动机构

3. 装配图的尺寸

滑动轴承装配图如图 5-25 所示。由于装配图不直接用于零件的制造生产，因此，在装配图上无须标注出各组成零件的全部尺寸，而只标注与部件性能、装配、安装等有关的尺寸。这些尺寸一般可分为以下尺寸：

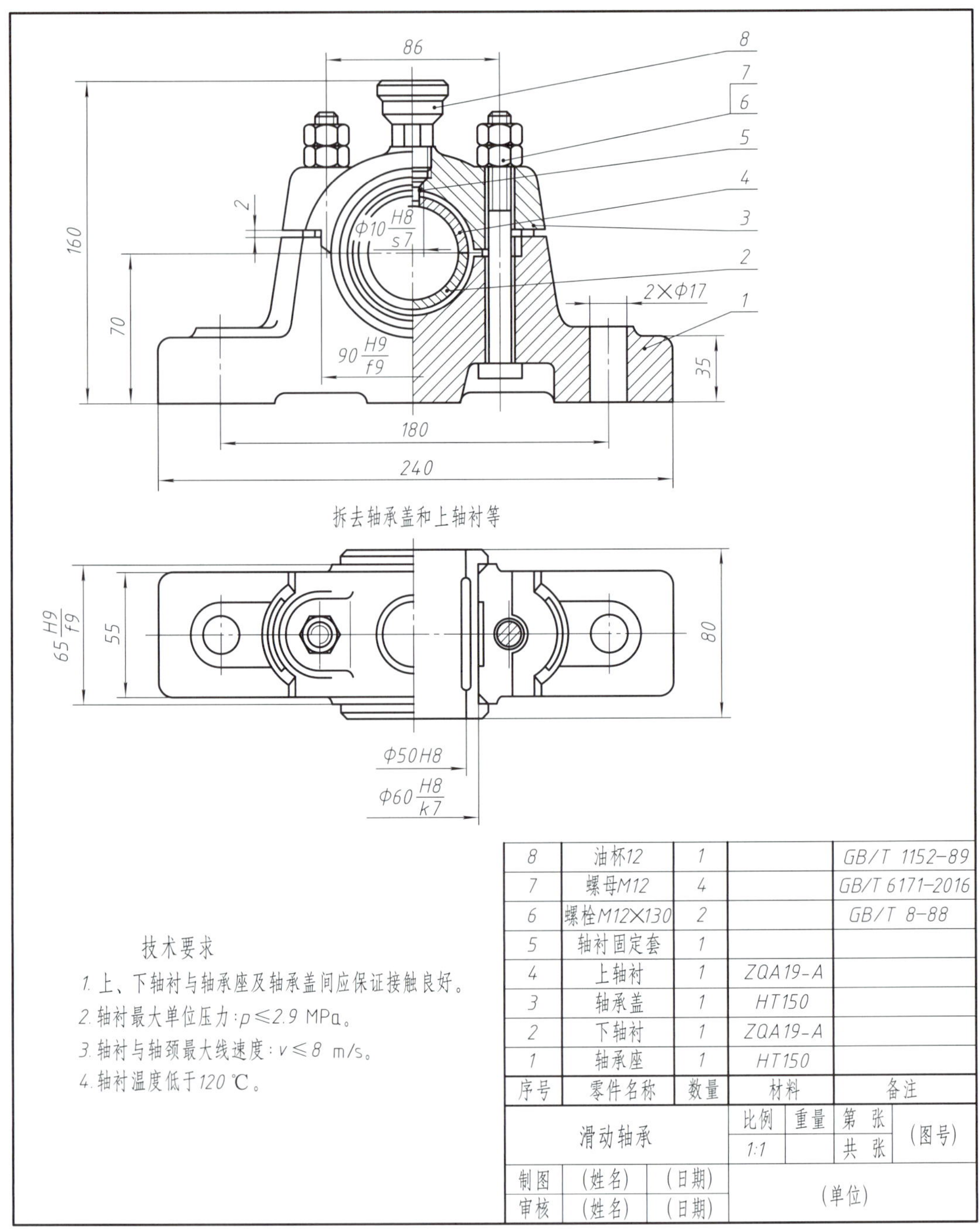

序号	零件名称	数量	材料	备注
8	油杯12	1		GB/T 1152-89
7	螺母M12	4		GB/T 6171-2016
6	螺栓M12×130	2		GB/T 8-88
5	轴衬固定套	1		
4	上轴衬	1	ZQA19-A	
3	轴承盖	1	HT150	
2	下轴衬	1	ZQA19-A	
1	轴承座	1	HT150	

滑动轴承		比例	重量	第 张	(图号)
		1:1		共 张	
制图	(姓名)	(日期)	(单位)		
审核	(姓名)	(日期)			

图 5-25 滑动轴承装配图

1）规格或性能尺寸

规格或性能尺寸在设计机器（或部件）时就已经确定，它是设计和选用部件的主要依据。如图 5-25 中 $\phi 50H8$，表明该轴承只能用以支承轴径基本尺寸 $\phi 50$ 的轴。

2）装配尺寸

装配尺寸是指用来保证部件功能精度和正确装配的尺寸。这类尺寸一般包括：

(1) 配合尺寸　表示零件间配合性质的尺寸，如图 5-25 中轴承座与轴承盖间的 90H9/f9；下轴衬与轴承座间的 ϕ60H8/k7。

(2) 相对位置尺寸　表示装配时零件间需要保证的相对位置尺寸，常见的有重要的轴距、孔心距和间隙等。如图 5-25 中轴承盖与轴承座接触面的距离 2 即为相对位置尺寸。

3) 安装尺寸

安装尺寸是指部件安装到其他零、部件或基座上所需的尺寸。如图 5-25 中轴承座的安装孔直径 ϕ17 和两孔中心距 180。

4) 外形尺寸

外形尺寸是指部件的总长、总宽和总高的尺寸。它表示部件所占空间的大小，以供产品包装、运输和安装时参考。如图 5-25 中的轴承座总长 240、总宽 80、总高 160 即是外形尺寸。

5) 其他重要尺寸

其他重要尺寸是指设计过程中经计算或选定的重要尺寸以及其他必须保证的尺寸，如图 5-22 手柄运动极限尺寸 60°、主体零件的重要尺寸等。

应当指出，装配图上的一个尺寸有时兼有几种作用，五类尺寸并非任何一张装配图上都有。因此，在标注装配图尺寸时，可根据装配体的具体情况选注。

4. 序号及明细栏、标题栏

为了便于看图、装配、图样管理以及做好生产准备工作，必须对装配图上的每个不同零(部)件进行编号，这种编号称为零件的序号，同时要编制明细栏。

1) 零(部)件序号

(1) 装配图中所有零(部)件都必须编写序号。同一张装配图中相同零件或部件应编写同样的序号，一般只标注一次，零(部)件数量在明细栏中的相应栏中填写。如图 5-25 中螺母 7，数量是 4 个，但序号只编了一个“7”。多处出现相同零(部)件可重复标注。

(2) 序号应注在视图轮廓的外边，序号的编写形式如图 5-26 所示。用细实线画出指引线，编号端画一水平短线(细实线)或圆(细实线)。在水平短线上或圆内注写序号，序号字高比装配图中所注尺寸数字大一号(图 5-26(a))或大两号(图 5-26(b))；编号端也可不画水平短线或圆，而在指引线附近注写序号，此时序号字高比数字高大两号，如图 5-26(c)所示。但应注意，同一装配图中编写序号的形式应一致。

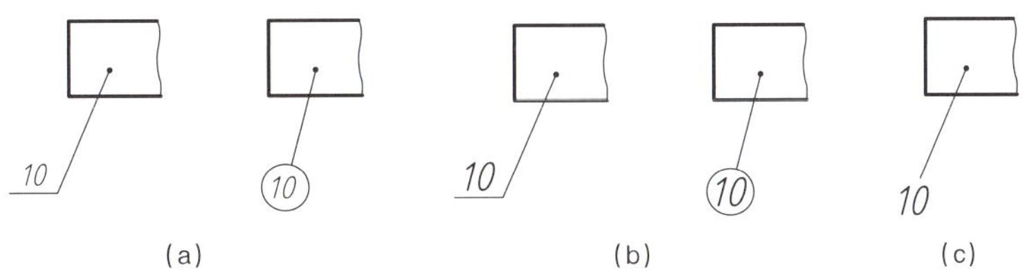

图 5-26　序号的编写形式

(3) 指引线应自所指的可见轮廓引出，并在末端画一小圆点。若所指部分(很薄的零件或涂黑的剖面)内不便画出圆点时,可在指引线的末端画一箭头,并指向该部分的轮廓,指引线画法如图 5-27 所示。指引线应尽可能分布均匀,不能相交,当指引线通过有剖面线的区域时,不能与剖面线平行。指引线可以画成折线,但只可曲折一次(图 5-27)。

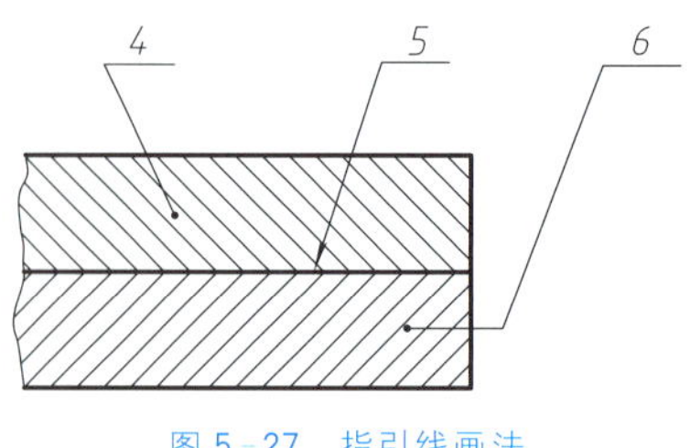

图 5-27 指引线画法

一组紧固件以及装配关系清楚的零件组,可以采用公共指引线的形式,公共指引线的画法如图 5-28 所示。

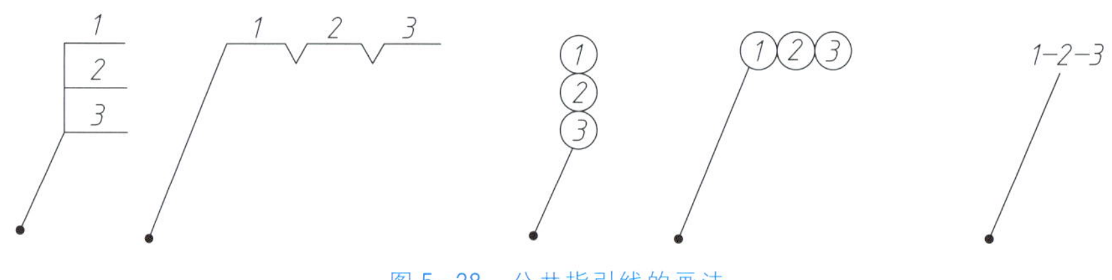

图 5-28 公共指引线的画法

装配图上的序号应按顺时针或逆时针方向顺次排列。在整个图上无法连续时,可只在水平或垂直方向顺次排列,图 5-25 所示为只在垂直方向排列。

2) 明细栏

(1) 明细栏的基本要求 装配图中一般应画明细栏,并配置在标题栏上方,按由下而上的顺序填写;当空间不够时,可紧靠在标题栏的左侧由下而上延续。

当装配图中不能在标题栏的上方配置明细栏时,可作为装配图的续页按 A4 幅面单独给出,其顺序应由上而下延伸(即序号填写在最上面一行),需要时还可连续加页。在明细栏的下方应配置标题栏,并在标题栏中填写与装配图相一致的名称和代号,而且在标题栏中都要按顺序一次填写“共×张第×张”。当同一图样代号的装配图有两张或更多的图纸时,明细栏应放在第一张装配图上(明细栏配置在标题栏上方时)。

(2) 明细栏的内容及格式 明细栏一般由序号、零件名称、数量、材料、备注等组成,也可按照需要增加或减少项目。明细栏格式如图 5-29 所示。

(3) 明细栏中项目的填写 零件名称应填写相应组成部分的名称,也可写出其型式和尺寸(如销 3×25)。材料栏应填写材料的标记(如 HT150)。备注栏应填写图样中标准件的标准代号(如 GB/T 119.1—2000),可填写必要的附加说明或其他有关的重要内容,例如齿轮的齿数、模数等常在备注栏内填写。

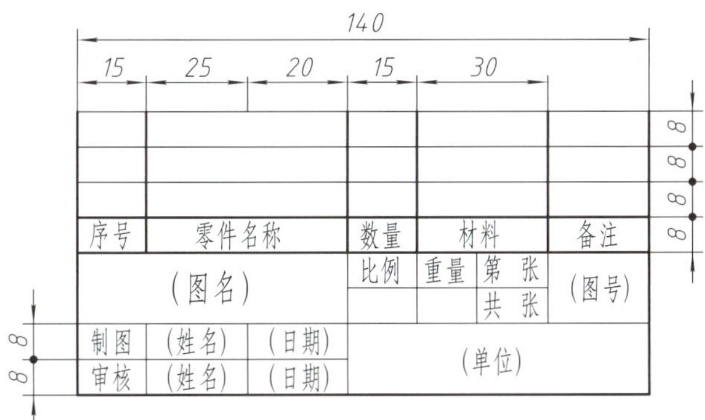

图 5-29　明细栏格式

任务实施

步骤一　了解齿轮泵的结构及工作原理，分析该部件中存在的装配结构，学习各种装配结构的相关知识

齿轮泵轴测装配图和工作原理如图 5-30 所示。齿轮泵泵体内可容纳一对齿数相等的齿轮，其中一个是主动齿轮轴，该轴一端外伸，伸出部分称为"轴伸"，轴伸处装传动齿轮，并用平键连接，轴向使用螺母并紧防松，以承受和传递外来的动力。另一个是从动齿轮轴，与主动齿轮轴啮合做旋转运动。泵体的左右有端盖，端盖与泵体用螺钉连接，它们之间装有垫片，既可调整齿轮与泵体间的轴向间隙，又可防止漏油。传动齿轮轴右端与右端盖轴孔相配处有填料，用压紧螺母通过压盖将其压紧，以防漏油。

视频

齿轮泵
的工作原理

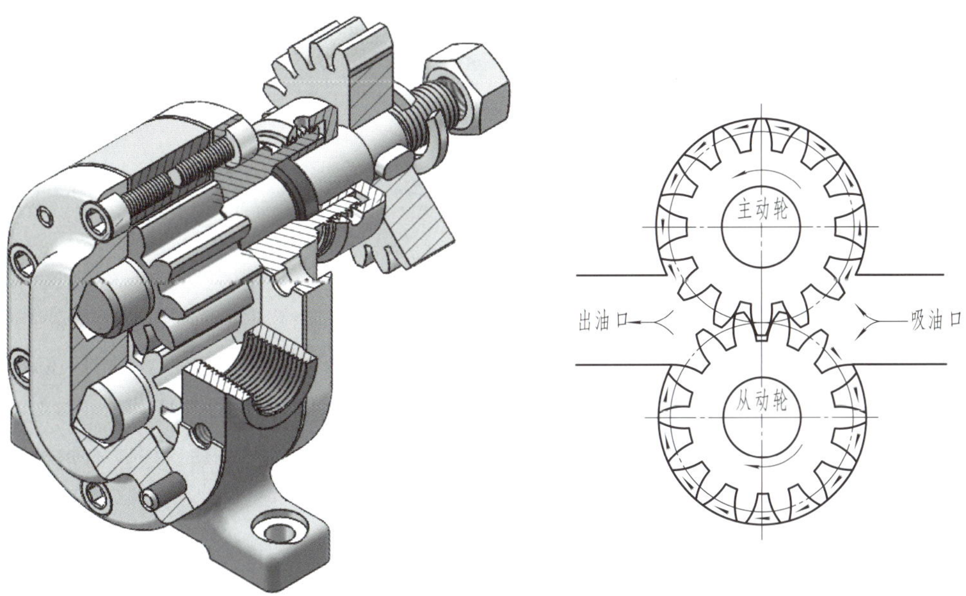

图 5-30　齿轮泵轴测装配图和工作原理

泵体的前后各有一个管螺纹螺孔，一个是吸油孔，另一个是出油孔。当外部动力通过传动齿轮传递给传动齿轮轴，并带动从动齿轮轴按图中箭头方向旋转时，两齿轮啮合区右边的油被轮齿带走，压力降低，形成负压，油池中的油在大气压力作用下被吸入。随着齿轮的转动，齿槽中的油不断被带到齿轮啮合区的左边，形成高压油，然后从出油孔将油压出，通过管路将油输送到需要润滑的部位。整个油泵通过螺栓与机器设备相连。

齿轮泵装配结构图如图 5-31 所示。齿轮泵中零件的连接方式、装配关系等装配结构如下所述。

连接方式：泵体与泵盖通过销和螺钉定位连接，主动齿轮轴与从动齿轮轴通过两齿轮端面与左右端盖内侧面接触并定位，主动齿轮轴伸出端上的传动齿轮利用平键与轴连接，并通过弹簧垫圈和螺母固定。

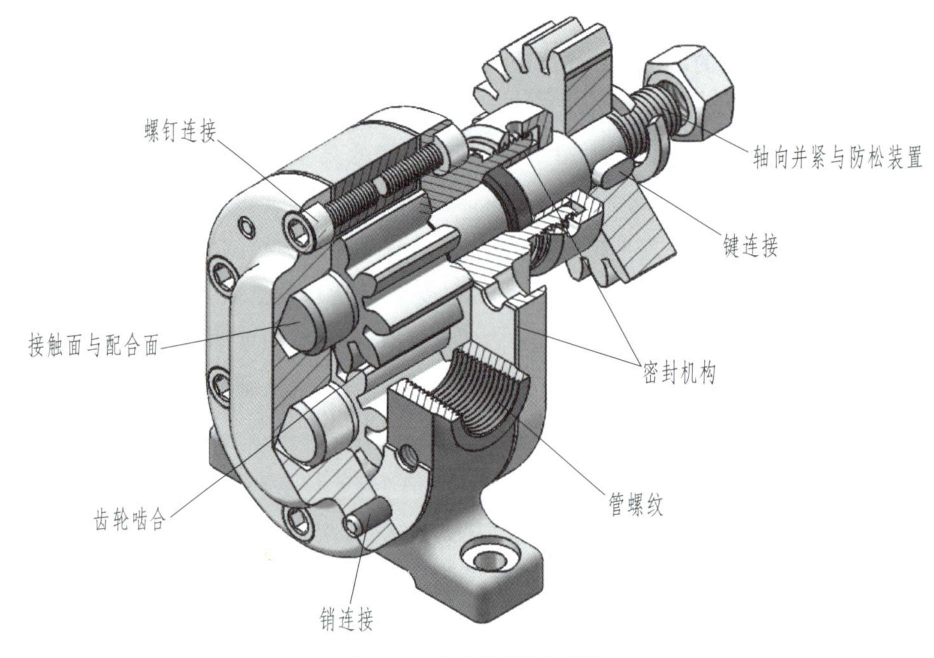

图 5-31　齿轮泵装配结构图

配合关系：两齿轮轴在左右端盖的轴孔中有相对运动（轴颈在轴孔中旋转），所以应该选用间隙配合；一对啮合齿轮在泵体内快速旋转，两轮齿顶与泵体内腔也是间隙配合；轴套的外圆柱面与右端盖轴孔虽然没有相对运动，但考虑到拆卸方便，选用间隙配合；传动齿轮的内孔与主动齿轮轴之间没有相对运动，右端有螺母轴向锁紧，所以可以选择较松的过渡配合（或较紧的间隙配合）。

密封结构：主动齿轮轴的伸出端有密封圈，通过轴套压紧，并用压紧螺母压紧而密封；泵体与左右端盖连接时，密封圈被压紧也起密封作用。

步骤二　画装配示意图，拆卸齿轮泵

1. 画装配示意图

为了便于部件拆装后装配复原和指导绘制装配图，在拆卸零件的同时，画出部件的装配示意图,并编上序号记录零件的名称、数量、装配关系和拆卸顺序。装配示意图是用简单的线条和机构运动常用的简图符号(附表 24)所画成的各零件的相互关系和大致形状。它的作用是指明有哪些零件以及它们装在什么地方,以便将拆散的零件按原样重新装配起来,同时也可供画装配图时参考。

齿轮泵的装配示意图如图 5-32 所示。

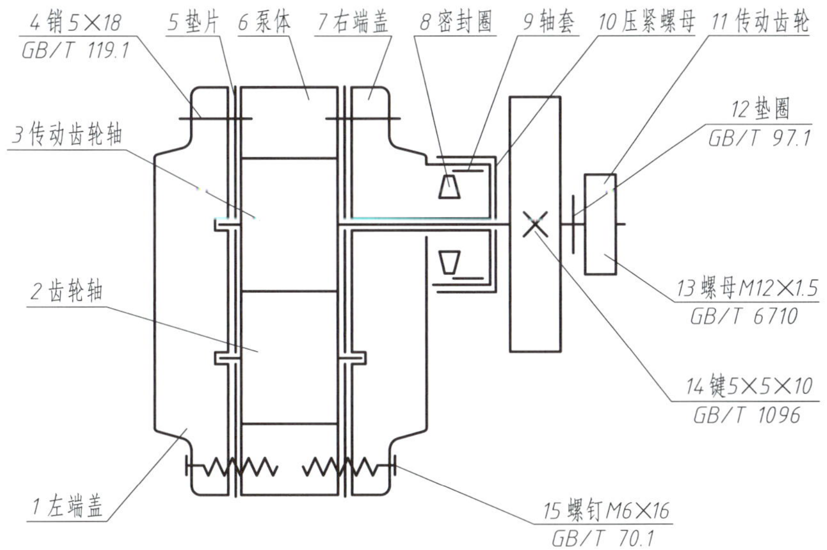

图 5-32　齿轮泵的装配示意图

画装配示意图时需注意以下几点:

1) 画装配示意图时,仅用简单的符号和线条表达部件中各零件的大致形状和装配关系,例如轴类零件用特粗线(2d)表示。通常仅画出相当于一个投射方向的图形,图上尽可能集中反映全部零件,若表达不清可增加图形,但图形间仍应符合投影规律。

2) 将被测绘的部件假想成透明体,既画出外形轮廓,又画出外部及内部零件间的装配关系。

3) 相邻两零件的接触面之间最好留出空隙,以便区分零件。零件中的通孔可画成开口,以便清楚表达装配关系。

4) 装配示意图中的零件按拆卸次序编号,并注明零件名称、数量、材料等。不同位置的同一种零件只编一个号。由于标准件不必画出零件草图,因此,只要测得几个主要尺寸,从相应的标准中查出规定标记,将这些标准件的名称、数量和规定标记注写在装配示意图上或者通过列表的方式进行说明。

5) 有些零件(如轴、轴承、齿轮、弹簧等)应参照国家标准 GB/T 276—2013 中的规定符号表示(附表 24),若无规定符号,则该零件用单线条画出其大致轮廓,以显示其形体的基本特征。

2. 分析齿轮泵中零件拆卸顺序

齿轮泵的分解图如图 5-33 所示。

根据齿轮泵的结构分析,齿轮泵有两条装配线:一条是传动齿轮轴装配线,传动齿轮轴装在泵体和左、右端盖的支承孔内，在传动齿轮轴右边的伸出端装有密封圈、轴套、压紧螺母、传动齿轮、键、弹簧垫圈和螺母；另一条是从动齿轮轴装配线，从动齿轮轴装在泵体和左、右端盖的支承孔内，与主动齿轮相啮合。

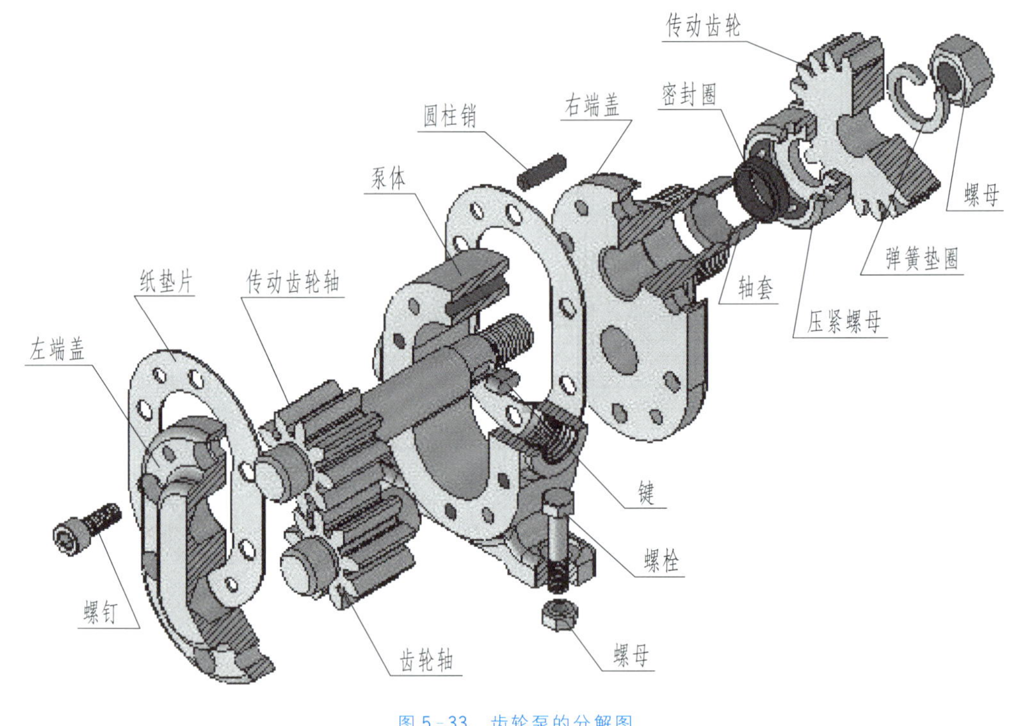

图 5-33 齿轮泵的分解图

视频

齿轮泵的装配

齿轮泵的拆卸顺序：

1) 螺母→弹簧垫圈→传动齿轮→压紧螺母(轴套)→密封圈。

2) 销(2 个)→螺钉(6 个)→左右端盖→垫片(2 个)→传动齿轮轴→从动齿轮轴→泵体。

3. 拆卸齿轮泵

根据装配示意图，将齿轮泵上每个零件按照装配示意图的序号进行编号，可用透明胶带纸将序号贴在零件表面，使用合适的拆卸工具，按照拆卸顺序进行拆卸，注意操作规范，拆下的零件要收藏到位，不能遗漏一个零件。拆卸时应注意以下几点：

1) 拆卸部件前要仔细分析装配体的结构特点、装配关系和连接方式，根据连接情况采用合理的拆卸方法，并注意拆卸顺序。对精密或重要的零件，拆卸时应避免重击。

2) 不可拆卸零件(焊接件、铆接件、镶嵌件或过盈配合连接等)不应拆开；精度要求较高的过渡配合处应尽量不拆以免降低机器的精度或损坏零件而无法复原；标准部件(如滚动轴承或油杯等)也不能拆卸，查有关标准即可。

3) 部件中的一些重要尺寸，如零件间的相对位置尺寸、装配间隙和运动零件的极限位置尺寸等，应先进行测量，以便重新装配部件时，保持原来的装配要求。

4）较复杂的装配体在拆卸零件时，应边拆边编号，并按照顺序排列零件，挂上标签，注写编号和零件名称，妥善保管，避免零件损坏、生锈或丢失。对螺钉、键、销等容易丢失的细小零件，拆卸后仍装在原来的孔、槽中，以免丢失和错位，标准件应列出细目。

步骤三　绘制零件草图

1. 齿轮轴的草图绘制

1）测绘齿轮，确定齿轮的基本参数

（1）标准渐开线直齿圆柱齿轮参数的测量方法

测量齿轮的方法如图5-34所示。先数出齿轮齿数 z，再测量齿顶圆直径 d_a。

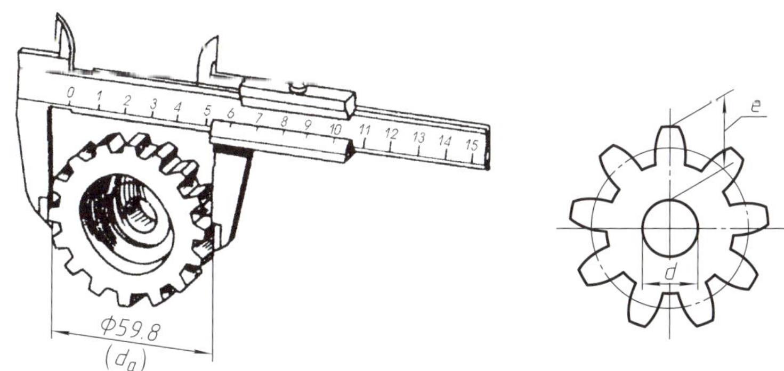

图5-34　测量齿轮的方法

当齿数为偶数时，齿顶圆直径 d_a 可直接测得；当齿数为奇数时，可先测得 e 值、轴孔内径 d，再按照下式计算出 d_a 的值：

$$d_a = d + 2e$$

于是，模数 m 可以按下式求出：

$$m = \frac{d_a}{z+2}$$

由模数的计算值可查出齿轮的标准模数，选取与计算值相近的标准模数（高于计算值）。

齿轮的齿数和模数确定后，可计算：

齿轮分度圆直径 $d = mz$；

齿顶圆直径 $d_a = m(z+2)$；

齿根圆直径 $d_f = m(z-2.5)$；

齿轮啮合的中心距 $a = \frac{1}{2}m(z_1 + z_2)$。

（2）传动齿轮轴齿轮参数的确定

根据上述齿轮的测绘方法，可确定传动齿轮轴的基本参数（单位：mm）。

齿数 $z=9$；

齿数为奇数，齿顶圆直径的测量：采用分步测量的方法，计算出齿顶圆的直径，同时计算出模数，根据计算值，查齿轮的标准模数，得 $m=3$。

由此可计算：

分度圆直径 $d = mz = 3\times 9 = 27$；

齿顶圆直径 $d_a = m(z+2) = 3\times(9+2) = 33$；

齿根圆直径 $d_f = m(z-2.5) = 3\times(9-2.5) = 19.5$。

由于从动齿轮与主动齿轮参数一致，则从动齿轮的参数也可得到。

两齿轮啮合的中心距 $a = \frac{1}{2}m(z_1+z_2) = 0.5\times 3\times(9+9) = 27$。

2）测绘外螺纹，确定外螺纹的标记

用游标卡尺测量 6 个螺距的长度：$L = 9.23$ mm，$P = L/6 = 9.23/6 = 1.53$ mm；查附表 1 普通螺纹的相关标准，确定螺距 $P = 1.5$ mm；用游标卡尺测量螺纹的大径，得 $d = 11.95$ mm，查相关标准，得外螺纹的公称直径 $d = 12$ mm；由此，外螺纹的标记为 M12 × 1.5。

3）键的选择及键槽的尺寸确定

平键的选择：根据实物测量平键的尺寸，查阅平键标准（附表 12），选择与轴颈 $\phi 14$ 相对应的标准平键：GB/T 1096 键 5×5×10（A 型键）。

键槽的尺寸确定：

查阅平键标准（附表 12），确定轴上及轮毂上键槽的尺寸。

（1）轴上键槽尺寸　查表得：$t_1 = 3$ mm，$d - t_1 = 14$ mm $-$ 3 mm $=$ 11 mm，相应尺寸公差 $11^{+0.1}_{0}$、5N9$\left(^{0}_{-0.030}\right)$，如图 5-35 所示。

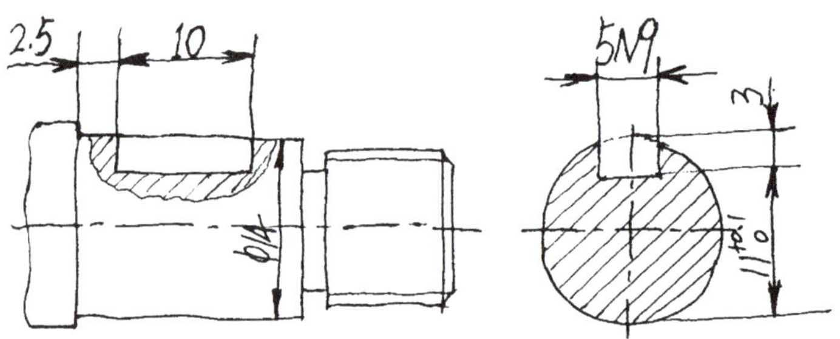

图 5-35　确定轴上键槽尺寸及公差

（2）轮毂上键槽的尺寸　查表得：$t_2 = 2.3$ mm，$d + t_2 = 14$ mm $+$ 2.3 mm $=$ 16.3 mm，相应尺寸公差 $16.3^{+0.1}_{0}$，5JS9（±0.015），如图 5-36 所示。

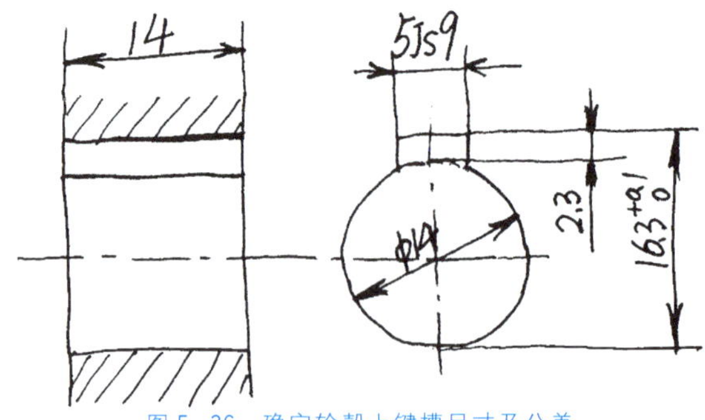

图 5-36　确定轮毂上键槽尺寸及公差

4）确定中心孔的结构型式与尺寸

传动齿轮轴两端有中心孔，对照实物与附表 25 的标准，该中心孔为 B 型，标记为 GB/T 4459.5—B2/6.3。将标记注写在图样上，如图 5-37 所示。

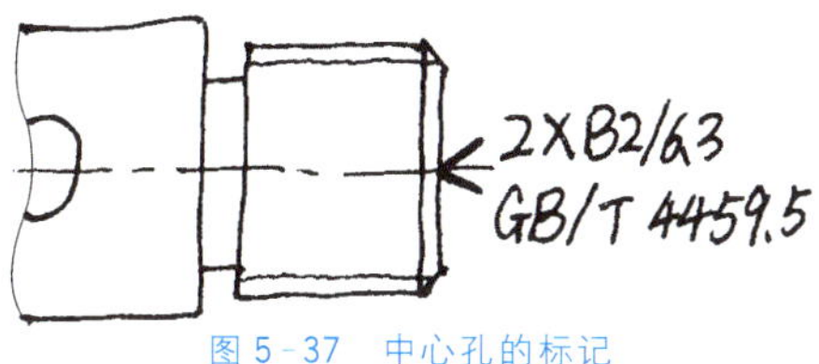

图 5-37　中心孔的标记

5）确定传动齿轮轴表达方案，绘制其视图

结构分析：传动齿轮轴由主动齿轮与传动轴合二为一，结构比较简单，各部分均为同轴回转体，齿轮轴的左端与左端盖的支承孔装配在一起的，右端有键槽，通过键与传动齿轮连接，再用弹簧垫圈和螺母紧固。齿轮部分的两端有砂轮越程槽，螺纹端有退刀槽。

视图表达：传动齿轮轴的表达方案如图 5-38 所示。传动齿轮轴选取轴线水平的加工位置放置，键槽朝前，表达键槽的形状；键槽的深度用移出断面图表达；砂轮越程槽和退刀槽用局部放大图表示。

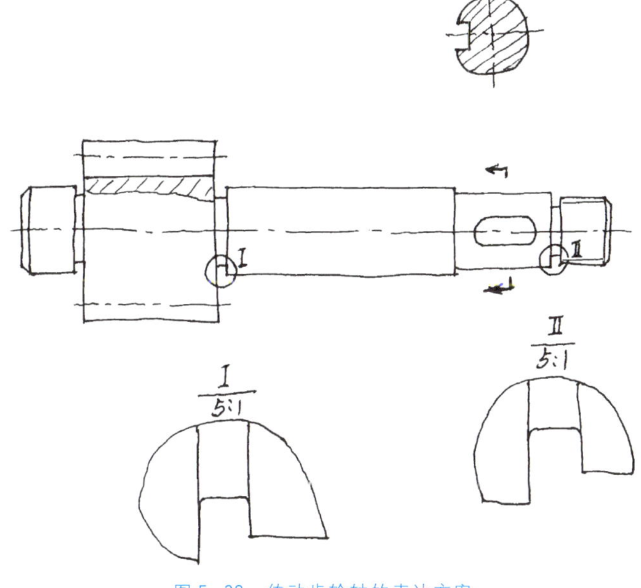

图 5-38　传动齿轮轴的表达方案

6）分析尺寸基准，测量尺寸，标注尺寸

标注草图尺寸需要按照零件形状并考虑零件加工工艺和加工顺序确定尺寸基准，画出全部尺寸的尺寸线、尺寸界线和箭头。然后在零件上量取尺寸，填写尺寸数字。

基准选择：合理选择尺寸基准，标注尺寸应尽可能使设计基准与工艺基准统一，做到既符合设计要求，又满足工艺要求。尺寸基准选择如图 5-39 所示。重要的尺寸应从设计基准出发标注，直接反映设计要求；非重要尺寸应考虑加工测量方便，以加工顺序为依据，由工艺测量基准出发标注尺寸，直接反映工艺要求。

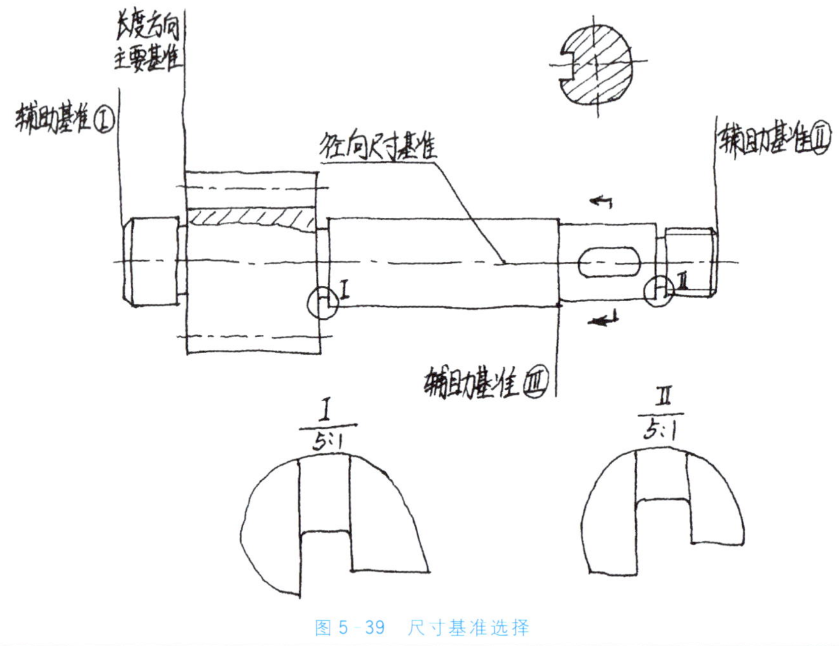

图 5-39 尺寸基准选择

尺寸标注：传动齿轮轴的尺寸标注如图 5-40 所示。尺寸 25f7 为重要尺寸，以齿轮左端面为长度方向主要设计基准标注尺寸；考虑齿轮轴的加工顺序，以工艺基准标注尺寸。对于越程槽和退刀槽查阅相关标准（附表 26 和 27）取标准值；键槽尺寸根据键的标准已经确定，中心孔的型式和尺寸也确定。其余线性尺寸可使用测量工具进行测量。

7）初步确定零件材料

正确确定零件材料是测绘中十分重要的环节。常用金属材料的牌号及其用途见附表 23。测绘中，对于一般用途的零件，可参照应用场合相同的零件选取，或查阅有关手册确定，也可根据零件表面的色泽或听其敲击声音辨别材料，还可由砂轮上磨出的火花来辨别材料。特别重要的零件最好能在理化室进行光谱分析或化学分析，鉴定出材料所含元素及其含量。齿轮泵中的传动齿轮轴可以选用碳素结构钢，如 45 钢，经过整体调质后，齿面进行高频淬火处理。

8）标注技术要求

(1) 技术要求的一般内容　图样中的技术要求包括设计、加工及使用中各方面的技术性要求，如几何精度、工艺性说明、理化参数及检测规范等。包括以下几个方面：

① 对材料、毛坯、热处理的要求，如电磁参数、化学成分、湿度、硬度、金相要求等；

② 对有关结构要素的统一要求，如倒圆、倒角尺寸等；

③ 对零部件表面质量的要求，如涂层、镀层、喷丸等；

④ 对零部件装配的间隙、过盈及个别结构要素的特殊要求；

⑤ 对零件的尺寸公差要求；

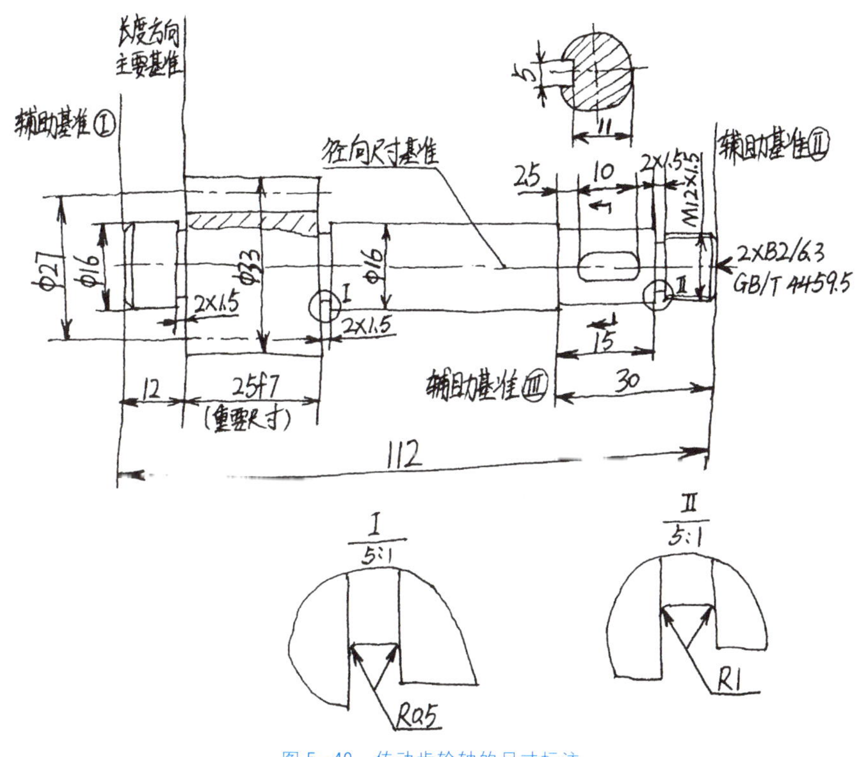

图 5-40　传动齿轮轴的尺寸标注

⑥ 对零件的几何公差要求；

⑦ 对校准、调整及密封的要求；

⑧ 对产品及零部件的性能和质量的要求，如噪声、耐振性及安全要求等；

⑨ 实验条件和方法；

⑩ 其他说明。

(2) 技术要求的文字书写　文字书写的技术要求标注在标题栏附近，书写时应注意：

① "技术要求"的标题及条文注写在标题栏上方或左方的空白处；

② 文字说明应以"技术要求"为标题，仅一条时不必编号，但不得省略标题；

③ 条文用语力求简明、规范，或约定俗语，切忌口语化。

由于传动轴的各轴段均与油泵中的相关零件有配合关系，可以选择相应的配合，所以在 φ33f7、φ16h6、φ14k6 处均标有公差代号，相应的表面结构要求也较高，可根据附表 30、31、32、33 进行选择。齿轮两端面为 *Ra*0.8、齿顶表面与左轴段均为 *Ra*1.6、键槽处轴表面为 *Ra*3.2；齿轮左端面为重要端面，根据附表 28 选择对应的几何公差——垂直度要求，注出了其对轴线的垂直度公差为 0.015；使用文字技术要求说明齿面热处理要求。传动齿轮轴草图如图 5-41 所示。

2. 其他零件的草图绘制

1) 初定材料

常用金属材料的牌号及其用途见附表 23。齿轮泵中的泵体和左右端盖都是铸件，一般选用中等强度的灰铸铁(人工时效处理)，如 HT200。

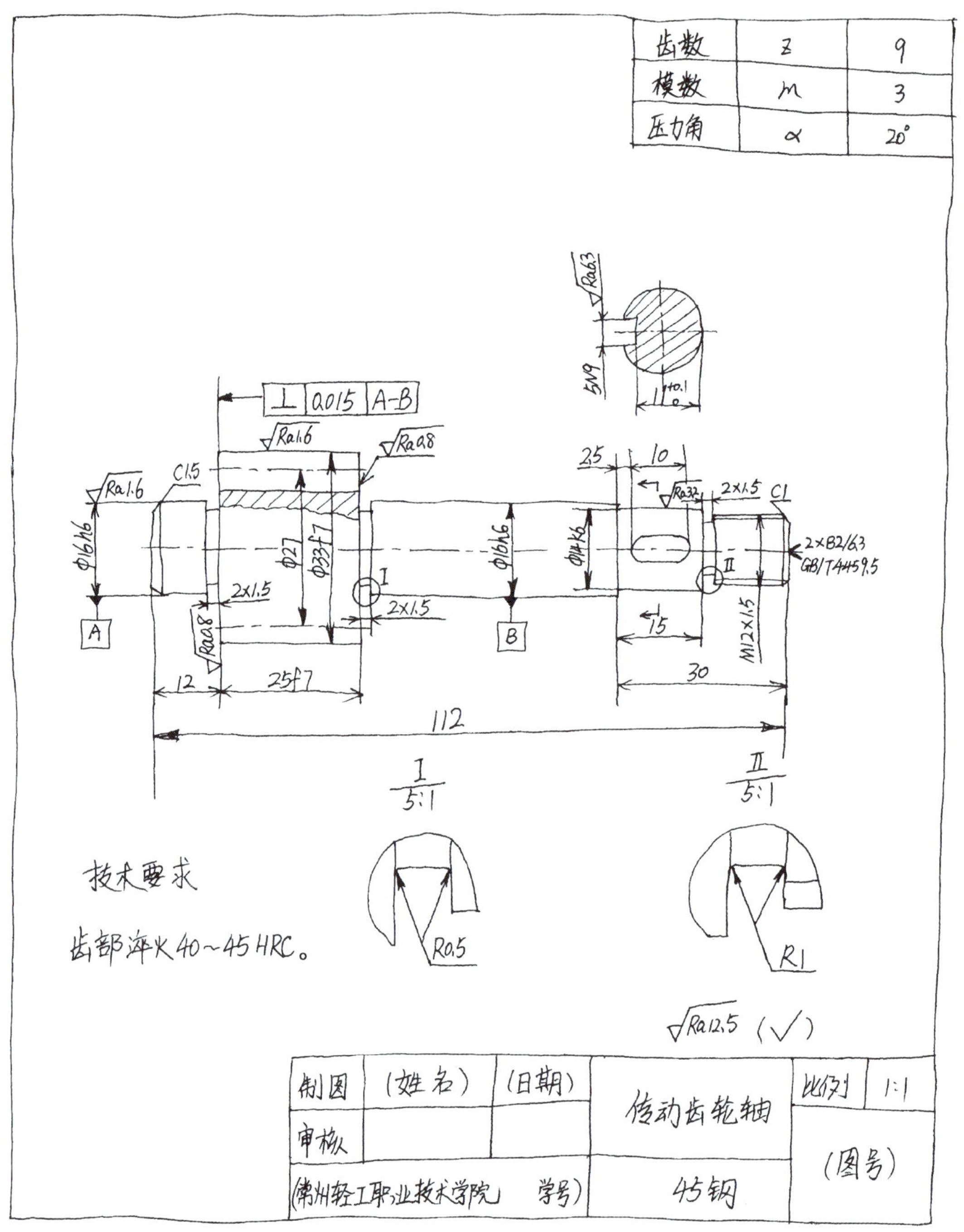

图 5-41 传动齿轮轴草图

2）表面结构要求

测绘时，表面结构要求通常由有关设计手册所提供的经验或统计的数据确定。诸如，不同应用场合的表面所要求的 *Ra* 值（附表 30），各种加工方法所能达到的 *Ra* 值（附表 31），齿轮表面要求的 *Ra* 值（附表 32），表面粗糙度与尺寸公差、几何公差的对应关系（附表 33）。齿轮泵泵体上的螺孔表面结构要求可选用 *Ra*6.3，泵体与端盖的结合面可选用 *Ra*3.2。

3）配合要求

测绘时，线性尺寸公差应根据该尺寸在装配中的功能要求，尽可能选用优先配合，以减少所需定值刀、量具的数量，提高生产率，降低生产成本。孔和轴的极限偏差可由附表 21、22 中查取。

齿轮配合要求如图 5－42 所示。

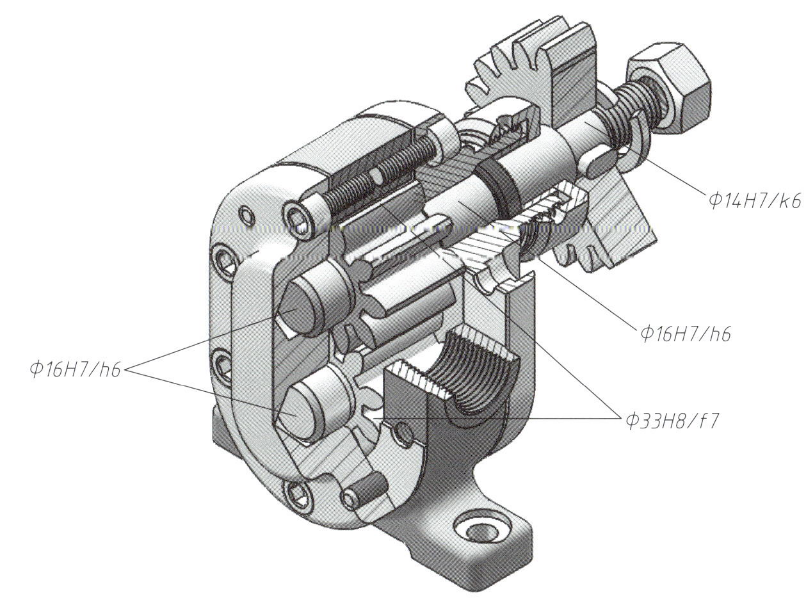

图 5－42　齿轮配合要求

一对啮合齿轮与泵体齿轮孔采用基孔制间隙配合（ϕ33H8/f7）——2 处；

齿轮轴与前后端盖支承采用基孔制间隙配合（ϕ16H7/h6）——4 处；

传动齿轮轴与传动齿轮（用键连接）采用基孔制过渡配合（ϕ14H7/k6）——1 处。

4）泵体上进油口和出油口的螺纹测绘

泵体中的进出油口制有管螺纹（图 5－31），管螺纹规格可采用简易方法进行测定。

(1) 如果有相应的管接头，可以测量管接头的外螺纹大径 D 来确定管螺纹规格；

(2) 没有管接头时，可通过测量每 25.4 mm 内所包含的牙数 n、测量螺距 P、测量螺纹小径 D_1 的值，查阅非密封用管螺纹的标准（附表 4），来确定管螺纹的规格。

用游标卡尺测出进出油口的管螺纹，每 25.4 mm 牙数为 19，算出螺距 P =25.4 mm/19 = 1.337 mm，测量小径 D_1 = 14.995 mm。查阅附表 3，该管螺纹的尺寸代号为 3/8，标记为 G3/8。

图 5－43～图 5－47 为齿轮泵中部分零件草图。

步骤四　绘制齿轮泵装配图

1. 确定表达方案

装配图表达应能正确、清晰地表达部件的工作原理、各零件间的相对位置关系及其装配关系、零件的主要结构形状。因此先要选好主视图，然后配合主视图选择其他视图。

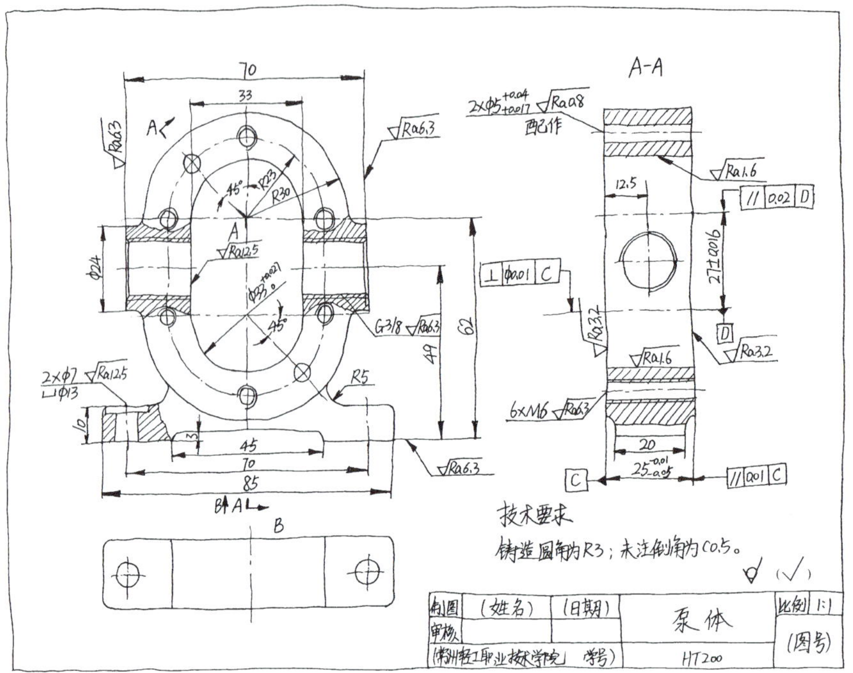

图 5-43　泵体草图

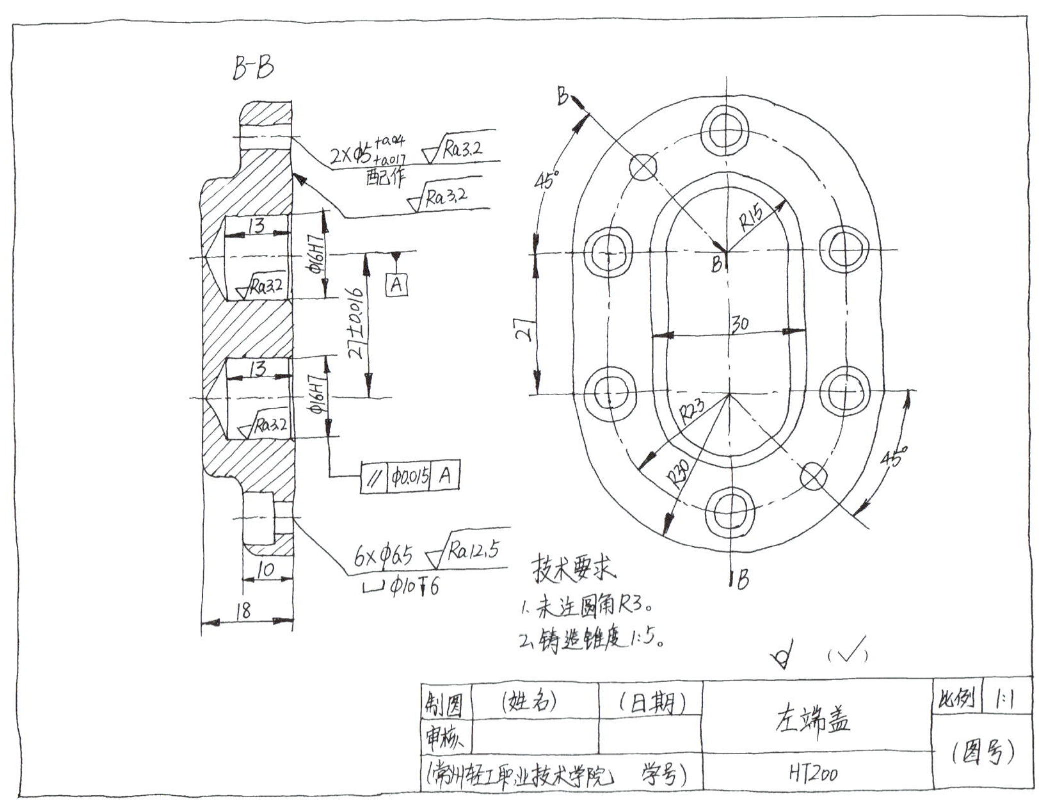

图 5-44　后端盖草图

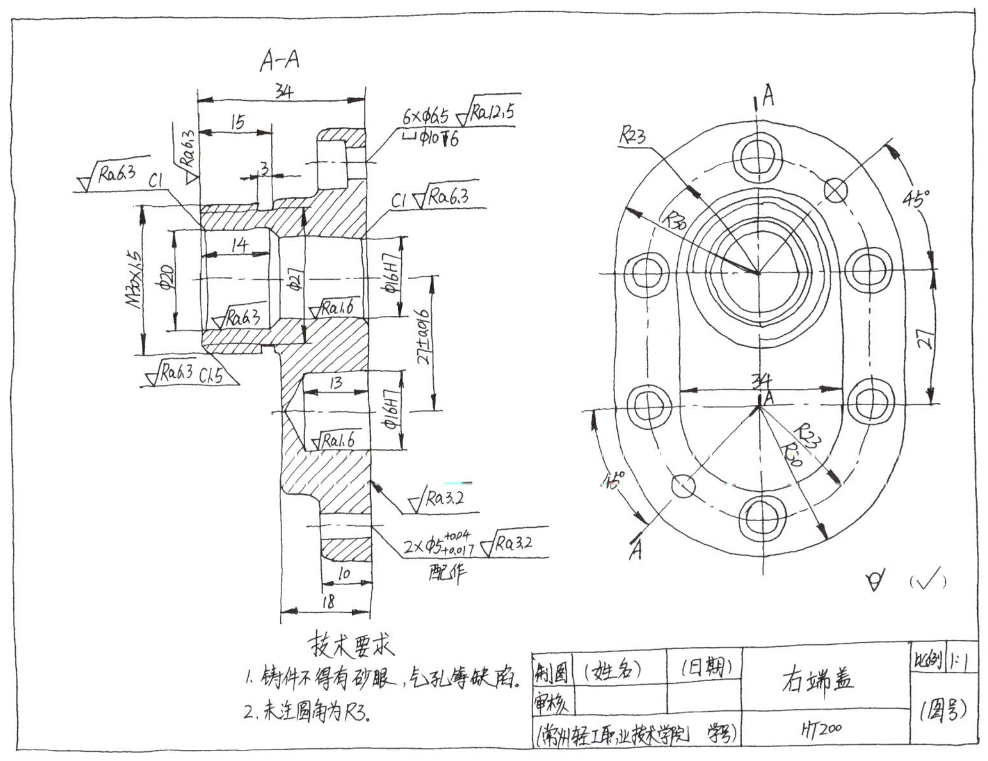

图 5-45　前端盖草图

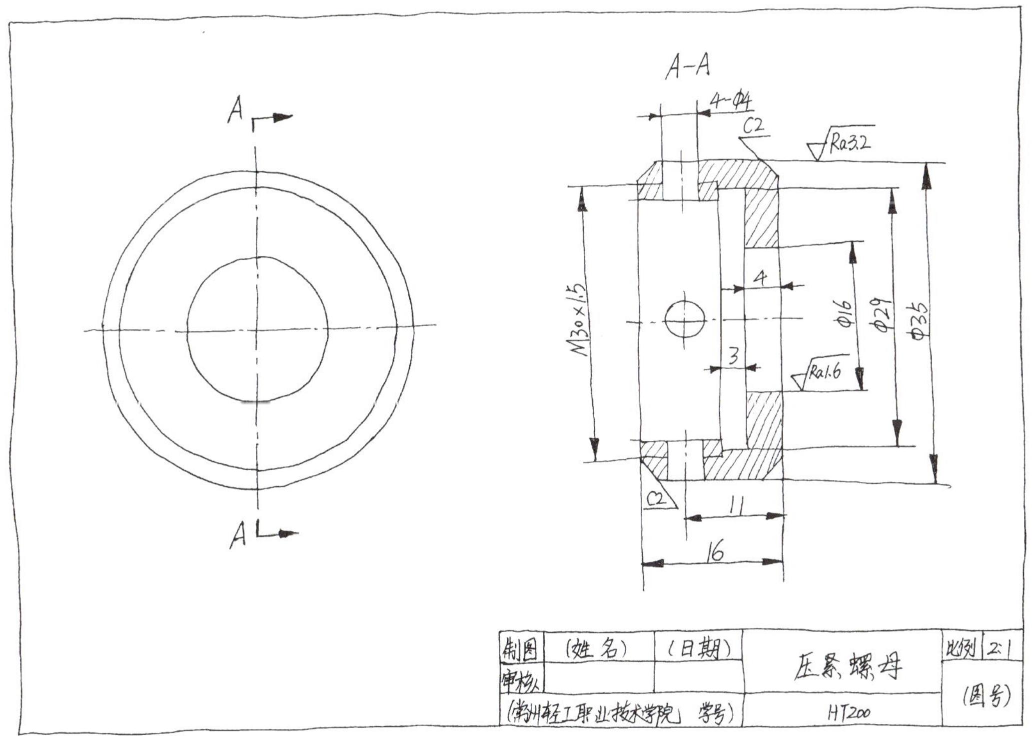

图 5-46　压紧螺母草图

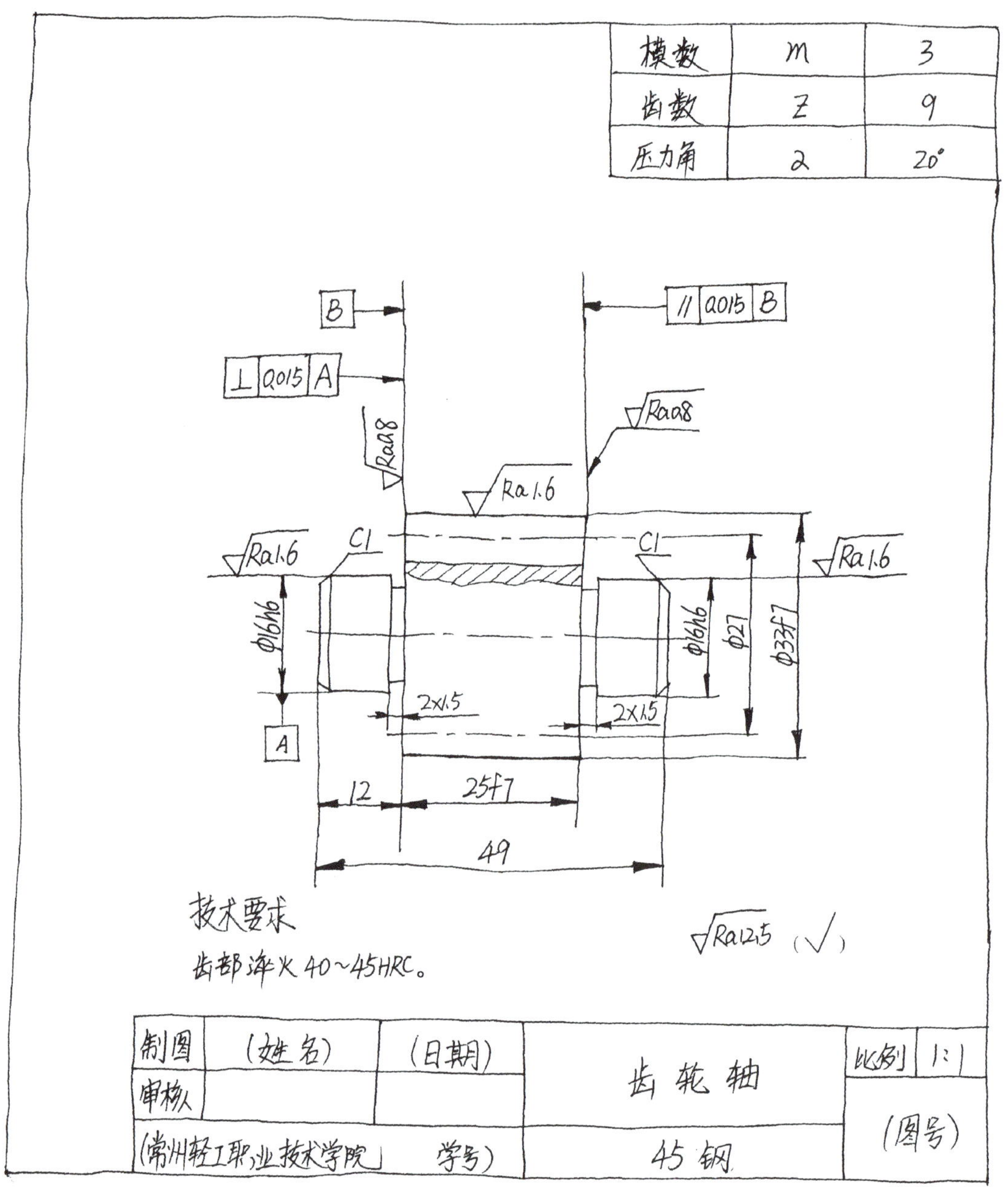

图 5-47　齿轮轴草图

1）主视图的选择

(1) 一般按部件的工作位置放置。当部件在机器上的工作位置倾斜时，可将其放正，使主要装配轴线垂直于某基本投影面，以便于画图。

(2) 应能较好地反映部件的工作原理和主要零件间的装配关系，一般都画成剖视图。

如图 5-30 所示的齿轮泵在确定主视图时按工作位置原则选取，并采用全剖视图来表示齿轮和齿轮轴的传动关系以及零件间的装配关系。

2）确定其他视图

根据对装配图表达的要求，针对部件在主视图中尚未表达清楚的内容，应选择适量的其他视图或剖视图表达。

齿轮泵的左视图采用半剖视图，既反映了油泵的工作原理，又表达了端盖和泵体的外形，连接螺钉、定位销以及泵体下部安装孔的位置，泵体内进出油口的结构也表达清楚了。

2. 齿轮泵装配图的绘制步骤

1）选定图幅　A3 图纸，确定绘图比例 1∶1。

2）布置图面　画出作图基准线，由主视图入手，配合其他视图，从传动齿轮轴开始，按装配干线由里向外逐个画出齿轮轴、泵体、泵盖、垫片、密封圈、轴套、压紧螺母、键、传动齿轮等；或从泵体开始由外向内逐个画出主动齿轮轴、从动齿轮轴等，完成装配图的底稿。齿轮泵装配图绘制步骤如图 5-48 所示。

3）校核底稿，擦去多余的作图线，描深，画剖面线、尺寸界线、尺寸线和箭头。

4）编注零件序号，注写尺寸数字，填写标题栏、明细栏和技术要求，最后完成装配图，如图 5-49 所示。

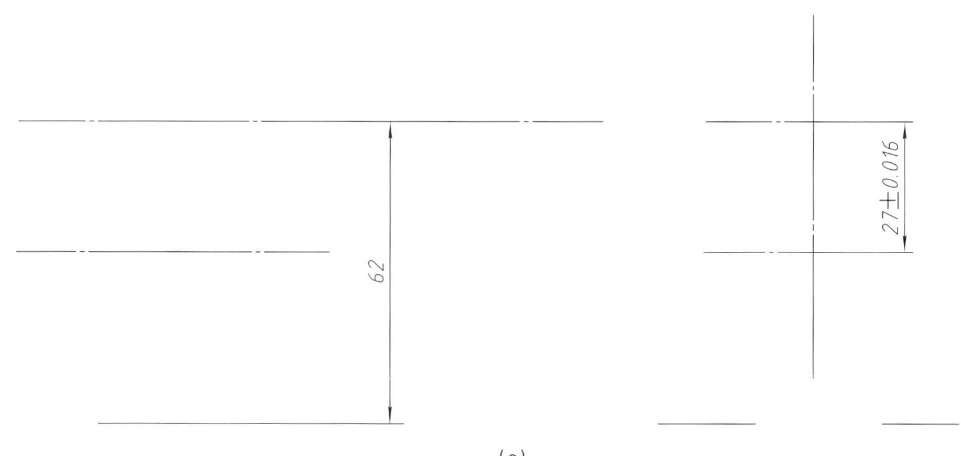

(a)

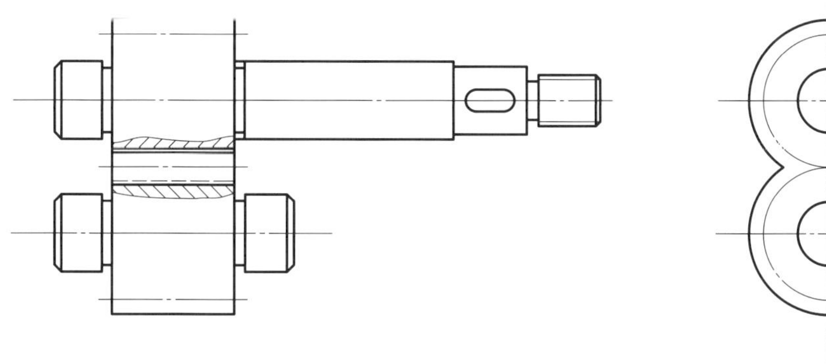
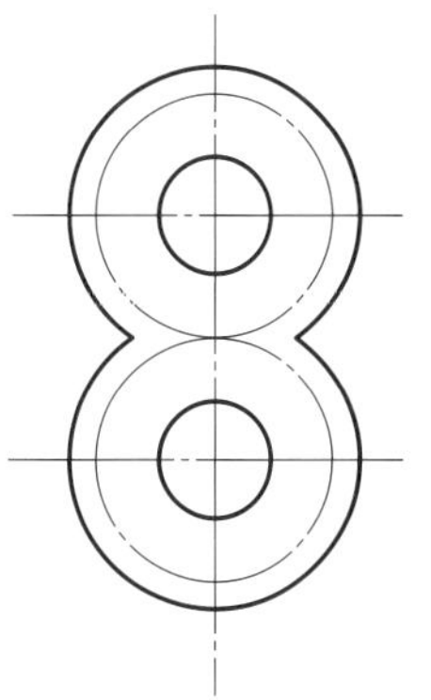

(b)

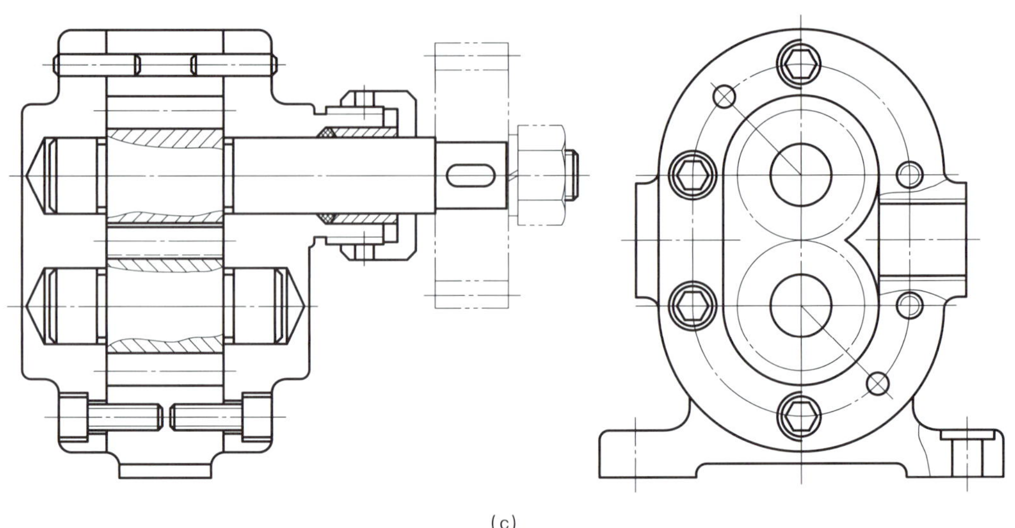

(c)

图 5-48　齿轮泵装配图绘制步骤

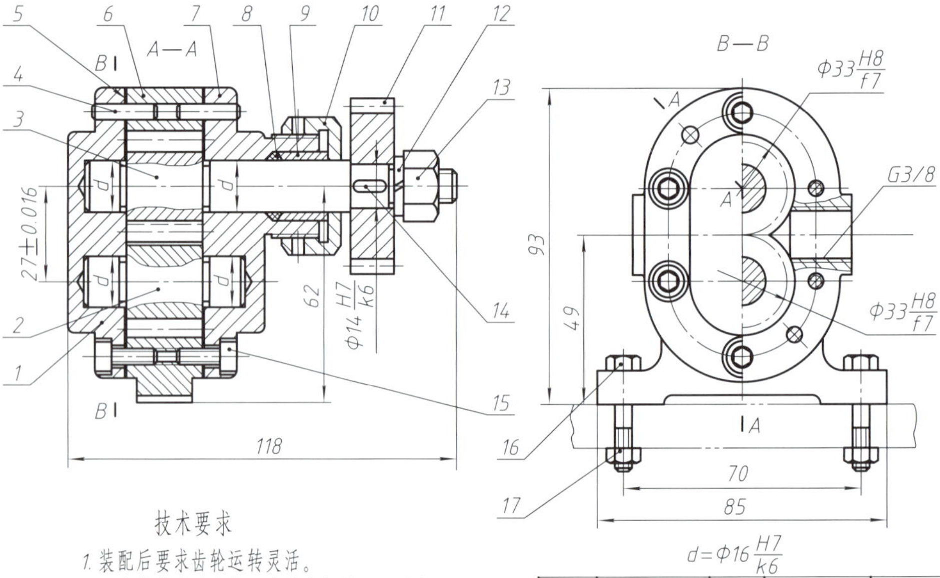

A—A

B—B

d=Φ16 $\frac{H7}{k6}$

技术要求

1. 装配后要求齿轮运转灵活。
2. 两齿轮轮齿的啮合面应占齿长的3/4以上。

序号	零件名称	数量	材料	备注
17	螺母M6	2		GB/T 6170
16	螺栓M6×30	2		GB/T 5782
15	螺钉M6×16	1	35	GB/T 70.1
14	键5×10	1	45	GB/T 1096
13	螺母M12×1.5	1	35	GB/T 6171
12	垫圈12	2	65Mn	GB/T 859
11	传动齿轮	4	45	
10	压紧螺母	1	35	
9	轴套	1	QSn6-6-3	
8	密封圈	1	橡胶	
7	右端盖	1	HT200	
6	泵体	1	HT200	
5	垫片	2	纸	t=1
4	销5×18	4	45	GB/T 119.1
3	传动齿轮轴	1	45	m=3,z=9
2	齿轮轴	1	45	m=3,z=9
1	左端盖	1	HT200	

齿轮泵	比例	重量	第　张	(图号)
	1:1		共　张	
制图 (姓名) (日期)	(单位)			
审核 (姓名) (日期)				

图 5-49　齿轮泵装配图

注意：

画装配图时，先画出部件的主要结构形状，再画次要结构部分；先画起定位作用的基准件，再画其他零件，可保证各零件之间的相对位置准确；保证零件间正确的装配关系，配合面（或接触面）画一条线，非配合面（不接触面）应留有空隙。

步骤五　绘制零件图

绘制零件图是部件测绘的一个重要步骤，在绘制零件图的过程中需要对该零件在装配图中的位置、形状特征进行仔细分析，并对零件草图进行进一步的复核校对，然后对部件中的零件逐一进行重新表达，绘制零件图。下面以泵体为例学习零件工作图的绘制过程。

1. 分离零件，确定零件形状

根据方向、间隔不同的剖面线将泵体从装配图中分离出来，由于在装配图中泵体的可见轮廓线可能被其他零件（如螺钉、销）遮挡，所以分离出来的图形不完整，必须将其补全，如图 5-50(a)所示。将主视图、左视图对照分析，想象出泵体的整体形状，如图 5-50(b)所示。

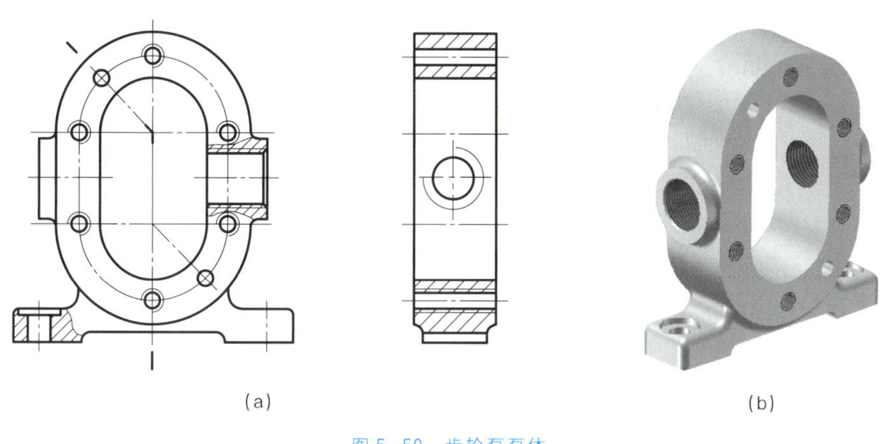

(a)　　(b)

图 5-50　齿轮泵泵体

2. 确定表达方案

在绘制零件图时，不应对装配图中零件的图形表达照搬照抄，而应根据零件图的主视图选择原则和其他要求，重新确定各零件的表达方案，如图 5-51 所示为泵体的表达方案。在装配图中主要是对零件间的装配关系的表达，因此，对部分零件形状的表达难以兼顾，以致部分零件的投影不全，这就要求在绘制零件图时，按该零件在装配体中的作用进行设计并补画装配图中省略的工艺结构，如退刀槽、圆角等。这样才能使该零件的结构更加完整、合理。

另外，对装配图中采用简化、省略画法表示的工艺结构和夸大画出的零件，应按其实际结构形状画出。

3. 确定零件尺寸

1) 装配图上已注出的尺寸，都是设计时给定的尺寸，必须直接注到零件图上。如配合尺寸、安装尺寸、性能尺寸和主要轴孔的定位尺寸等，都要对应地注在有关零件图上。

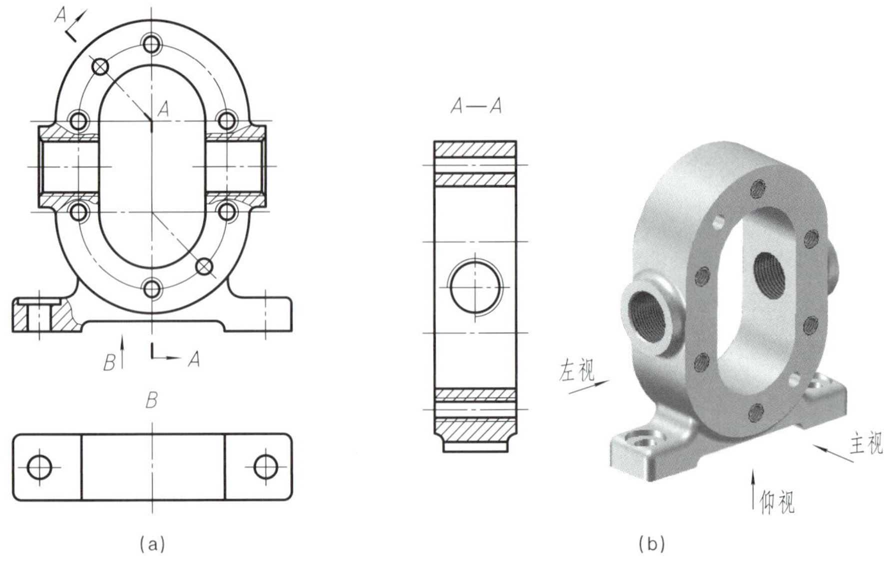

图 5-51 泵体的表达方案

2）对于标准结构或工艺结构，如泵盖上的沉孔，齿轮轴上的倒角、退刀槽、键槽、螺纹等标准尺寸，应查找有关标准核对后再进行标注。

3）装配图中未注出的尺寸可在装配图中直接量取，再按绘图比例折算后注出。如所得的尺寸不是整数，则应按标准长度和标准直径加以圆整后再进行标注。

4）有装配关系的尺寸在零件图上标注时，要注意互相对应，不可出现矛盾。如泵体的轮廓尺寸以及六个螺栓孔的位置尺寸，应与泵盖的标注一致。

4. 技术要求的确定

表面粗糙度的确定，可根据零件加工表面的作用，参阅有关资料或按类似产品的零件图确定。在一般情况下，有相对运动和配合要求的表面，粗糙度 *Ra* 应低于 3.2；有密封要求和耐腐蚀表面 *Ra* 一般应低于 6.3；自由表面 *Ra* 一般高于 25；不主要的结合面 *Ra* 一般为 12.5。

其他技术要求，如几何公差、热处理要求、表面硬度等，应根据零件在装配体中的作用，参考有关资料或同类产品类比确定。

泵体零件图如图 5-52 所示。

齿轮泵中其他零件的零件图如图 5-53～图 5-58 所示。

步骤六　尺寸圆整，完成部件测绘

装配图和零件图全部完成后，对全部图样作最后的审核。

1. 核对装配图

1）零件间的装配关系有无错误；

2）装配图上零件有无遗漏，按装配图上零件序号在明细栏中逐一查对；

3）装配图中尺寸有无注错，多种零件装在一起的总尺寸，须对照零件图重新校对；

4）技术要求有无漏注，是否合理；

5）按图示装配关系，可否依次拆卸，如无法拆卸，则应检查画法中的错误。

2. 校核零件图

1）零件结构形状表达是否完整、清晰；尺寸有无遗漏，标注是否合理。

2）有配合功能要求的尺寸是否与相关零件上的公称尺寸一致，公差带是否符合装配图中的配合代号。

3）检查有关技术要求有无漏注，如尺寸公差、几何公差和表面结构要求等。

完成上述各步骤后，将零件装配复原，整理测绘工具，还可写一份书面测绘实践报告，总结测绘工作中的成绩和不足。至此，部件测绘工作全部完成。

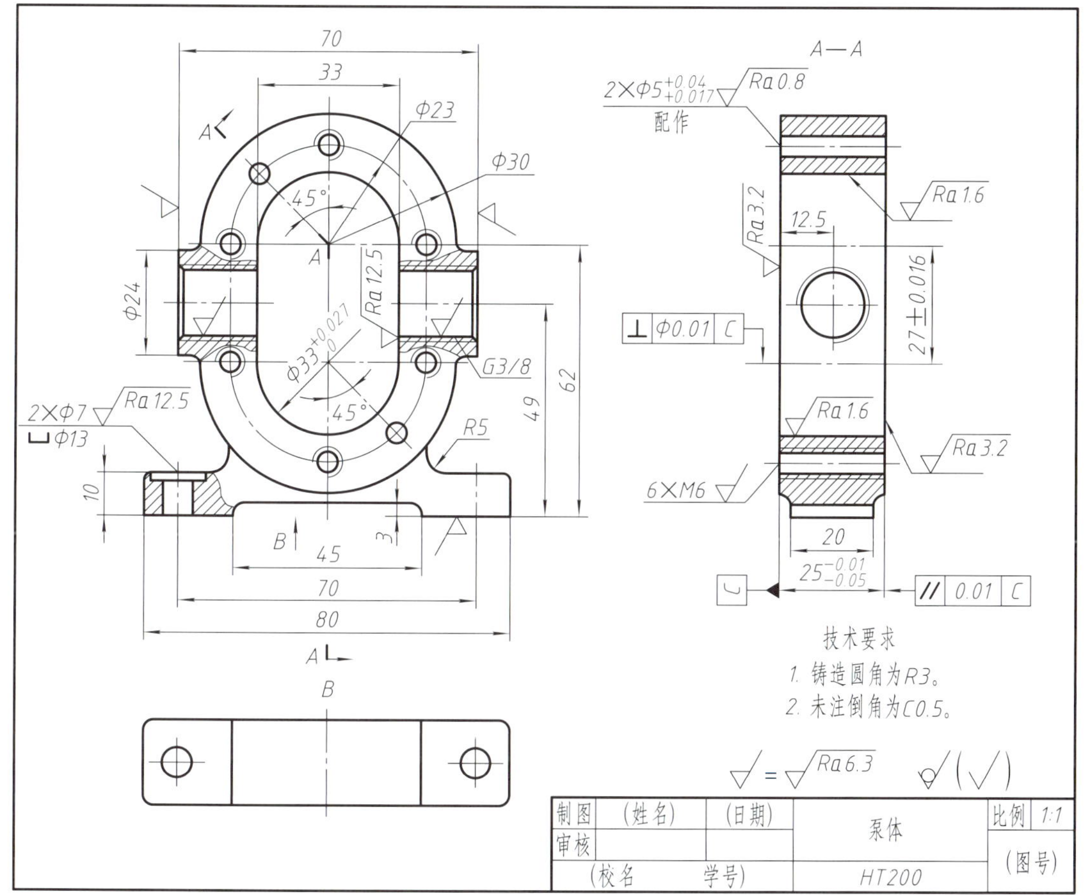

图 5-52　泵体零件工作图

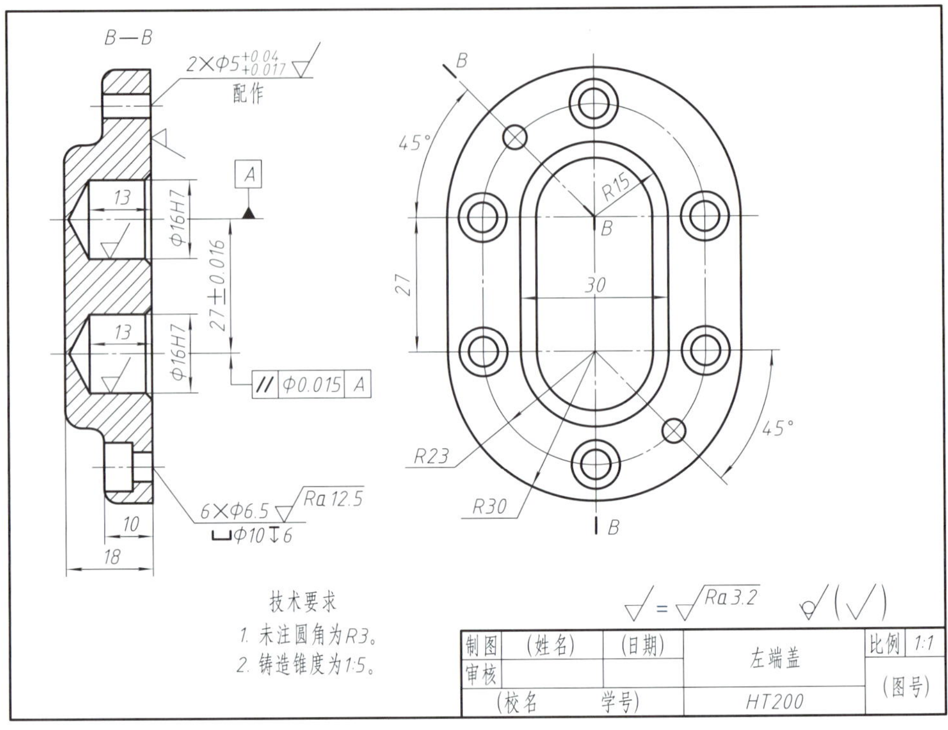

图 5-53 左端盖零件图

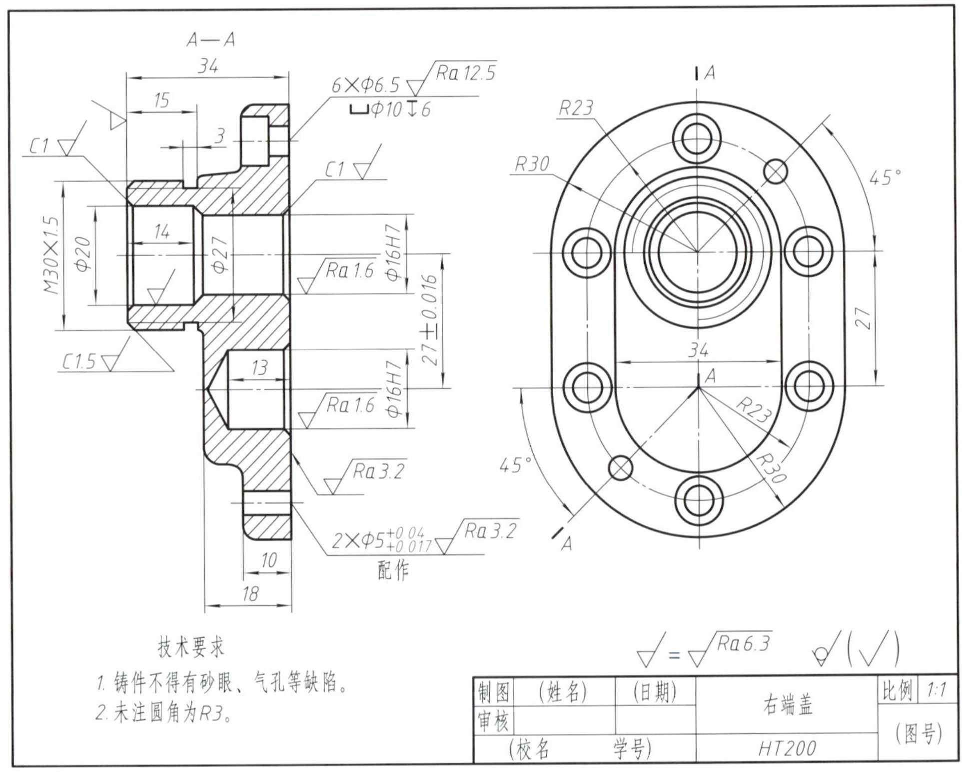

图 5-54 右端盖零件图

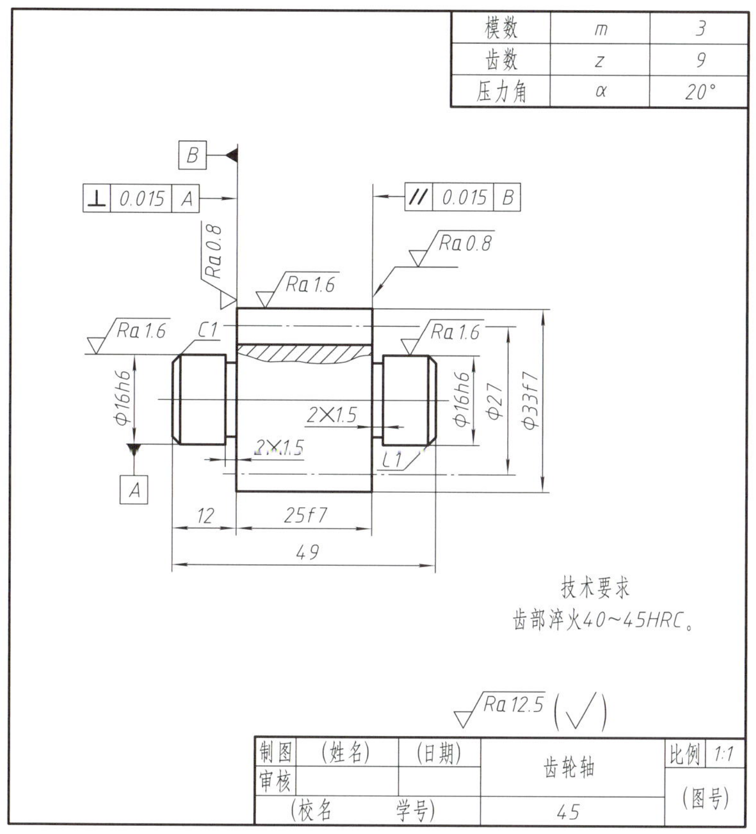

图 5-55 齿轮轴零件图

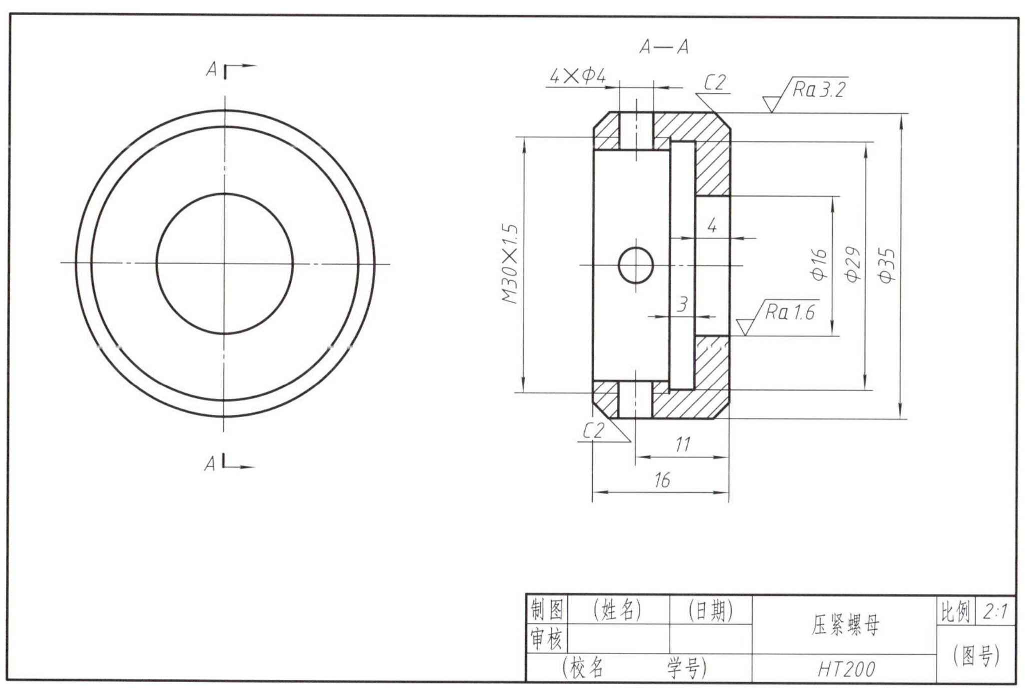

图 5-56 压紧螺母零件图

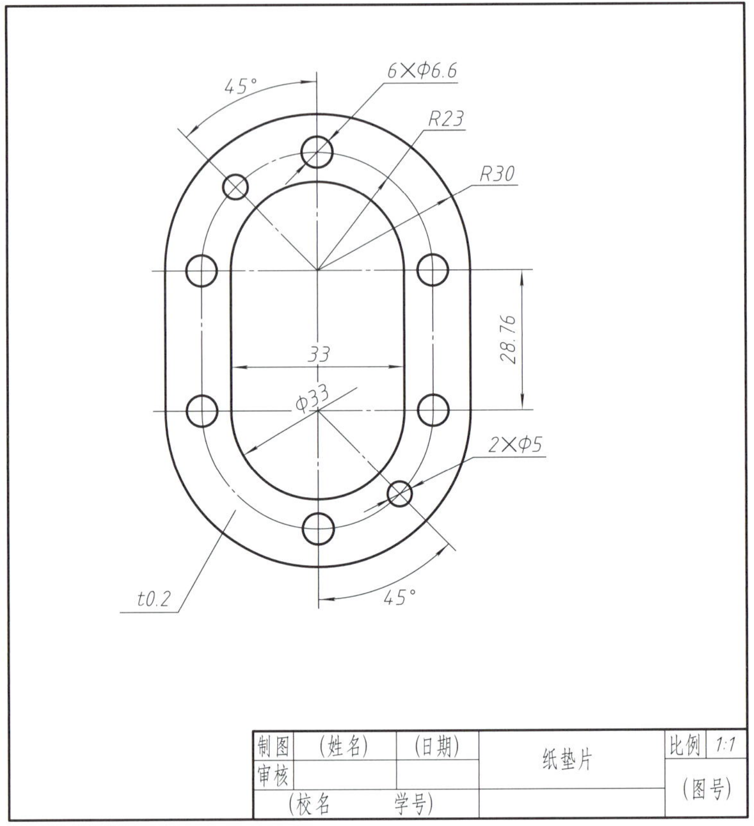

图 5-57　纸垫片零件图

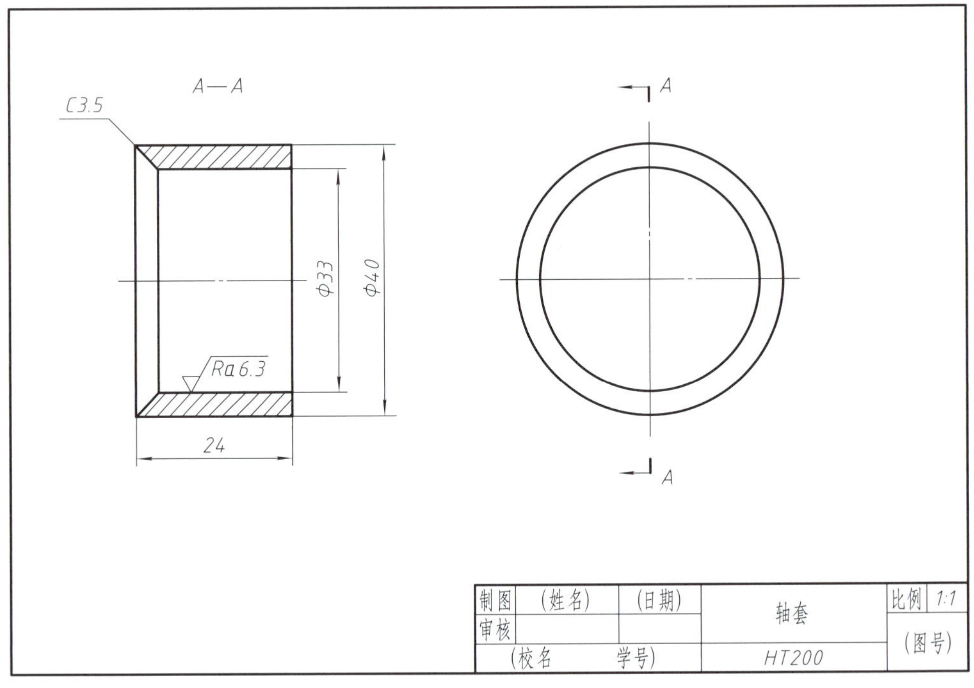

图 5-58　轴套零件图

任务2 识读齿轮泵装配图

任务引入

识读图 5-49 所示的齿轮泵装配图。

任务分析

齿轮泵通过一对或数对齿数不同的齿轮啮合传动。绘制装配图是用图形、尺寸、技术要求来表达设计意图和设计要求的过程，而读装配图是对现有的视图、尺寸和技术要求进行分析，了解设计者意图和要求的过程。

相关知识

一、识读装配图的一般要求

1. 了解部件的名称、用途、性能和工作原理；
2. 明确各组成零件间的相对位置、装配关系和装拆顺序；
3. 弄清各零件的名称、数量、材料、作用和基本结构形状。

读装配图要达到上述要求，除应掌握制图知识外，还应具备一定的生产和专业知识。

二、识读装配图的一般方法和步骤

装配图一般比较复杂，读装配图时需要由浅入深逐步分析。下面以千斤顶为例介绍装配图的识读方法。

1. 概括了解

由标题栏、明细栏和说明书或有关技术资料了解部件的名称、用途、工作原理以及各零件的名称、数量、材料等。根据装配图的视图配置和标注，弄清各视图的名称和视图之间的投影关系，并理解所采用的表达方法、各视图的作用及其所表达的主要内容。

2. 分析组成零件间的装配关系

参考说明书或有关技术资料，对照明细栏找出主要零件，然后从阅读主视图入手，并联系其他视图和标注的尺寸、配合代号等，分析组成部件的各零件的作用、结构特点和零件间的配合关系、连接方式以及运动零件的传动情况等，弄清部件的工作原理和零件间的装配关系。

3. 分析零件的结构形状

为了深入了解部件的结构特点和装配关系，还需弄清每个零件的结构形状。装配图中的标准件（如螺纹紧固件、键、销等）和常用的简单零件（如小轴、手柄等），其作用和结构形状比较明确,无须细读,看懂它们的投影后,就可将其从图中“剥离”出去,然后集中精力分析剩下的为数不多的复杂零件。

对于复杂零件的结构形状,首先要从装配图中“分离”出该零件的投影轮廓,其方法是:对照明细栏,在编写序号的视图上确定该零件的位置并依据剖面线画定零件的投影轮廓;接着可按视图间的投影关系,并根据同一零件的剖面线在各个视图上方向与间隔必须一致的规定,以及实心件不剖等画法规定,将复杂零件在各个视图上的投影范围及其轮廓搞清楚;然后根据分离出的投影轮廓,先推想出因其他零件的遮挡或因表达方法的规定而未被表示的投影和结构;最后运用形体分析法并辅以线面分析法进行仔细推敲,弄清零件的结构形状。在找各个零件在各个视图中的投影关系时,还可借助丁字尺、三角板、分规等。

当某些零件的结构形状在装配图上表达不够完整时,可先分析相邻零件的结构形状,根据它和周围零件的关系及其作用,再来确定该零件的结构形状。但有时还需要参考零件图来加以分析,以弄清零件的细小结构及其作用。

4. 归纳总结

对装配图进行上述分析后,还要对技术要求、全部尺寸进行分析研究。最后对装配体上零件的运动情况、工作原理、装配关系、拆卸顺序等综合归纳,想象出总体形状,并进一步了解整体和各部分的设计意图。

上述读装配图的方法步骤仅是概括说明,实际上读装配图的几个步骤往往是交替进行的。提高读装配图的能力,掌握读图规律,必须通过不断实践,才能达到目的。

任务实施

步骤一　概括了解

从图 5-49 标题栏中知道部件的名称叫齿轮泵,由此可以联想到它是将电动机输出的机械能转换为液体压力能的装置;从明细栏中知道齿轮泵由 17 种零件组成,其中 7 种为标准件。

步骤二　分析视图

齿轮泵用全剖的主视图和半剖的左视图表达。

全剖的主视图清楚表达了各零件的相对位置、装配、连接、配合关系和防止漏油的方法。件 2 齿轮轴和件 3 传动齿轮轴装在件 1 左端盖、件 6 泵体和件 7 右端盖之间,左右端盖和泵体之间用件 4 销和件 15 螺钉进行连接。为了防止漏油,在泵体和端盖结合处加入了垫片 5,并在件 3 传动齿轮轴的伸出端用密封圈 8、轴套 9 和压紧螺母 10 加以密封。件 3 传动齿轮轴的右端上的键槽用于安装普通平键 14,以连接传动齿轮 11,由此输入动力。

半剖的左视图是假想把左端盖拿掉后画出的,它清楚地表达了两齿轮的啮合状况。图上的局部剖视图表达的是进、出油口的情况。

步骤三　分析零件结构

将零件从装配体中分离并进行投影分析,想象出结构形状。现以泵体为例加以说明。

根据方向、间隔相同的剖面线将泵体从装配图中分离出来。由于在装配图中泵体的可见轮廓线可能被其他零件(如螺钉、销)遮挡,所以分离出来的图形可能是不完整的,必须补全。将主、左视图对照分析,想象出泵体的整体形状,如图 5-43 所示。

步骤四　分析尺寸

总体尺寸:总长 118,总高 93,总宽 85。安装尺寸:70。连接尺寸:G3/8,表示 55°非螺纹密封管螺纹,公称直径为 3/8 in;配合尺寸:ϕ16H7/h6、ϕ14H7/k6、ϕ33H8/f7,表示基孔制间隙配合。

项目二　减速器装配图的识读

任务　识读减速器装配图

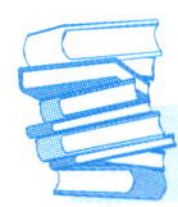

任务引入

为了读懂零件图上的技术要求,可以使用装配图配合读图,了解零件工艺结构和技术要求,要求能够读懂装配图,本任务要求读懂减速器装配图,如图 5-59 所示。

任务分析

减速器是通过一对或数对齿数不同的齿轮啮合传动,将高速旋转运动变为低速旋转运动的减速机构,主要由轴、端盖、箱体、箱盖等典型零件组成。复习和巩固装配体测绘知识,绘制装配图是用图形、尺寸、技术要求来表达设计意图和设计要求的过程,而读装配图是对现有的视图、尺寸和技术要求进行分析,了解设计者的意图和要求的过程。

相关知识

滚动轴承

滚动轴承是用来支持轴旋转及承受轴上载荷的标准部件,有专门的生产厂家生产。可大大减小轴与孔相对旋转时的摩擦力,具有机械效率高、结构紧凑等优点,应用极为广泛。

1. 滚动轴承的结构及表示方法(GB/T 4459.7—2017)

滚动轴承按其受力方向可分为三大类:

向心轴承　主要承受径向力。

推力轴承　主要承受轴向力。

向心推力轴承　可同时承受径向力和轴向力。

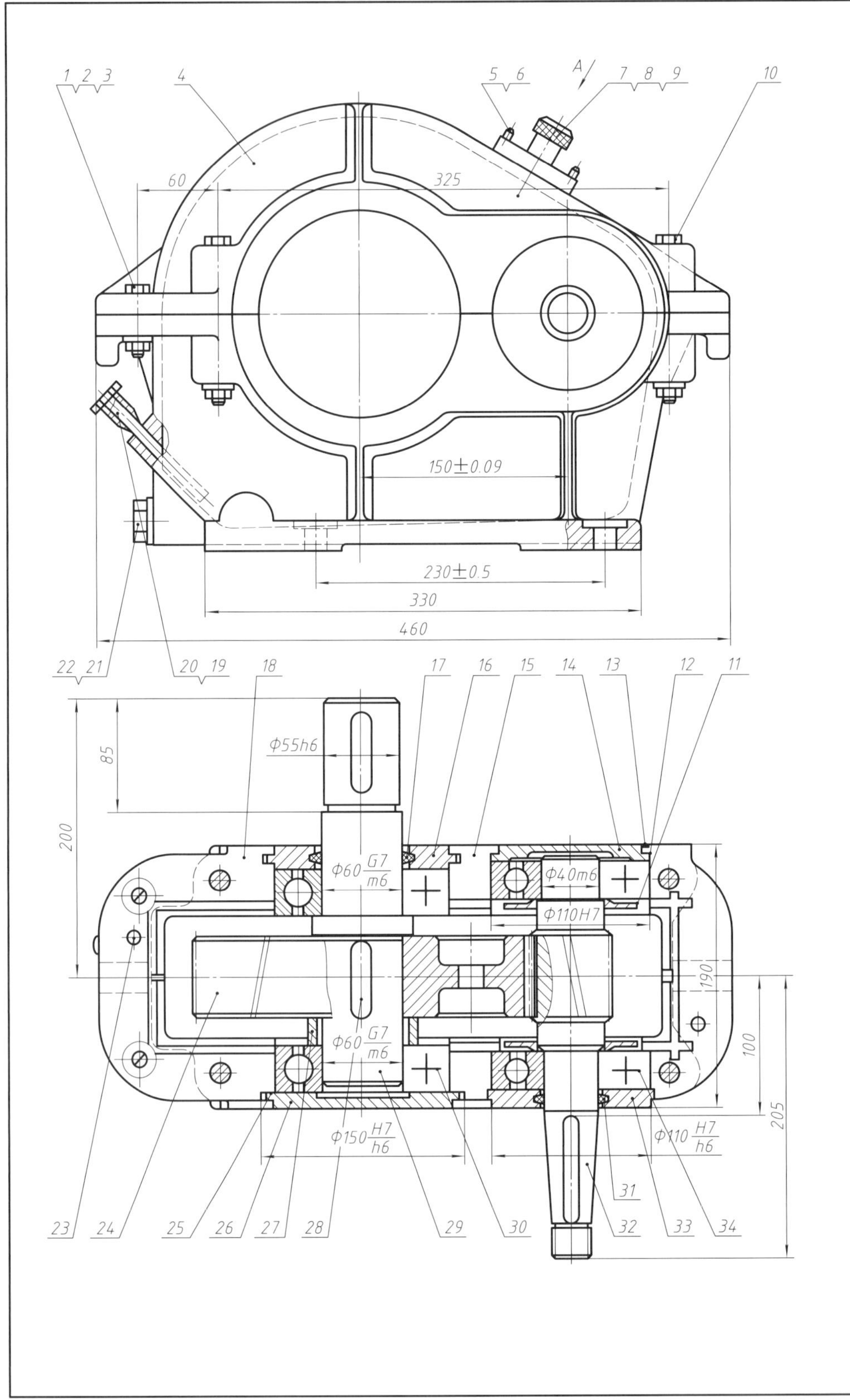
1 2 3
4
5 6
A
7 8 9
10
60
325
150±0.09
230±0.5
330
460
22 21
20 19
18
17
16
15
14
13
12
11
200
85
Φ55h6
Φ60 G7/m6
Φ40m6
Φ110H7
190
100
205
Φ150 H7/h6
Φ110 H7/h6
23
24
25
26
27
28
29
30
31
32
33
34

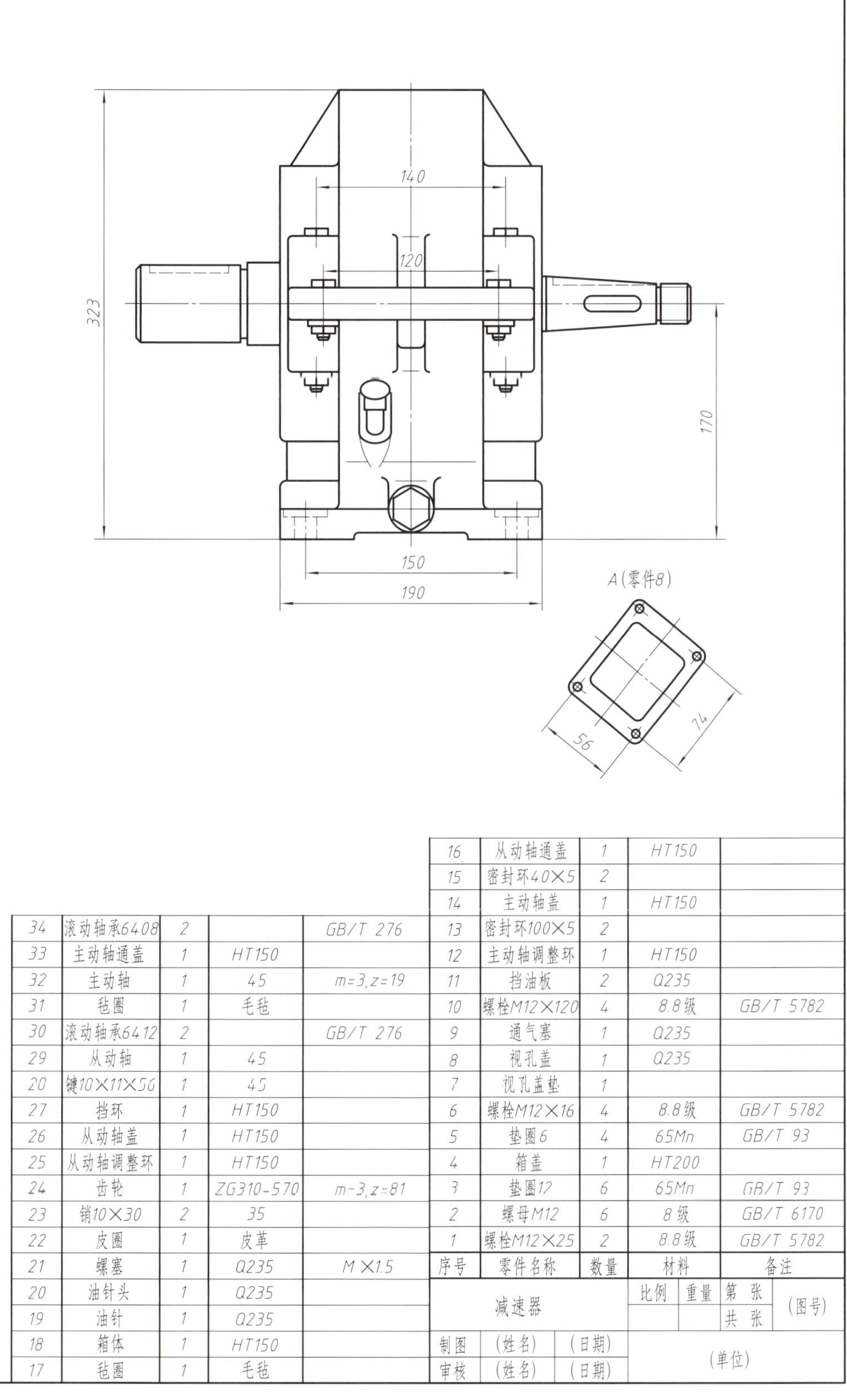

16	从动轴通盖	1	HT150	
15	密封环40×5	2		
14	主动轴盖	1	HT150	
13	密封环100×5	2		
12	主动轴调整环	1	HT150	
11	挡油板	2	Q235	
10	螺栓M12×120	4	8.8级	GB/T 5782
9	通气塞	1	Q235	
8	视孔盖	1	Q235	
7	视孔盖垫	1		
6	螺栓M12×16	4	8.8级	GB/T 5782
5	垫圈6	4	65Mn	GB/T 93
4	箱盖	1	HT200	
3	垫圈12	6	65Mn	GB/T 93
2	螺母M12	6	8级	GB/T 6170
1	螺栓M12×25	2	8.8级	GB/T 5782
序号	零件名称	数量	材料	备注

34	滚动轴承6408	2		GB/T 276
33	主动轴通盖	1	HT150	
32	主动轴	1	45	m=3, z=19
31	毡圈	1	毛毡	
30	滚动轴承6412	2		GB/T 276
29	从动轴	1	45	
20	键10×11×56	1	45	
27	挡环	1	HT150	
26	从动轴盖	1	HT150	
25	从动轴调整环	1	HT150	
24	齿轮	1	ZG310-570	m-3, z=81
23	销10×30	2	35	
22	皮圈	1	皮革	
21	螺塞	1	Q235	M ×1.5
20	油针头	1	Q235	
19	油针	1	Q235	
18	箱体	1	HT150	
17	毡圈	1	毛毡	

减速器		比例	重量	第 张 共 张	(图号)
制图	(姓名)	(日期)	(单位)		
审核	(姓名)	(日期)			

图 5-59 减速器装配图

滚动轴承(图5-60)的种类繁多,但其结构大体相同,一般由四部分组成。

外圈:通常以外圆面固定在机体的内孔。外圈的内表面制有弧形的环槽滚道。

内圈:内圈的内孔与轴配合并与轴一道旋转。内圈的外表面制有弧形的环槽滚道。内圈的内孔尺寸是该滚动轴承的主要规格尺寸。

滚动体:形状多为圆球、圆柱、圆锥等。

保持架:用来隔开滚动体。

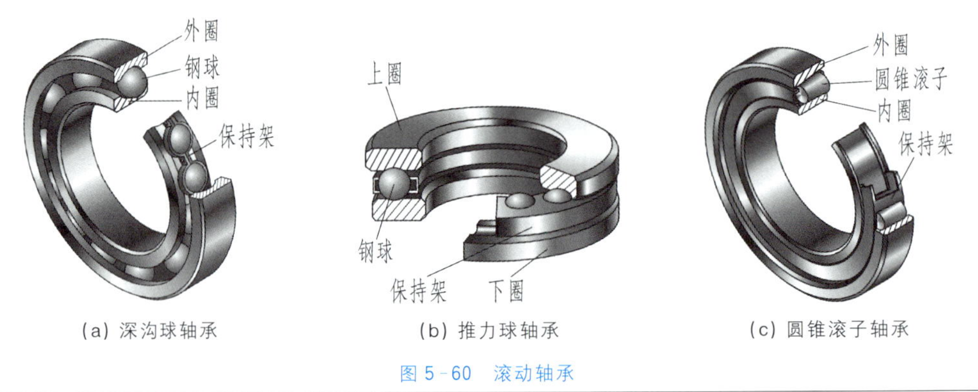

(a) 深沟球轴承　(b) 推力球轴承　(c) 圆锥滚子轴承

图5-60　滚动轴承

因保持架的形状复杂多变,滚动体的数量又较多,国家标准规定了简化的表示法。

滚动轴承的表示法包括三种画法,即通用画法、特征画法和规定画法,前两种画法又称简化画法,常用滚动轴承在装配图剖视时的表示法见表5-5。

2. 滚动轴承的代号

按照GB/T 272—2017规定,滚动轴承的代号由前置代号、基本代号和后置代号构成,前置、后置代号是在轴承结构形状、尺寸和技术要求等有改变时,在其基本代号前后添加的补充代号。补充代号的规定可由国家标准中查得。

轴承的基本代号由类型代号、尺寸系列代号和内径代号组成。基本代号最左边的一位数字(或字母)为类型代号(表5-6);尺寸系列代号由宽度和直径系列代号组成,具体从GB/T 272—2017中查取;内径代号的表示有两种情况,当内径不小于20 mm时,内径代号数字为轴承公称内径除以5的商数,当商数为一位数时,需在左边加"0";当内径小于20 mm时,则另有规定。

3. 滚动轴承的标记

滚动轴承的标记由三部分组成,即:

轴承名称　轴承代号　标准编号

标注示例:

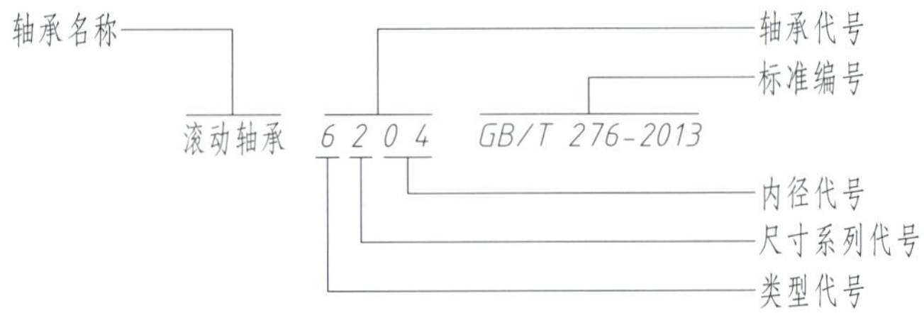

表 5-5　常用滚动轴承在装配图剖视时的表示法(摘自 GB/T 4459.7—1998)

轴承类型	特　征	通用画法	特征画法	规定画法
深沟球轴承 (GB/T 276—2013) 6000 型	主要承受径向载荷		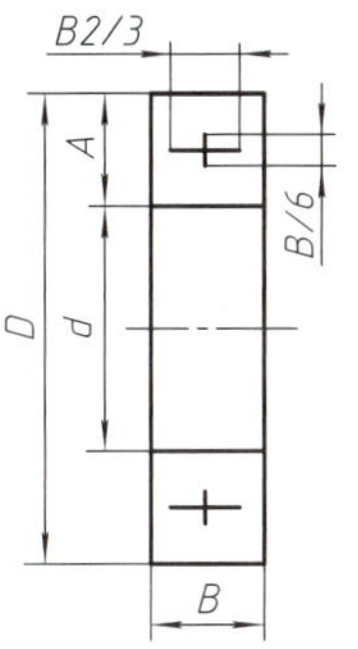	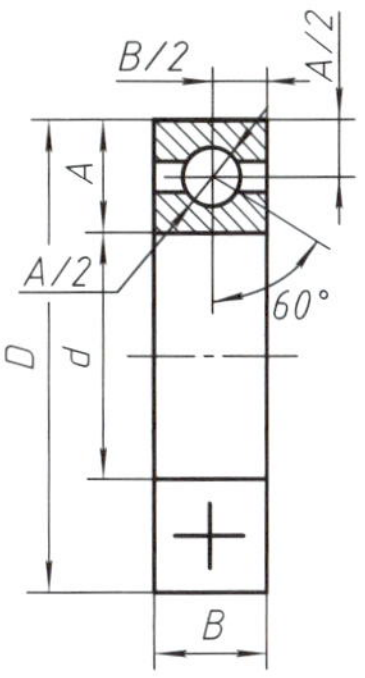
推力球轴承 (GB/T 301—2015) 51000 型	承受单方向的轴向载荷	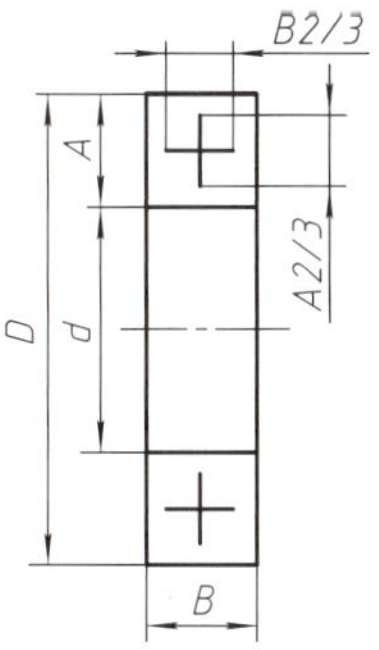	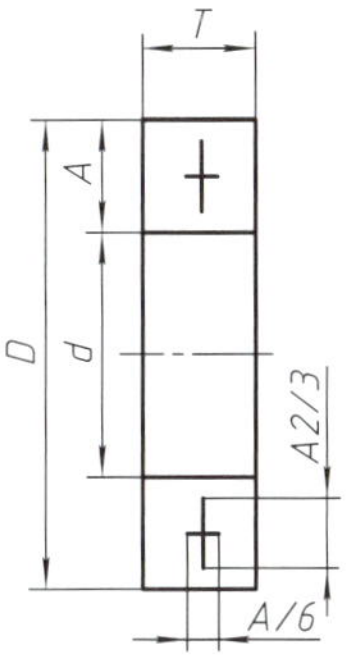	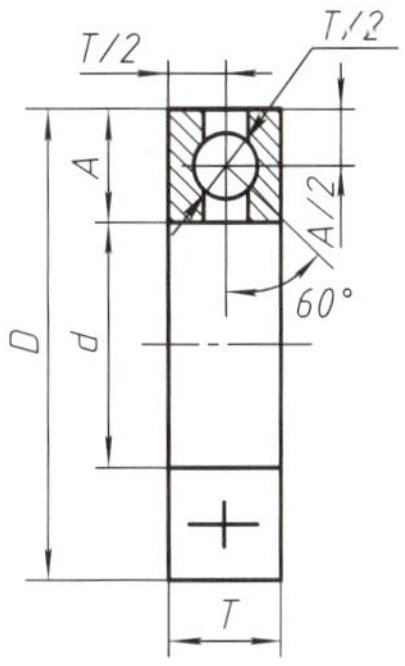
圆锥滚子轴承 (GB/T 297—2015) 30000 型	可同时承受径向和轴向载荷		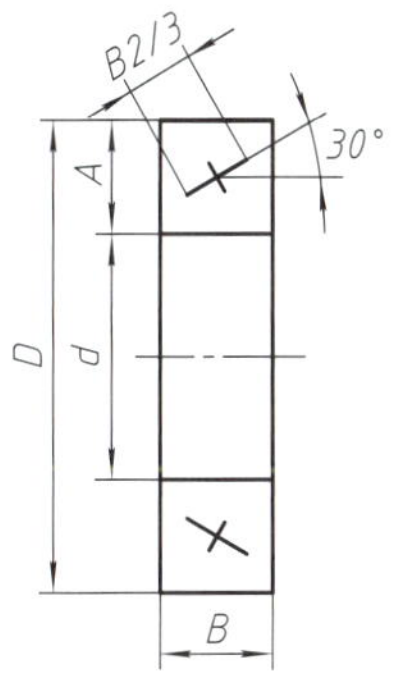	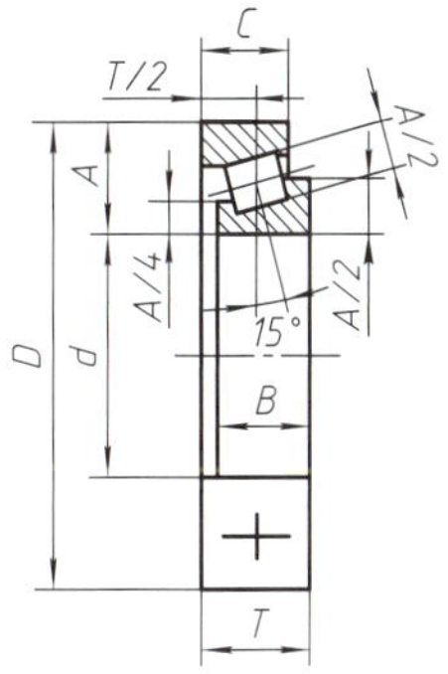

注:三种画法的选用:

(1) 通用画法——当不需要确切地表示滚动轴承的外形轮廓、承载特性和结构特征时采用。

(2) 特征画法——当需要较形象地表示滚动轴承的结构特征时采用。

(3) 规定画法——滚动轴承的产品图样、产品样本、产品标准和产品使用说明书中采用。

表 5-6　滚动轴承类型代号(摘自 GB/T 272—2017)

代号	轴　承　类　型	代号	轴　承　类　型
0	双列角接触球轴承	6	深沟球轴承
1	调心球轴承	7	角接触球轴承
2	调心滚子轴承和推力调心滚子轴承	8	推力圆柱滚子轴承
3	圆锥滚子轴承	N	圆柱滚子轴承(双列或多列用 NN 表示)
4	双列深沟球轴承	U	外球面球轴承
5	推力球轴承	QJ	四点接触球轴

注：

(1) 类型代号“6”表示深沟球轴承。

(2) 尺寸系列代号“02”。其中“0”为宽度系列代号，按规定省略未写，“2”为直径系列代号，故两者组合时注写成“2”。

(3) 内径代号“04”表示该轴承内径为 4 mm×5＝20 mm，即内径代号是公称内径 20 mm 除以 5 的商数 4，再在前面加 0 成为“04”。

(4) 轴承代号中的类型代号或尺寸系列代号有时可省略不写，具体的规定可由 GB/T 272—2017 中查知。

任务实施

步骤一　概括了解

如图 5-59 所示，由装配图的标题栏和明细栏可知，减速器由 34 种零件组成，其中标准件 10 种，主要零件是轴、齿轮、箱盖、箱体等。

减速器装配图采用主视图、俯视图、左视图三个基本视图来表达减速器的内外结构和形状。按工作位置选择的主视图主要表达部件的整体外形特征，但不能反映主要装配关系。主视图上两处局部剖视表示箱体安装孔和油针孔的局部形状。俯视图是沿箱盖与箱体结合面剖切的剖视图，集中反映了减速器的装配关系和工作原理。左视图补充表达减速器整体的外形轮廓。*A* 向视图表达零件 8 的形状。

主、俯、左视图上还标注了必要的尺寸；150±0.09 是减速器中心距规格尺寸，ϕ60G7/m6 和 150H7/h6 是有关零件之间的配合尺寸；减速器的总体尺寸为 460、200＋205、323。

步骤二　工作原理

减速器为单级传动圆柱齿轮减速器，即只有齿轮啮合传动。动力从齿轮轴的伸出端输入，小齿轮旋转带动大齿轮旋转，并通过键将动力传递到轴。由于主动齿轮的齿数比从动齿轮的齿数少得多，所以主动轴的高速转动经齿轮传动降为从动轴的低速转动，从而达到减速的目的。

步骤三　装配体的结构分析

1. 减速器有两条主要装配干线：①以齿轮轴(主动轴)的轴线为公共轴线，小齿轮居中，由调整环、两个滚动轴承、两个挡油环和两个端盖装配而成。由于小齿轮的齿数较少，所以与轴做成整体，称为齿轮轴。②装配干线是以与大齿轮配合的从动轴的轴线为公共轴线，大齿轮居中，由两个端盖、两个滚动轴承、一个套筒和一个调整环装配而成。从动轴与大齿轮用平键连接。

2. 轴通常由轴承支承，由于减速器采用支持圆柱齿轮传动，无轴向力，所以滚动轴承选用深沟球轴承。在减速器中，轴的位置是靠轴承等零件共同确定的，轴在工作时只能旋转，不允许沿轴线方向移动。从俯视图可看出，主动轴 32 上装有滚动轴承 34、挡油板 11 等零件，主动轴盖 14 和通盖 33 分别顶住两个滚动轴承的外圈，滚动轴承的内圈通过挡油板靠在轴的轴肩上，从而使主动轴在轴向定位。为了避免主动轴在高速旋转中因受热伸长而将滚动轴承卡住，在端盖与滚动轴承外圈之间必须预留空隙(0.2～0.3 mm),间隙的大小可由调整环来控制。

3. 减速器中各运动零件的表面需要润滑,以减少磨损,因此,在减速器的箱体中装有润滑油。为了防止润滑油渗漏,在一些零件上或零件之间需有起密封作用的结构和装置。大齿轮应浸在润滑油中,其深度一般在两倍齿高,可用油标测定。齿轮旋转时将油带起,引起飞溅和雾化,不仅润滑齿轮,还散布到各部位,这是一种飞溅润滑方式。从俯视图可看出,端盖及毡圈等都能防止润滑油沿轴的表面向外渗漏。挡油板的作用是借助其旋转时的离心惯性,将环面上的油甩掉,以防飞溅的润滑油进入滚动轴承内而稀释润滑脂。

4. 从主视图看出,箱盖与箱体用螺栓 10 连接,以此使轴径向固定,并保证减速器的密封性。圆锥销 23 使箱盖与箱体在装配时能准确定位对中。通气塞用螺母固定在窥视孔盖上,窥视孔盖由四个螺钉加垫片固定在箱盖上,通过窥视孔可观察和加油。润滑油必须定期更换,污油通过放油孔排出。

步骤四　零件的结构分析

零件是组成机器或部件的基本单元,零件的结构形状、大小与技术要求是根据该零件在装配体中的作用以及与其他零件的装配连接方式,由设计和工艺要求决定的。

从设计要求考虑,零件在机器或部件中通常是起容纳、支承、配合、连接、传动、密封及防松等作用,这是确定零件主要结构的因素。

从工艺要求考虑,为了加工制造和安装方便,零件通常有倒圆、退刀(砂轮越程)槽、倒角等结构,这是确定零件局部结构的因素。

通过对装配体和零件的结构分析,可对零件各部分结构形状加深理解,进而对装配图的识读更加全面和深入。

下面着重对减速器中的从动轴和箱体进行结构分析。

1. 从动轴

从动轴的重要作用是装在轴承中支承齿轮传递转矩(或动力)。从动轴共有 5 个轴段:右端 ϕ55h6 轴段上有键槽,通过键与外部设备连接;左端 ϕ60m6 轴段通过滚动轴承支承在箱体上;中间带键槽的 ϕ60m6 轴段通过键与从动齿轮连接;中间的 ϕ80 轴段的作用是为了轴向固定齿轮而做成较大的凸肩。

零件图中的倒角、退刀(越程)槽、倒圆是从动轴的局部结构。

2. 箱体

箱体的重要作用是容纳、支承轴和齿轮,并与箱盖接合。

对照箱体主、俯、左视图可看出:箱体中间的长方形空腔是为了容纳齿轮和润滑油;箱体左面凸台上的圆孔可观察油池内润滑油的高度,螺塞孔则是放油孔;箱体前后的半圆形(47、64)柱面(凸台)上分别制有 ϕ55 和 ϕ70 的圆周槽,其作用是装入端盖或闷盖以保证主动轴和从动轴轴向定位(轴两端装有滚动轴承),同时可防止油溅出或灰尘进入;箱体顶面上有与箱盖连接的定位销孔和螺栓孔,箱体底板上有四个安装沉孔,底板与半圆弧柱面之间有加强肋,在主视图上还可以看到左右两个小圆弧,是为了便于搬运而设置的把手。

根据上述分析，对减速器的视图表达、工作原理、装配关系以及整体结构有了比较全面的认识。拆画减速器中某个零件，需要深入分析该零件在减速器中的左右及与其他零件的关系，从而弄清其结构形状，按拆画零件图的方法与步骤画出零件图。

回顾与总结

在齿轮泵的测绘工作中，学习了部件测绘的一般方法和步骤，从中对常见的标准件和常用件的用途及规定画法有了详细的了解，同时学会了装配图的画法。

1. 在绘制非标准零件的草图时，一定注意有配合关系的零件的公称尺寸要一致，尺寸公差与相应配合代号也要一致。

2. 测绘中注意各种测量工具的使用及尺寸测量的正确方法。

3. 在绘制装配图之前，学会分析装配体的具体结构，明确装配图的表达方案，学会应用各种零件表达的手段来表达测绘的部件。

4. 注意学习对于各种标准结构的规定画法，能够学会查阅标准，确定尺寸。

5. 培养认真负责，一丝不苟的工作作风，不论是草图绘制还是装配图绘制、零件图绘制，都要仔细，避免由于粗心、不负责任等产生的各种错误。

6. 读装配图的方法步骤仅是概括说明，实际上读装配图的几个步骤往往是交替进行的。提高读装配图的能力，应掌握读图规律，必须通过不断实践，才能达到目的。

模块六　使用第三角投影绘制机件图样

任务　使用第三角投影绘制轴承座图样

任务引入

我国采用的是第一角投影(第一角画法),但也有许多国家和地区采用第三角投影(如美国,日本,中国港、澳、台地区等)。现在我国与国际交流日益增多,为了便于国际技术交流与合作,也应掌握第三角画法,本任务要求能够使用第三角投影绘制轴承座图样。

任务分析

利用第三角投影特性绘制轴承座(图 6-1)零件图。

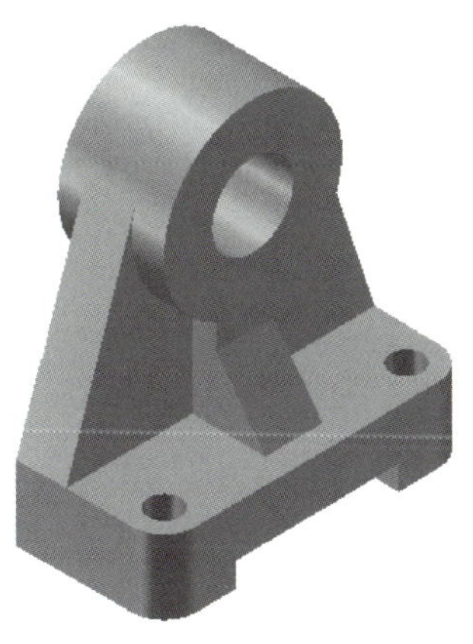

图 6-1　轴承座

相关知识

一、第一角画法和第三角画法的异同点

第一角画法和第三角画法都采用正投影法,但物体的位置不同,如图 6-2 所示,三个投影面垂直相交把空间分为八个分角(*I*、*II*、*III*、…、*VIII*)。

第一角画法是将物体置于第一分角内,使其处于观察者和投影面之间而得到的正投影方法。保持着人(视线)—物体—投影面(视图)的关系。

第三角画法是将物体置于第三分角内，使投影面处于观察者和物体之间而得到的正投影方法。假想投影面是透明的，并保持着人（视线）—投影面（视图）—物体的关系。

二、第三角画法

1. 三视图的形成及名称

第三角画法及三视图如图 6-3 所示。从前向后投射，在 V 面得到的视图称为主视图；从上向下投射，在 H 面得到的视图称为俯视图；从右向左投射，在 W 面得到的视图称为右视图。

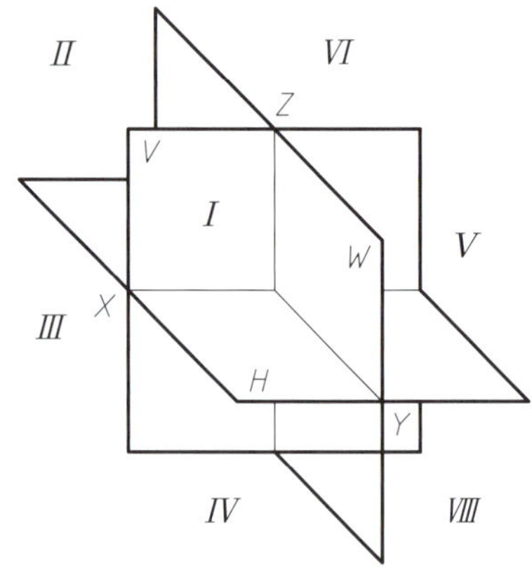

图 6-2 空间八个分角的划分

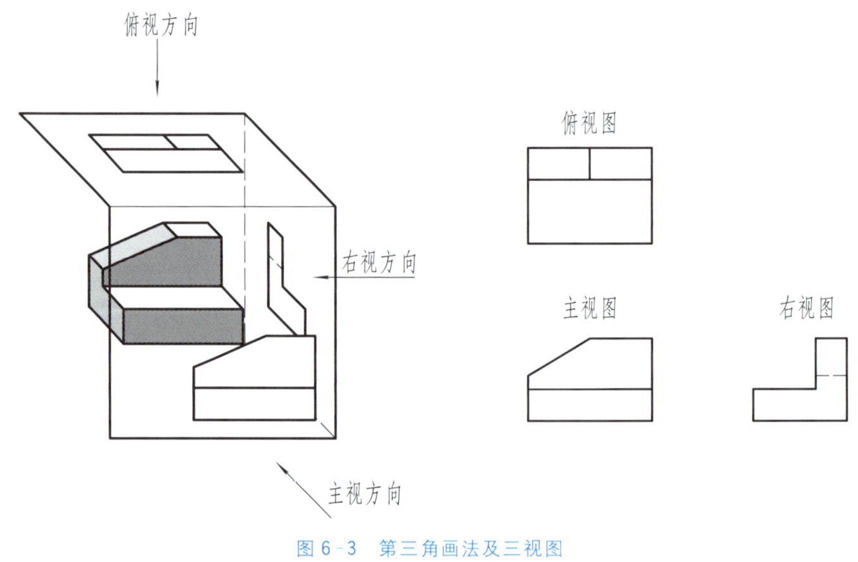

图 6-3 第三角画法及三视图

2. 三视图的展开

V 面（主视图）保持不动，将 H 面（俯视图）绕 OX 轴向上旋转 90°，将 W 面（右视图）绕 OZ 轴向右旋转 90°，使三个投影面在同一平面内展开。

3. 三个视图之间的关系

1）位置关系　俯视图在主视图上方，右视图在主视图右方。

2）尺寸关系　主视图和俯视图同长，主视图和右视图同高，俯视图和右视图同宽，这种三等关系与第一角画法一致。

3）方位关系　由于第三角画法的展开方向和视图配置位置与第一角画法不同，因此第三角画法中，靠近主视图的一侧表示物体的前面，远离主视图的一侧表示物体的后面。

4. 第三角画法的六个基本视图

第三角画法同样有六个基本视图，除上述三个视图外还有左视图，仰视图和后视图，如图 6-4 所示。

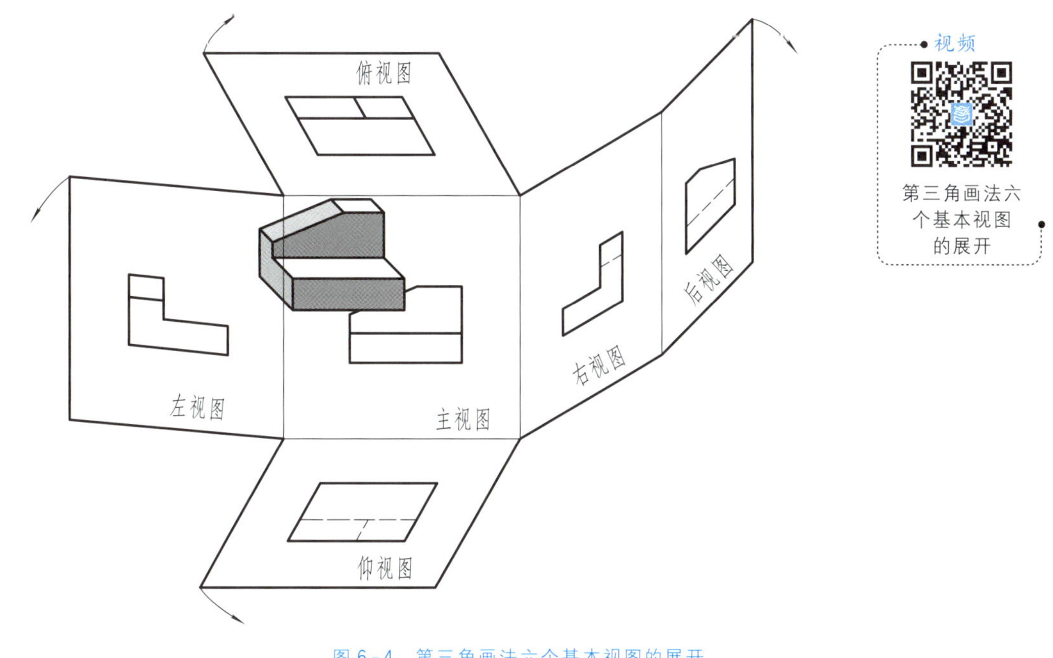

图 6-4　第三角画法六个基本视图的展开

使用第三角画法应注意：

1）采用第三角画法的读图方法仍可采用视图归位法，即主视图不动，将俯视图绕 *OX* 轴向后旋转 90°；将右视图绕 *OZ* 轴向后旋转 90°，恢复到视图展开前的状态，即可想象出物体的结构形状。

2）第三角画法的六个基本视图之间有一个规律：每一视图所表示的物体形状都是从相邻视图的邻近侧进行观察的结果。

5. 第一角画法和第三角画法的标记

在 ISO 国际标准中，规定了第一角画法和第三角画法的标记，如图 6-5 所示。画法的识别符号注写在标题栏内，我国统一采用第一角画法，并可省略识别符号的注写，但当采用第三角画法时，必须注写识别符号。

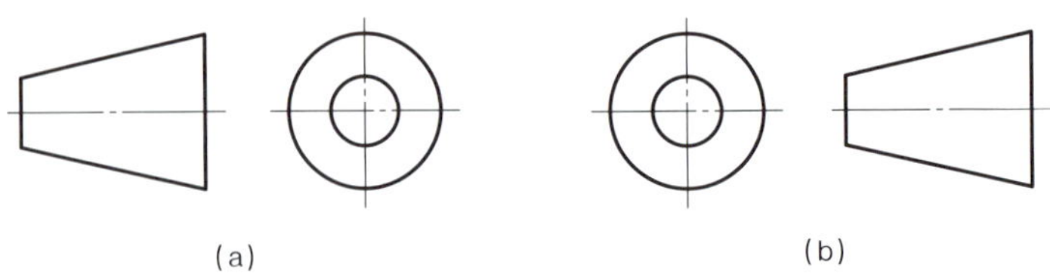

图 6-5　第一角画法和第三角画法的标记

三、第三角投影的特点

1. 便于读图

如前所述，第一角画法是将机件置于观察者与投影面之间进行投射，对于初学者容易理解和掌握基本视图的投影规律。

第三角画法是将投影面置于观察者与机件之间进行投射，即观察者先看到投影图，再看到机件，在六面视图中，除后视图外，其他视图都配置在相邻视图的近侧，方便识读。这一特点对于识读较长的轴、杆类零件图时尤为突出。如图 6-6 所示，主视图左端的形状配置在主视图的左方，其右视图是将主视图右端的形状配置在主视图的右方。与第一角画法比较，显然用第三角画法的近侧配置更方便画图与读图。

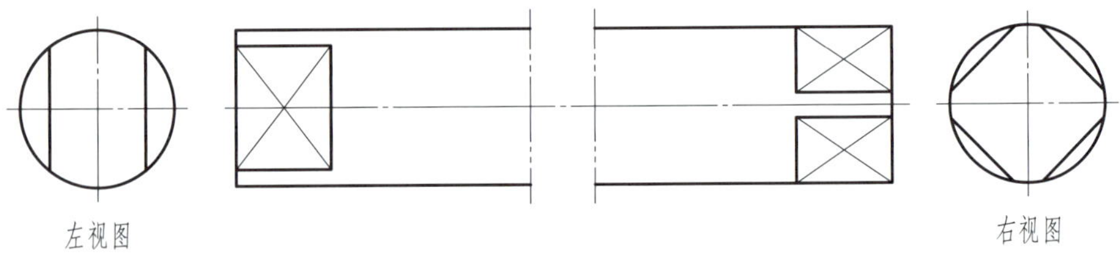

图 6-6　第三角画法特点之一

2. 便于表达

利用第三角画法近侧配置的特点，对于表达机件上的局部结构比较清楚、简明。如图 6-7 所示，只要将局部视图或斜视图配置在适当位置，一般不再需要标注。

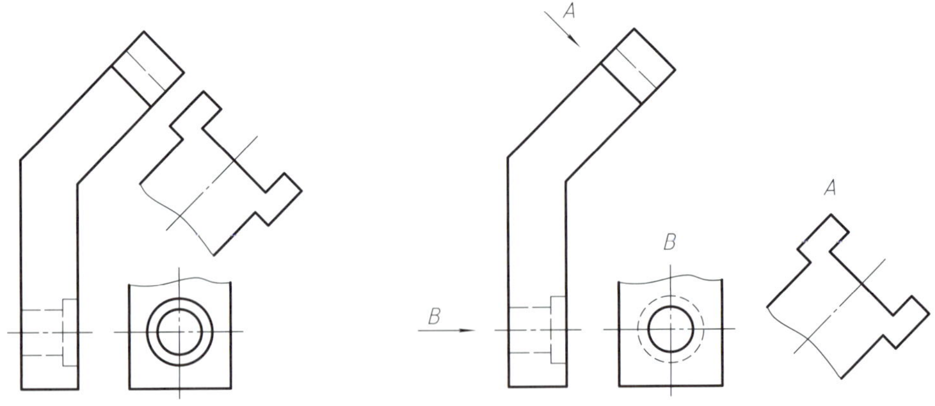

图 6-7　第三角画法特点之二

3. 剖面图画法的特点

在第三角画法中，剖视图和断面图通称为“剖面图”，并分为全剖面图、半剖面图、断裂剖面图、旋转剖面和阶梯剖面图。如图 6-8 所示，主视图采用阶梯全剖面，左视图取半剖面。在主视图中，左面的肋板不画剖面线。肋的移出断面在第三角画法中称为移出旋转剖面，剖面的标注与第一角画法不同，剖切线用双点画线表示，并以箭头指明投射方向，剖面名称写在剖面图下方。

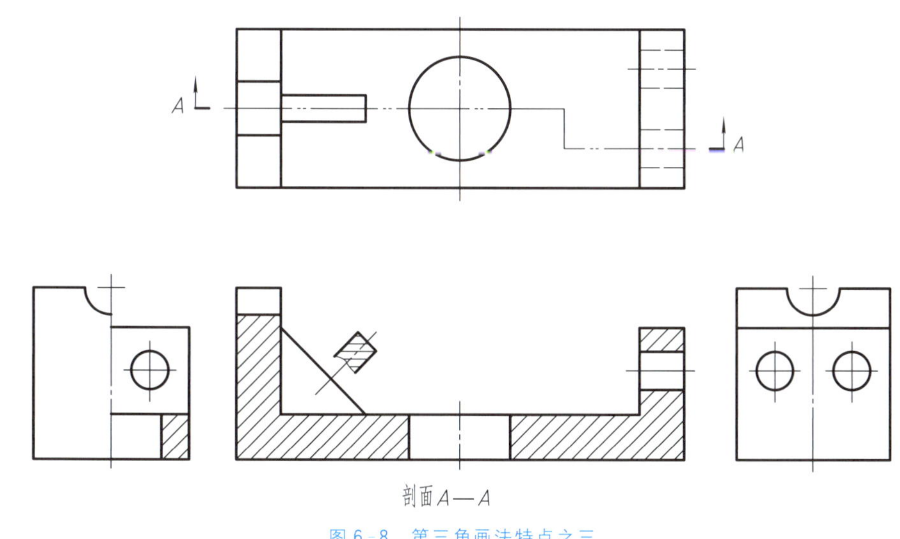

图 6-8　第三角画法特点之三

任务实施

步骤一　形体分析

画图之前，首先对机件的结构进行分析。图 6-1 中轴承座由圆筒、支承板、底板及肋板组成。

步骤二　选择主视图

首先确定主视图。主视图一般应能较明显反映出机件形状的主要特征，确定如图 6-9 所示的主视图的位置和方向。

步骤三　选比例、定图幅

视图确定后，便根据机件的大小和其形状复杂程度，按制图标准规定选择适当的作图比例和图幅。在一般情况下，作图比例尽可能选用 1∶1 的比例。绘制轴承座使用 1∶1 的比例。

步骤四　布置视图，绘制轴承座的视图

确定主视图的位置，按照第三角投影原理绘制轴承座的三视图，如图 6-9 所示。

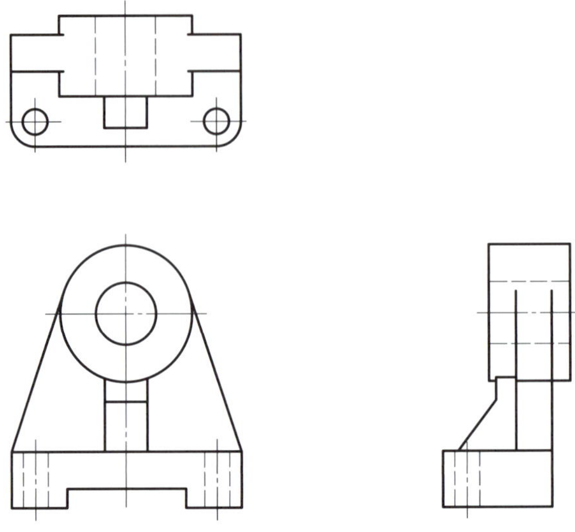

图 6-9　轴承座第三角投影三视图

回顾与总结

1. 第三角投影绘制机件的图样的步骤和第一角投影绘制图样的步骤大致相同，都是由结构分析、主视图的确定、比例和图幅的确定以及绘制三视图四个步骤组成。

2. 使用第三角投影时，注意视图的展开方式，以免发生前后结构发生颠倒的现象，影响读图。

附　　录

附表 1　普通螺纹(摘自 GB/T 193—2003、GB/T 196—2003)

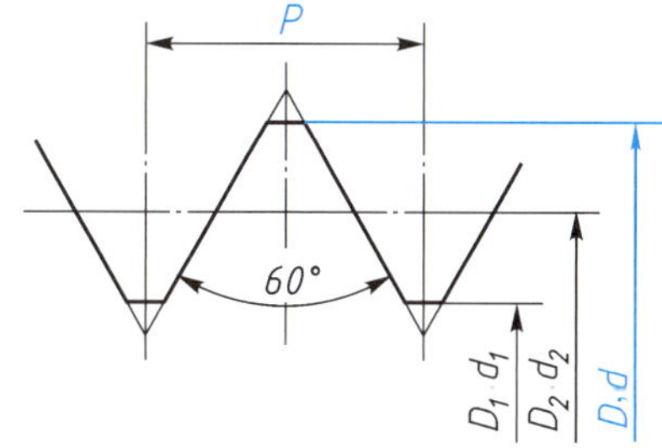

标记示例:
M10－5g6g
(普通粗牙螺纹,公称直径 10 mm,中径公差带代号 5g,顶径公差带代号 6g,中等旋合长度)

mm

公称直径 D、d		螺距 P		粗牙小径 D_1、d_1	公称直径 D、d		螺距 P		粗牙小径 D_1、d_1
第一系列	第二系列	粗牙	细牙		第一系列	第二系列	粗牙	细牙	
5		0.8	0.5	4.134		18	2.5	2、1.5、1	15.294
6		1	0.75	4.917	20		2.5	2、1.5、1	17.924
	7	1		5.917		22	2.5		19.924
8		1.25	1、0.75	6.647	24		3		20.752
10		1.5	1.25、1、0.75	8.376		27	3		23.752
12		1.75	1.25、1	10.106	30		3.5	(3)、2、1.5、1	26.211
	14	2	1.5、1.25、1	11.835		33	3.5	(3)、2、1.5	29.211
16		2	1.5、1	13.835	36		4	3、2、1.5	31.670

附表 2　梯形螺纹（摘自 GB/T 5796.3—2022）

mm

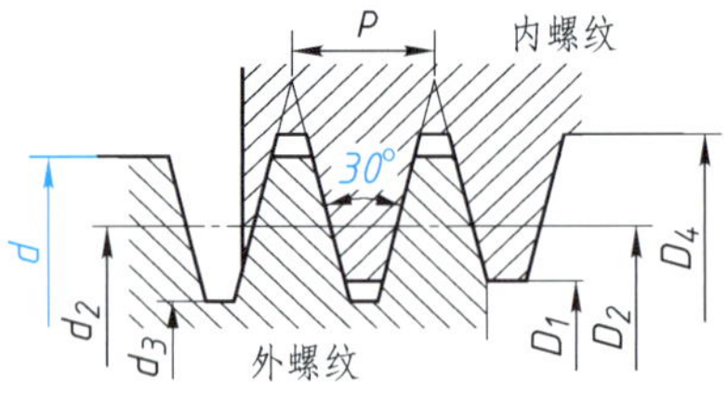

D_4—内螺纹大径；d—外螺纹大径；D_2—内螺纹中径；d_2—外螺纹中径；D_1—内螺纹小径；d_3—外螺纹小径；P—螺距

标记示例：

Tr40×7－7H

（单线梯形内螺纹，公称直径 $d=40$ mm，螺距 $P=7$ mm，右旋，中径公差带代号为 7H，中等旋合长度）

Tr60×18*P*9－8e－*L*－*LH*

（双线梯形外螺纹，公称直径 $d=60$ mm，导程为 18 mm，螺距 $P=9$ mm，左旋，中径公差代号为 8e，长旋合长度）

mm

公称直径 D、d 第一系列	公称直径 D、d 第二系列	螺距 P	中径 $d_2=D_2$	大径 D_4	小径 d_3	小径 D_1
8		1.5	7.25	8.30	6.20	6.50
	9	1.5	8.25	9.30	7.20	7.50
		2	8.00	9.50	6.50	7.00
10		1.5	9.25	10.30	8.20	8.50
		2	9.00	10.50	7.50	8.00
	11	2	10.00	11.50	8.50	9.00
		3	9.50	11.50	7.50	8.00
12		2	11.00	12.50	9.50	10.00
		3	10.50	12.50	8.50	9.00
	14	2	13.00	14.50	11.50	12.00
		3	12.50	14.50	10.50	11.00

公称直径 D、d 第一系列	公称直径 D、d 第二系列	螺距 P	中径 $d_2=D_2$	大径 D_4	小径 d_3	小径 D_1
16		2	15.00	16.50	13.50	14.00
		4	14.00	16.50	11.50	12.00
	18	2	17.00	18.50	15.50	16.00
		4	16.00	18.50	13.50	14.00
20		2	19.00	20.50	17.50	18.00
		4	18.00	20.50	15.50	16.00
	22	3	20.50	22.50	18.50	19.00
		5	19.50	22.50	16.50	17.00
		8	18.00	23.00	13.00	14.00
24		3	22.50	24.50	20.50	21.00
		5	21.50	24.50	18.50	19.00
		8	20.00	25.00	15.00	16.00

附表 3　55°非密封管螺纹（摘自 GB/T 7307—2001）

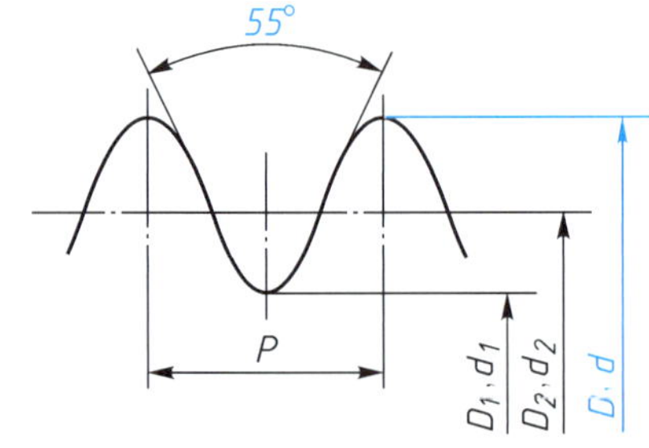

标记示例：

G3/4LH

（55°非密封管螺纹，尺寸代号为 3/4、左旋）

续　表

mm

尺寸代号	每 25.4 mm 内所包含的牙数 n	螺距 P	基本直径	
			大径 D、d	小径 D_1、d_1
3/8	19	1.337	16.662	14.950
1/2	14	1.814	20.955	18.631
1	11	2.309	33.249	30.291
1½	11	2.309	47.803	44.845
2	11	2.309	59.614	56.656
2½	11	2.309	75.184	72.226
3	11	2.309	87.884	84.926

附表 4　六角螺母(摘自 GB/T 6170—2015、GB/T 41—2016)

Ⅰ型六角螺母(GB/T 6170—2000)　　　　六角螺母 GB/T 41—2016

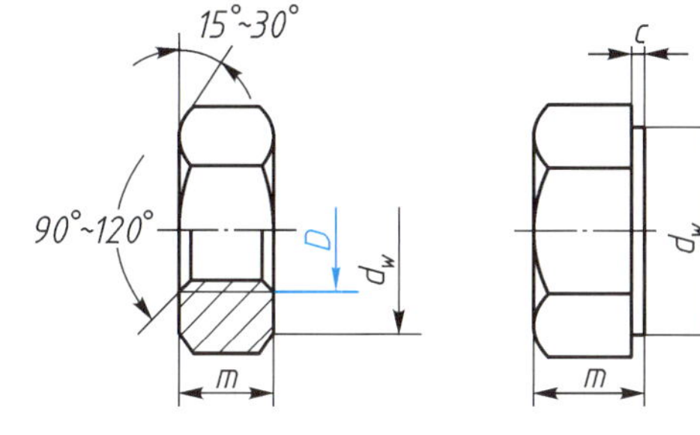

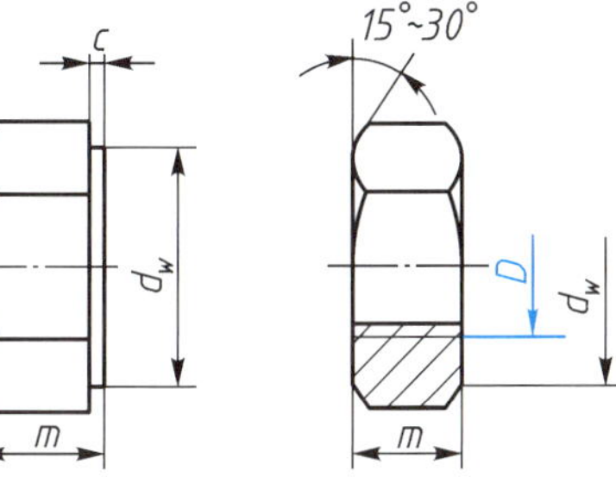

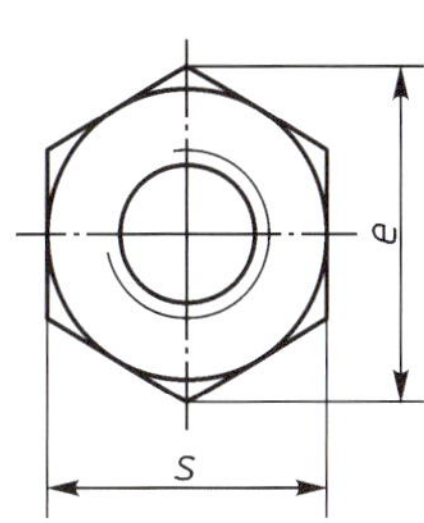

标记示例:

螺母　GB/T 6170　M12

(螺纹规格 D = M12、性能等级为 10 级、不经表面处理、产品等级为 A 级的Ⅰ型六角螺母)

螺母　GB/T 41　M12

(螺纹规格 D = M12、性能等级为 5 级、不经表面处理、产品等级为 C 级的六角螺母)

mm

螺纹规格 D	M5	M6	M8	M10	M12	M16	M20	M24	M30	M36
c　max	0.5		0.6			0.8				
s　公称 = max	8	10	13	16	18	24	30	36	46	55
e　min	8.63	10.89	14.2	17.59	19.85	26.17	32.95	39.55	50.85	60.79
m　max	5.6	6.4	7.9	9.5	12.2	15.9	19.0	22.3	26.4	31.9
d_w　min	6.7	8.7	11.5	14.5	16.5	22	27.7	33.3	42.8	51.1

附表 5　六角头螺栓

六角头螺栓（摘自 GB/T 5782—2016）　　　　六角头螺栓 全螺纹（摘自 GB/T 5783—2016）

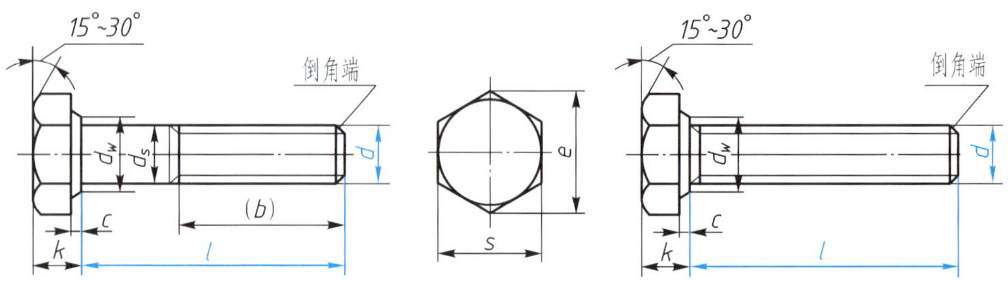

标记示例：

螺栓　GB/T 5782　M12×80

（螺纹规格 d = M12、公称长度 l = 80 mm、性能等级为 8.8 级、表面氧化、产品等级为 A 级的六角头螺栓）

螺栓　GB/T 5783　M12×80

（螺纹规格 d = M12、公称长度 l = 80 mm、性能等级为 8.8 级、表面氧化、全螺纹、产品等级为 A 级的六角头螺栓）

mm

螺纹规格	d	M5	M6	M8	M10	M12	M16	M20	M24	M30	M36
b 参考	$l \leqslant 125$	16	18	22	26	30	38	46	54	66	—
	$125 < l \leqslant 1200$	22	24	28	32	36	44	52	60	72	84
	$l > 1200$	35	37	41	45	49	57	65	73	85	97
c　max		0.5		0.6			0.8				
k　max	A	3.65	4.15	5.45	6.58	7.68	10.18	12.715	15.215	—	—
	B	3.74	4.24	5.54	6.69	7.79	10.29	12.85	15.35	19.12	22.92
d_s　max		5	6	8	10	12	16	20	24	30	36
s　max		8	10	13	16	18	24	30	36	46	55
e　min	A	8.79	11.05	14.38	17.77	20.03	26.75	33.53	39.98	—	—
	B	8.63	10.89	14.2	17.59	19.85	26.17	32.95	39.55	50.58	60.79
d_w　min	A	6.88	8.88	11.63	14.63	16.63	22.49	28.19	33.61	—	—
	B	6.74	8.74	11.47	14.47	16.47	22	27.7	33.25	42.75	51.11
l 范围	GB/T 5782	25～50	30～60	40～80	45～100	50～120	65～160	80～200	90～240	110～300	140～360
	GB/T 5783	10～50	12～60	16～80	20～100	25～120	30～150	40～150	50～150	60～200	70～200
l 系列	GB/T 5782	20～65（5 进位）、70～160（10 进位）、180～500（20 进位）									
	GB/T 5783	8、10、12、16、20～65（5 进位）、70～160（10 进位）、180、200									

附表 6　双头螺柱（摘自 GB/T 897—1988、GB/T 898—1988、GB/T 899—1988、GB/T 900—1988）

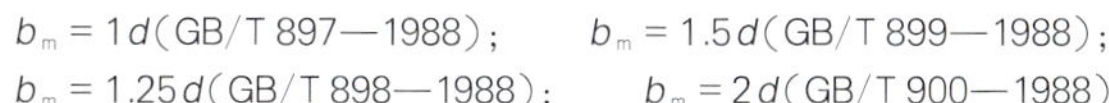

$b_m = 1d$（GB/T 897—1988）；　$b_m = 1.5d$（GB/T 899—1988）；
$b_m = 1.25d$（GB/T 898—1988）；　$b_m = 2d$（GB/T 900—1988）

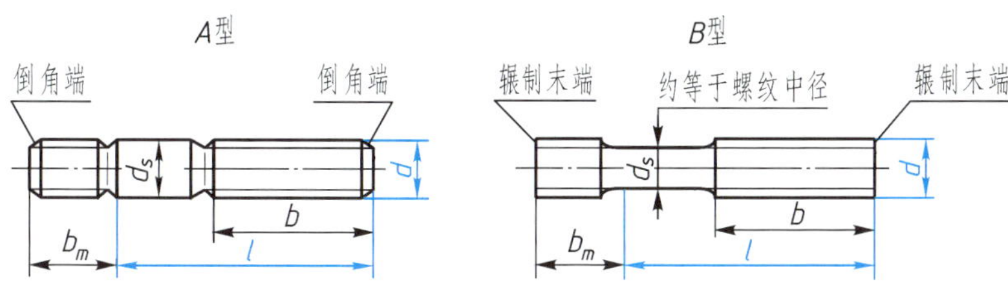

标记示例：

螺柱 GB/T 900　M10×50

（两端均为普通粗牙螺纹，d = 10 mm，公称长度 l = 50 mm，性能等级为 4.8 级，不经表面处理，B 型，$b_m = 2d$ 的双头螺柱）

螺柱 GB/T 900　AM10－M10×1×50

（旋入机体的一端为普通粗牙螺纹，旋螺母端为螺距 P = 1 mm 的细牙普通螺纹，d = 10 mm，公称长度 l = 50 mm，性能等级为 4.8 级，不经表面处理，A 型，$b_m = 2d$ 的双头螺柱）

mm

螺纹规格 d	b_m				l/b（GB/T 897、GB/T 898、GB/T 899）
	GB/T 897	GB/T 898	GB/T 899	GB/T 900	
M4	—	—	6	8	$\frac{16\sim22}{8}$　$\frac{25\sim40}{14}$
M5	5	6	8	10	$\frac{16\sim22}{10}$　$\frac{25\sim50}{16}$
M6	6	8	10	12	$\frac{20\sim22}{10}$　$\frac{25\sim30}{14}$　$\frac{32\sim75}{18}$
M8	8	10	12	16	$\frac{20\sim22}{12}$　$\frac{25\sim30}{16}$　$\frac{32\sim90}{22}$
M10	10	12	15	20	$\frac{25\sim28}{14}$　$\frac{30\sim38}{16}$　$\frac{40\sim120}{26}$　$\frac{130}{32}$
M12	12	15	18	24	$\frac{25\sim30}{16}$　$\frac{32\sim40}{20}$　$\frac{45\sim120}{30}$　$\frac{130\sim180}{36}$
M16	16	20	24	32	$\frac{30\sim38}{20}$　$\frac{40\sim55}{30}$　$\frac{60\sim120}{38}$　$\frac{130\sim200}{44}$
M20	20	25	30	40	$\frac{35\sim40}{25}$　$\frac{45\sim65}{35}$　$\frac{70\sim120}{46}$　$\frac{130\sim200}{52}$
M24	24	30	36	40	$\frac{45\sim50}{30}$　$\frac{55\sim75}{45}$　$\frac{80\sim120}{54}$　$\frac{130\sim200}{60}$
M30	30	38	45	60	$\frac{60\sim65}{40}$　$\frac{70\sim90}{50}$　$\frac{95\sim120}{60}$　$\frac{130\sim200}{72}$　$\frac{210\sim250}{85}$
M36	36	45	54	72	$\frac{65\sim75}{45}$　$\frac{80\sim110}{60}$　$\frac{120}{78}$　$\frac{210\sim300}{97}$
l 系列	16、(18)、20、(22)、25、(28)、30、(32)、35、(38)、40、45、50、(55)、60、(65)、70、(75)、80、(85)、90、(95)、100～260(10 进位)、280、300				

注：1. 尽可能不采用括号的规格。

2. $b_m = 1d$ 一般用于钢；$b_m = (1.25\sim1.5)d$ 一般用于钢对铸铁；$b_m = 2d$ 一般用于钢对铝合金的连接。

3. GB/T 897 的螺纹规格中为(M24)、(M30)。

4. GB/T 900 的 l/b 与表中数据有不同，需要时查阅标准原件。

附表 7　开槽沉头螺钉(摘自 GB/T 68—2016)

标记示例:

螺钉 GB/T 68　M5×20

(螺纹规格 d = M5,公称长度 l = 20 mm,性能等级为 4.8 级,不经表面处理的开槽沉头螺钉)

mm

螺纹规格 d	M1.6	M2	M2.5	M3	M4	M5	M6	M8	M10
P(螺距)	0.35	0.4	0.45	0.5	0.7	0.8	1	1.25	1.5
a_{max}	0.7	0.8	0.9	1	1.4	1.6	2	2.5	3
b_{min}	25	25	25	25	38	38	38	38	38
d_{kmax}(公称)	3	3.8	4.7	5.5	8.4	9.3	11.3	15.8	18.3
k_{max}	1	1.2	1.5	1.65	2.7	2.7	3.3	4.65	5
n(公称)	0.4	0.5	0.6	0.8	1.2	1.2	1.6	2	2.5
r_{max}	0.4	0.5	0.6	0.8	1	1.3	1.5	2	2.5
t_{max}	0.5	0.6	0.75	0.85	1.3	1.4	1.6	2.3	2.6
x_{max}	0.9	1	1.1	1.25	1.75	2	2.5	3.2	3.8
公称长度 l	2.5～16	3～20	4～25	5～30	6～40	8～50	8～60	10～80	12～80
l 系列	2.5、3、4、5、6、8、10、12、(14)、16、20、25、30、35、40、45、50、(55)、60、(65)、70、(75)、80								

注:1. 括号内的规格尽可能不采用。

2. M1.6～M3 公称长度在 30 mm 以内的螺钉,制出全螺纹;M4～M10 公称长度在 40 mm 以内的螺钉,制出全螺纹。

附表 8　开槽圆柱头螺钉(摘自 GB/T 65—2016)

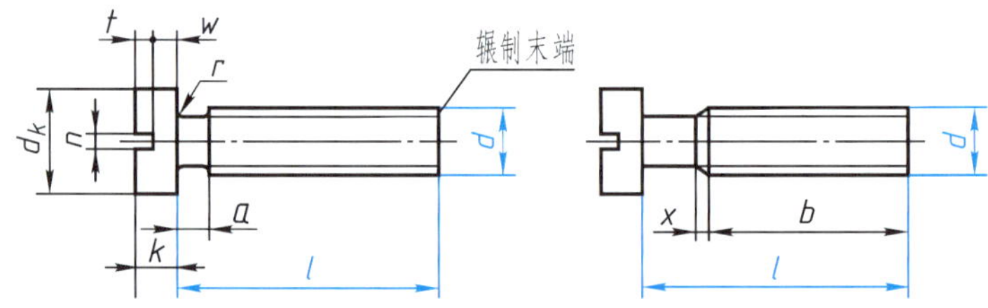

标记示例:

螺钉 GB/T 65　M5×20

(螺纹规格 d = M5,公称长度 l = 20 mm,性能等级为 4.8 级,不经表面处理的开槽圆柱头螺钉)

mm

螺纹规格 d	M1.6	M2	M2.5	M3	M4	M5	M6	M8	M10
P(螺距)	0.35	0.4	0.45	0.5	0.7	0.8	1	1.25	1.5
a_{max}	0.7	0.8	0.9	1	1.4	1.6	2	2.5	3
b_{min}	25	25	25	25	38	38	38	38	38
d_{kmax}	3.00	3.80	4.50	5.50	7	8.50	10.00	13.00	16.00
k_{max}	1.10	1.40	1.80	2.00	2.60	3.30	3.9	5.0	6.0
n 公称	0.4	0.5	0.6	0.8	1.2	1.2	1.6	2	2.5

续　表

螺纹规格 d	M1.6	M2	M2.5	M3	M4	M5	M6	M8	M10
r_{min}	0.1	0.1	0.1	0.1	0.2	0.2	0.25	0.4	0.4
t_{min}	0.45	0.6	0.7	0.85	1.1	1.3	1.6	2	2.4
ω_{min}	0.4	0.5	0.7	0.75	1.1	1.3	1.6	2	2.4
x_{max}	0.9	1	1.1	1.25	1.75	2	2.5	3.2	3.8
公称长度	2～16	2.5～20	3～25	4～40	5～40	6～50	8～60	10～80	12～80
l 系列	2、2.5、3、4、5、6、8、10、12、(14)、16、20、25、30、35、40、45、50、(55)、60、(65)、70、(75)、80								

注：1. 括号内的规格尽可能不采用。

2. M1.6～M3 公称长度在 30 mm 以内，M4～M10 公称长度在 40 mm 以内的螺钉，制出全螺纹。

附表 9　开槽紧定螺钉

开槽锥端紧定螺钉（摘自 GB/T 71—2018）　开槽平端紧定螺钉（摘自 GB/T 73—2017）　开槽长圆柱端紧定螺钉（摘自 GB/T 75—2018）

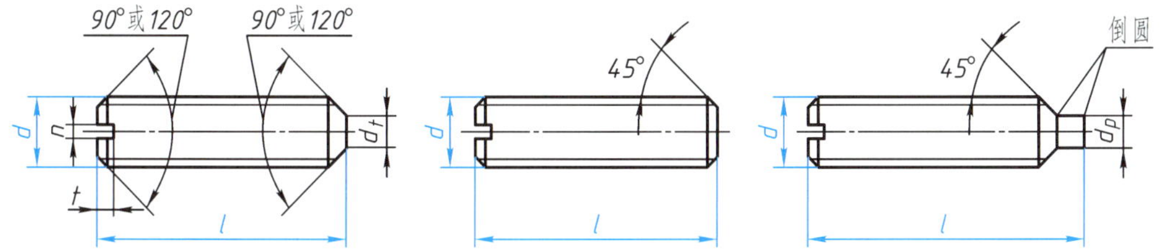

标记示例：

螺钉 GB/T 71　M5 × 12 - 14H

（螺纹规格 d = M5，公称长度 l = 12 mm，性能等级为 14H 级的开槽锥端紧定螺钉）

mm

螺纹规格 d		M1.6	M2	M2.5	M3	M4	M5	M6	M8	M10	M12
P（螺距）		0.35	0.4	0.45	0.5	0.7	0.8	1	1.25	1.5	1.75
n		0.25	0.25	0.4	0.4	0.6	0.8	1	1.2	1.6	2
t		0.74	0.84	0.95	1.05	1.42	1.63	2	2.5	3	3.6
d_t		0.16	0.2	0.25	0.3	0.4	0.5	1.5	2	2.5	3
d_p		0.8	1	1.5	2	2.5	3.5	4	5.5	7	8.5
z		1.05	1.25	1.5	1.75	2.25	2.75	3.25	4.3	5.3	6.3
t	GB/T 71—2018	2～8	3～10	3～12	4～16	6～20	8～25	8～30	10～40	12～50	14～60
	GB/T 73—2017	2～8	2～10	2.5～12	3～16	4～20	5～25	6～30	8～40	10～50	12～60
	GB/T 75—2018	2.5～8	3～10	4～12	5～16	6～20	8～25	8～30	10～40	12～50	14～60
l 系列		2、2.5、3、4、5、6、8、10、12、(14)、16、20、25、30、35、40、45、50、(55)、60									

注：1. 括号内的规格尽可能不采用。

2. 螺纹公差：6g；力学性能等级：14H、22H。

附表 10 垫 圈

小垫圈—A 级(摘自 GB/T 848—2002) 平垫圈—A 级(摘自 GB/T 97.1—2002)
平垫圈倒角型—A 级(摘自 GB/T 97.2—2002) 平垫圈—C 级(摘自 GB/T 95—2002)
大垫圈—A 级(摘自 GB/T 96.1—2002) 大垫圈—C 级(摘自 GB/T 96.2—2002)
特大垫圈—C 级(摘自 GB/T 5287—2002)

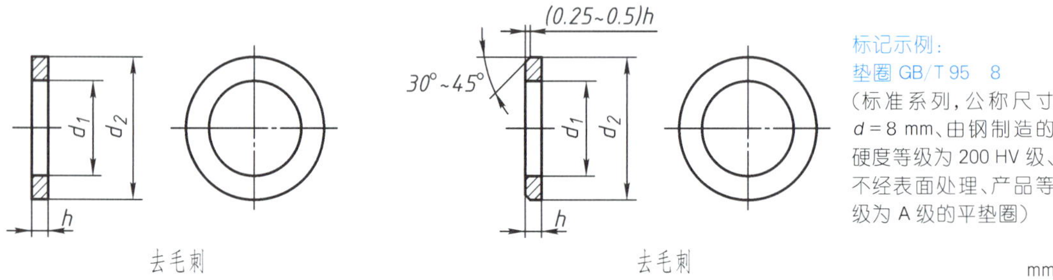

标记示例:
垫圈 GB/T 95 8
(标准系列,公称尺寸 d=8 mm、由钢制造的硬度等级为 200 HV 级、不经表面处理、产品等级为 A 级的平垫圈)

mm

公称尺寸(螺纹规格) d	标准系列																	
	GB/T 95 (C 级)			GB/T 97.1 (A 级)			GB/T 97.2 (A 级)			GB/T 5287 (C 级)			GB/T 96 (A、C 级)			GB/T 848 (A 级)		
	d_1 min	d_2 max	h	d_1 min	d_2 max	h	d_1 min	d_2 max	h	d_1 min	d_2 max	h	d_1 min	d_2 max	h	d_1 min	d_2 max	h
4	4.5	9	0.8	4.3	9	0.8	—	—	—	—	—	—	4.3	12	1	4.3	8	0.5
5	5.5	10	1	5.3	10	1	5.3	10	1	5.5	18	2	5.3	15	1.2	5.3	9	1
6	6.6	12	1.6	6.4	12	1.6	6.4	12	1.6	6.6	22	2	6.4	18	1.6	6.4	11	1.6
8	9	16	1.6	8.4	16	1.6	8.4	16	1.6	9	28	3	8.4	24	2	8.4	15	1.6
10	11	20	2	10.5	20	2	10.5	20	2	11	34	3	10.5	30	2.5	10.5	18	1.6
12	13.5	24	2.5	13	24	2.5	13	24	2.5	13.5	44	4	13	37	3	13	20	2
14	15.5	28	2.5	15	28	2.5	15	28	2.5	15.5	50	4	15	44	3	15	24	2.5
16	17.5	30	3	17	30	3	17	30	3	17.5	56	5	17	50	3	17	28	2.5
20	22	37	3	21	37	3	21	37	3	22	72	6	22	60	4	21	34	3

注:1. C 级垫圈没有 Ra3.2 μm 和去毛刺的要求。
2. A 级适用于精装配系列,C 级适用于中等装配系列。
3. GB/T 848—2002 主要用于圆柱头螺钉,其他用于标准六角头螺栓、螺钉、螺母。

附表 11　标准型弹簧垫圈(摘自 GB/T 93—1987)

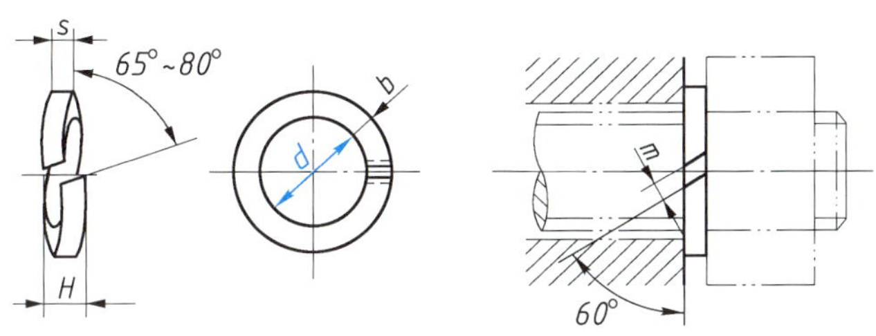

标记示例：

垫圈 GB/T 93　16

(公称尺寸 d = 16 mm、材料为 65 Mn、表面氧化的标准型弹簧垫圈)

mm

规格 (螺纹大径)	4	5	6	8	10	12	16	20	24	30	36	42	48
d	4.1	5.1	6.1	8.1	10.2	12.2	16.2	20.2	24.5	30.5	36.6	42.6	48.5
$S(b)$	1.1	1.3	1.6	2.1	2.6	3.1	4.1	5	6	7.5	9	10.5	12
$m\leqslant$	0.55	0.65	0.8	1.05	1.3	1.55	2.05	2.5	3	3.75	4.5	5.25	6
H	2.2	2.6	3.2	4.2	5.2	6.2	8.2	10	12	15	22.5	26.5	30

注：m 应大于零。

附表 12　平键(摘自 GB/T 1095—2003、GB/T 1096—2003)

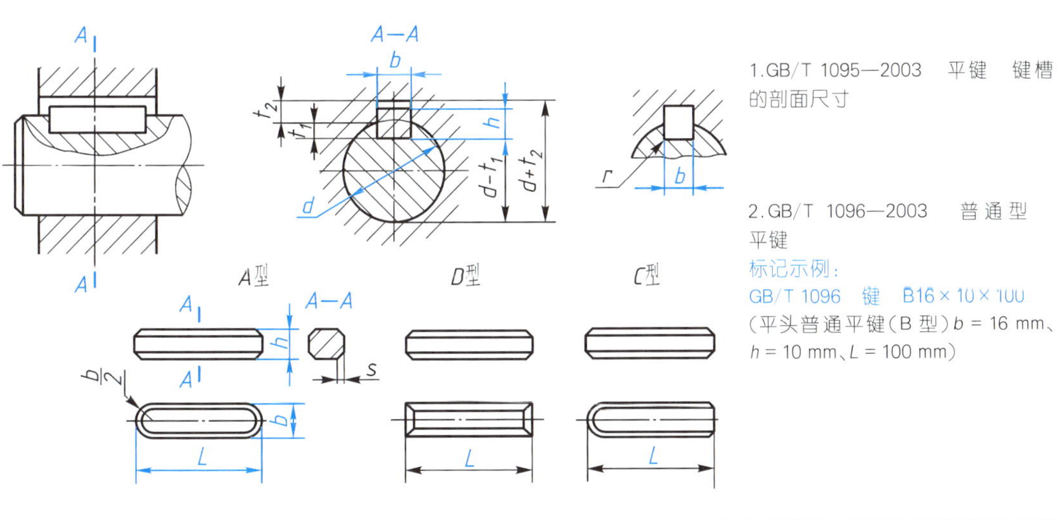

1. GB/T 1095—2003　平键　键槽的剖面尺寸

2. GB/T 1096—2003　普通型　平键

标记示例：

GB/T 1096　键　B16×10×100

(平头普通平键(B 型)b = 16 mm、h = 10 mm、L = 100 mm)

续　表

mm

<table>
<tr><td rowspan="4">轴径 d</td><td colspan="4" rowspan="2">键尺寸</td><td colspan="11">键　　槽</td></tr>
<tr><td colspan="6">宽度 b</td><td colspan="4">深　度</td><td rowspan="2">半径 r</td></tr>
<tr><td rowspan="2">宽度 b</td><td rowspan="2">高度 h</td><td rowspan="2">长度 L</td><td rowspan="2">倒角或倒圆 s</td><td rowspan="2">基本尺寸</td><td colspan="5">极限偏差</td><td colspan="2">轴 t_1</td><td colspan="2">毂 t_2</td></tr>
<tr><td colspan="2">松连接</td><td colspan="2">正常连接</td><td>紧密连接</td><td colspan="4"></td><td></td></tr>
<tr><td></td><td></td><td></td><td></td><td></td><td></td><td>轴 H9</td><td>毂 D10</td><td>轴 N9</td><td>毂 JS9</td><td>轴和毂 P9</td><td>基本尺寸</td><td>极限偏差</td><td>基本尺寸</td><td>极限偏差</td><td>min (max)</td></tr>
<tr><td>自 6～8</td><td>2</td><td>2</td><td>6～20</td><td rowspan="3">0.16～0.25</td><td>2</td><td rowspan="2">+0.025
0</td><td rowspan="2">+0.060
+0.020</td><td rowspan="2">−0.004
−0.029</td><td rowspan="2">±0.0125</td><td rowspan="2">−0.006
−0.031</td><td>1.2</td><td rowspan="5">+
0.10</td><td>1</td><td rowspan="5">+
0.10</td><td rowspan="3">0.08
(0.16)</td></tr>
<tr><td>>8～10</td><td>3</td><td>3</td><td>6～36</td><td>3</td><td>1.8</td><td>1.4</td></tr>
<tr><td>>10～12</td><td>4</td><td>4</td><td>8～45</td><td>4</td><td rowspan="3">+0.030
0</td><td rowspan="3">+0.078
+0.030</td><td rowspan="3">0
−0.030</td><td rowspan="3">±0.015</td><td rowspan="3">−0.012
−0.042</td><td>2.5</td><td>1.8</td></tr>
<tr><td>>12～17</td><td>5</td><td>5</td><td>10～56</td><td rowspan="3">0.25～0.40</td><td>5</td><td>3.0</td><td>2.3</td><td rowspan="3">0.16
(0.25)</td></tr>
<tr><td>>17～22</td><td>6</td><td>6</td><td>14～70</td><td>6</td><td>3.5</td><td>2.8</td></tr>
<tr><td>>22～30</td><td>8</td><td>7</td><td>18～90</td><td>8</td><td rowspan="2">+0.036
0</td><td rowspan="2">+0.098
+0.040</td><td rowspan="2">0
−0.036</td><td rowspan="2">±0.018</td><td rowspan="2">−0.015
−0.051</td><td>4.0</td><td rowspan="5">+
0.20</td><td>3.3</td><td rowspan="5">+
0.20</td></tr>
<tr><td>>30～38</td><td>10</td><td>8</td><td>22～110</td><td rowspan="4">0.40～0.60</td><td>10</td><td>5.0</td><td>3.3</td><td rowspan="4">0.25
(0.40)</td></tr>
<tr><td>>38～44</td><td>12</td><td>8</td><td>28～140</td><td>12</td><td rowspan="3">+0.043
0</td><td rowspan="3">+0.120
+0.050</td><td rowspan="3">0
−0.043</td><td rowspan="3">±0.0215</td><td rowspan="3">−0.018
−0.061</td><td>5.0</td><td>3.3</td></tr>
<tr><td>>44～50</td><td>14</td><td>9</td><td>36～160</td><td>14</td><td>5.5</td><td>3.8</td></tr>
<tr><td>>50～58</td><td>16</td><td>10</td><td>45～180</td><td>16</td><td>6.0</td><td>4.3</td></tr>
<tr><td>L(系列)</td><td colspan="15">6、8、10、12、14、16、18、20、22、25、28、32、36、40、45、50、56、63、70、80、90、100、110、125、140、160、180</td></tr>
</table>

注：1. 轴槽、轮毂槽的键槽宽度 *b* 两侧面粗糙度参数 *Ra* 值推荐为 1.6～3.2 μm。

2. 轴槽底面、轮毂槽底面的表面粗糙度参数 *Ra* 值为 6.3 μm。

附表 13　半圆键（摘自 GB/T 1098—2003、GB/T 1099.1—2003）

1.GB/T 1098—2003 半圆键　键槽的剖面尺寸　2.GB/T 1099.1—2003　普通型　半圆键

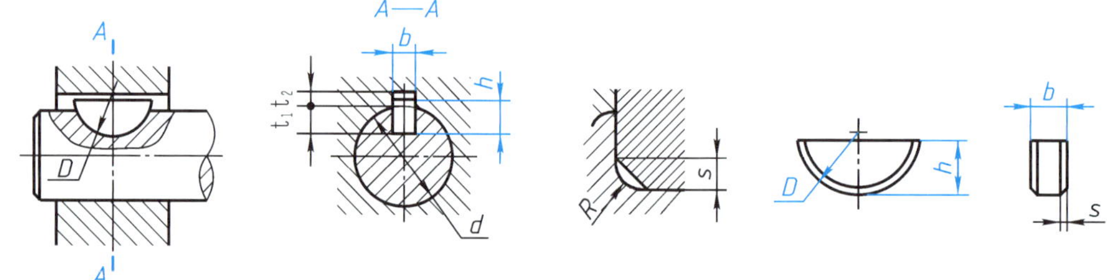

标记示例：

GB/T 1099.1　键　6×10×25

（普通型　半圆键 *b*＝6 mm、*h*＝10 mm、*D*＝25 mm）

mm

续　表

mm

键			键槽											
键尺寸 $b\times h\times D$	倒角或倒圆 s		宽度 b						深度				半径 R	
			基本尺寸	极限偏差					轴 t_1		毂 t_2			
				正常连接		紧密连接	松连接							
	min	max		轴 N9	毂 JS9	轴和毂 P9	轴 H9	毂 D10	基本尺寸	极限偏差	基本尺寸	极限偏差	min	max
1×1.4×4	0.16	0.25	1.0	−0.004 −0.029	±0.0125	−0.025 −0.031	+0.025 0	+0.060 +0.020	1.0	+0.10	0.6	+0.10	0.08	0.16
1.5×2.6×7			1.5						2.0		0.8			
2×2.6×7			2.0						1.8		1.0			
2×3.7×10			2.0						2.9		1.0			
2.5×3.7×10			2.5						2.7		1.2			
3×5×13			3.0						3.8	+0.20	1.4			
3×6.5×16			3.0						5.3		1.4			
4×6.5×16	0.25	0.40	4.0	0 −0.030	±0.015	−0.012 −0.042	+0.030 0	+0.078 +0.030	5.0		1.8		0.16	0.25
4×7.5×19			4.0						6.0		1.8			
5×6.5×16			5.0						4.5		2.3			
5×7.5×19			5.0						5.5		2.3			
5×9×22			5.0						7.0	+0.30	2.3			
6×9×22			6.0						6.5		2.8			
6×10×25			6.0						7.5		2.8	+0.20		
8×11×28	0.40	0.60	8.0	0 −0.036	±0.018	−0.015 −0.051	+0.036 0	+0.098 +0.040	8.0		3.3		0.25	0.40
10×13×32			10.0						10.0		3.3			

注：1. 轴槽、轮毂槽的键槽宽度 b 两侧面粗糙度参数按 GB/T 1031，选 Ra 值为 1.6～3.2 μm。
2. 轴槽底面、轮毂槽底面的表面粗糙度参数按 GB/T 1031，选 Ra 为 6.3 μm。

附表 14　圆柱销　不淬硬钢和奥氏体不锈钢（摘自 GB/T 119.1—2000）

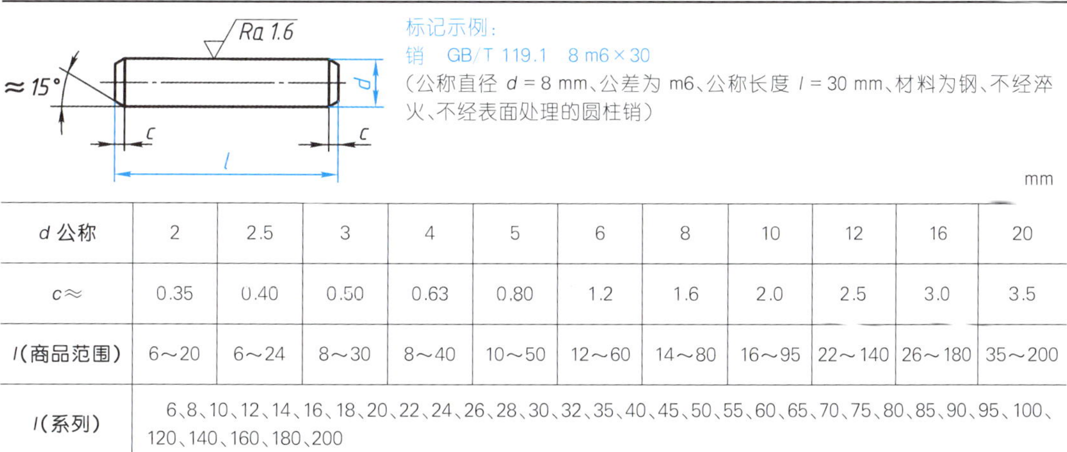

标记示例：
销　GB/T 119.1　8 m6×30
（公称直径 d = 8 mm、公差为 m6、公称长度 l = 30 mm、材料为钢、不经淬火、不经表面处理的圆柱销）

mm

d 公称	2	2.5	3	4	5	6	8	10	12	16	20
c≈	0.35	0.40	0.50	0.63	0.80	1.2	1.6	2.0	2.5	3.0	3.5
l（商品范围）	6～20	6～24	8～30	8～40	10～50	12～60	14～80	16～95	22～140	26～180	35～200
l（系列）	6、8、10、12、14、16、18、20、22、24、26、28、30、32、35、40、45、50、55、60、65、70、75、80、85、90、95、100、120、140、160、180、200										

注：1. 公称直径 d 的公差规定为 m6 和 h8，其他公差由供需双方协议。
2. 公称长度 l 大于 200 mm，按 20 mm 递增。

附表 15 圆柱销（摘自 GB/T 117—2000）

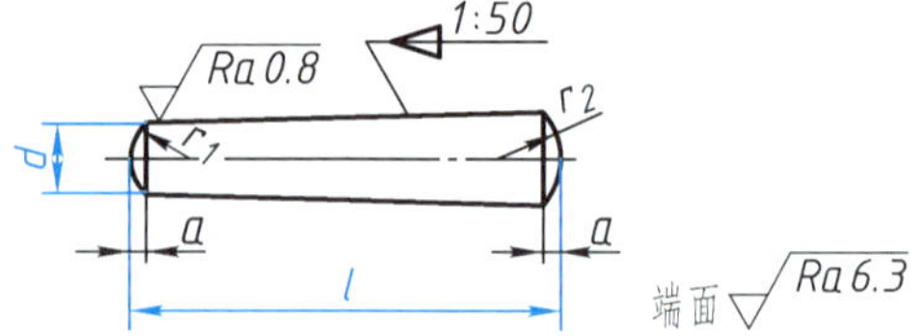

标记示例：

销 GB/T 117 10×60

（公称直径 d = 10 mm、公差为 h10、l = 60 mm、材料 35 钢，热处理硬度 28～38 HRC、表面氧化处理的 A 型圆锥销）

mm

d 公称	2	2.5	3	4	5	6	8	10	12	16	20
a≈	0.25	0.3	0.4	0.5	0.63	0.8	1	1.2	1.6	2	2.5
l（商品范围）	10～35		12～45	14～55	18～60	22～90	22～120	26～160	32～180	40～200	45～200
l（系列）	10、12、14、16、18、20、22、24、26、28、30、32、35、40、45、50、55、60、65、70、75、80、85、90、95、100、120、140、160、180、200										

注：1. 公称直径 d 的公差规定为 h10，其他公差如 a11、c11 和 f8 由供需双方协议。

2. 圆锥销有 A 型和 B 型。A 型为磨削，锥面 Ra = 0.8 mm；B 型为切削或冷镦，锥面 Ra = 3.2 μm。

3. 公称长度 l 大于 200 mm，按 20 mm 递增。

附表 16 开口销（摘自 GB/T 91—2000）

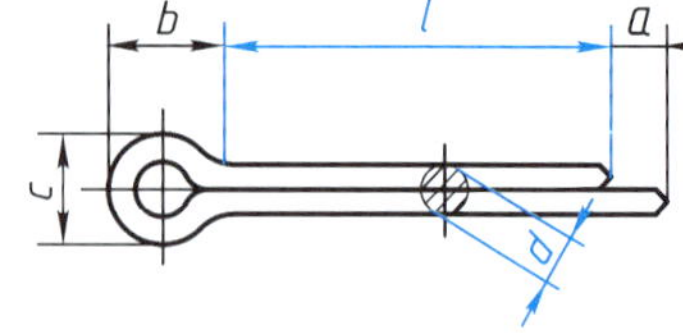

标记示例：

销 GB/T 91 5×50

（公称规格 5 mm，公称长度 l = 50 mm，材料 Q215 或 Q235，不经表面处理的开口销标记）

mm

公称规格（开口销孔直径）	1.6	2	2.5	3.2	4	5	6.3	8	10	13	16	20
d_{max}	1.4	1.8	2.3	2.9	3.7	4.6	5.9	7.5	9.5	12.4	15.4	19.3
a_{max}	2.5	2.5	2.5	3.2	4	4	4	4	6.3	6.3	6.3	6.3
b≈	3.6	4	5	6.4	8	10	12.6	16	20	26	32	40
c_{max}	2.8	3.6	4.6	5.8	7.4	9.2	11.8	15.0	19.0	24.8	30.8	38.5
l（商品范围）	8～32	10～40	12～50	14～63	18～80	22～100	32～125	40～160	45～200	71～250	112～280	160～280
l（系列）	4、5、6、8、10、12、14、16、18、20、22、25、28、32、36、40、45、50、56、63、71、80、90、100、112、125、140、160、180、200、224、250、280											

附表 17　滚动轴承（摘自 GB/T 276—2013，GB/T 297—2015，GB/T 301—2015）　　mm

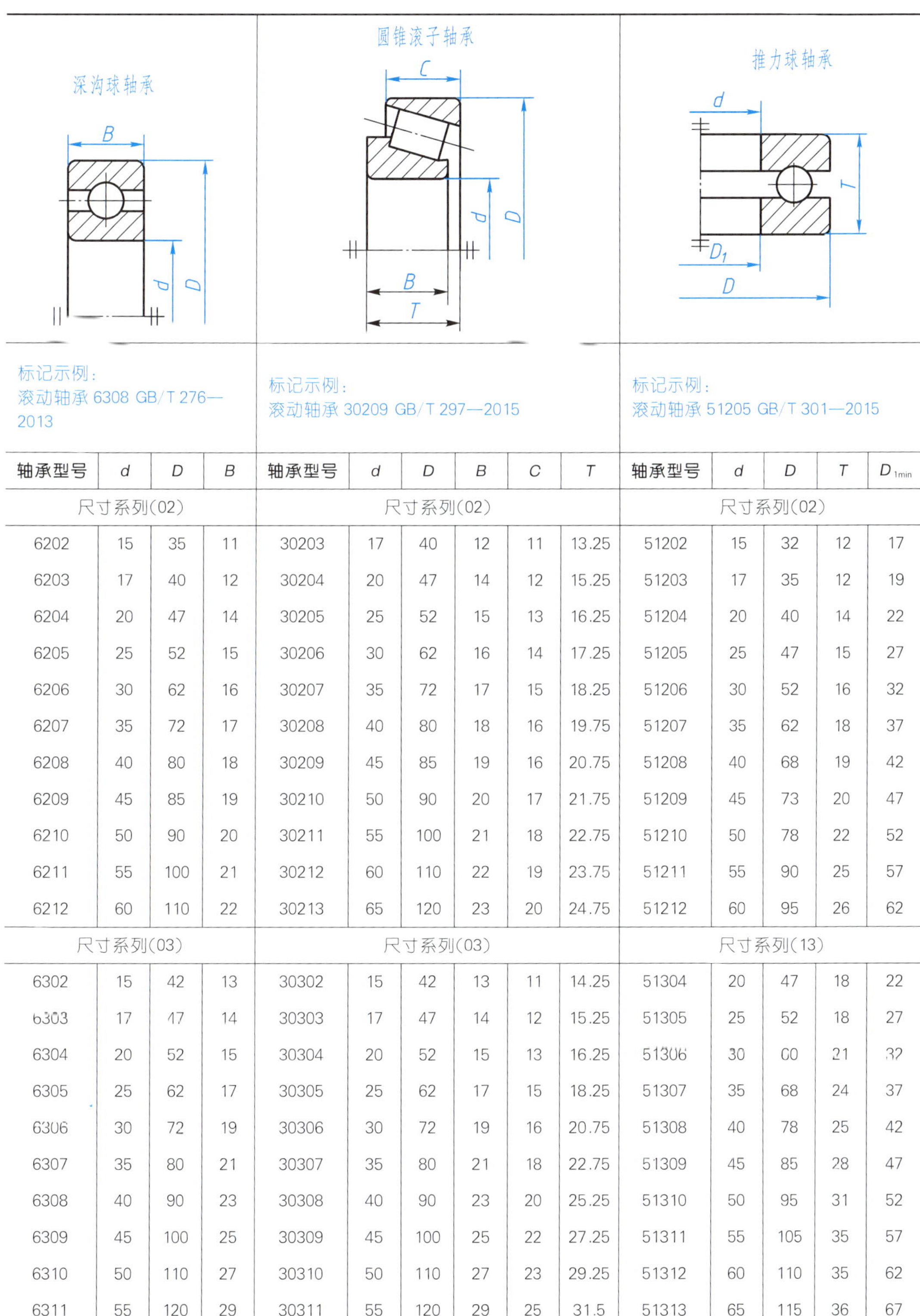

标记示例：
滚动轴承 6308 GB/T 276—2013

轴承型号	d	D	B
尺寸系列(02)			
6202	15	35	11
6203	17	40	12
6204	20	47	14
6205	25	52	15
6206	30	62	16
6207	35	72	17
6208	40	80	18
6209	45	85	19
6210	50	90	20
6211	55	100	21
6212	60	110	22
尺寸系列(03)			
6302	15	42	13
6303	17	47	14
6304	20	52	15
6305	25	62	17
6306	30	72	19
6307	35	80	21
6308	40	90	23
6309	45	100	25
6310	50	110	27
6311	55	120	29

标记示例：
滚动轴承 30209 GB/T 297—2015

轴承型号	d	D	B	C	T
尺寸系列(02)					
30203	17	40	12	11	13.25
30204	20	47	14	12	15.25
30205	25	52	15	13	16.25
30206	30	62	16	14	17.25
30207	35	72	17	15	18.25
30208	40	80	18	16	19.75
30209	45	85	19	16	20.75
30210	50	90	20	17	21.75
30211	55	100	21	18	22.75
30212	60	110	22	19	23.75
30213	65	120	23	20	24.75
尺寸系列(03)					
30302	15	42	13	11	14.25
30303	17	47	14	12	15.25
30304	20	52	15	13	16.25
30305	25	62	17	15	18.25
30306	30	72	19	16	20.75
30307	35	80	21	18	22.75
30308	40	90	23	20	25.25
30309	45	100	25	22	27.25
30310	50	110	27	23	29.25
30311	55	120	29	25	31.5

标记示例：
滚动轴承 51205 GB/T 301—2015

轴承型号	d	D	T	D_{1min}
尺寸系列(02)				
51202	15	32	12	17
51203	17	35	12	19
51204	20	40	14	22
51205	25	47	15	27
51206	30	52	16	32
51207	35	62	18	37
51208	40	68	19	42
51209	45	73	20	47
51210	50	78	22	52
51211	55	90	25	57
51212	60	95	26	62
尺寸系列(13)				
51304	20	47	18	22
51305	25	52	18	27
51306	30	60	21	32
51307	35	68	24	37
51308	40	78	25	42
51309	45	85	28	47
51310	50	95	31	52
51311	55	105	35	57
51312	60	110	35	62
51313	65	115	36	67

附表 18　标准公差数值（摘自 GB/T 1800.2—2020）

公称尺寸/mm		标准公差等级																	
		IT1	IT2	IT3	IT4	IT5	IT6	IT7	IT8	IT9	IT10	IT11	IT12	IT13	IT14	IT15	IT16	IT17	IT18
大于	至	μm											mm						
—	3	0.8	1.2	2	3	4	6	10	14	25	40	60	0.1	0.14	0.25	0.4	0.6	1	1.4
3	6	1	1.5	2.5	4	5	8	12	18	30	48	75	0.12	0.18	0.3	0.48	0.75	1.2	1.8
6	10	1	1.5	2.5	4	6	9	15	22	36	58	90	0.15	0.22	0.36	0.58	0.9	1.5	2.2
10	18	1.2	2	3	5	8	11	18	27	43	70	110	0.18	0.27	0.43	0.7	1.1	1.8	2.7
18	30	1.5	2.5	4	6	9	13	21	33	52	84	130	0.21	0.33	0.52	0.84	1.3	2.1	3.3
30	50	1.5	2.5	4	7	11	16	25	39	62	100	160	0.25	0.39	0.62	1	1.5	2.5	3.9
50	80	2	3	5	8	13	19	30	46	74	120	190	0.3	0.46	0.74	1.2	1.9	3	4.6
80	120	2.5	4	6	10	15	22	35	54	87	140	220	0.35	0.54	0.87	1.4	2.2	3.5	5.4
120	180	3.5	5	8	12	18	25	40	63	100	160	250	0.4	0.63	1	1.6	2.5	4	6.3
180	250	4.5	7	10	14	20	29	46	72	115	185	290	0.46	0.72	1.15	1.85	2.9	4.6	7.2
250	315	6	8	12	16	23	32	52	81	130	210	320	0.52	0.81	1.3	2.1	3.2	5.2	8.1

附表 19　基孔制的优先、常用配合（摘自 GB/T 1800.1—2020）

基准孔	轴																				
	a	b	c	d	e	f	g	h	js	k	m	n	p	r	s	t	u	v	x	y	z
	间隙配合								过渡配合			过盈配合									
H6						H6/f5	H6/g5	H6/h5	H6/js5	H6/k5	H6/m5	H6/n5	H6/p5	H6/r5	H6/s5	H6/t5					
H7						H7/f6	▼H7/g6	▼H7/h6	H7/js6	▼H7/k6	H7/m6	▼H7/n6	▼H7/p6	H7/r6	▼H7/s6	H7/t6	▼H7/u6	H7/v6	H7/x6	H7/y6	H7/z6
H8					H8/e7	▼H8/f7	H8/g7	▼H8/h7	H8/js7	H8/k7	H8/m7	H8/n7	H8/p7	H8/r7	H8/s7	H8/t7	H8/u7				
				H8/d8	H8/e8	H8/f8		H8/h8													
H9			H9/c9	▼H9/d9	H9/e9	H9/f9		▼H9/h9													
H10			H10/c10	H10/d10				H10/h10													
H11	H11/a11	H11/b11	▼H11/c11	H11/d11				▼H11/h11													
H12		H12/b12						H12/h12													

注：1. 标注▼的配合为优先配合。

2. $\frac{H6}{n5}$、$\frac{H7}{p6}$在基本尺寸小于或等于 3 mm 和$\frac{H8}{r7}$在小于或等于 100 mm 时，为过渡配合。

附表 20　基轴制的优先、常用配合（摘自 GB/T 1800.1—2020）

基准轴	A	B	C	D	E	F	G	H	JS	K	M	N	P	R	S	T	U	V	X	Y	Z
	孔																				
	间隙配合								过渡配合			过盈配合									
h5						F6/h5	G6/h5	H6/h5	JS6/h5	K6/h5	M6/h5	N6/h5	P6/h5	R6/h5	S6/h5	T6/h5					
h6						F7/h6	▼G7/h6	▼H7/h6	JS7/h6	▼K7/h6	M7/h6	▼N7/h6	▼P7/h6	R7/h6	▼S7/h6	T7/h6	▼U7/h6				
h7					E8/h7	▼F8/h7		▼H8/h7	JS8/h6	K8/h7	M8/h7	N8/h7	P8/h7								
h8				D8/h8	E8/h8	F8/h8		H8/h8													
h9				▼D9/h9	E9/h9	F9/h9		▼H9/h9													
h10				D10/h10				H10/h10													
h11	A11/h11	B11/h11	▼C11/h11	D11/h11				▼H11/h11													
h12		B12/h12						H12/h12													

注：标注▼的配合为优先配合。

附表 21　轴的极限偏差表（摘自 GB/T 1800.2—2020）　μm

代号	c	d		e		f		g		h							js
公称尺寸 mm	等级																
	11	8	9	7	8	7	8	6	7	5	6	7	8	9	10	11	6
＞10 ～14	- 95 - 205	- 50 - 77	- 50 - 93	- 32 - 50	- 32 - 59	- 16 - 34	- 16 - 43	- 6 - 17	- 6 - 24	0 - 8	0 - 11	0 - 18	0 - 27	0 - 13	0 - 70	0 - 110	± 5.5
＞14 ～18																	
＞18 ～24	- 110 - 240	- 65 - 98	- 65 - 117	- 40 - 61	- 40 - 73	- 20 - 41	- 20 - 53	- 7 - 20	- 7 - 28	0 - 9	0 - 13	0 - 21	0 - 33	0 - 52	0 - 84	0 - 130	± 6.5
＞24 ～30																	
＞30 ～40	- 120 200	- 80	- 80	- 50	- 50	- 25	- 25	- 9	- 9	0	0	0	0	0	0	0	± 8
＞40 ～50	- 130 - 290	- 119	- 142	- 75	- 89	- 50	- 64	- 25	- 34	- 11	- 16	- 25	- 39	- 62	- 100	- 160	
＞50 ～65	- 140 - 330	- 100	- 100	- 60	- 30	- 30	- 30	- 10	- 10	0	0	0	0	0	0	0	± 9.5
＞65 ～80	- 150 - 340	- 146	- 174	- 90	- 106	- 60	- 76	- 29	- 40	- 13	- 19	- 30	- 46	- 74	- 120	- 190	
＞80 ～100	- 170 - 390	- 120	- 120	- 72	- 72	- 36	- 36	- 12	- 12	0	0	0	0	0	0	0	± 11
＞100 ～120	- 180 - 400	- 174	- 207	- 107	- 126	- 71	- 90	- 34	- 47	- 15	- 22	- 35	- 54	- 87	- 140	- 220	
＞120 ～140	- 200 - 450	- 145	- 145	- 85	- 85	- 43	- 43	- 14	- 14	0	0	0	0	0	0	0	± 12.5
＞140 ～160	- 210 - 460	- 208	- 245	- 125	- 148	- 83	- 106	- 39	- 54	- 18	- 25	- 40	- 63	- 100	- 160	- 250	

续 表

代号	k		m		n		p		r		s		t		u	v	x	y	z
基本尺寸 mm	等级																		
	6	7	6	7	5	6	6	7	6	7	5	6	6	7	6	6	6	6	6
>10~14	+12 +1	+19 +1	+18 +7	+25 +7	+20 +12	+23 +12	+29 +18	+36 +18	+34 +23	+41 +23	+36 +28	+39 +28	–	–	+44 +33	–	+51 +40	–	+61 +50
>14~18																+50 +39	+56 +45	–	+71 +60
>18~24	+15 +2	+23 +2	+21 +8	+29 +8	+24 +15	+28 +15	+35 +22	+43 +22	+41 +28	+49 +28	+44 +35	+48 +35	–	–	+54 +41	+60 +47	+67 +54	+76 +63	+86 +73
>24~30													+54 +41	+62 +41	+61 +48	+68 +55	+77 +64	+88 +75	+101 +88
>30~40	+18 +2	+27 +2	+25 +9	+34 +9	+28 +17	+33 +17	+42 +26	+51 +26	+50 +34	+59 +34	+54 +43	+59 +43	+64 +48	+73 +48	+76 +60	+84 +68	+96 +80	+110 +94	+128 +112
>40~50													+76 +54	+79 +54	+86 +70	+97 +81	+113 +97	+130 +114	+152 +136
>50~65	+21 +2	+32 +2	+30 +11	+41 +11	+33 +20	+39 +20	+51 +32	+62 +32	+60 +41	+70 +41	+66 +53	+72 +53	+85 +66	+96 +66	+106 +87	+121 +102	+141 +122	+163 +144	+191 +172
>65~80									+62 +43	+72 +43	+72 +59	+78 +59	+94 +75	+105 +75	+121 +102	+139 +120	+165 +146	+193 +174	+229 +210
>80~100	+25 +3	+38 +3	+35 +13	+48 +13	+38 +23	+45 +23	+59 +37	+72 +37	+73 +51	+86 +51	+86 +71	+93 +71	+113 +91	+126 +91	+146 +124	+168 +146	+200 +178	+236 +214	+280 +258
>100~120									+76 +54	+89 +54	+94 +79	+101 +79	+126 +104	+139 +104	+166 +144	+194 +172	+232 +210	+276 +254	+232 +310
>120~140	+28 +3	+43 +3	+40 +15	+55 +15	+45 +27	+52 +27	+68 +43	+83 +43	+88 +63	+103 +63	+110 +92	+117 +92	+147 +122	+162 +122	+195 +170	+227 +202	+273 +248	+325 +300	+390 +365
>140~160									+90 +65	+105 +65	+118 +100	+125 +100	+159 +134	+174 +134	+215 +190	+253 +228	+305 +280	+365 +340	+440 +415

附表 22 孔的极限偏差表(摘自 GB/T 1800.2—2020)

μm

代 号	C	D		E		F		G		H						
公称尺寸 mm	等级															
	11	9	10	8	9	8	9	6	7	6	7	8	9	10	11	12
>10~14	+205	+93	+120	+59	+75	+43	+59	+17	+24	+11	+18	+27	+43	+70	+110	+180
>14~18	+95	+50	+50	+32	+32	+16	+16	+6	+6	0	0	0	0	0	0	0
>18~24	+240	+117	+149	+73	+92	+53	+72	+20	+28	+13	+21	+33	+52	+84	+130	+210
>24~30	+110	+65	+65	+40	+40	+20	+20	+7	+7	0	0	0	0	0	0	0
>30~40	+280 +120	+142	+180	+89	+112	+64	+87	+25	+34	+16	+25	+39	+62	+100	+160	+250
>40~50	+290 +130	+80	+50	+50	+50	+25	+25	+9	+9	0	0	0	0	0	0	0
>50~65	+330 +140	+174	+220	+106	+134	+76	+104	+29	+40	+19	+30	+46	+74	+120	+190	+300
>65~80	+340 +150	+100	+100	+60	+60	+30	+30	+10	+10	0	0	0	0	0	0	0
>80~100	+390 +170	+207	+260	+125	+159	+90	+123	+34	+47	+22	+35	+54	+87	+140	+220	+350
>100~120	+400 +180	+12	+12	+72	+72	+36	+36	+12	+12	0	0	0	0	0	0	0
>120~140	+450 +200	+245	+305	+148	+185	+106	+143	+39	+54	+25	+40	+63	+100	+160	+250	+400
>140~160	+460 +210	+145	+145	+85	+85	+43	+43	+14	+14	0	0	0	0	0	0	0

续　表

代号	JS		K		M		N		P		R		S		T		U
基本尺寸 mm	等级																
	7	8	6	7	7	8	6	7	6	7	6	7	6	7	6	7	6
＞10 ～18	±9	±13	+2 −9	+6 −12	0 −18	+2 −25	−9 −20	−5 −23	−15 −26	−11 −29	−20 −31	−16 −34	−25 −36	−21 −39	−	−	−30 −41
＞18 ～24	±10	±16	+2 −11	+6 −15	0 −21	+4 −29	−11 −24	−7 −28	−18 −31	−14 −35	−24 −37	−20 −41	−31 −44	−27 −48	−	−	−37 −50
＞24 ～30															−37 −50	−33 −54	−44 −57
＞30 ～40	±12	±19	+3 −13	+7 −18	0 −25	+5 −34	−12 −28	−8 −33	−21 −37	−17 −42	−29 −45	−25 −50	−38 −54	−34 −59	−43 −59	−33 −54	−55 −71
＞40 ～50															−49 −65	−45 −70	−65 −81
＞50 ～65	±15	±23	+4 −15	+9 −21	0 −30	+5 −41	−14 −33	−9 −39	−26 −45	−21 −51	−35 −54	−30 −60	−47 −66	−42 −72	−60 −79	−55 −85	−81 −100
＞65 ～80											−37 −56	−32 −62	−53 −72	−48 −78	−69 −88	−64 −94	−96 −115
＞80 ～100	±17	±27	+4 −18	+10 −25	0 −35	+6 −48	−16 −38	−10 −45	−30 −52	−24 −59	−44 −66	−38 −73	−64 −86	−58 −93	−84 −106	−78 −113	−117 −139
＞100 ～120											−56 −81	−41 −76	−72 −94	−66 −101	−97 −119	−91 −126	−137 −159
＞120 ～140	±20	±31	+4 −21	+12 −28	0 −40	+8 −55	−20 −45	−12 −52	−36 −61	−28 −68	−56 −81	−48 −88	−85 −110	−77 −117	−115 −140	−107 −147	−163 −188
＞140 ～160											−58 −83	−50 −90	−93 −118	−85 −125	−127 −152	−119 −159	−183 −208

附表 23　常用材料

1. 金属材料

名称(标准)	牌号		应用举例	说明
普通碳素结构钢 (GB/T 700—2006)	Q215	A 级 B 级	金属结构件、拉杆、套圈、铆钉、螺栓、短轴、心轴、凸轮渗碳零件及焊接零件	“Q”为碳素结构钢的屈服点“屈”字的汉语拼音首位字母，后面的数字表示屈服点的数值。如 Q235 表示碳素结构钢的屈服点为 235 N/mm²
	Q235	A 级 B 级 C 级 D 级	金属结构件、心部强度要求不高的渗碳或氰化零件，吊钩、拉杆、套圈、气缸、齿轮、螺栓、螺母、连杆、轮轴、楔、盖及焊接零件	
	Q275		轴、轴销、刹车杆、螺栓、螺母、垫圈、连杆、齿轮以及其他强度要求较高的零件	

续 表

名称(标准)	牌号	应用举例	说明
优质碳素结构钢（GB/T 699—2015）	10	用作拉杆、卡头、套圈、铆钉及焊接零件	牌号的两位数字表示平均碳的质量分数，45 钢即表示碳的质量分数为 0.45%。 碳的质量分数 ≤ 0.25% 的碳钢属低碳钢（渗碳钢）；碳的质量分数在 0.25%～0.6% 的碳钢属中碳钢；碳的质量分数>0.6% 的碳钢属高碳钢。 锰的质量分数较高的钢，须加注化学元素符号“Mn”
	15	用于受力不大和韧性较高的零件、渗碳零件及紧固件（如螺栓、螺钉）、法兰盘和化工储器	
	35	用于制造曲轴、转轴、轴销、杠杆、连杆、螺栓、螺母、垫圈、飞轮（多在正火、调质下使用）	
	45	用作要求综合力学性能高的各种零件，通常经正火或调质处理后使用。用于制造轴、齿轮、链轮、螺栓、螺母、销、键、拉杆等	
	60	用于制造弹簧、弹簧垫圈、凸轮、轧辊等	
	15 Mn	制作心部力学性能要求较高且需渗碳的零件	
	65 Mn	用作要求耐磨性高的圆盘、衬板、齿轮、花键轴、弹簧等	
合金结构钢（GB/T 3077—2015）	20 Mn2	用作渗碳小齿轮、小轴、活塞销、柴油机套筒、气门推杆、缸套	钢中加入一定量的合金元素，提高了钢的力学性能和耐磨性，也提高了钢的淬透性
	15 Cr	用于要求心部韧性较高的渗碳零件，如船舶主机用螺栓、活塞销、凸轮、凸轮轴、汽轮机套环、机车小零件等	
	40 Cr	用于受变载、中速、中载、强烈磨损而无很大冲击的重要零件，如重要的齿轮、轴、曲轴、连杆、螺栓、螺母等	
	35 Si Mn	耐磨、耐疲劳性均佳，适用于小型轴类、齿轮及 430℃ 以下的重要紧固件	
	20 Cr MnTi	工艺性特优，强度、韧性均高，可用于承受高速、中速或重负荷以及冲击、磨损等的重要零件，如渗碳齿轮、凸轮等	
一般工程用铸造碳钢（GB/T 11352—2009）	ZG230-450	轮机机架、铁道车辆摇枕、侧梁、铁铮台、机座、箱体、锤轮、450℃ 以下的管路附件等	“ZG”为铸钢汉语拼音首位字母，后面的数字表示力学性能。如 ZG230-450 表示屈服点为 230 N/mm^2，抗拉强度为 450 N/mm^2
	ZG310-570	适用于各种形状的零件，联轴器、齿轮、气缸、轴、机架、齿圈等	

续　表

名称(标准)	牌号	应用举例	说明
灰铸铁件（GB/T 9439—2023）	HT150	用于小负荷和对耐磨性无特殊要求的零件，如端盖、外罩、手轮、一般机床底座、床身极其复杂零件、滑台、工作台和低压管件	“HT”为灰铸铁汉语拼音首位字母，后面的数字表示抗拉强度。如 HT200 表示抗拉强度为 200 N/mm
	HT200	用于中等负荷和对耐磨性有一定要求的零件，如机床床身、立柱、飞轮、气缸、泵体、轴承座、活塞、齿轮箱、阀体等	
	HT250	用于中等负荷和对耐磨性有一定要求的零件，如阀体、油缸、气缸、联轴器、机体、齿轮、齿轮箱外壳、飞轮、液压泵和滑阀的壳体等	
5-5-5 锡青铜（GB/T 1176—2013）	ZCuSn 5Pb5Zn5	耐磨性和耐腐蚀性均好，易加工，铸造性和气密性较好，用于较高负荷、中等滑动速度下工作的耐磨和耐腐蚀零件，如轴瓦、衬套、缸套、活塞、离合器、涡轮等	“Z”为铸造汉语拼音首位字母，各化学元素后面的数字表示该元素含量的百分数
25-6-3-3 铝黄铜 58-2-2 锰黄铜（GB/T 1176—2013）	ZCuZn25 Al6Fe3Mn3	铸造性能好、耐腐蚀性较好，有应力腐蚀开裂倾向，可以焊接。适用于高强耐磨零件，如桥梁支承板、螺母、螺杆、耐磨板、滑板、涡轮等	
	ZCuZn38 Mn2Pb2	有较高的力学性能和耐腐蚀性，耐磨性较好，切削性能良好。可用于一般用途的构件、船舶仪表等使用的外形简单的铸件，如套筒、衬套、轴瓦、滑块等	
铸造铝合金（GB/T 1173—2013）	ZAlSi12 代号 ZLi02	用于制造形状复杂、负荷小、耐腐蚀的薄壁零件和工作温度 200℃ 的高气密性零件	含硅（10～13）% 的铝硅合金
硬铝 工业纯铝（GB/T 3190—2020）	2A12（原 LY12）	焊接性能好，适用于制作高载荷的零件及构件（不包括冲压件和锻件）	2A12 表示含铜（3.8～4.9）%、镁（1.2～1.8）%、锰（0.3～0.9）% 的硬铝
	1060（代 L2）		1060 表示含杂质 0.4% 的工业纯铝

2. 非金属材料

名称(标准)	牌号	应用举例	说明
耐油石棉橡胶板（GB/T 539—2008）	NY250 HNY300	供发动机用的煤油、润滑油及冷气系统结合处的密封衬垫材料	有 0.4～3.0 mm 的十种厚度规格
工业用橡胶板（GB/T 5574—2008）	2707 2807	具有耐酸碱性能，用于酸碱液体中冲制密封性能好的垫圈	较高及中等硬度
	3807 3709	具有耐油性能，适用于充制机油、变压油、汽油等介质中各种形状的垫圈	较高硬度
	4808 4710	具有耐热性能，用于充制热空气、蒸气介质中各种形状的垫圈及隔热垫板	较高及中等硬度

附表 24　绘制装配示意图常用的简图符号(根据 GB/T 276—2013)

名　　称	基本符号	可用符号
1. 齿轮(不指明齿线) a. 圆柱齿轮	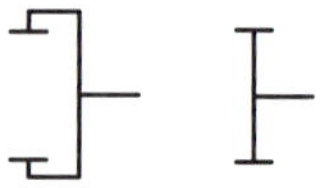	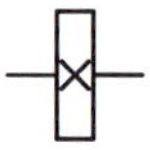
b. 圆锥齿轮		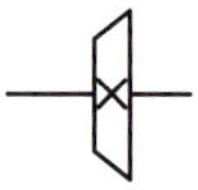
2. 齿线符号 a. 圆柱齿轮 (i) 直齿		
(ii) 斜齿		
(iii) 人字齿		
b. 锥齿轮 (i) 直齿		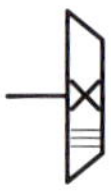
(ii) 斜齿		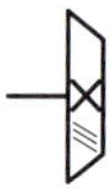
(iii) 弧齿		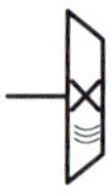
3. 齿轮传动 (不指明齿线) a. 圆柱齿轮	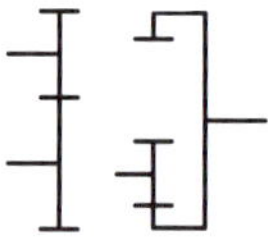	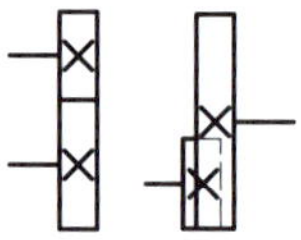
b. 锥齿轮	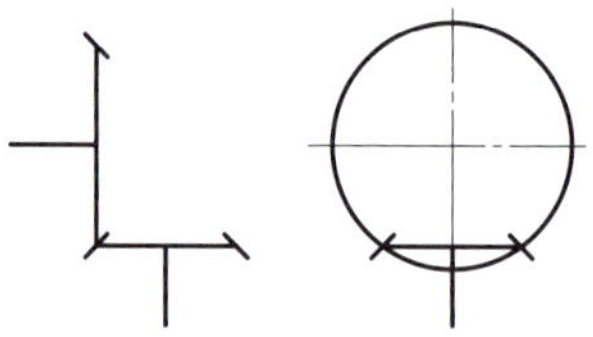	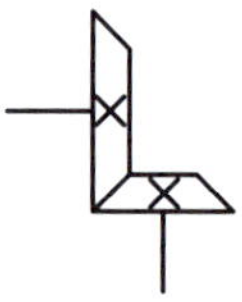
c. 蜗轮与圆柱蜗杆	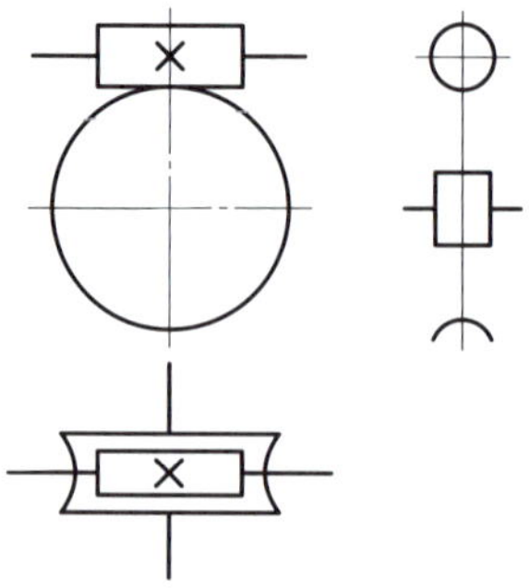	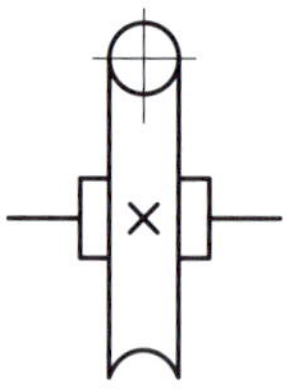

续　表

名　　称	基本符号	可用符号
4. 齿条传动(一般表示)	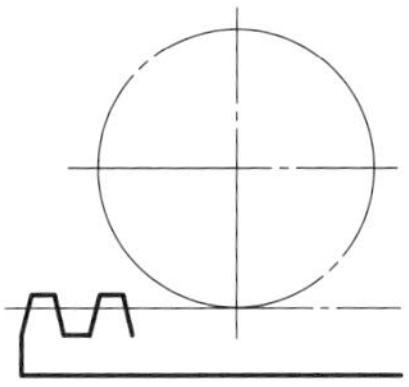	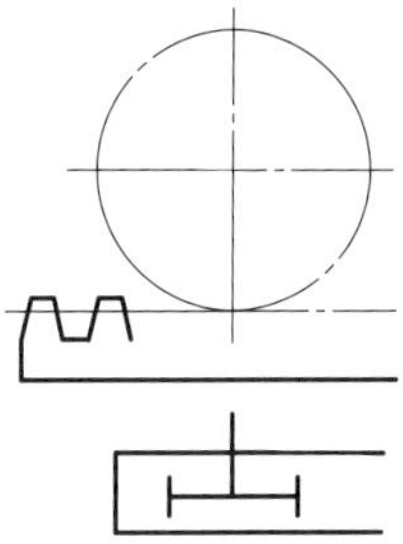
5. 皮带传动——一般符号(不指明类型)	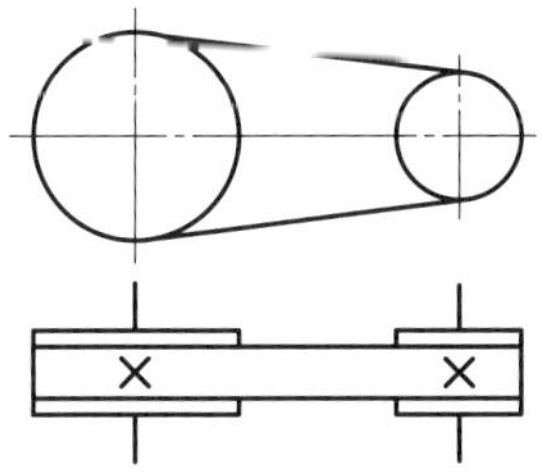	
6. 螺杆传动 整体螺母	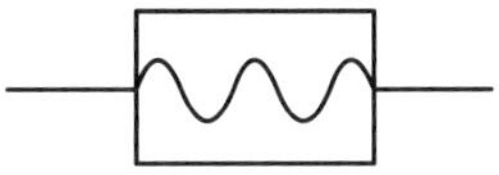	
7. 轴承 a. 普通轴承		
b. 滚动轴承	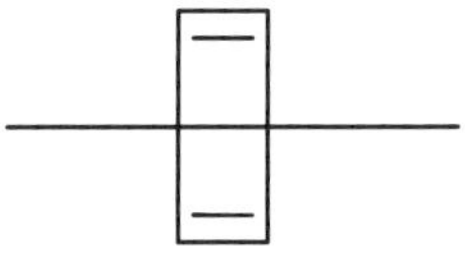	
c. 推力滚动轴承	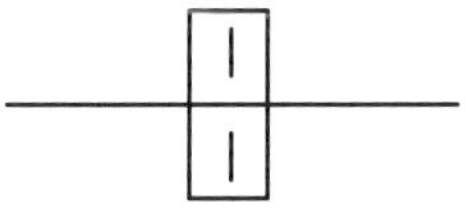	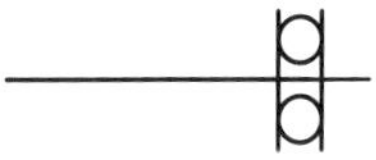
d. 向心推力滚动轴承	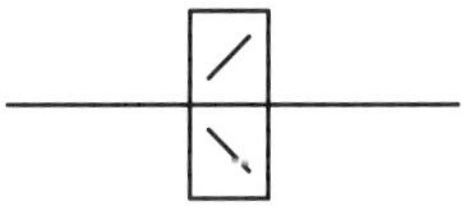	
8. 弹簧 a. 压缩弹簧	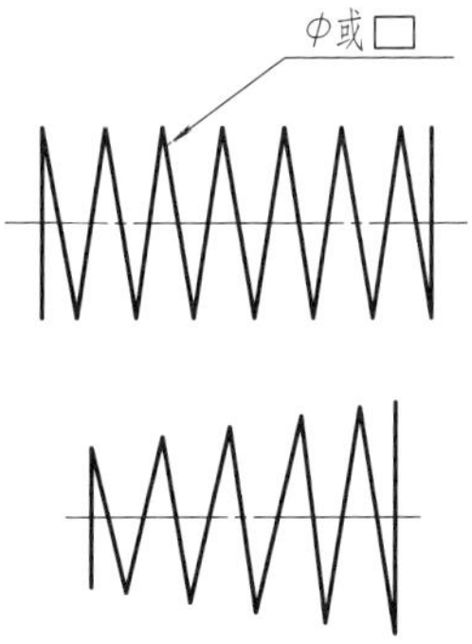 ϕ或□	

附表 25　中心孔的型式及尺寸(摘自 GB/T 145—2001)　　(mm)

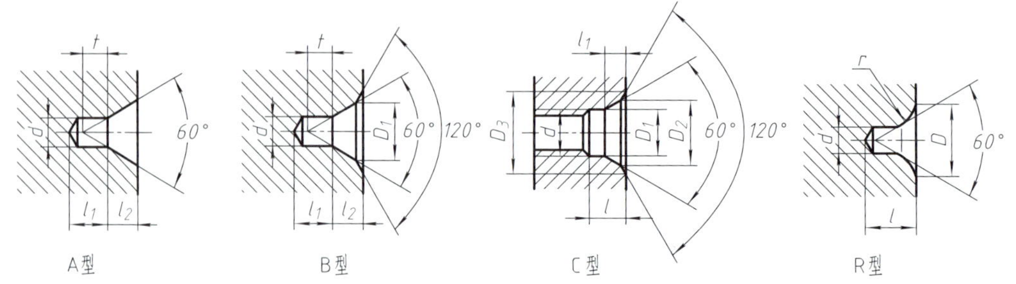

d	型式 R	A		B		C		选择中心孔的参考数据(非标准内容)		
	D	$D^{☆}$	$l_2^{☆}$	$D_2^{★}$	$l_2^{★}$	d	D_3	D_{min}	D_{max}	G
1.6	3.35	3.35	1.52	5.0	1.99			6	>8～10	0.1
2.0	4.25	4.25	1.95	6.3	2.54			8	>10～18	0.12
2.5	5.3	5.3	2.42	8.0	3.20			10	>18～30	0.2
3.15	6.7	6.7	3.07	10.0	4.03	M3	5.8	12	>30～50	0.5
4.0	8.5	8.5	3.90	12.5	5.05	M4	7.4	15	>50～80	0.8
(5.0)	10.6	10.6	4.85	16.0	6.41	M5	8.8	20	>80～120	1.0
6.3	13.2	13.2	5.98	18.0	7.36	M6	10.5	25	>120～180	1.5
(8.0)	17.0	17.0	7.79	22.4	9.36	M8	13.2	30	>180～220	2.0
10.0	21.2	21.2	9.70	28.0	11.66	M10	16.3	42	>220～260	3.0

注:①括号内的尺寸尽量不采用;②D_{min}——原料端部最小直径;③D_{max}——轴状材料最大直径;④G——工件最大重量(t);⑤L——螺纹长度,按零件的功能要求确定。

★任选其一。

☆任选其一。

附表 26　砂轮越程槽(GB/T 6403.5—2008)　　(mm)

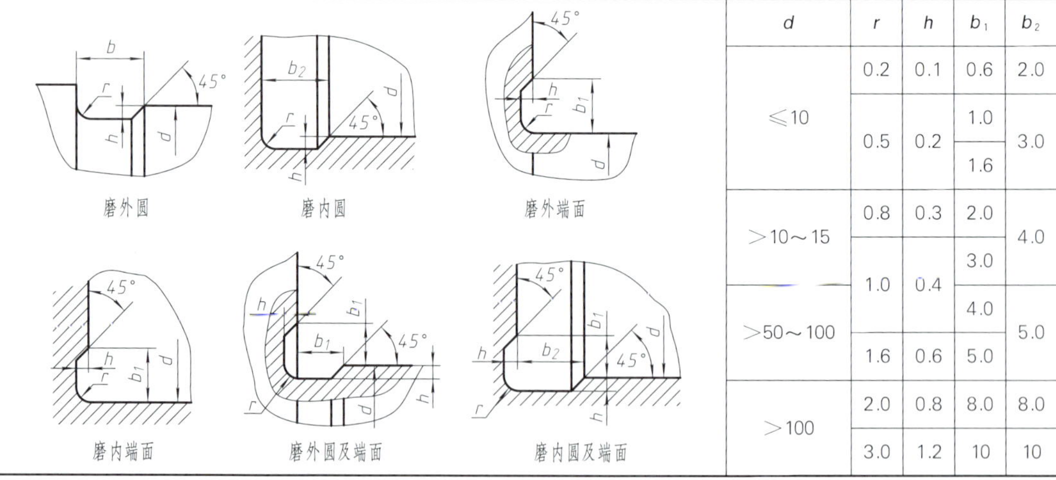

d	r	h	b_1	b_2
≤10	0.2	0.1	0.6	2.0
	0.5	0.2	1.0	3.0
			1.6	
>10～15	0.8	0.3	2.0	4.0
	1.0	0.4	3.0	
>50～100			4.0	5.0
	1.6	0.6	5.0	
>100	2.0	0.8	8.0	8.0
	3.0	1.2	10	10

注:1. 越程槽内相交处不许产生尖角。

2. 越程槽深度 h 与圆弧半径 r 要满足 $r<3h$。

附表 27　螺纹的倒角与退刀槽(摘自 GB/T 3—1997)　(mm)

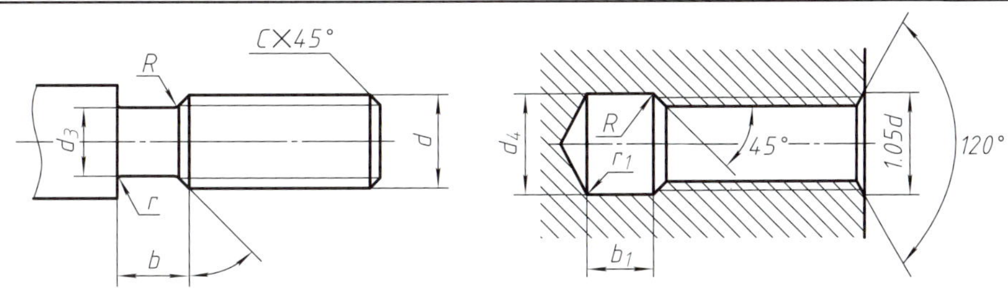

续　表

	螺距 P	粗牙螺纹 d	b		R = r	d_3	C	b_1		$R = r_1$	d_4
			一般	窄的				一般	窄的		
普通螺纹	0.75	4.5	2.25	1.5	P/2	d—1.2	0.6	3.0	2.0	P/2	d + 0.3
	0.8	5.0	2.4			d—1.3	0.8				
	1.0	6.7	3.0		P/2	d—1.6	1.0	4.0	2.5		
	1.25	8.0	3.75	1.5		d—2.0	1.2	5.0	3.0	P/2	d + 0.5
	1.5	10	4.5	2.5		d—2.3	1.5	6.0	4.0		
	1.75	12	5.25			d—2.6	2.0	7.0			
	2.0	14、16	6.0	3.5		d—3.0		8.0	5.0		
	2.5	18、20、22	7.5			d—3.6	2.5	10	6.0		
	3.0	24、27	9.0	4.5		d—4.4		12	7.0		
	3.5	30、33	10.5			d—5.0	3.0	14	8.0		
	4.0	36、39	12	5.5		d—5.7		16	9.0		
	4.5	42、45	13.5	6.0		d—6.4	4.0	18	10		
	5.0	48、52	15	6.5		d—7.0		20	11		
	5.5	56、60	17.5	7.5		d—7.7	5.0	22	12		

注:由表中查知“C × 45°”的 C 值后(如 C = 1.5),抄注在图样中时应注写为“C1.5”。

附表 28　形位公差各等级的应用举例

公差等级	应　用　举　例
	直线度和平面度公差
5	用于 1 级平板,2 级宽平尺,平面磨床纵导轨、垂直导轨、立柱导轨和平面磨床的工作台,液压龙门刨床导轨面,六角车床床身导轨面,柴油机进排气门导杆等
6	用于 1 级平板,普通车床床身导轨面,龙门刨床导轨面,滚齿机立柱导轨,床身导轨及工作台,自动车床床身导轨,平面磨床垂直导轨,卧式镗床工作台,铣床工作台,以及机床主轴箱导轨,柴油机进排气门导杆直线度,柴油机机体上部结合面等
7	用于 2 级平板,0.02 游标卡尺尺身的直线度,机床主轴箱体,滚齿机床身导轨的直线度,镗床工作台,摇臂钻底座工作台,柴油机气门导杆,液压泵盖的平面度,压力机导轨及滑块等
8	用于 2 级平板,车床溜板箱体,机床主轴箱体、机床传动箱体、自动车床底座的直线度,气缸盖结合面、气缸座、内燃机连杆分离面的平面度,减速机壳体的结合面等

续 表

公差等级	应　用　举　例
	直线度和平面度公差
9	用于3级平板，机床溜板箱，立钻工作台，螺纹磨床的挂轮架，金相显微镜的载物台，柴油机气缸体连杆的分离面，缸盖的结合面，阀片的平面度，空气压缩机气缸体，柴油机缸孔环面的平面度，以及辅助机构和手动机械的支承面等
10	用于3级平板，自动车床床身底面的平面度，车床挂轮架的平面度，柴油机气缸体，摩托车的曲轴箱体，汽车变速器的壳体与汽车发动机缸盖结合面，阀片的平面度，以及液压、管件和法兰的连接面等。
	圆度和圆柱度公差
4	较精密机床主轴，精密机床主轴箱孔，高压阀门活塞、活塞销，阀体孔，工具显微镜顶尖，高压油泵柱塞，较高精度滚动轴承配合轴，铣削动力头箱体孔等
5	一般量仪主轴，测杆外圆，陀螺仪轴颈，一般机床主轴，较精密机床主轴及主轴箱孔，柴油机、汽油机活塞、活塞销孔，铣削动力头轴承箱座孔，高压空气压缩机十字头销、活塞，较低精度滚动轴承的配合轴等
6	仪表端盖外圆，一般机床主轴及箱体孔，中等压力下液压装置工作面(包括泵、压缩机的活塞和气缸)，汽车发动机凸轮轴，纺机锭子，通用减速器轴颈，高速船用发动机曲轴，拖拉机曲轴主轴颈等
7	大功率低速柴油机曲轴、活塞、活塞销、连杆、气缸，高速柴油机箱体孔，千斤顶或压力油缸活塞，液压传动系统的分配机构，机车传动轴，水泵及一般减速器轴颈等
8	低速发动机，减速器，大功率曲柄轴轴颈，压气机连杆盖、体，拖拉机气缸体、活塞，炼胶机冷铸轴辊，印刷机传墨辊，内燃机曲轴，柴油机机体孔、凸轮轴，拖拉机、小型船用柴油机气缸套等
9	空气压缩机缸体，液压传动筒，通用机械杠杆与拉杆用套筒销子，拖拉机活塞环、套筒孔等

平行度和垂直度公差

公差等级	面对面平行度公差	面对线 线对线 平行度公差	垂直度公差
2、3	精密机床，精密测量仪器、量具以及夹具的基准面和工作面等	精密机床上重要箱体主轴孔对基准面及对其他孔的要求等	精密机床导轨，普通机床重要导轨，机床主轴轴向定位面，精密机床主轴肩端面，滚动轴承座圈端面，齿轮测量仪的心轴，光学分度头心轴端面，精密刀具、量具的工作面和基准面等
4、5	普通车床，测量仪器、量具的基准面和工作面，高精度轴承座圈，端盖，挡圈的端面等	机床主轴孔对基准面要求，重要轴承孔对基准面要求，主轴箱体重要孔间要求，齿轮泵的端面等	普通机床导轨，精密机床重要零件，机床重要支承面，普通机床主轴偏摆，测量仪器，刀具，量具，液压传动轴瓦端面，刀具、量具的工作面和基准面等
6、7、8	一般机床零件的工作面和基准面，一般刀、量、夹具等	机床一般轴承孔对基准面要求，床头箱一般孔间要求，主轴花键对定心直径要求，刀具，量具，模具等	普通精度机床主要基准面和工作面，回转工作台端面，一般导轨，主轴箱体孔、刀架、砂轮架及工作台回转中心，一般轴肩对其轴线等
9、10	低精度零件，重型机械滚动轴承端盖等	柴油机和煤气发动机的曲轴孔、轴颈等	花键轴轴肩端面，带运输机法兰盘等对端面、轴线，手动卷扬机及传动装置中轴承端面，减速器壳体平面等

续　表

公差等级	应　用　举　例
同轴度、对称度、圆跳动和全跳动公差	
1、2、3、4	用于同轴度或旋转精度要求很高的零件。如 1、2 级用于精密测量仪器的主轴和顶尖，柴油机喷油嘴针阀等；3、4 级用于机床主轴轴颈，砂轮轴轴颈，汽轮机主轴，测量仪器的小齿轮轴，高精度滚动轴承内、外圈等
5、6、7	应用范围较广的公差等级，用于精度要求比较高。如 5 级常用在机床轴颈，测量仪器的测量杆，汽轮机主轴，柱塞油泵转子，高精度滚动轴承外圈，一般精度轴承内圈；6、7 级用在内燃机曲轴、凸轮轴轴颈、水泵轴，齿轮轴、汽车后桥输出轴，电动机转子；G 级精度滚动轴承内圈，印刷机传墨辊等
8、9、10	用于一般精度要求。如 8 级用于发动机分配轴轴颈；9 级以下齿轮轴的配合面，水泵叶轮，离心泵泵体，棉花精梳机前后滚子；9 级用于内燃机气缸套配合面，自行车中轴；10 级用于摩托车活塞，印染机导布辊，内燃机活塞环槽底径对活塞中心，气缸套外圈对内孔等

附表 29　形位公差中被测要素和基准要素注法的正误对比

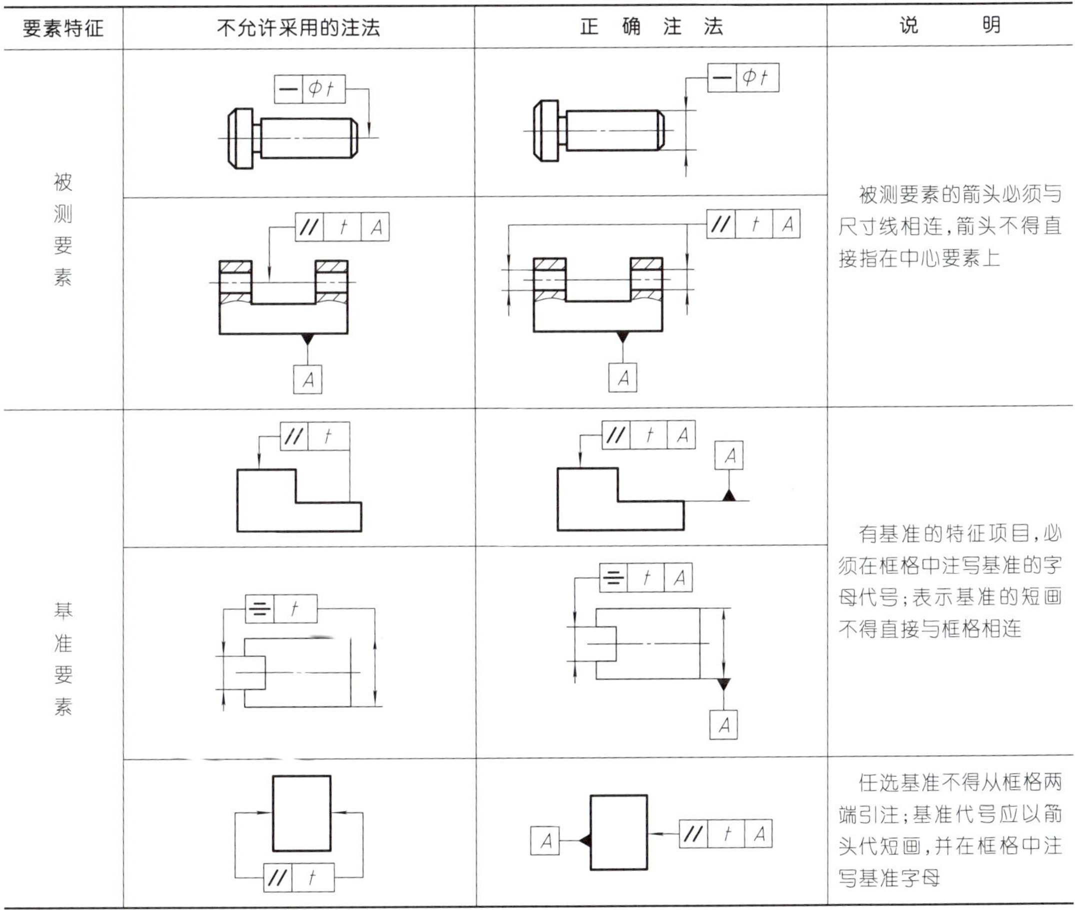

要素特征	不允许采用的注法	正　确　注　法	说　　明
被测要素			被测要素的箭头必须与尺寸线相连，箭头不得直接指在中心要素上
基准要素			有基准的特征项目，必须在框格中注写基准的字母代号；表示基准的短画不得直接与框格相连
			任选基准不得从框格两端引注；基准代号应以箭头代短画，并在框格中注写基准字母

附表 30　不同应用场合的表面粗糙度高度参数值 （μm）

表面特征	部　位	表面粗糙度高度参数值 *Ra*			
滑动轴承的配合表面	表　面	公　差　等　级		液体摩擦	
		IT7～IT9	IT11～IT12		
	轴	0.2～3.2	1.6～3.2	0.1～0.4	
	孔	0.4～1.6	1.6～3.2	0.2～0.8	
带密封的轴颈表面	密封方式	轴颈表面速度（m/s）			
		≤3	≤5	>5	≤4
	橡　胶	0.4～0.8	0.2～0.4	0.1～0.2	
	毛　毡				0.4～0.8
	迷　宫	1.6～3.2			
	油　槽	1.6～3.2			
圆锥结合	表　面	密封结合	定心结合	其他	
	外圆锥表面	0.1	0.4	1.6～3.2	
	内圆锥表面	0.2	0.8	1.6～3.2	
螺纹	类　别	螺纹公差等级			
		4	5	6	
	粗牙普通螺纹	0.4～0.8	0.8	1.6～3.2	
	细牙普通螺纹	0.2～0.4	0.8	1.6～3.2	
键结合	结合型式	键	轴槽	毂槽	
	工作表面　沿毂槽移动	0.2～0.4	1.6	0.4～0.8	
	工作表面　沿轴槽移动	0.2～0.4	0.4～0.8	1.6	
	工作表面　不　动	1.6	1.6	1.6～3.2	
	非工作表面	6.3	6.3	6.3	

附表 31　各种加工方法所能达到的 *Ra* 值

R 值(μm)不大于	表面状况	加工方法	*R* 值(μm)不大于	表面状况	加工方法
100	明显可见的刀痕	粗车、镗、刨、钻	3.2	微见加工痕迹	车、镗、刨、铣、刮 1～2 点/cm²、拉、磨、锉、滚压、铣齿
25、50					
12.5	可见刀痕	粗车、刨、铣、钻	1.6	看不清加工痕迹	车、镗、刨、铣、铰、拉、磨、滚压、刮 1～2 点/cm²、铣齿
6.3	可见加工痕迹	车、镗、刨、钻、铣、锉、粗铰、铣齿			

附表 32　齿轮的表面粗糙度 *Ra* 值　(μm)

加 工 表 面		精 度 等 级			
		6	7	8	9
轮齿工作面		<0.8	1.6～0.8	3.2～1.6	6.3～3.2
齿顶圆	是测量基面	1.6	1.6～0.8	3.2～1.6	6.3～3.2
	非测量基面	3.2	6.3～3.2	6.3	12.5～6.3
轮圈与轮心配合面		1.6～0.8		3.2～1.6	6.3～3.2
轴孔配合面		3.2～0.8		3.2～1.6	6.3～3.2
与轴肩配合的端面		3.2～0.8		3.2～1.6	6.3～3.2
其他加工面		6.3～1.6		6.3～3.2	12.5～6.3

注:原则上尺寸数值较大时选取大一些的 *Ra* 数值。

附表 33　表面粗糙度与尺寸公差、形状公差的对应关系

尺寸公差等级		IT5			IT6			IT7			IT8		
相应的形状公差		Ⅰ	Ⅱ	Ⅲ	Ⅰ	Ⅱ	Ⅲ	Ⅰ	Ⅱ	Ⅲ	Ⅰ	Ⅱ	Ⅲ
基本尺寸(mm)		表面粗糙度参数值(μm)											
至 18	*Ra*	0.20	0.10	0.05	0.40	0.20	0.10	0.80	0.40	0.20	0.80	0.40	0.20
	Rz	1.00	0.50	0.25	2.00	1.00	0.50	4.00	2.00	1.00	4.00	2.00	1.00
>18～50	*Ra*	0.40	0.20	0.10	0.80	0.40	0.20	1.60	0.80	0.40	1.60	0.80	0.40
	Rz	2.00	1.00	0.50	4.00	2.00	1.00	6.30	4.00	2.00	6.30	4.00	2.00
>50～120	*Ra*	0.80	0.40	0.20	0.80	0.40	0.20	1.60	0.80	0.40	1.60	1.60	0.80
	Rz	4.00	2.00	1.00	4.00	2.00	1.00	6.30	4.00	2.00	6.30	6.30	4.00
>120～500	*Ra*	0.80	0.40	0.20	1.60	0.80	0.40	1.60	1.60	0.80	1.60	1.60	0.80
	Rz	4.00	2.00	1.00	6.30	4.00	2.00	6.30	6.30	4.00	6.30	6.30	4.00

尺寸公差等级		IT9			IT10			IT11			IT12 IT13		IT14 IT15	
相应的形状公差		Ⅰ,Ⅱ	Ⅲ	Ⅳ	Ⅰ,Ⅱ	Ⅲ	Ⅳ	Ⅰ,Ⅱ	Ⅲ	Ⅳ	Ⅰ,Ⅱ	Ⅲ	Ⅰ,Ⅱ	Ⅲ
基本尺寸(mm)		表面粗糙度参数值(μm)												
至 18	*Ra*	1.60	0.80	0.40	1.60	0.80	0.40	3.20	1.60	0.80	6.30	3.20	6.30	6.30
	Rz	6.30	4.00	2.00	6.30	4.00	2.00	12.5	6.30	4.00	25.0	12.5	25.0	25.0
>18～50	*Ra*	1.60	1.60	0.80	3.20	1.60	0.80	3.20	1.60	0.80	6.30	3.20	12.5	6.30
	Rz	6.30	6.30	4.00	12.5	6.30	4.00	12.5	6.30	4.00	25.0	12.5	50.0	25.0
>50～120	*Ra*	3.20	1.60	0.80	3.20	1.60	0.80	6.30	3.20	1.60	12.5	6.30	25.0	12.5
	Rz	12.5	6.30	4.00	12.5	6.30	4.00	25.0	12.5	6.30	50.0	25.0	100.0	50.0
>120～500	*Ra*	3.20	3.20	1.60	3.20	3.20	1.60	6.30	3.20	1.60	12.5	6.30	25.0	12.5
	Rz	12.5	12.5	6.30	12.5	12.5	6.30	25.0	12.5	6.30	50.0	25.0	100.0	50.0

注: Ⅰ为形状公差在尺寸极限之内;Ⅱ为形状公差相当于尺寸公差的 60%;Ⅲ为形状公差相当于尺寸公差的 40%;Ⅳ为形状公差相当于尺寸公差的 25%。

参考文献

[1] 钱可强.机械制图[M].6版.北京:高等教育出版社,2022.

[2] 张嫱.机械制图[M].苏州:苏州大学出版社,2016.

[3] 柴建国,路春玲.机械制图[M].北京:高等教育出版社,2007.

[4] 上官家桂.机械识图一点通[M].北京:机械工业出版社,2009.